文化名家暨“四个一批”人才

自主选题资助项目

马晓霖纵论
新丝路

马晓霖 著

中华书局

图书在版编目（CIP）数据

马晓霖纵论新丝路/马晓霖著. —北京：中华书局，2025.5. —
ISBN 978-7-101-17061-0

Ⅰ.F125-53

中国国家版本馆 CIP 数据核字第 2025DX2562 号

书　　名	马晓霖纵论新丝路
著　　者	马晓霖
责任编辑	高　天
装帧设计	毛　淳
责任印制	韩馨雨
出版发行	中华书局
	（北京市丰台区太平桥西里 38 号　100073）
	http://www.zhbc.com.cn
	E-mail：zhbc@zhbc.com.cn
印　　刷	三河市中晟雅豪印务有限公司
版　　次	2025 年 5 月第 1 版
	2025 年 5 月第 1 次印刷
规　　格	开本/920×1250 毫米　1/32
	印张 12¾　插页 3　字数 340 千字
国际书号	ISBN 978-7-101-17061-0
定　　价	78.00 元

马晓霖

　　毕业于北京外国语大学，现任浙江外国语学院二级教授、环地中海研究院院长，《环地中海学刊》主编，上海大学博士生导师，多家高校、智库特聘教授或学术委员。文化名家暨"四个一批"人才，国家"万人计划"哲学社会科学领军人才，享受国务院政府特殊津贴专家，全国五一劳动奖章获得者。曾就职于新华社、北京外国语大学，长期从事中东及伊斯兰事务、中国外交、大国关系、"一带一路"倡议、中国海外利益保护、恐怖主义与反恐、能源安全、媒体传播等领域的研究，积极参与公共外交活动，出版著作十余部，发表学术论文四十多篇、专栏文章近五百篇。

目 录

序　言

本文集一共收录自 2010 年以来,笔者有关中国企业"走出去"、对外经贸合作以及共建"一带一路"的论文、专栏文章、电视访谈录。

对外投资、经贸合作和企业"走出去",原本不是我做国际研究的主要领域,但是,从 2010 年开始,本人作为宁夏回族自治区顾问之一,开始关注中国阿拉伯合作论坛项下的宁夏中阿合作经贸论坛,于是从中国对中东地区的投资与经贸入手,逐步关注和熟悉这个领域。2011 年,中东地区爆发大规模的"阿拉伯之春",经济凋敝引发社会问题、社会问题引发政治危机的特征十分突出和普遍,呈现某种规律性,也促使本人更多从经济、民生和社会角度看待包括中东在内的世界变化。

此外,当时由于中国国力日益强大,而美国以"亚太再平衡"和《跨太平洋伙伴关系协定》(TPP)为双抓手的遏制战略日益凸显,中国学者开始系统考虑中国的战略发展和突围方向,开始讨论"战略西进"的必要性与可能性,笔者还在中国社会科学院的研讨会上照葫芦画瓢地提出"近西"(中亚、南亚)、"中西"(西亚、非洲)和"远西"(拉美)三个概念。后来回顾可以发现,这种有关中国经济势力达到全球地位后如何定位以及向哪里去的战略性和前瞻性思考,其实与中央的战略考虑有点不谋而合。

2013年国家主席习近平提出"一带一路"倡议后,中国学界陷入了解、熟悉和研究"一带一路"相关情况的集体热潮,国家和地方发展战略也随之大幅度调整,"一带一路"倡议成为统筹中国国内发展和海外拓展两个大局、既解决自身可持续发展需求又满足沿线国家经济振兴的一盘大棋,而且是最重要的国际政治议题,这个承接了古代"丝绸之路"精神和基因的"新丝路"发展方略也自然成为本人跟踪、研究、写作和在各种媒体评论的核心及持续话题之一。

再往后,由于应邀出任宁夏卫视有关"一带一路"高端三语专访(阿拉伯语、英语和汉语)节目《解码"一带一路"》的主编、主持,本人有了更多机会率领采访团队在两条线深入发掘"一带一路"倡议的必要性、迫切性和可能性、可行性,以及不同地区、不同企业的具体操作实践:

第一条线是国内线,笔者相继对政府部门高级官员、著名学者、沿线国家驻华大使以及参与"一带一路"建设的著名国企和民企主管在演播室进行专家式对话,或者到企业一线边采边谈,足迹覆盖宁夏、北京、广东、浙江、江苏、重庆和湖南。

第二条线是境外线,笔者相继前往中亚三国(乌兹别克斯坦、吉尔吉斯斯坦和塔吉克斯坦)、海湾四国(阿拉伯联合酋长国、卡塔尔、巴林和阿曼)、北非四国(埃及、苏丹、突尼斯、摩洛哥)和东南亚四国(越南、柬埔寨、缅甸和泰国),围绕中心话题和重点工程,专访中国驻外大使、当地高官、企业高管和走出去的中国企业、项目和一线负责人。

两条线比较扎实的采访、深度专业的话题设计、专家型对话互动,以及理论与实践的互证、语言与画面的互喻,共同构成这档节目的高品质特色,并很快在业界和学界形成较好口碑,成为国内专门报道"一带一路"的电视节目中的精品,整个栏目和部分节目先后受到国家广播电视总局、外宣部门和中华新闻工作者协会的表扬和表彰,一度成为宁夏的文化和传播品牌之一。

这档节目筹办之初,本人就主张多媒体传播,碎片化呈现,并选择了部分访谈精华内容作为专栏,相继发表在《华夏时报》,形成文字版落地再传播。原本设想此节目能够延续下去并出版系列刊物,但是,由于资金紧张难以为继,节目在播出 200 多期后只能暂停,系统整理出版相关内容也难以如愿。无奈之下,只能将本人署名发表的部分访谈录整理出来发表。

今天看来,这些访谈录不仅闪耀着思想火花,观点碰撞,而且客观呈现了不同行业、领域从业者对"一带一路"的认识、领悟、理论思考及实践探索。尤其可贵的是,很多一线采访所获得的"走出去"企业的经验和教训、创意和智慧,对此后更多学者研究"一带一路"建设和指导更多企业"走出去",都具有开拓性的参考和借鉴意义。

需要指出的是,"一带一路"倡议倡导政策沟通、设施联通、贸易畅通、资金融通和民心相通,而本文集所有境内外访谈,虽然表面话题集中于前四通,但最终大都联系到民心相通这个重要链接点,体现了软实力在企业"走出去"中的重要性。

第一章

杂论"一带一路"

　　本部分收录了"一带一路"倡议提出前后撰写的文章、学术论文,除个别文章外均已发表。虽然话题相对分散,但是,基本主体都是围绕企业"走出去"、海外投资、海外利益保护、"一带一路"倡议的实践经验与教训总结、中国与部分国家如叙利亚开展"一带一路"共建活动的可能性与可行性分析。

1. 从战略高度重视宁夏中阿经贸论坛及文明交流格局的构建

中国—阿拉伯经贸论坛 2010 年在宁夏举办,具有带动宁夏及西北发展、深化和拓展中阿关系、维护中国战略安全的深远战略意义和迫切现实需求,应该从战略和全局高度重视,将中阿经贸论坛办好,致力于建设国际论坛新品牌,开创中阿经贸新局面,营造文明交流新中心和拓展国家安全新腹地。

将中阿经贸论坛设在宁夏回族自治区首府银川,是中央政府有关主管部门高瞻远瞩的选择,对于带动宁夏和西北区域发展,推动西部大开发,加强中国和阿拉伯—伊斯兰国家友谊纽带,深化双方合作与交流,携手共同应对全球化和外来挑战,以及维护中国战略安全,都具有十分深远的战略意义和全局意义。

办好中阿经贸论坛,打造与之联动的系统工程,不仅应当作为宁夏发展的新思路和新契机,而且应当成为西北诸省区强省强区的新出路;不仅应当从西北区域经济发展和西部大开发这个维度进行考量,更应当从营造国家软硬实力和支撑国家和平崛起加以布局。

如何从战略和全局高度看待宁夏中阿经贸论坛及文明交流格局的构建,笔者试从以下四个方面进行初步思考并提出十点具体建议。

四点思考分别是:建设国际论坛新品牌,开创中阿经贸新局面,营造文明交流新中心,拓展国家安全新腹地。

一、建设国际论坛新品牌,带动西北旅游和服务业发展

国际和区域论坛不仅是全球流行的多边对话、交流和智力碰撞的形式,而且可以形成颇具规模的消费链条和低碳经济。成功的大型论坛,不仅可以集纳高端、专业和权威智力资源,为国计民生发展和内政外交决策提供方向性、趋势性和全局性的判断、预测和建议,而且能着实形成以会议服务、高档消费和旅游观光为核心的内需拉动,形成论坛 GDP,改善经济和就业结构,提高增长质量,实现以服务、旅游、贸易和文化产业为龙头的产业升级,推动宁夏及西北地区城乡一体化建设,带动区域经济发展。瑞士达沃斯世界经济论坛每年为这个小镇产生 GDP 8 亿法郎,其中仅论坛会议就达 250 多个,产值 3 亿法郎[1]。博鳌亚洲论坛运行数年便使海南知名度迅猛扩展,国际游客大增,不仅旅游收入迅猛增加,而且带动地产经济的飙升[2],并最终催生了国家级的“国际旅游岛”独特定位。此外,APEC 峰会等知名国际和区域论坛带动的会展经济和休闲经济长尾效应十分明显,中国北方和西部,除吉林正在打造东北亚合作论坛外,没有任何大型国际和区域论坛。中阿经贸合作论坛的长期举办,必然会填补这一空白,并有望形成世界性论坛品牌。

宁夏地处西北腹地,自然环境得天独厚,既有“贺兰六盘夹黄河”的地理名牌,还有“西夏故地”“丝路遗风”等历史遗产,更兼“天下黄河富宁夏”和“塞上江南”之美誉。宁夏陆空交通配套完整,四通八达,不仅成为辐射内蒙古、陕西和甘肃的西北新交通枢纽,更是充满活力和生活安逸的新兴地区。2009 年,具有“最佳生态旅游城市”称号的宁夏首府银川,房价涨幅连续 10 个月在全国 70 多个大中城市中居于首位[3],区位优势、生态环境和周边省区财富聚集是重要因素。银川,作为西北省区首府之一,比北京、天津、

上海等东部发达城市更靠近中亚、中东,又比临近的兰州、西安等大城市更具拓展空间和负载潜力,拥有依托论坛经济打造全国中等城市、西北中心城市和东亚腹地国际城市的区位优势。宁夏旅游资源丰富,环境优美,特色鲜明,既有阿拉伯国家稀缺、渴望的丰富水源和绿色植被,又有这些国家人民熟悉的沙漠和戈壁地形、地貌,及日照足、昼夜温差大的地理特点和气候特点,饮食禁忌相似。宁夏不仅有占全区人口36%的回族穆斯林[4],而且有数千名掌握基本阿拉伯语的知识青年和外贸从业人员,可以提供任何国内城市论坛都无法比拟的低成本和高效率语言服务。

以宁夏为圆点,中阿经贸合作论坛及配套和衍生项目与需求,不仅可以促进本地区旅游业和服务业的腾飞,还可以就近带动内蒙古、陕西、甘肃乃至山西和青海的旅游观光、餐饮、物流、地产、会展和文化时尚活动。中华民族的发祥地陕西,牧草肥美骏马驰骋的内蒙古,"丝绸之路"的要津甘肃和青海,全国地表文物最为丰富的山西,都可以以合作论坛为契机,利用丰富的旅游资源和深厚的文化底蕴,实现立足宁夏,六地联动,打造论坛,辐射周边,统筹规划,合理区隔,系统布局,形成中国内地旅游的国际新热点,形成跨越中西部的区域经济合作的新格局①。

二、开创中阿经贸新局面,为中西部经济寻求新支点

中阿经贸关系自中阿合作论坛建立以来已实现历史性跨越,即使在遭遇全球经济危机、阿拉伯海外投资损失2.5万亿美元和石油收入、金融损失超过6000亿美元的不利形势下,2009年中阿经贸合作也保持在1100亿美元的高位,中阿经贸合作的领域也空前拓展,双边贸易品种不断扩大,令人鼓舞[5]。但是,中阿经贸合作依然具有巨大发掘空间和潜能,以此为基础的中国与伊斯兰世

---

① 根据不同省区官方统计:2009年陕西省旅游总收入为767.94亿元人民币,内蒙古为611.35亿元,山西为892.53亿元,甘肃为192.77亿元,青海为60.15亿元,宁夏只有53.4亿元。

界的经贸合作更有想象前景,以宁夏为轴心的中国大西北无疑具有独特的竞争优势来开拓中国与阿拉伯—伊斯兰世界的经贸合作。即使仅中阿贸易,也有许多值得挖潜的余地,突出表现为以下方面:

(一)中阿经贸总额与双方的人口和市场规模不成正比,有待继续提高。

2008 年和 2009 年,中国与主要贸易伙伴进出口贸易情况如下:中美分别为 3337.4 亿和 2982.7 亿美元;中欧分别为 4000 亿和 3641 亿美元;中日贸易额分别为 2663 亿和 2288 亿美元;中韩贸易额分别为 1683 亿美元和 1409.5 亿美元;中阿贸易总额几乎与中德贸易持平①。中阿双边贸易在各自的贸易总额中所占比例很小。2008 年、2009 年,中国外贸总额分别为 2.56 万亿和 2.2 万亿美元(见下图)。

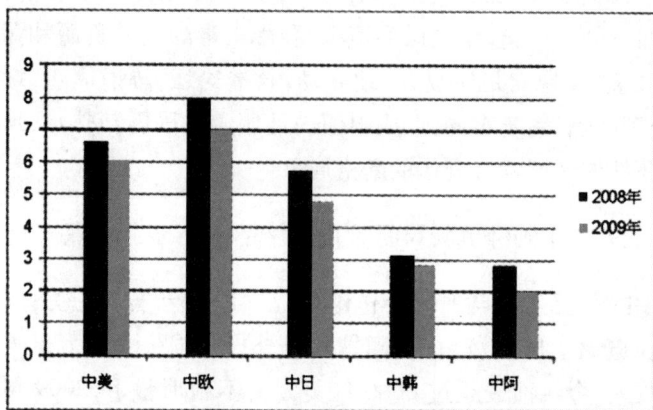

(二)双向投资有限,投入与实力倒挂,资金流动与政治外交关系反差严重。

阿拉伯世界拥有 1.4 万多亿美元的海外投资[6],虽然经历"9·11"事件以后近 10 年与西方世界的矛盾摩擦不断,其资本依

---

①这两组数字搜集于不同媒体,均引自中国官方统计和发布数据。

然牢牢放在西方市场,没有东移,投入中国的资金只有 15 亿美元,相反,中国向阿拉伯投资却达到 26.5 亿美元,形成实力与投入倒挂[5]。这种倒挂相对于由来已久的中阿良好政治外交关系,是很不正常的。

(三)中阿经贸合作的互补性很强,西北地区尤其可以发挥作用。

面向人口 3.7 亿的中东市场和 15 亿人口的世界穆斯林市场,以宁夏为龙头的西北地区可以大力发展畜牧业和清真食品、服装、穆斯林用品加工业,并且成为面向阿拉伯和伊斯兰世界的劳务输出和智力输出基地。阿拉伯食品市场缺口很大,本地产出只能满足 20%,其余依赖进口,每年用于食品进口的资金达到 1500 亿美元[7]。在降低运输成本后,面向阿拉伯和伊斯兰世界的家禽、鸡蛋、冷鲜牛羊肉及其制品,以及乳制品的一条龙产业应该是以宁夏为核心的西北养殖业和畜牧业的主攻方向。伊利、蒙牛等大型乳制品企业已经开始进军宁夏,完全可以依托这个渠道进行清真养殖业及加工出口的拓展,担当西北拓展阿拉伯和伊斯兰市场的生力军[8]。

三、营造文明交流新中心,迎接中阿文明深度交融

当今世界三大主流文明最为活跃,即中国为代表的中华文明、美国为代表的西方文明和中东地区为核心的阿拉伯—伊斯兰文明。其中,西阿文明陷入广泛的冲突,中西文明因为中国的崛起和意识形态的差异处于战略磨合期,中阿文明由于各自长期封闭、同属弱者、历史友好而关系融洽。但是,必须认识到,西阿文明冲突是一种深度交融后由于美国粗暴输出价值观而引发的摩擦,是正常关系中的不正常;而中阿文明尚处于未被全球化撮合到一起的浅层次、边缘化交往,建立深刻和全面的交往,是一种非常态下的正常。中阿文明深度交往、交融是全球化进程无法回避的趋势,既呈现无限空间,也潜藏着一定风险。无论是联手抵御西化保持本

文明独立特质,还是回应全球化浪潮下人才、资源、资金、市场的全方位交流与交融,都必须从国家的全球战略和百年大计、千年大计谋划中阿文明的关系,搭建文明交流的新中心,而宁夏担当这个新中心或者桥头堡拥有天时、地利与人和的优势。

天时——大国崛起、利益延伸、文化传播、地位调整等因素使中国必须就近构建连接中阿文明的新平台,这个平台既用来继承和光大历史友谊,更满足现实需求和应对未来发展,还可以将海陆"丝绸之路"翻新、升级和拓展,使之变成中阿文明的现代高速公路和通衢大道。

地利——宁夏地处西北腹地,空间上比北京、上海、广州、西安等中心城市更接近中东、中亚、南亚等伊斯兰世界,而且不属于边疆省区,可免去边疆地区对外深度交往和开放而带来的诸多安全与稳定问题。宁夏地广人稀,气候优良,物产丰富,不仅有足够的生活和生产用水及稳定的粮食安全保障体系,还拥有丰富的电力、煤炭和石油等能源自给,经过多年建设已经拥有了发达的航空、公路、铁路系统[4]。

人和——这是宁夏最重要最关键的因素。中国十个主体人口信仰伊斯兰教的少数民族中,回族人数列居第一位,而宁夏又是回族穆斯林所占人口比例最高、伊斯兰文化特色最鲜明的地区,是天然的中国穆斯林聚集中心。宁夏回汉关系水乳交融,源远流长,彼此间文化习俗不仅十分熟悉,而且相互尊重,自然默契,不仅在中国,在世界也堪称民族关系和谐交融的样板。宁夏的宗教环境最为宽松与平和,宗教气氛最为浓厚纯粹,穆斯林与非穆斯林的社会心理最为正常和健康,宗教政策的实践最为成功,回族穆斯林的身份认知也最为自然。宁夏拥有大量精通阿拉伯文和伊斯兰教基础知识的青年,并且成为中阿民间贸易第一线的主要智力人才。以义乌为例,每年都有三千多名宁夏阿语翻译和八千多名宁夏回族商贸人员在那里工作,成为当地国际贸易的服务主力。这支队伍为宁夏成为新的中阿文明交流中心提供了最为宝贵的人才储备和基础骨干力量[9]。回族又是中国穆斯林群体中十分独特的一支，是中阿文明交流与融合的直接产物和成功延续，在宗教信仰和风俗习惯上与阿拉伯—伊斯兰世界民众有着高度的同源性和同一性，在语言、主体文化、思维习惯及行为方式上，又与中华民族的主体民族汉族高度一致，所谓"打断骨头连着筋"，是血脉相连、休戚与共的亲骨肉，故此一直保持着爱国爱教的优良传统。这是宁夏具备中阿文明新平台的根本保障和绝对竞争优势，是对内影响、引导数千万各族穆斯林热爱祖国，对外连接广大伊斯兰世界拥抱中国的不二选择。

将宁夏营造成资源集中和人才集中的中阿文明交往首善之区，使宁夏回族穆斯林成为世界视野下中国穆斯林的典型代表，使宁夏成为国际传播中中国伊斯兰核心区域，对于维护国家安全与稳定，树立民族团结典范，传播中华文明价值观，巩固和深化中阿两大文明全方位、多层次友谊与交往，共同抵御强权政治，具有多重重大意义和深远意义。

四、开拓国家安全新腹地，确保中国崛起大后方

以中阿经贸合作论坛为开端，以建设宁夏为核心的西北中阿文明大舞台为基础，既符合中央开发西部的经济发展思路，也是应对中国周边安全环境复杂变化的迫切需要，更是确保中国长治久安的百年大计、千年大计。

中央开发西部，立意在于实现经济发展区域平衡，带动落后的西部追赶相对发达的中东部地区，扩大内部市场，摆脱过度依赖贸易出口，同时，以西气东输、西电东送方式，解决中东部的能源日益紧张状况。但是，从近年来国际态势变化尤其是中国周边战略安全环境恶化的趋势看，开发西部已经与中国能否顺利崛起、能否确保长治久安密切联系在一起。

中国的迅速崛起及其在世界经济危机中的砥柱作用，使自己突然走近世界舞台中心，"中国模式"和"中国影响力"引起美国和

西方世界的突然不适和极度恐慌。美国在以各种方式捧杀中国的同时，更利用欧盟和北约成功东扩，逐步从欧洲、中东、中亚、南亚抽身，开始谋划"北约全球化"布局，大力营造太平洋和印度洋围堵中国战略，不断在中国周边海域挑衅、制造事端，公开挑拨中国与周边国家关系，乃至频繁调动航母在中国沿海进行军演，对中国进行战略试探和战略示强，北京、天津、上海、南京、广州、香港、澳门等最发达的政治、经济、金融和文化中心被美国置于炮舰袭击的理论半径之内，中国30多年改革开放积累的成果面临切实威胁[10]。

与此同时，中国的发展与利益延伸也迫使我们不得不从经营960万平方公里陆地国土向经营300万平方公里的海洋国土转进，不得不从陆地防御转向海洋防御，不得不突破美国及其盟友设置的岛链而从浅海走向深海，从近海走向远洋，从陆地大国转向陆海大国。这一态势势必加剧与美国及其同盟者的摩擦冲突，将中国面临的战略安全矛盾集中于东部沿海地区。因此，确保建设成果，确保战略后方，确保战略纵深，对中国之崛起就变得十分必要和迫切。

中国革命在长征时期面对强敌曾战略北上西进，完成两万五千里长征，并建立陕甘宁革命根据地；中国抗战时期曾有过沿海工业大规模西迁；中国建设时期为应对苏美两霸威胁第三次战略西进建设"三线"，为今天中西部发展打下坚实的工业基础。这三次战略西进高瞻远瞩，意义重大，功在当时，利在千秋。如今，中国在崛起时，更需要第四次西进，这就是西部大开发，而从文明交往的更高视角和更远视野看，打造西部中阿文明交流平台，有着比西部大开发战略更长远的政治意义和战略意义，是中华民族和平崛起的战略博弈之举，是为成为世界领导者之后如何与另一主流文明——阿拉伯—伊斯兰世界深度相处的通盘布局。

经营以宁夏为核心的西北战略腹地，建设"中国—中亚—中东"的"三中"为轴心的物流高速通道，拓宽欧亚大陆桥，有助于帮助中国避免对"三海两洋"战略通道的过于依赖①,确保中国发展的经济安全和能源安全。世界 16 条海上主要航线多数被美国控制,第二大航线咽喉马六甲海峡地缘政治环境更加复杂,而中国 90% 的外贸货物、80% 以上的原油进口都经过穿越印度洋和南海的马六甲海峡,一旦两洋和南海局势恶化导致这条航线中断,后果不堪设想。打通"三中"战略通道,不仅能确保中国的能源和外贸渠道畅通,而且还能使中国与中亚、中东能源供应线连为一体,使中国的"能源东输"战略拥有可持续的资源支持②。美国《纽约时报》称,走海路,中国的油轮需要花 16 至 25 天才能抵达海湾地区,如果中国打通经过陆路从巴基斯坦接近海湾,运输时间将缩短至 48 小时以内③。伊朗法尔斯通讯社援引伊道路和交通运输部部长哈米德·巴赫巴哈尼的话说,9 月 12 日,伊中将签署 20 亿美元的工程合同,由中国帮助伊朗打造铁路网项目,这个预计两年半完工的项目,将连接德黑兰等城市。报道说,伊朗计划在未来将该铁路继续向西扩展到伊拉克,最终连接叙利亚以及地中海沿岸国家。伊朗官方英文报纸《德黑兰时报》9 月 7 日报道,伊朗总统内贾德 6 日于德黑兰举行的伊朗、阿富汗和塔吉克斯坦三国首脑峰会上建议,兴建一条连接中国、阿富汗、塔吉克斯坦和伊朗的铁路网[11]。

　　经营好以宁夏为核心的西北战略腹地,可以在地缘上与中亚、中东伊斯兰世界形成横贯亚洲内陆的广阔地域,可以以中国西部、中亚为支点,以西亚、东亚两极相互策应,应对美国为首的西方世界对中阿两大文明的西化、分化和炮舰威胁,形成战略盟友,互为犄角,互为战略大后方。

　　经营好以宁夏为核心的西北部战略腹地,可以逐步摆脱敌对势力的海上航母舰队与核潜艇的威胁和敲诈,策应中国后院无忧

①"三海两洋":黄海、东海、南海以及太平洋和印度洋。
②综合多种材料统计,中东石油储量占全球的 60%,天然气储量超过三分之二;中亚探明油气当量 4200 亿桶,堪称"第二中东"。
③美国《纽约时报》网站 8 月 26 日报道,题《中国谨慎控制巴基斯坦北部边境》。

地从陆地大国向海陆大国转型，坚定地拓展更为广阔的海洋战略，谋求与世界大国地位和实力相匹配的海洋利益[12]。

经营好以宁夏为核心的西北部战略腹地，使中阿文明由过去"肩并肩"和"背靠背"的朋友和亲戚关系，向"面对面"和"脸贴脸"的兄弟甚至亲缘关系转进，因为这是全球化浪潮不可阻挡的势头。与关税壁垒、投资壁垒、文化壁垒被打破相伴而生的，一定是人员交往壁垒的逐步消除。中阿文明以往借助商队、使团、留学生和少量游客实现的零星和浮浅交融，一定会被公民自由旅行、移民、投资、定居、就业、通婚、参政等大面积、全方位和深层次交融所代替。这种交融，已经在欧美进行了上百年的探索和实践，并在逐步磨合和完善，但是，依然是摆在中阿两大文明间的全新课题和重大考验。以美国为例，近百年来，移民美国的阿拉伯公民已经超过 300万人，穆斯林超过 600 万[13]。这是现实地缘政治博弈的需求，也是历史发展和人类文明碰撞的必然结果，我们与其回避，不如主动应对，积极布局，未雨绸缪。

五、十个具体项目设置建议

（一）在银川与吴忠之间设立永久中阿论坛经贸、文化交流会址，并扩展为中国与伊斯兰世界交往的中方支点。以博鳌论坛为模板，沿黄河两岸规划建设以中阿文明交流为核心和特色的会展群和配套服务设施，使银川—吴忠成为中国乃至亚洲东部的伊斯兰中心和标志性"双子城"。

（二）打造亚洲最大的"三中"教研平台，使宁夏在若干年内成为立足中国西北，以沟通中国阿拉伯伊斯兰文明为己任，以中国、中亚、中东语言、文化教育和学术研究为重心的中西部教研重镇，为中阿文明交流提供持久的智力支持和人才输送。

（三）给予阿拉伯伊斯兰国家特殊政策，鼓励它们的人、财、物与宁夏宽松流通，并向周边辐射和集散。比如给予阿拉伯伊斯兰国家特殊的投资便利条件和税收政策。打造面向中亚、中东的"新义乌""新石狮",吸引广东、福建两地的阿拉伯伊斯兰商人向以宁夏为核心的西北部分流、转移,减缓两地因异质文明的激增及文化、习俗的不适而引发的社会或政治压力。

（四）打造面向中亚、中东和伊斯兰世界的物流网和电子商务平台,使宁夏成为具有世界影响力的网络交易中心,并由此带动本地区和西北地区网络经济和电子商务的腾飞,实现新的增长点,转变增长方式和提高增长质量。

（五）鼓励在银川开设阿拉伯和伊斯兰国家贸易、投资、旅游和文化交流代表处,进行经贸、旅游、投资和留学活动的政策引导,并在机会成熟时设立领事机构,吸引相关国家人员到宁夏办理相关手续,分散北京、上海、广州、西安、成都等发达城市和中心城市的外籍人士管理和服务压力,也便于突出宁夏和西部中阿文明新中心的特色。邀请伊斯兰会议组织设立代表机构,加强中国与伊斯兰世界的直接沟通和交流。

（六）申请、承办或创办大型伊斯兰体育、文化活动和赛事,如伊斯兰服装节、文化节、艺术节、博览会、伊斯兰国家专项体育比赛、伊斯兰国家贸博会等等。

（七）建设永久性和世界级的当代伊斯兰文明博物馆,集中体现当代伊斯兰世界具有代表性的文明建设成果和杰出人物,使其成为当代伊斯兰文明的教育基地和传播中心。

（八）编辑、出版多文种的伊斯兰文明刊物,用中国的世界观、价值观和伊斯兰宗教观,向15亿世界穆斯林和更多非穆斯林宣传中国理念倡导下的文明交流。建立一个国际化的伊斯兰图书、文献馆。

（九）在中阿论坛和中非论坛指导下,与世界粮农组织和联合国相关机构合作,依托宁夏农林科学院和中卫沙坡头,建立具有世界规模和水准的荒漠化治理实验室及研究基地,与中东、中亚和非洲沙漠化严重的伊斯兰国家共同研究、总结和推广沙漠治理的经验,造福世界。

（十）在银川远郊，选择依托黄河、接近沙漠和丘陵的适当地区，建设一个具有世界级和宁夏地标意义的伊斯兰风情园区，集沙漠运动项目（赛驼、赛马、猎鹰）、水上旅游、阿拉伯—伊斯兰建筑微缩展、伊斯兰饮食、服装服饰、歌舞演艺、度假休闲等内容为一体的中高档特色服务。创造一个类似迪斯尼或好莱坞效应的世界级品牌窗口。

结语

中阿合作经贸论坛落户宁夏是个历史的机遇，办好这个论坛是宁夏的责任所在和腾飞之机，扩大这个论坛向实体和纵深发展则是国家利益所需和文明交往所趋。宁夏具备相当独特的条件和优势，一切事在人为，成功依靠突破常规、锐意探索。

参考文献

[1]王艺.让休闲和会议完美互动[N].大连日报,2008-08-28.

[2]赵叶苹.海南与博鳌论坛:在双赢的路上并肩前行[N].新华社海口电,2008-04-08.

[3]马俊,于瑶.宁夏银川房价涨幅连续10个月全国第一[N].新华社银川电,2009-09-13.

[4]王正伟.依托产业扩大对外开放[J].中国网转中国民族杂志,2010-03-15.

[5]吴中敏.中阿经贸合作谱"丝绸之路"新篇[N].新华社北京电,2010-02-55.

[6]海合会国家石油美元流向[N].新华社北京电,2007-01-10.

[7]第四届中东迪拜国际清真食品及用品展介绍[EB/OL].[2010-08-06]http://www.cnsb.cn/html/exhibitions/69/show-69116.html.

[8]贺文.夏进乳业大本营伊利蒙牛战宁夏[N].经济观察报,2010-07-24.

[9]晓晖.阿拉伯语为宁夏回民就业开辟新天地[J].外语战略动态,2009,(2).

[10]陈晓晨.美国战略东移的限度在哪里[N].第一财经日报,2010-08-11.

[11]游心.伊朗打造铁路网将同中国签20亿美元工程合同[N].第一财经日报,2010-08-31.

[12]马晓霖.守好中国战略安全的"一米线"[N].精品购物指南,2010-07-19.

[13]Shibley Telhami.美国的阿拉伯人和穆斯林一瞥[J].(美国)交流(杂志),2003,(2).

(原载于《回族研究》2010年第4期,总第84期)

2. 中阿如何重新自我审视和彼此定位?

世界进入21世纪的第二个十年,无论是中国还是阿拉伯世界,都在经历巨大变化,处于历史发展的十字路口,面临新的挑战和选择,必然需要双方重新自我审视和彼此定位。中阿双方要加强和深化战略互信,加强彼此的交流与融合,共同抵御内在和外在的挑战与威胁,携手创造新的文明与新的辉煌。

世界进入21世纪的第二个十年,无论是中国还是阿拉伯世界,都在经历巨大变化,处于历史发展的十字路口,面临新的挑战和选择,也必然需要双方重新自我审视和彼此定位。

进步与不足的中国

2008年以后,第三次世界经济危机全球蔓延,而且日益严重,世界为之恐慌。相反,经济持续30余年以年均9.5%~10%高速增长的中国势头不减,不仅相继超越德国、日本,以GDP7.3万亿美元的总量成为世界第二大经济体,而且以3.04万亿美元的高额外汇储备,成为唯一超级大国美国的最大债权国和世界经济稳定之锚。

中国突然间被推向世界政治、经济舞台中心,由一个典型的发展中国家跃升为美国希望与其共治世界的"超级大国"。同时"中国威胁论""中国责任论"取代"中国崩溃论",中国的世界形象和影响发生了根本性的变化。

然而,中国本质上依然是个发展中国家,不仅人均 GDP 与美国和日本相差甚远,分别仅为其 1/12 和 1/10,科技、技术、教育、军事也都依然相对落后。同时,由于资源需求的迫切和海权意识的逐步增强,拥有 300 万平方公里海域的中国也面临部分邻居对主权的蚕食,纷争不断,与多达八个国家存在海上划界问题。即使在国内,中国也面临十分严峻的挑战:1.28 亿人口的温饱尚未解决;工业化带来的污染十分严重;城镇化造成人口与社会结构变化;贫富分化日益突出;互联网、民主化和法制化使得公民社会快速成长,平权意识日益强烈。

中国政府无论应对外交还是内政,压力空前,挑战巨大,而且必须在国内问题国际化和国际问题国内化的瞬间转换中寻找合适角色,做出恰当决策,统筹处理好两个大局。只要保持当前的势头顺利发展,中国不仅有望在半个世纪后超越美国,成为世界最富裕最强大的国家,而且会将中华文明推向 5000 多年来从未有过的顶峰。如果出现重大失误,13 亿人口的中国后果不敢想象。

动荡与莫测的阿拉伯

2011 年爆发的"阿拉伯之春"是阿拉伯民众的一次社会变革努力,是阿拉伯人民寻求国家与民族进步、发展的历史觉醒与自我救赎。突尼斯、埃及、利比亚、也门持续数十年的威权统治、个人专制和家族垄断成为历史;叙利亚被迫进行一系列社会与政治改革;摩洛哥实现真正的君主立宪制;沙特阿拉伯尝试着给予妇女更多权利。其他国家也在以不同方式应对这场以青年为主体的变革浪潮。

尽管部分国家已经或正在走向宪政框架下的民主政治新生活,但阿拉伯剧变整体上仍处于上升、发酵和裂变进程中。以穆斯林兄弟会为代表的宗教力量纷纷掌握国家权力,这是阿拉伯历史上前所未有的政治生态变化,也必然给该地区政治、经济、文化和社会生活带来巨大变化,还将深刻、全面影响阿拉伯世界与外部的关系走向。

虽然部分无能的阿拉伯统治者被赶下台,但是,长期积累的经济结构单一、脆弱,第二和第三产业落后的结构性问题不会马上消失;青年人口激增与就业岗位严重不足的矛盾无法迅速缓解[1];各种新旧政治力量重新分化组合试图主导国家的发展,势必让阿拉伯进入"侏儒时代"而面临"民主乱象"式的政治图景;不同国家的发展模式有待思考和探索;宗教与世俗、传统与现代、温和与极端的矛盾将趋于激烈,甚至国家的统一也面临挑战与威胁。

同时,阿拉伯世界原有的地缘政治痼疾依然严峻,阿以和平不仅遥遥无期,甚至因为新的权力变化而面临倒退风险;伊朗核危机不仅使地区核扩散的概率增大,而且加剧逊尼派与什叶派的决战式较量,激化伊朗与阿拉伯、伊斯兰和西方间的固有矛盾;世界能源的紧张将刺激各种力量对阿拉伯地区进行渗透与控制;以互联网与移动终端为先导的新媒体广泛应用,将使外来文化进一步攻破传统的文明边界与心理樊篱,引发更加强烈的文化摩擦乃至文明冲突。

中阿共同的挑战与出路

经过上述对比可见,面对迅速变化的内外因素,中国与阿拉伯国家面临着共同而艰巨的使命,包括:解决国内的稳定、发展与繁荣,使经济形态更适应市场化、现代化和全球化的要求;完善民主、

---

[1] 黎巴嫩《生活报》6月3日援引世界劳工组织的统计称,北非失业青年比例高达27%,两倍多于世界青年平均失业率的12.7%。

法制和人权事业建设,建立完整的社会和司法公平体系;推动"小政府、大社会"构建,使国家适应权力、利益和诉求多元化的公民世界。此外,中阿都要着力改善自身的外部形象,既适应通行的国际规则,又保持自己的文明传承和文化身份,确立中阿文明在世界文明体系中的骨干地位和作用。从长远看,中阿更需要实现自我民族复兴,从曾经照耀欧洲黑暗时代的辉煌历史中寻求信心、灵感和力量,使双方在新世纪的发展中掌握游戏话语权和规则制定权,彻底摆脱多少年受人摆布和钳制的命运。

实现上述艰难的使命,需要看清美国为首的西方世界对中国和阿拉伯西化、分化和弱化的战略图谋。首先,领导世界、称霸全球是美国长期且公开的国策,不因政府或政党更替而变化。其次,美国为首的西方文化主导世界 500 多年的历史①且有很强的自我修复能力,它不会允许其他文明挑战和分享其既得地位,势必持续不断向中阿输出价值观、意识形态和生活方式。第三,中阿地域辽阔,人口众多,文化向心力强,都曾分别持久而广泛地影响过人类古代历史的发展进程,美国对中阿文明的再次崛起必然充满本能的恐惧,因为中阿文明的成功将打破美国模式的神话,让世界有更多的学习对象和发展选择,也必然降低美国的全球地位和历史影响力。

美国文化,本质是唯利是图的商业文化,与任何国家关系的发展建立在利益捆绑的基础上而非道义或价值趋同。2011 年阿拉伯革命的重要启示是:美国及其西方盟友采取双重标准和利益优先原则,不仅介入阿拉伯内部事务,试图引导阿拉伯变局的发展,而且利用伊朗核危机挑动地区国家矛盾和宗派纠纷,为其输出武器、维持军事存在服务。同时,美国无视巴勒斯坦人民的合法权益,屈从以色列的强硬立场,公开阻挠巴勒斯坦加入联合国,继续使阿拉伯政府和人民蒙受历史屈辱。

---

①世界史学界以 1500 年为西方崛起元年,见马克斯·韦伯《宗教社会学论集》。

需要最后指出的是,中阿不仅需要保持各自内部的团结与稳定,作为两大文明载体、两大政治和经济集团,同属于东方世界,历史遭遇和现实处境颇为相似,文化传统和价值认同重合度高,中阿双方完全有理由、有条件在历史友谊的基础上加强和深化战略互信,加强彼此的交流与融合,共同抵御内在和外在的挑战与威胁,携手创造新的文明与新的辉煌。

参考文献

[1]谢百三.世界经济与中国经济的一个谜[N].金融投资报,2012-05-23.

[2]张明.中国外汇安全面临新冲击[N].21世纪经济报道,2011-07-28.

[3]游心.中国人均 GDP 为何"滞后"[N].第一财经,2011-02-15.

[4]孔志国.中国海权面临挑战[N].中国经济周刊,2010-01-05.

[5]中国科学院.2012年中国可持续发展战略报告[M].

[6]新华社.美国明确表示将否决巴勒斯坦"入联"要求[EB/OL].http://new.xinhuanet.com/world//2011-09/09/C-122006563.htm.

(原载《回族研究》2012年第3期,总第87期)

3. 必须提防"一带一路"倡议面临的三大陷阱

2013年,国家主席习近平相继提出建设"丝绸之路经济带"和"21世纪海上丝绸之路"宏大构想。一年多来,这一构想已引起世界舆论普遍关注,更是国内产、学、研、官各界的焦点话题。"凡事预则立,不预则废。"如何认识"一带一路"倡议,特别是如何厘清其实施过程中面临的问题和困境,变得十分必要也十分迫切,因为它将决定着中国梦能否顺利实现,中国的强国之路能否顺利实现和成本最省。在我们看来,"一带一路"倡议意义重大,势在必行,但必须循序渐进,稳扎稳打,尤其要注意避免战略层面的"三大陷阱"。

一、以宏大历史和全球视野看待"一带一路"倡议的提出和推进

一千多年来的世界历史演进表明,曾经比较持续、广泛和深刻影响,而且正在影响,也将继续影响世界政治、经济和文化格局的主要是三大文明:中东地区为核心的阿拉伯—伊斯兰文明,美国代表的西方文明和以中国为龙头的中华文明。自殖民时代以降,特别是冷战时代及结束后,三大文明中摩擦最频繁、最剧烈的是伊斯兰和西方文明,中华文明与二者尚处于中浅层次交往阶段和程度,中西文明小有冲突但总体相安无事;中伊文明持续友好甚至遥相呼应。但是,随着全球化进程的深入和中国持续崛起和利益扩展,中华文明与这两大文明互通有无,彼此融合的速度会加快,程度会加深,摩擦、碰撞甚至矛盾、冲突也将水涨船高,尤其是"一带一路"倡议借道或着陆的伊斯兰文明带。

无论是前几年热议的所谓"西进战略",还是习主席的"一带一路"倡议,都意味着中华民族发展又到了关键历史阶段。中国是典型的陆权国家和农业文明,每逢重大外来危机就会向西看,寄望大陆腹地,试图远离海洋风险。我们理解,"一带一路"倡议是习主席既高瞻远瞩又"摸石头过河"逐步推出的中国复兴战略抓手,是实现中国梦的宏伟构想。随着国力快速提升,美国等其他大国力量继续式微,以及中国世界观和发展观发生变化,"一带一路"倡议在短短一年多内逐步经历五个转变:由被动应付到主动布局;由中国寻求自身发展到推动欧亚共赢;由提出笼统概念到系统规划和细化;由外交和舆论造势到开始落地实操;由缓解外部战略压力到统筹内外统筹发展。

一、由被动应付到主动布局:"一带"概念最初出台主要是应对美国战略重心向亚太转移。中国未来能大力腾挪的地方就是中国

西侧和西向。往西可以回避中国海防力量不足的软肋,跳到美国亚太战略再平衡的外线,避免掉进美日及其盟友在亚太布设的发展陷阱。同时,中东国家提出"向东看"或"看中国",中国可以回应这一外部需求。习主席随后又提出"一路",构成对"一带"的补充和完善。至此,中国未来的发展大战略轨迹水落石出:沿太平洋西缘,海陆并进,呈扇形向西发展,布局更加完整均衡,心态也更加主动。

二、由中国寻求自身发展到推动欧亚共赢和世界多赢:中共十八大规划的构想是如何实现中华民族伟大复兴,摆脱外强围追堵截。"一带一路"倡议的出台,表明习主席已洞察到,仅有中国自己发展是不可能的,即独行快、众行远,必须带动欧亚腹地、东南亚地区乃至世界一起发展,充分发挥中国后发优势和巨大潜能。习主席在美国攻击中国"搭便车"时,及时提出"欢迎搭便车"就是多赢思维的体现,这与中国实力增强,领导人眼界、胸怀和自信提升有很大关系。

三、由笼统提出概念到系统规划和细化:"一带一路"倡议作为国家战略,起初只是笼统概念,随后陆续出台具体框架和支撑内核,逐步由务虚向务实演进,比如设立"丝路基金",筹办亚投行,推动亚太、中欧互联互通等等。

四、外交和舆论造势到开始落地实操:"一带一路"倡议最初堪称是对"美国亚太再平衡"的再平衡,具有一定意义的战略务虚考量,外交造势和舆论宣传高举高打,但随着总体布局和实际动作的相继展开,其实操性已不言而喻,至少是虚实结合。

五、由缓解外部战略压力到统筹兼顾内外发展:"一带一路"倡议最初主要破解外部压力,后来提升层次,成为沿海向东开放和内陆向西开放并举的均衡布局,中西部大开发、经济升级转型都纳入考虑,协调和统筹国内、国际两个大局的发展。

二、"一带一路"倡议推进务必警惕三大陷阱

无论是推进"丝绸之路经济带",还是落实"海上丝绸之路",对中国而言都意味着巨大的机遇和风险,以下侧重分析风险所在。

"一带一路"倡议与重现历史"丝绸之路"完全不同,更何况,即便历史上的"丝绸之路"也是险象环生,一路艰辛,见证过各种帝国的兴衰与征讨,也经历过各种文明的对话与冲突。对中国而言,构建"一带一路"必须力避战略陷阱。

第一个陷阱是"帝国坟墓",或曰"新殖民主义"诅咒。

这是历史已经多次印证的事实,更是对"丝绸之路"沿途古代与近现代力量博弈历史的充分写照。

自西汉张骞"凿空西域"以来,陆海"丝绸之路"横贯东西,长达万里,绵延千年,几乎襟连起世界史和人类文明的主线。在这个时空带中,驰骋古代的世界大国包括汉朝(西汉和东汉)、安息、贵霜、罗马帝国;中世纪的世界霸主包括唐朝、萨珊、古罗马、阿拉伯帝国;中世纪后更有西方列强、中国诸王朝、奥斯曼帝国、波斯等力量。这些世界大国为了控制贸易和物资,曾经以海陆丝绸之路为主轴,进行了长期博弈,部分帝国就是在这种博弈中遭到征服或毁灭,或者两败俱伤,被新崛起的力量所取代。而陆路"丝绸之路"的不畅和垄断,以及科学、技术的发展,刺激和助推了海上贸易通道的繁荣,反过来引发内陆文明的迅速衰落。"丝绸之路"铺就的东西方文明大交流,更导致世界文明格局的勃兴和演变,其结果往往令人始料不及。

近现代,特别是第一次世界大战之后,无论是太平洋、印度洋、中亚、西亚等地区,都是著名的"帝国坟墓":日本侵略和扩张,导致"明治维新"之后陆续建立的日本霸权崩溃;大英帝国在印巴和中亚的失败,以及中东的颓势,不仅终结了"日不落帝国"的辉煌,还被迫把西方世界的领导权拱手让给新兴霸权美国;法国在东南亚、西亚和非洲的殖民失败,也让法兰西帝国的势力范围回缩到本土;因二战而崛起,并因冷战而扩张的两个世界超级大国苏联和美国,相继陷入漫长而惨烈的亚太地区战争,导致国力日益衰落,加速两极格局解体和多极化格局逐步形成。特别是10年的阿富汗战争彻底拖垮苏联,并导致苏联分崩离析,引发二战后最大的世界力量变化。分别持续 10 年和 15 年的伊拉克战争和阿富汗战争,使美国陷入二战后的首次战略收缩,并给中国崛起以千载难逢之机。

基于以上历史与现实的教训,推进"一带一路"倡议务必以史为鉴,以邻为鉴,不可冲动冒进,不可一厢情愿,不可重复他国老路和悲剧,不可跌进东南亚、中亚和西亚这些"帝国坟墓",重蹈覆辙。很多企业不是死于创业之初,而是亡于扩张之时;诸多大帝国并非瞬间败于外敌,而是摊子太大、扩容太多、战线太长以至无力应对,最终竭血而终。

此外,中国必须切实警惕和防止"新殖民主义"的诅咒,这不仅是西方大国对中国海外利益迅速扩展的公开抹黑和攻击,也是不少发展中国家对中国某些企业行为的现实抨击。不同国家出现的排华现象、中资企业罢工或骚乱事件,都预警我们,在大规模启动和推动"一带一路"倡议时,必须杜绝"新殖民主义"之名,更别说要坚决防止出现"新殖民主义"之实。

殖民主义的本质是掠夺、控制和剥削,甚至是文化和商业侵略,西方殖民主义往往通过武力入侵或武力威胁方式,实现对殖民地的全面控制,特别是控制其资源、劳动力和市场,甚至进行语言和文化的输入与同化。正因为如此,殖民主义才成为发展中国家的历史罪孽和民族伤痛。

很显然,中国的"一带一路"倡议是建立在和平外交基础上的发展战略,绝不是以损人利己的方式实现自身发展,而是通过输出资金、技术、产品甚至发展模式优势,带动"一带一路"共建国家和地区共同成长,真正建立利益共同体和命运共同体,这是中国政府非常明确的顶层设计。但是,政府主导的政策,在实施层面更多交由大量国企、私企落实,这个过程如果控制不好,必然伤害沿途国家的相关利益和感情,进而落下"新殖民主义"的口实,形成不利于中国对外拓展的大小舆论环境。

第二个陷阱是文明冲突。

"一带一路"覆盖的地区,无论陆地还是海上,都正好是世界文明特别是古老文明的交集地带,一个巨大的战略风险和挑战就是能否处理好文明冲突,特别是中华与伊斯兰两大核心文明的关系。

中国属于中华文明圈,是儒家文化打底、多元文化并存的社会主义国家,主导今天国家发展的是主张无神论的共产主义意识形态,与东南亚儒教文化形态的国家深度交融,由于儒教文化的世俗性和非政治性,不会有太多摩擦和矛盾,但是,在东南亚等伊斯兰国家,在南亚这样的印度教国家,在巴基斯坦、阿富汗、中亚五国和西亚、北非等"一带一路"腹地的伊斯兰国家,就会孕育着巨大的潜在摩擦甚至文明冲突。

"一带一路"核心地带从中国到西亚、非洲和欧洲,数千年来出现过人类历史最集中、最丰富和最灿烂的文明,包括中华文明、印度文明、阿拉伯—伊斯兰文明、波斯文明、埃及文明、犹太文明、希腊罗马文明、两河文明、非洲文明和斯拉夫文明,也诞生了最有影响力的儒家文化、道教、印度教、佛教、犹太教、基督教、伊斯兰教,以及曾经流行于世的拜火教、萨满教,还包含若干次文明和地区性信仰或教派。

同时,"一带一路"倡议还是农耕文明与游牧文明,农业文明与工业文明,大陆文明与海洋文明,东方文明与西方文明等不同维度文明相互对话、相互征服、相互影响、相互借鉴和相互融合的大熔炉,这种复杂的多元文明交流不仅主导了古代和中世纪的世界历史进程和文明格局,而且催生过西方工业文明,也是当代文明与古代文明依然彼此严重激荡的核心板块。

历史进入 20 世纪,随着殖民体系的日益崩溃和民族解放运动的持续勃兴,以及冷战体系形成与崩溃的冲击,伴随着经济全球化、贸易自由化和世界格局多极化的发展,陷入千年萧条的伊斯兰文明正显现出巨大动能和活力。广大伊斯兰国家和地区,日益成为当今世界的地缘政治博弈前沿,也因其与美国为主导的西方世界剧烈摩擦和频繁碰撞,上升为非常重要的角色。从二战结束后的中东冲突发轫和绵延不断,到持续 8 年的伊朗和伊拉克战争;从颠覆殖民或帝国主义残余统治的阿拉伯民族解放运动,到基于土地之争的印巴冲突;从带有冷战色彩的阿富汗战争,到持续 10 年的车臣内乱;从 20 世纪 80 年代出现的中东恐怖主义浪潮,到"9·11"恐怖袭击乃至今天作乱亚非的"伊斯兰国"武装;从苏联解体后中亚各国的"颜色革命",到 2011 年"阿拉伯之春"大动荡,包括几乎拖垮美国的伊拉克战争和新阿富汗战争;等等,都显示了大伊斯兰文明区的持续动荡和冲突,非常现实地展示了这个古老文明板块的复杂性、多样性、不确定性和易碎性。

在这跨度近百年、幅员数万里的博弈场上,中国因为自身的实力、影响投射力极其有限,因而基本处于离场和半离场状态,成为这场文明大冲突的旁观者,很显然也是客观的头号"受益者"——持续赢得数十年的战略发展机遇期,积累了今天实施"一带一路"倡议的实力资本和口碑资本。与中国形成鲜明对比的,则是苏联被阿富汗战争拖垮,美国被中东争端、反恐战争和"阿拉伯之春"干扰。

从历史上看,"一带一路"沿线未曾停止过各种文明的剧烈碰撞,但是,曾经辉煌的埃及文明、波斯文明、希腊文明、佛教文明最终都让位于伊斯兰文明,而且后者不仅主导欧亚腹地历史长达上千年,至今依然是最重要、最具决定因素的本土文明力量,也是相对落后、保守、敏感且容易产生激进思潮和极端分子的区域。"基地"组织的长期存在,"伊斯兰国"武装的崛起和做大,"博科圣地"组织在撒哈拉沙漠以南非洲长期为所欲为,《沙尔利周刊》血案映照的欧洲伊斯兰化进程等,都体现伊斯兰文明正处于新的历史阵痛之中,面临着内部的巨大撕裂和外部的巨大压力,而中国作为旁观者,随着"一带一路"世纪工程的推进,就有可能替代美国为首的西方文明体,成为伊斯兰文明的头号交往对象。

历史上,中华文明与伊斯兰文明的交往基本和总体以友好方式进行,唯一一次交战就是公元 751 年的怛罗斯之战,但两大文明由于当时交通和器物条件所限,彼此已发展到扩张的极限空间,均无意也无力相互为敌,于是短短 4 年后就化敌为友,联手平息"安史之乱",进而进入肩并肩、手拉手、背靠背的千年蜜月期。但是,这种文明扩张"强弩之末"而造成的历史友谊和零负债,未必会一直保持下去,特别是全球化必然将双方密切地联系在一起,而现代化并未帮助伊斯兰文明摆脱衰落的尴尬进而体现出相当普遍的反现代化、反全球化行为。抛开中东冲突、西方殖民主义、干涉主义和美国霸权的外在诱因,"基地"组织、"伊斯兰国"武装和"博科圣地"猖狂肆虐,乃至车臣等地的分离主义叛乱和割据势力存在本身就表明,伊斯兰文明区有相当的极端和保守力量排斥异质文明,拒绝互通有无,甚至试图倒退复古,梦想建立单一文明主导的信仰乌托邦。只要这种思潮依然保有市场,中国推进"一带一路"倡议就必然要解决两大文明的相互适应性问题,换言之,必须考虑文明冲突产生和加剧的潜在风险,哪怕其烈度和广度要低于伊斯兰文明与西方文明的冲突表征。

第三个陷阱是西向的亚文明冲突或曰地缘乱局。

东南亚、南亚、中亚、高加索、西亚、北非和撒哈拉沙漠以南非洲是众多民族、宗教、教派和文化拼凑的马赛克地图,如果内部各种冲突持续不断,中国就很难安心投入和安全收获。这是中国实施"一带一路"倡议最大的障碍之一,因为大文明关系虽然难以处理,但只要政策对头,方式得当,还有一定把握,毕竟中国作为文明的两极之一,握有相当的话语权和处置权,但是,亚文明冲突或地区争端,则超出中国的把控能力,中国在很大程度上将被迫置身观望和被动应付的位置。

"一带一路"倡议在亚文明冲突层面,如果说和中国关系关联较大的则是南海问题和中印边界争端,这些问题基本处于国家利益层面,本着搁置争议、共同开发的原则,避免被美国、日本等外力所乘,应该可以掌控。但是,与中国无直接关系的其他国家冲突、国内民族、宗教矛盾,甚至同一宗教不同门派的恩怨,则充满变数。

　　东南亚地区:潜在安全风险因素包括:泰国南部的穆斯林分离主义势力没有灭绝;菲律宾南部"阿布沙耶夫"为核心的分离和恐怖主义势力时隐时现;"基地"组织和"伊斯兰国"武装追随者非常活跃,印尼曾经发生过巴厘岛袭击惨案。

　　南亚地区:潜在风险依次是,印度与巴基斯坦之间的战略对峙,以及克什米尔归属引发的紧张;印度内部伊斯兰教徒与印度教徒的世仇;周边国家恐怖分子渗透;"基地"组织南亚分支机构的威胁。巴基斯坦内部除复杂的世俗政治力量外,部落因素、巴基斯坦塔利班极端组织等,都是安全的拦路虎。阿富汗最大的不确定性就是美军能否如愿撤离,以及撤离后塔利班能否与当局实现全面和解及分权。

　　中亚五国:哈萨克斯坦、吉尔吉斯斯坦、塔吉克斯坦、乌兹别克斯坦和土库曼斯坦五国,最大的威胁是传统的"三股势力",以及美国和西方策动的"颜色革命",这些都是影响该地区国家是否稳定和平以及内政外交的变量。

　　高加索地区:高加索地区的潜在威胁是,俄罗斯和美欧围绕战略空间前沿的争夺,大国支持的分离主义冲突,以及车臣和印古什两个加盟共和国的恐怖和分离行为。

　　西亚地区:包括伊朗、土耳其、以色列 3 个非阿拉伯国家,以及 11 个阿拉伯国家和地区,无论是历史还是现实,都是民族、宗教、土地纷争最为激烈和残酷的地区,也是伊斯兰文明的发祥地,经历了多种文明的兴衰,也正见证着冷战后的几次地区战争,更是暴力和恐怖袭击最为频繁发生的地带。

　　这里的领土争端涉及全体阿拉伯国家和以色列,特别是巴勒斯坦、黎巴嫩和叙利亚;伊朗与阿联酋之间、沙特和也门之间也存在领土纠纷。

　　这里的宗教冲突,既有伊斯兰教与犹太教、基督教、巴哈信仰之间的矛盾,也有教派内部的纷争,特别是伊斯兰逊尼派和什叶派之间的争夺,从伊斯兰教初期延伸至今,从叙利亚、伊拉克延续到阿拉伯半岛。

这里的民族冲突不仅包括传统的四大民族——阿拉伯人、犹太人、波斯人和土耳其人,还包括分散在四个国家、人口庞大的库尔德人,而且百年来都呈现不同程度的分离主义运动。此外,西亚地区的分离主义威胁已由过去的库尔德人寻求独立为主,向伊拉克、叙利亚、也门等地扩散,严重损伤了国家认同,并导致中央政权控制力严重下降。

这里因为集中世界 60% 的石油和 30% 的天然气储量,也自然成为因控制、争夺能源而产生冲突的矛盾引发点。

此外,这里也是世俗主义与宗教极端主义、文化保守主义博弈最为激烈的地区,有较为民主的国家如以色列,也有较为保守的王国如沙特阿拉伯;有推行世俗化的土耳其,也有限制政治多元化和生活世俗化的伊朗伊斯兰共和国;有实行联邦制的伊拉克、也门和阿联酋,也有根据教徒人口按比例瓜分权力的黎巴嫩。

北非地区:这里是已实现阿拉伯化和伊斯兰化的地区,也曾经是海上丝绸之路的重要必经之地,其面临的威胁来自两个方面:激进的宗教势力和恐怖主义威胁("伊斯兰国"武装已经取代"基地"组织),以及根深蒂固的部落主义和利己主义。

非洲地区:是国家最多,民族、语言和种族最丰富,经济、社会和发展也最落后的地区,恐怖主义、边境冲突、内部争斗、各种疫情频发,以及低教育、低素质、低技能带来的普遍效率低下,都是威胁"一带一路"投资的因素。

欧洲地区:虽然经济、社会和文化高度发达,但近年地缘环境的恶化、恐怖主义的泛滥、伊斯兰化趋势的加剧以及极右思潮的抬头,也给该地区的前景带来极大的不确定性。

这些地区冲突或曰亚文明冲突本身就已经十分棘手,如果"一带一路"共建国家再试图利用中国钳制对手,那必将使一团乱麻更加糟糕,比如印度和巴基斯坦、阿拉伯与以色列、伊朗和沙特这些传统冤家借中国之手制约对手,哈萨克借助靠近中国制约俄罗斯,俄罗斯借助中国制衡美国,等等,或者搭"一带一路"倡议的便车却塞进各自的私活。

尽管"一带一路"倡议面临诸多困难和挑战,但是,它是中国成就自身终极梦想的必由之路,无论如何都不能轻易打退堂鼓。困难就是磨刀石,也许就是在各种磨炼中,才能为中国成为大国和强国铸造不可战胜的精神与气质。

（部分内容刊载于《华夏时报》2015 年 2 月 4 日）

4. 海外投资:有钱也不敢任性

3 月 10 日,上千名斯里兰卡工人举行集会,抗议当局中止中国公司投标的科伦坡港城一期项目,敦促政府尽快纠正这一影响 5000 名当地人就业的决定。随后,当局重申新总统西里塞纳的态度,将重新审查该项目后再做论处。这一事态,不仅给中斯传统友好关系蒙上阴影,也凸显了中国企业"走出去"战略面临的挑战与困境,因为科伦坡港城案并非零星个案,而是一段时间来类似海外投资蒙受挫折的最新记录,而且这种变故均发生在关系相当牢固的友好国家。

2011 年 9 月 30 日,缅甸总统吴登盛发布命令,搁置中国公司斥巨资承建的伊洛瓦底江上游密松水电站项目;2014 年 11 月 8 日,墨西哥政府取消中资企业牵头承建的首条高速铁路建设中标资格;今年 1 月 28 日,希腊新任总理宣布暂停多项私有化进程,使中国 7 年前已控股 67% 的比雷埃夫斯港口经营权有丧失之虞;2 月 24 日,柬埔寨首相洪森宣布,中国在柬南部承建的水电大坝项目暂时搁置……

客观地看,这些大型项目多半由中国国企参与或牵头参与,按照国际惯例以公开透明方式竞标,不仅投资规模大,而且考虑到与东道国形成利益共享机制,并服务于当地经济与社会发展,提供就业和税收。比如,科伦坡港城填海项目,预计首期投资为

14亿美元,预计最终吸纳当地就业人口8.3万;密松项目7座电站最终总投资达80亿美元,全部运转后缅甸将获得数百亿美元的各种红利;墨西哥高铁项目完成后,将减少墨西哥城和克雷塔罗两城市间汽车流量30%,并提供直接或间接就业机会近6万个。

上述各个投资案例所涉,均属友好国家和双赢项目,却一波三折,甚至煮熟的鸭子又从锅里飞走,密度之大,实属罕见,也令人震撼。其实,这是两个层面的问题,首先它体现了中国近年海外投资的多样性和丰富性,折射出中国在"走出去"战略指导下普遍撒网的集约和规模效应。据统计,截至2013底,中国在海外净资产超过2万亿美元,投资国家和地区超过156个,涉及企业4522家。2014年,中国海外投资达1029亿美元,增幅为14.1%。这种境外庞大利益存量,形成规模可观的"海外中国"。但是,世界银行统计显示,中国海外投资具有盈利、亏损和持股各占三成的特点,总体成绩相当不俗,但亏损面和潜在危机不可小觑。

本文述及的案例虽属特殊现象,不代表中国"走出去"战略的总貌和主流,但其呈现的新特点和扩散趋势令人忧虑。这些项目或胎死腹中、前功尽弃,或半途而废、损失惨重,或正借助政府交涉修补漏洞,乃至司法渠道维护权益且前景叵测。这些命运波折的海外重大项目,足以警示中国政府、企业和投资者必须聚焦五方面的战略风险,做好全面而统筹的风险预估和防范,趋利避害,确保投资安全。

首先,区域地缘关系变化,风险率增高,中国项目容易倒地中枪,成为朝野权力博弈和内政外交调整的牺牲品。科伦坡港城项目为前总统拉贾帕克萨力推的标志性重大工程,且由两国元首共同见证奠基仪式,竟然被继任者粗暴叫停。分析家普遍认为,这是斯里兰卡新政府试图在中国和印度两个重磅邻居间保持平衡而做出的姿态回摆。西里塞纳竞选时公开指责拉贾帕克萨过于亲华,誓言上台后推翻"缺乏透明"的港城工程,他胜选后即兑现诺言,并将首访国家锁定为印度,足以证明区域地缘关系也会让中国企业蒙受无妄之灾。缅甸密松水电站项目下马,维基解密称,与美国使馆暗中作梗有很大关系。

其次,国内政治博弈和局势恶化容易殃及池鱼。科伦坡港城项目首先就是斯里兰卡大选的政治议题;希腊港口经营项目,因为在野党执政后治国理念与前任相左而受挫;墨西哥高铁项目得而复失,是典型的朝野恶斗一方被迫妥协的结果;中国和泰国"高铁换大米"项目迟迟不能推进,则明显受制于泰方复杂的内部权力争斗。至于中国在利比亚、伊拉克和叙利亚等地的投资,更因战乱、局势动荡而蒙受很大损失。

其三,非政治和安全因素迅速上升,特别是环境保护、生态安全等意识进入东道国公众舆论和议题后,官商模式难以为继。重视环保和生态安全是时代进步的普遍现象,也是引发友好国家中资项目流产的新变数。缅甸密松水电站、柬埔寨南部水坝乃至斯里兰卡科伦坡港城项目,官方提出的最冠冕理由就是环境影响评估不足、存在缺陷,或民众和非政府组织剧烈反对。在利益多元化和政治民主化的今天,再友好的政府都不得不考虑民意和反对党的态度与压力,过去那种双边政府一拍即合并为合资项目保驾护航的风光日子一去不返。

其四,操作层面的硬伤、违规甚至失范和瑕疵,也同样会导致项目夭折或成本倍增。墨西哥高铁项目由中国企业牵手当地公司联合投标,来自法国、日本、德国和加拿大的竞争对手因未能在规定时间内交付标书,中方自然胜出。岂料,招标时间短、竞标对手少,居然成为墨西哥政府事后取消合同的致命托词。

最后,在所有环节都达标的前提下,投资项目能否实现盈利或薄利,也是个大学问。

投资有风险,出手需谨慎。这是众所周知的行话。中国要实现大国梦想,寻求资产增值和产业转移,必须坚决走出去,也必须在各种风险中交纳学费、积累经验、增长智慧。因此,对于本文述

及的事件和案例,应一分为二地看待,既不能知难而退,更不能反
复踏进同一条河。

(原载《华夏时报》2015 年 3 月 19 日)

5. 共走丝路:中俄加固战略纽带

5 月 8 日,中国国家主席习近平与俄罗斯总统普京在莫斯科发
表关于在"丝绸之路经济带"框架内合作的声明,强调中方提出的
"一带一路"倡议将与俄罗斯主导的"欧亚经济联盟"实现对接。俄
观察家称,这是莫斯科在政治经济上转向东方后最有意义的俄中
文件。笔者认为,这是中俄深化战略协作,夯实和拓展双边关系的
标志性举措。"一带一路"倡议与"欧亚经济联盟"接轨,意味欧亚
双雄齐心推进欧亚腹地协调发展,战略意义深远而广泛。

"一带一路"倡议是习近平 2013 年访问哈萨克斯坦和印度尼
西亚时相继提出的宏大构想,旨在全面复兴、光大和拓展古代沟通
中国与欧亚的"丝绸之路",借助中国经济崛起的势能,从陆海两个
方向打造当代和超级版的"五通"新丝路,即政策沟通、道路联通、
贸易畅通、货币流通和民心相通,实现"世界岛"欧亚大陆超过 30
亿人口的经济、社会和文化繁荣,构建经济全球化和贸易一体化时
代多种文明的和谐共处。

"一带一路"地理上远远超越古代海陆丝绸之路,范围更广,地
域更宽,涉及 60 多个国家和地区,本质上也非简单的旧版升级,而
是在发达的欧盟和勃兴的东盟两大经济体间,推动中国中西部地
区及其向西广袤经济洼地找平和隆起。在世界经济持续乏力、发
达国家增长停滞的困境中,"一带一路"倡议将充分挖掘后发优势,
寻找全新爆发点,把中国经济高速增长后积累的巨额外汇、富裕优
质产能变为欠发达地区的"雪中炭"和"及时雨",并实现自身经济
的升级、转型和可持续发展。

然而,良好愿望并非所有国家都能充分理解,美国等西方国家

将"一带一路"倡议简单类比为"马歇尔计划",甚至聒噪为中国对外扩张和威胁的双轨。即便与中国保有"全面战略协作伙伴关系"的俄罗斯也踌躇再三,从而构成"一带一路"特别是"丝绸之路经济带"穿越独联体和西亚地区的关键未知数,直到今年2月和5月才宣布支持"一带一路"倡议。客观地说,俄罗斯的观望和疑虑并非没有理由,而是历史与现实、战略与经济等多重因素所致。

首先,独联体和西亚地区,属于苏联及俄罗斯的传统势力范围,任何大国影响在这一带的存在和辐射,必然本能地引起俄罗斯精英层的担忧和排斥。北约和欧盟双东扩相继引发的格鲁吉亚冲突和乌克兰危机,都已清楚地表明俄罗斯对前厅后院的严防死守和寸土必争。中俄是欧亚大陆仅有的两个大国,过去又存在过激烈的领土争端甚至武装冲突,冷战时代更是长期对立。尽管中俄已彻底清理历史旧账,建立战略协作伙伴关系,但是,综合实力下降的俄罗斯自信心大打折扣,不愿在"丝绸之路经济带"沿途看到中国超越自己的庞大身影。

其次,普京十多年的强势治理,外加高油价赚取的巨额外汇收入,重新唤醒俄罗斯上下的大国乃至超级大国意识,多半俄罗斯人都梦想重拾曾与美国争雄天下的昔日荣光,也自然对中国主导的规模宏大的经济复兴计划心存疑窦,担心成为配角。普京的强人外交不仅没有削弱其执政地位,反而刺激民众支持率持续爬高,本身就说明,中国影响力想顺利覆盖俄罗斯传统腹地并非易事。

其三,俄罗斯有自己雄心勃勃的经贸甚至区域一体化战略,即现阶段的"欧亚经济联盟"。该联盟脱胎于1996年独联体国家俄罗斯、白俄罗斯、哈萨克斯坦和吉尔吉斯斯坦建立的关税同盟,2000年又成为包含塔吉克斯坦的五国欧亚经济共同体。2010年元旦,萎缩得只剩俄、白、哈三国的原共同体建立关税同盟,随后统一关税,取消海关,向单一经济空间推进。今年元旦,"欧亚经济同盟"正式启动并吸纳了亚美尼亚,终极目标则是将苏联地区纳入一体化进程,实现经济版的"欧盟"。

就独联体其他国家而言,一方面未必看好与俄罗斯的经贸一体化,也想摆脱其影响和控制,确保政治和经济独立,但又不愿意得罪强邻,因此,面对中国"一带一路"倡议的巨大魅力显得首鼠两端。当然,主观上,这些国家既想两头渔利,享受经贸一体化之利,又拒绝选边站队,避免得罪中俄任何一方,甚至可能在中俄间玩跷跷板,进而加剧了"一带一路"倡议前景的不确定性。

据悉,中方花费半年功夫向俄方解释"一带一路"倡议的积极和多赢意义,打消俄方顾虑。莫斯科阅兵期间宣布的中俄战略对接表明,俄罗斯已接受"一带一路"倡议。对接本身还表明,中国充分理解和尊重俄罗斯在欧亚腹地的地位、影响和话语权,也照顾其主导的经贸发展蓝图,为"一带一路"倡议最重要的推进方向扫清障碍。

中俄关系近年一直呈现政热经冷"一头沉"的尴尬局面,与双方现有的政治和战略关系定位极不相称。中国是世界第二大经济体,俄罗斯2014年底位居世界第十,但中俄经贸无论总量还是结构,都难以让人满意。去年双边贸易额只有 952.8 亿美元,两年只增加 50 多亿,总量仅为中国与韩国贸易的三分之一,甚至比中国和澳大利亚的贸易量还少 400 多亿。中俄贸易的严重缺陷是结构不均衡,品类有限,比重的 80% 局限于石油、矿石和木材等原料。即便乐观预期,2015 年中俄贸易也仅为 1000 亿美元,且依然以能源进出口为主,如不拓展领域,双方在 2020 年达到 2000 亿美元的构想将是镜花水月。

"一带一路"倡议与"欧亚经济同盟"接轨打通,无异开启封闭的堡垒,使中俄在经济区域一体化和贸易便利化前提下,实现贸易总量快速倍增和贸易结构均衡优化,进而取得"一帮一,一对红"的理想成果。在俄罗斯与欧盟陷入贸易大战的关口,面向中国的经贸战略对接,对俄罗斯命运攸关。

习近平与普京在莫斯科共同见证 32 项经贸合同的签署,包括中国出资 60 亿美元援建莫斯科—喀山高铁,建设 300 亿立方米天然气管道,合资生产重型直升机,以及加快贸易本币结算和相互投资等,都表明中俄经贸一体化进程,不是停留在纸面的文字,而已揭开实质性合作的序幕。中俄携手共走新丝绸之路,将为现有的战略协作伙伴关系填充更有拉力和黏合作用的新内容,也必然为欧亚乃至世界地缘政治增添新看点。

(原载《华夏时报》2015 年 5 月 14 日)

6. 雅万高铁:高新标准助推中国高铁赢得未来

8 月 10 日,习近平主席特使、中国发改委主任徐绍史在雅加达总统府会见印度尼西亚总统佐科,就中印尼合作兴建雅加达至万隆高速铁路项目呈交可研报告,并对媒体公布中方五点承诺。派国家元首特使为一项投资合作项目递交可研报告实属破例,足见中方极其重视雅万高铁,志在必得。徐绍史此行附带的五点承诺也预示着,面对日本等国际对手的围追堵截,中国将以全新标准和条件助推高铁外交披荆斩棘,赢得未来。

雅万高铁尚停留在前期规划和设计图纸上,它引发的招投标竞争和战略博弈却已白热化。身为中国发改委主任的徐绍史为一个海外投资项目亲自出马,已不足以打动印尼政府,进而又冠以国家主席特使头衔,用顶层担保方式,推动印尼政府不再摇摆把绣球抛给中方。当人们注意到中日两国政府首脑早已亲自上阵四处推销高铁项目,而中印尼元首又几次为雅万高铁合作协议站台这些事实后,就会认识到这轮角逐不同寻常,颇有刺刀见红的味道。

计划中的雅万高铁连接人口 916 万的首都雅加达和人口 170 万第四大城市万隆,两城相距 120 公里,海拔落差 700 米左右。此段高铁修成后,还可能由万隆延伸至 570 公里外、人口达 360 万的第二大城市泗水,因此,眼下约长 150 公里、包含 8 个站点的雅万高铁,也许将是惠及三城约 1500 万人的巨大蛋糕的一角,前景十分诱人。以每小时 300 公里的速度测算,高铁时代的雅万双城通行时间将由目前两三个小时缩短到 36 分钟,单程票价为 20 万印尼盾(约合 20 美元),对于人口 2.5 亿和国土由 1.7 万个岛屿构成的印尼而言,高铁网络的兴建孕育着巨大发展机遇,对中日这样的高铁强国来说,也是巨大的市场和利益洼地。

今年 3 月,佐科访问北京期间,与习近平主席共同见证中国发改委与印尼国有企业部签署《中印尼雅加达—万隆高速铁路合作谅解备忘录》。不足一个月后,访问印尼的习近平与佐科再次见证该项目的"订婚"仪式——签署框架安排。根据这一安排,印尼向中国提供雅加达与万隆之间的地形图、地震和地质资料等数据,中方于 7 月 20 日前完成高铁项目可行性研究报告。

因此,徐绍史此次提交可研报告,依然是履行双边摸底之约,并不代表中方已对该项目稳操胜券,因为日本依然紧盯不放。早在 2011 年,日本国际交通顾问公司就对雅万高铁线路完成可研报告,日方积极向印尼游说和推销其久负盛名的新干线高铁系统。因此,从这个意义上说,中日在印尼的高铁竞争已近肉搏且不分伯仲。日本新干线起步早,安全口碑较好,而且突出建设经验中的"节能、安全和抗震"等适合多岛地区的竞争优势。

中国高铁技术和质量的竞争优势也别具特色,即技术全面、成熟、过硬,形成完整体系,运营安全系数高,经受了从高寒到热带的各种复杂气候、地质和地貌考验。中国高铁总里程已高达 1.7 万公里并占世界总里程的 55%;300 公里时速以上的高铁长达 9600公里,占全球 60%;去年中国高铁运送旅客数量为 9.15 亿人次,超过全球总运送量半数。但是,印尼一直在中日之间徘徊,尽管不断放风说希望 8 月签约启动,但无论是政治平衡考量,还是实操层面比拼,都尚不足以促使筹码快速向中方滑动,因此,中方必须在最后攻坚阶段拿出更多筹码,攻克雅万高铁项目。

徐绍史公布的五点承诺也即"合作目标",也许能担当压断骆驼脊梁骨的最后一棵稻草,促使印尼政府拍板由中国承建:第一,尽量就地取材用工用料,直接造福于印尼方;项目启动后每年新增4万个工作岗位;雅万高铁开通后,对沿途8个站点的土地进行综合开发,建设经济型酒店、公寓、商品房和综合商业区,方便沿线民众,形成100公里的高铁经济带,并在5年内实现盈利。其次,协助印尼方培养高铁建设、运营和管理人才队伍。第三,配合印尼方培育高铁装备、组装工业,中方实行技术转让,并建立高铁组装厂。第四,通过高铁建设形成高铁产品管理标准体系。最后,双方联合开辟第三方市场,特别是亚洲市场。

很显然,这五点目标,是中国高铁外交最为清晰、完整、配套的立足双赢和面向未来的合作模式,它突出的不是中国优质产能、标准、管理、技术和资金的简单输出,而是取长补短,立足于为高铁输出对象国解决产能、就业和新经济增长点拉动,以及高新技术和管理队伍的培育和技术转让。不仅如此,还把引入中国高铁作为起点与利益增值空间,携手共拓第三方市场。这五点宣示将是中国对外经济合作"授人以鱼,不如授人以渔"理念在高铁领域最好的诠释和验证。

自从中国高铁开始大规模走向海外,作为高新成套技术和设备的输出,已赢得巨大社会和经济效益,也日益遭遇来自各方面的竞争。这种竞争既有正常或单纯的企业、产品、技术、市场和投资的商业竞争,更不乏国家意志驱动的"非正常"的战略博弈和影响力半径争夺,尤其是在"中国威胁论"颇有市场而国际传统玩家不愿意让渡更多空间的当下,中国高铁走出去困难重重。墨西哥高铁项目得而复失,印度高铁项目处于日本下风,泰国高铁项目迟迟归属不清,以及本文言及的雅万高铁艰难攻坚,都说明中国和平崛起和融入世界的道路何其坎坷。日本媒体甚至评价本国新干线不惜降价与中国高铁比拼"纯粹为了搅局",可见高铁之争绝非商业之争。

印尼是中国"一带一路"倡议倡响之地和重要跳板,是万隆会议举办国和不结盟运动发祥地,还是人口最多的伊斯兰国家、东南亚最大经济体和 G20 成员。从哪个角度讲,中国重视印尼和加大对其投入都不为过,因为这是中国复兴海上丝绸之路不可绕过的通衢要道,也将是取信于海丝共建国家的重要舞台。正如此,印尼也稳坐钓鱼台,静待中日等博弈竞价以收渔利,提升自己的区位优势价值和地区大国附加值。

对手就是磨刀石。从更宏大的视角看,雅万高铁带出的新标准,已廓清中国特色的新时代外交观、合作观和义利观,它表明,携带强大资本、高新技术、过硬设备、高性价比和丰富经验开拓海外基建市场的中国,与发展中国家熟知的帝国主义和殖民主义做派截然不同,绝不是只取不予而是先予后取,绝不是损人利己而是互利互惠,绝不是过河拆桥而是共创未来,绝不是瓢水解渴而是掘井长流。面对谋求自身发展与成长的"一带一路"共建国家和人民,只有搭载着真爱与无私,中国高铁的双轨才能顺畅地穿越千山万水,才能赢得稳定和持久的胜利。

(原载《华夏时报》2015 年 8 月 13 日)

7. 中东局势纷乱与中国利益保护

2015 年的中东依然处于"阿拉伯之春"乱局的延续和上升期,政治强人倒下的数个国家已经陷入严重的内乱、内战和分裂状态,外部军事干涉再次出现,恐怖主义因为"伊斯兰国"武装的快速崛起而呈现全新态势;由于人为干涉,保持数年的高油价迅速回落并在低价位上徘徊,美国的影响继续衰退。中国提出"一带一路"倡议,地缘位置重要的中东地区成为该战略的核心交叉点,中国究竟在中东有什么样的战略利益,需要重新加以梳理,为今后的有效保护提供一个参照系。

2015 年,中东在"阿拉伯之春"向"阿拉伯之冬"的嬗变中进入第五个年头,地区力量格局有所变化,多国政治转型依然困难,恐怖主义势头强劲,反恐任务艰难,能源博弈异常惨烈,这些特点足以证明,中东乱局仍然处于上行通道,地区形势变化充满各种变数。同时,随着"一带一路"倡议的筹备和实施,中国在中东地区的多种利益存量巨大,增量可观,如何保护中国利益,将考验中国在中东的外交智慧和综合实力。

一、力量格局:正呈现罕见的多极化

中东地区,传统上由四大主要力量或四大民族构成,即聚居于22个阿拉伯国家的阿拉伯人、伊朗的主体国民波斯人、以色列的主要民族犹太人,以及土耳其的主体民族土耳其人。这四大力量在上千年中东历史形成中互相征服,此长彼消,相继成为统治或主导中东地区的基干力量,也构成相互制衡的四大文明板块。过去半个世纪,四大力量的敌友关系也在不断调整,比如:阿以之间整体处于敌对、热战和冷战状态,中东和平进程启动后,阿拉伯国家分裂为主和派与强硬派两大阵营;1979年伊朗伊斯兰革命爆发,伊朗和以色列由美国的昔日共同盟友反目成仇,部分阿拉伯国家和组织也开始与伊朗结盟;土耳其曾是以色列的地区伙伴,但随着执政的正义发展党大幅度调整对外政策,土以关系急速降温,同时,土耳其因试图深度介入中东,与伊朗和阿拉伯国家的关系也麻烦不断,"零问题"外交破产。2014年以来,美国与伊朗关系趋缓,以色列和沙特对此不满而暗中彼此接近①。凡此种种,导致四大民族陷入罕见的非敌非友、亦敌亦友、关系快速变动和重组的状态。

受2011年"阿拉伯之春"街头运动影响和国家、团体利益的驱动,沉寂多年的宗教派别冲突,特别是伊斯兰教内部逊尼派和什叶派的冲突大面积、多触点升温,并在伊拉克、叙利亚、也门和巴林等

① 英国《泰晤士报》2013年11月17日称,以色列与沙特特种部队正在研究联合摧毁伊朗核设施的可能性。

国形成正面战场,地区矛盾中又增加了不以种族划线而以信仰差异站队的两大因素,使得原有力量格局更加破碎。

随着中东多国强人政治体系的崩溃,散居于伊拉克、伊朗、叙利亚和土耳其四国的第五大民族库尔德人异军突起,表现活跃,尤其在对抗"伊斯兰国"武装的进程中担当重任,重新引发相关国家对库尔德分离主义运动的普遍忧虑。

当然,近两年快速增长的力量中,脱胎于"基地"组织的"伊斯兰国"武装来势最为凶猛,不仅割地立国,而且纵横西亚、北非乃至撒哈拉沙漠以南非洲,成为直接威胁中东稳定与安全的最大隐患,也上升为最危险的国际恐怖主义新锐。它与形成竞争关系的母体"基地"组织,共同构成冲击中东地区原有秩序的两支黑暗势力。

此外,美国等世界大国在地区的存在与博弈,也构成左右地区局势走向乃至结果的关键要素,这种大国博弈还因为域外较量而着力于在中东"围魏救赵",进而使地区关系与格局重构带有全局性和战略性色彩,比如中俄四次联手否决联合国安理会涉叙决议草案、俄罗斯为缓解乌克兰危机而拉拢埃及等。

综上所述,中东地区这种新旧、明暗、内外、教俗力量格局构成非常复杂、斑驳的态势,也加剧了地区矛盾的多重交织、非规律演变和不可预测。

二、困难重重的政治转型

突尼斯:北非小国突尼斯是"阿拉伯之春"的始作俑者。2010年12月中旬的自焚个案,诱发席卷十多个阿拉伯国家的政治风暴。突尼斯时任总统本·阿里的仓皇出逃,也引发多个阿拉伯强人政权覆亡的"多米诺骨牌"效应。

剧变后的突尼斯,虽曾遭遇零星暴恐袭击和经济困境,但政治形势总体稳定,新旧势力、教俗派别在宪政框架内展开长达4年的艰难较量。这一较量以2014年12月总统大选为标志修成正果,终结临时总统执政的过渡期,向世人呈现难得一见的圆满转型。突尼斯的阶段性成功能否巩固为新常态,有待时间检验,而阿拉伯"震区"里的其他成员,多无此等幸运。

利比亚:东邻突尼斯的利比亚是失败国家的活样板。它不似突尼斯那样免于内战和大规模生灵涂炭,也无法像突尼斯那样借助较好公民素养和政治传统转入议会政治轨道,而是坠入社会严重失序的深渊。卡扎菲倒台后,各路诸侯争权夺利,派系武装拥兵自重,部落纷争不断激化,教俗摩擦势同水火。新利比亚名为一国,实则两府两院公开分庭抗礼,东中西地区三分天下,原油出口严重受阻。埃及、沙特和阿联酋多次派战机入境空袭打击伊斯兰激进势力。2014 年 12 月,萨赫勒地区五国甚至公开要求安理会组建安全部队,再次干涉利比亚,消灭民兵武装,建立稳定的民主政权①。

埃及:利比亚东侧的埃及是阿拉伯国家领头羊,也是中东地区稳定之锚。饱受 4 年血雨腥风后,被街头运动劫持的国家终于以军事政变为转折点趋于稳定。2014 年 5 月,推翻穆斯林兄弟会政权的军方,组织了勉为其难的总统选举,脱下军装的政变领导人塞西顺利登顶,成为穆巴拉克倒台后的第二位民选领导人。埃及民众发现,"没有穆巴拉克的穆巴拉克式政权"重新君临尼罗河两岸,国家却付出上万人死亡、经济和社会生活严重倒退的惨重代价。

塞西上台是对穆兄会宗教势力勃兴的世俗化反击,体现埃及主流民意拒绝宗教激进思潮的整体觉悟和悠久传统,也折射埃及军队力量强大的特殊国情。但是,实现埃及稳定与大治的根本还在于经济形势彻底改善。塞西推出的以开凿第二条运河为龙头的经济复兴药方,获得过短暂喝彩和期待,能否药到病除,变成回升的就业率和经济增长率,很多人持悲观态度。2015 年埃及第一季度经济各项指标略有好转,但依然无法让人乐观,失业率仍高居

---

① 人民网 2014 年 12 月 21 日:http://world.people.com.cn/n/2014/1221/c1002-26246533.html

12%①。5 月 16 日,埃及当局对前总统穆尔西等人的死刑判决,会否引发内战,依然是个悬念。

也门:与埃及隔红海相望的也门,虽然通过总统萨利赫的交权实现不流血政变,但也只是打开潘多拉魔盒的封条。仅 2014 年 12 月,暴恐袭击就给这个破败国家造成近百人死亡。此前的 9 月,34 家外国石油公司因治安恶化先期撤离②。也门糟糕的还不只是治安,而是后萨利赫时代主权的分崩离析和全面战乱——国家在两个层面上加剧撕裂,进而与民主转型的初衷渐行渐远:一方面,因 1990 年统一而被压制的南北差异和权力失衡继续凸显,被迫于 2014 年 2 月宣布实行联邦制;另一方面,什叶派胡塞分离主义不断以暴恐袭击迫使中央政府退让,并于 1 月中旬占领首都萨那且软禁新总统,准备另起炉灶。2 月 24 日,安理会再次通过决议,延长对萨利赫和两名胡塞领导人的制裁,试图推动也门局势走向平稳。但胡塞武装一直进逼,迫使总统出逃沙特阿拉伯,并于 3 月 26 日引发沙特等 10 个国家的军事干涉。世卫组织统计,一个月的战乱已导致 1244 人丧生,5044 人受伤,33.4 万人逃离家园,25.4 万人成为难民③。

三、中东反恐:难上加难的使命

"伊斯兰国"的武装割据,再次改写中东政治版图,因为这是近几十年来罕见的民族国家边界被肢解、领土被分割"建国"的事态,直接挑战相关国家的领土与主权完整,以及主权国家维系的地区秩序,更是对美国主导的中东和世界治理框架构成巨大威胁。但是,综合当下情况看,近期剿灭"伊斯兰国"武装是个非常艰难的使命,彻底铲除其势力,更是天方夜谭。

---

①《埃及:地区大国的沉沦与救赎》,《北京青年报》2015 年 5 月 6 日,第 2 版马晓霖专栏。
②也门《革命报》2014 年 9 月 2 日报道,恐怖袭击迫使 34 家石油勘探公司撤离。
③《世卫组织:也门冲突升级后致 1200 多人死亡》,中新社 2015 年 5 月 2 日电;《打击"伊斯兰国",戴高乐航母出动》,《环球时报》2015 年 1 月 16 日。

首先,"伊斯兰国"武装是中东复杂地缘政治杂交的产物。从深层次分析,"伊斯兰国"武装是西方干涉主义和霸权主义催生的反美反西方意识形态的畸形儿,具有一定的政治、民族、宗教土壤和基础;从浅层次讲,它是伊拉克内乱和叙利亚危机同时发酵的衍生品,并且在早期得到各方的支持、资助与呵护,特别是其披着颠覆巴沙尔政权、对付什叶派势力的外衣。美国和阿拉伯产油国都曾是其金主,甚至伊朗、以色列和土耳其等都出于各自的利益为其提供各种便利、保护乃至支持,因此,只要地区复杂的矛盾存在,"伊斯兰国"势力就不是无缘之水、无根之木。

其次,各方都对"伊斯兰国"武装有所图谋,愿意观望。"伊斯兰国"是以逊尼派极端穆斯林为主体的恐怖组织,它们在伊拉克、叙利亚的存在,客观上对中东什叶派和少数族裔是个压制,符合沙特、埃及等多数阿拉伯乃至伊斯兰国家主流人群在教义主导权方面的长远诉求。在叙利亚、黎巴嫩一带,"伊斯兰国"武装又是伊朗及其支持的真主党武装的死对头,以色列也乐见其大;土耳其一贯自视为逊尼派传统宗主国,又试图控制中东和打压库尔德分离主义势力,不仅放纵大量境外极端穆斯林过道投奔"伊斯兰国"武装,其军情部门还涉嫌向该组织资助武器和弹药。以色列学者指出,伊朗为增加伊拉克乱局向美国施加压力以突显自身作用,也两头下注,既维护巴格达什叶派政权也与"伊斯兰国"武装暗度陈仓。

其三,美国无力整合多国联盟。美国虽然发起40多个西方和阿拉伯国家组成反恐联盟,但其战略重点已向亚太转移,目前又被乌克兰危机所困,因此,不可能全心全意地投入这场反恐战争。由于美国三心二意,拒绝大规模地面部队重返中东,其西方和中东伙伴的参与均停留于表面文章。约旦飞行员被杀之后的多国联盟精准和高效报复,反衬其此前参与打击的敷衍。参与空袭的阿联酋和摩洛哥空军一度因担心"伊斯兰国"武装报复而撤出军事行动。最有军事实力也曾多次参与中东局部战争的埃及则待价而沽。由于担心"请神容易送神难",沙特、伊拉克等国也不敢指望埃及出兵,只能在恐慌中筑墙自保。

其四,仅靠空袭难以奏效。尽管 2014 年 9 月之后,美国及其盟友开始陆续轰炸"伊斯兰国"武装目标,累计袭击超过 5000 次,也摧毁上万个军事目标,包括作战车队、营地、阵地、小型炼油厂和通信设施等,但并未从根本上削弱该武装的元气,一度收回的被占领土只占失地的 2% 左右。由于战场地域辽阔,"伊斯兰国"武装兵力分散,而且兵民混杂,盟军投鼠忌器,空袭过程中付出巨大判断和甄别成本,效果不彰。如果不发动地面围剿、分割、拉网扫荡,仅靠空袭根本不能达成军事目标。

其五,"伊斯兰国"武装与"基地"的竞争与合作使反恐难度加大。"伊斯兰国"武装与"基地"组织反目,并没有削弱恐怖阵营的力量,相反,促成它们相互竞争和势力范围拓展。"基地"组织为了保住原有影响,吸引更多激进分子和恐怖资金,继宣布在印度建立南亚分支机构后,还在巴黎谋划实施了震惊世界的《沙尔利周刊》血案。二者相互竞争的结果,将扩大恐怖战线,使得国际反恐努力更加艰难。6 月 26 日,法国、突尼斯和科威特同时发生"伊斯兰国"武装背景的恐怖连环袭击,就证明反恐形势极其严峻。

四、石油博弈:境况相当惨烈

自 2014 年 6 月中旬始,世界石油价格每桶 116 美元的高点一直自由落体,相继跌破 100 美元、80 美元、60 美元和 40 美元大关,引起轩然大波。俄罗斯、委内瑞拉和伊朗等生产成本高、出口量大的国家备受冲击,俄罗斯外汇储备紧急缩水 1000 多亿美元,卢布贬值近 50%。尽管油价在 2015 年 2 月下旬一度回弹到 50 美元左右,7 月 9 日,依然报价 57 美元,在低价位持续徘徊。

导演此番油价暴跌的是沙特等中东产油国,根本目的还是立足于自保,而非伙同美国暗算俄罗斯和伊朗等对手。由于美国大规模开发页岩气和近海石油,2014 年已基本摆脱对进口石油的依赖。相关统计表明,美国近年大力推动页岩气革命,能源市场中页岩气占比增长速度和幅度十分惊人,从 2001 年至 2011 年,页岩气所占天然气比重已由 2.3%飙升至 27.9%,年增速为 25%[1]。这种状况引起沙特等传统产油国的高度恐慌和长远忧虑。

首先,如果美国页岩气革命取得决定胜利并大规模用于商业生产,将带动世界能源革命,改变既定能源格局,导致高油价时代终结,阿拉伯产油国的石油红利也随之消失,造成财政紧缩、收入下降、福利减少而陷入社会动荡,届时长期依靠福利赎买政策维持的君主专制制度将难以为继,第二波"阿拉伯之春"可能爆发且以阿拉伯封建君主制为革命对象。

其次,石油是控制现代经济乃至整个世界的战略资源,也是美国借助石油输出国组织、期货市场和美元交易体系操控全球的重要依托,因此形成沙特等阿拉伯君主国对于美国的高地缘资产附加值。一旦石油不再重要,这些国家的分量和作用会一落千丈,极有可能被美国随时抛弃,面临灭顶之灾。因此,未雨绸缪,长痛不如短痛,利用丰富的美元储备和较高的市场份额,通过持续压低油价,抬高页岩气和其他替代能源的研究与生产成本,搞垮新能源革命,进而确保现有能源格局不受威胁和颠覆,非常符合沙特等国的长远利益。

据悉,为了打赢这场生死保卫战,沙特进行充分准备,并且在高价时段抛售大量石油期货,已赚足美元,用于对冲低油价阶段的损失。沙特新国王上任后,强调既定石油政策不变,即表明这是其深谋远虑的国家意志和行为。另外,沙特 2015 财政年度的预算呈现赤字,这也表明其着实要把低油价战打到底。专家预测,截至2015 年底,油价大概不会突破 70 美元。

就美国而言,虽然沙特的油价战针对自己,着眼于长久的能源话语权争夺,但低油价对于刺激美国经济复苏是利好,而且客观上

---

[1]《页岩气:美国能源革命与中国战略瓶颈》,《中国经营报》2015 年 5 月 13 日。

正好沉重打击俄罗斯、委内瑞拉和伊朗三大对手却又不授人以柄，因此，美国政府多次公开肯定油价走低的积极意义，乐见其成。也许是为了安抚油价战背后沙特的深层恐慌，美国总统奥巴马临时提前结束印度之行，在沙特新国王萨勒曼履新之际到访，抢在中国、俄罗斯等大国之前进行人情和面子外交，表明短时间内，美国对沙特依然重视，不会弃之不顾。

五、中国诸多利益面临挑战

中东正处于大调整、大动荡、大混乱的特殊时期，对中国构成的利益风险也相当明显，必须清楚加以认识，趋利避害。中国正在致力于民族复兴和大国角色的重新塑造，积极推进"一带一路"倡议，其在中东的利益也是与此阶段性目标相匹配的，具体体现为七个主要方面。

（一）能源供应安全利益

中国正处于工业化、城市化和现代化的初期，能源需求旺盛，消耗极大，其中 80% 为煤炭，其余主要依靠石油和天气。自 1993年成为纯石油进口国后，中国对石油进口的需求逐年增加，2013 年约为 2.82 亿吨。2012 年中国的石油进口增长了 68%，2013 年虽然有所减低，但也增长 40%。2014 年减幅较大，为 2.08 亿吨，但不代表中国自中东的石油进口进入拐点，相反，石油进口的整体依存度保持在 59% 的高位①。中国石油进口来源中，中东地区的依存度超过 50%，2014 年前 6 大石油进口国中东国家占 4 个，虽然当年后半年沙特等发动的油价大战短期内会降低中国进口成本，推动能源消费，并带动相关产业，但总体上看，地区动荡和战乱，以及多国政权的不稳定和不明确性会抬升各种成本，不利于中国的能源安全。维护中东和平与安全，就能确保中国的石油进口畅通和稳定，为经济持续发展奠定基础。

---

①中国能源网 2015 年 1 月 25 日，http://www.china5e.com/news/news-896235-1.html

(二)投资和贸易利益

中东国家自进入石油经济时代,各国相继开启经济大发展阶段,基础建设投入巨大,工程项目连年增加,因此成为中国在海外进行工程承包和劳务输出的最早和主要市场。中国人吃苦耐劳,劳务成本较低,在天气炎热、生活枯燥的中东地区形成独特竞争优势,这里在很长一段时间内是中国重要的外汇创收来源。

过去30年,中东地区也是中国轻工业制品的主要出口市场,价廉物美的中国服装、鞋帽、箱包、玩具、五金制品和日用生活品在这里受到极大欢迎。近几年,随着中国工业设计和制造能力的提高,中国对该地区的出口结构发生变化,品质得到提高,附加值也大幅度增加,成套设备、机车、通信设备、地铁乃至高铁系统,都在中东地区日益扩大份额。

此外,中国在该地区的投资规模逐步扩大,投资水平也在提高,尤其是石油天然气领域,由过去的分包商逐步成长为承包商,由只能承接基础设施、管道建设,提升到覆盖整个产业的上游和下游,包括石油勘探、开采、冶炼和运输。

过去20年间,中国与中东地区的贸易增长也飞速发展,由1993年的51.76亿美元激增到2013年的3000亿美元,增长60倍。2013年,中东地区成为中国的第四大贸易伙伴,排在美国和日本等单一经济体之后。2014年中国与中东贸易增幅较大,达到3412.4亿美元(综合中国海关和相关使领馆统计,其中,中国与阿拉伯国家、伊朗、土耳其和以色列的贸易额分别为2511亿、520亿、277.4亿和104亿美元)因此,确保中东和平、稳定与发展,不仅对中国能源安全非常重要,对中国贸易和投资安全也意义重大,而且影响到中国国内的就业与稳定。中东地区的动荡与战乱,几乎都会给中国的经贸和投资造成无法预估的损失。伊拉克战争曾给中国造成数百亿人民币的巨大损失,利比亚战争给中国造成的直接和间接损失也在188亿美元以上;叙利亚危机使中国在叙利亚的石油投资和其他经贸活动完全停止;受伊朗核危机的长期影响,中国与伊朗正常的贸易与投资活动一直受到极大遏制,中国公司因担心受到美国制裁而不敢到伊朗开拓业务。中东目前的战乱和内政不稳,恶化了中国与该地区国家的贸易环境,也使中国投资和人员旅行面临巨大风险,不利于中国实施走出去战略,也为"一带一路"倡议设置了许多我们难以克服的障碍,甚至妨碍中阿未来经贸合作"1+2+3"规划的实施,妨碍实现未来 10 年内经贸总额翻番达到 6000 亿美元的构想。

（三）非传统安全利益

中东一直动荡不定,各种极端主义与恐怖主义未曾禁绝。自 2001 年"9·11"袭击后,美国相继发动阿富汗战争和伊拉克战争,恐怖主义在中东地区迅速泛滥扩张,加剧了该地区国家内部的动荡和战乱。"基地"组织和"伊斯兰国"武装在中东腹地列土封疆,滥杀无辜,对现代国际秩序和地区政治版图构成前所未有的挑战,直接威胁到中国在该地区投资、项目和人员的安全,给中国造成不可忽视的物质和人员损失。中国在伊拉克大幅度裁减和撤离石油劳务人员就是最有代表性的事件。

中东恐怖主义和宗教极端思潮不仅伤害中国在境外的利益,而且波及中国内部安全与稳定。

此外,索马里海盗猖獗,已经在红海、非洲东海岸一带威胁中国海上贸易通道和过往人员的安全,确保中东海上运输线的畅通与安全,也是中国重要的安全利益所在。世界银行统计,自 2005 年索马里海盗发起首次袭击,共有 149 艘船只被劫持。2008 年 1 月至 11 月,航经亚丁湾、索马里海域的中国船舶共计 1265 艘,其中一艘遭海盗劫持,83 艘受到不同程度袭扰①。综合各种统计,先后有 10 多艘中国船只被索马里海盗在西亚、北非、东非一带劫持,造成一定的生命与财产损失,严重威胁正常的贸易和经济活动。扼守红海与印度洋咽喉曼德海峡的也门正陷入内战和外部军事干

①《解放军报》,2008 年 12 月 26 日,《索马里海盗严重威胁中国航运权益》。

涉,因为一旦这里失控并成为"基地"或"伊斯兰国"武装的据点后,中国的中东航运线将遭遇前所未有的威胁。尽快促成也门停火、各派和解并合理打击恐怖主义,显然符合中国的切实利益。

（四）政治利益

中东地区主要由发展中国家构成,多数国家与中国有着非常相似的近代历史,都曾经历过民族解放运动。这使得中国与中东国家从发生关系之初就形成命运共同体和价值观共同体,成为国际政治领域的天然盟友。从20世纪50年代万隆会议起,中国就与中东地区很多国家建立了密切的政治、外交和经济关系,它们帮助中国重新返回联合国,中国也在国际舞台对它们给予最大程度的支持,双方在维护国家和民族独立、捍卫主权和领土完整、反对霸权主义和外来干涉方面,形成高度共识,并成为双方在经贸领域之外最牢固的纽带。作为安理会常任理事国之一,中国不仅在很多内政问题上需要中东国家的理解和支持,如新疆、西藏、台湾问题,而且在重大国际和地区问题上也需要它们的声音,需要结成良好的盟友关系,中东国家实际担当着中国重要的政治票仓。

如今,虽然国际关系发生了很大变化,但是,中国与中东国家在人权与主权观念、发展与环保等问题上拥有相似立场,也彼此支持和声援,共同维护各自的核心利益。中国阿拉伯合作论坛、中国非洲合作论坛是中国发展与该地区国家政治关系的重要成果,也是支撑双边关系深化和拓展的两大平台。

但是,由于中东特别是阿拉伯国家陷入持续动荡与战乱,阿拉伯内部关系变得非常复杂和棘手,阿拉伯国家联盟被当作干涉成员国的工具,阿拉伯原本缺乏团结、统一的状况更加严重,不仅影响相关国家对华关系,也使中国在规划、统筹和发展对中东关系方面增加很多额外困难和变数,也自然会削弱原有的友好红利。此外,政权变更带来的政策调整和立场变化,也使中国面临着某种不确定性。

（五）核安全利益

中东地区既有以色列这样的拥核国家,也有伊朗这样的核门槛国家,更有叙利亚等拥有大量生化武器的国家。由于各国矛盾复杂多变,对极端组织和恐怖势力的控制力较弱,核与生化武器及材料、技术和智力扩散的风险非常严峻。中国既不对中东国家进行核与生化武器出口,还配合联合国安理会通过贸易制裁方式,为迫使伊朗放弃核武努力,并支持在叙利亚收缴和销毁生化武器。这都表明,中国非常担心该地区大规模杀伤性武器失控和滥用,尤其是担心它流入恐怖组织和分离势力之手,进而对中国国内造成巨大的威胁。建立中东无核区,是中国的重要利益关切,但无核化进程在各种战乱和利益重组面前变得非常脆弱。

中东之乱让地区态势和走向呈现失控和无序,坚定了以色列这种有核国家拥核自保的意志,增加了伊朗这种追求核资格的国家的筹码,也会刺激其他无核国家产生进入核俱乐部的冲动。一波三折、多次推迟的伊核"6+1"谈判就显示了地区力量变化后无核化进程的艰难,也必然让中国为维护核安全支付较多成本。

（六）话语权与规则制定权利益

很长时期内,中国一直是个地区性大国,在国际事务中发挥的作用有限,但是,中东地区是中国外交活跃、学习和实践大国角色的重要舞台。中国很早就参与联合国在该地区的维和行动,履行国际义务。海湾危机爆发后,中国也曾试图进行斡旋,争取伊拉克与科威特争端的和平解决。伊拉克战争爆发前夕,中国反对美国发动战争,迫使其绕开联合国单独动武,维护了联合国的权威;萨达姆政权倒台后,中国又积极参与伊拉克政治和经济重建,显示了务实而又负责任的态度,其实也是对机会把握和规则制订的灵活运用。

2011年利比亚危机爆发后,中国支持在利比亚设立禁飞区,为卡扎菲政权的倒台开放绿灯。在叙利亚危机中,中国与俄罗斯四次否决安理会决议草案,阻止美国与其盟友可能进行的第二次武装干涉,改变了危机发展的方向和进程。这些努力,凸显了中国作为大国存在的参与度和话语权,尤其是四次使用否决权,提高了中国的国际影响和地位。从 1972 年至 2011 年,中国一共使用过七次否决权而且无关重大事件,在叙利亚问题上四次使用否决权,顶着美国和阿拉伯联盟的压力,体现了中国的强硬和大国自信。但是,美俄因乌克兰危机冷战加剧,将刺激它们在中东的摩擦,这种摩擦会让中国面临选择困难。"伊斯兰国"武装的扩张,迫使中国必须在反恐方面进行公开表态甚至进行实质性参与,这又给中国带来新的风险,甚至可能为自己树立明确的战略敌人。然而,不承担国际义务,就难以实质性地参与规则制定和拥有话语权,因此,中国面临两难境地。

(七)平衡战略安全的空间利益

随着中国经济发展与国力增加,美国在"战略再平衡"的幌子下从欧洲和中东收缩,将战略和军事中心向亚太地区转移,加强与日本、菲律宾、韩国、澳大利亚等盟国的军事合作,增加海空力量,同时,在南海和东海争端上制造摩擦,挑动越南、菲律宾、日本和印度等与中国搞对抗。

中国在抵挡美国及其盟友来自东南方向的压力,维护在亚太地区的利益之外,加强向西发力,提出"一带一路"倡议,中东成为中国重要的博弈方向。此外,由于美国实力下降和收缩,中东也出现供中国发挥作用的重要空间。鉴于美国中东政策日益不受欢迎,中东国家,特别是阿拉伯国家已提出"向东看"或"看中国"的主张,沙特阿拉伯国王阿卜杜拉、埃及总统穆尔西就任后出访的第一个非地区大国均不是美国或俄罗斯,而是中国,表明阿拉伯大国对中国的尊重和期待已明显增加。此外,以色列、土耳其和伊朗等,也日益重视对华关系,这些都为中国参与中东地区的合作与竞争奠定了基础,因此,中东也是中国突破美国遏制、围困的最佳选择。

当然,中东作为是非之地、战乱之邦,中国既无法置身事外,又得小心翼翼避免卷入冲突、引火烧身,同时还要巧妙调度和冲抵美国的战略压力,也是不小的挑战。

结语

综上所述,2015 年的中东依然充满凶险,而且短时间内无法看到实现全面大治的前景。中东不仅对中国具有能源安全、经贸投资、防范"三股势力"、发挥大国作用等具有举足轻重的意义,而且还是"一带一路"倡议实施的必经之地,因此必须密切关注该地区形势的变化和力量格局的调整,慎重把握对该地区外交政策的调控和经贸投资风险规避,同时,也必须以相对乐观和着眼长远的战略考量,保持和积极扩大、深化与该地区特别是阿拉伯国家的经贸合作。

（本文原载《中阿蓝皮书—中国—阿拉伯国家经贸发展报告（2015）》,宁夏人民出版社,2019 年）

8. 中亚三国:见证"一带一路"倡议进行时

9 月 30 日至 10 月 6 日,笔者在吉尔吉斯斯坦、乌兹别克斯坦和塔吉克斯坦采访一周,走过比什凯克、塔什干、撒马尔罕、苦盏和杜尚别等五个城市,穿越费尔干纳谷地、阿姆河与锡尔河流域,探求中亚国家对"一带一路"倡议的态度,了解这一宏伟愿景的现实空间。

7 天短暂但密集的采访,结果令人欣慰。所历三国五城发现,中亚国家和人民不仅欢迎共同复兴古代丝绸之路这一伟大工程,而且已开始与中方合作并切实推进。换言之,"一带一路"倡议于中亚国家而言,已非务虚空谈或停留观望,而是正在发生且如火如荼,堪称扎扎实实的"现在进行时",不是未来时,更不是完成时。

中国承建的塔吉克斯坦瓦亚铁路不仅完善了原来支离破碎的南部铁路网络,而且为其铁路升级预留了一百年的空间,并树立了该国项目环保的最高标准。

到中亚寻求"一带一路"倡议的可行性具有典型意义,因为这里是"一带一路"倡议特别是"丝绸之路经济带"首倡之地,这一倡议不仅体现中国共谋发展的构想,也基于地区国家普遍愿望;其次,中亚是古代丝绸之路核心区域,曾见证丝路文明的发轫、勃兴、繁荣与衰落,与中国交往并共建"新丝路"具有天然的亲近感和安全感;此外,中亚国家普遍经济发展滞后,基础设施薄弱,面临经济结构调整和产业升级压力,也有迫切的城市化、现代化甚至工业化需求,在承接中国充裕资本、优质产能、先进技术和建设经验方面"近水楼台"。

踏访中亚三国,穿越于古代与现实之间,笔者一行首先被扭转一个错觉,即中亚离中国很远。其实,这种疏离感与陆路丝绸之路衰落、汉唐以降中国文化和经济中心逐步南下东移有很大关系。仅以吉尔吉斯为例,2100多年前张骞"凿空西域"在这里留下艰辛汗水和坚实脚步;1400多年前,玄奘西天取经往返途中,在比什凯克东南伊塞克湖畔留下浪漫传说;1300多年前,一个叫李白的男孩在吉尔吉斯与哈萨克斯坦交界处的托克马克(碎叶城)呱呱落地,宣告一位伟大中国诗人的横空出世,尽管李白身世众说不一,但其吟诵天山明月的传世佳句,至少证明那个时代中亚不是天涯而是比邻。

喷气机时代的今天,中国与中亚更是山水相连,天涯咫尺,从乌鲁木齐飞往中亚各中心城市,耗时并不比到达中国中东部和南方更多。也许,推进"一带一路"倡议首先要克服的是心理距离而不是地理距离。当我们置身"沿海向东开放"与"内陆向西开放"双向并重、东西对进格局的新时代,中西部地区由过去35年的中后队位置转身变成中前队时,中亚再次楚楚动人地立在我们眼前,并成为推进"一带一路"倡议无法绕过的第一列码头。

包括本文所述三国在内的中亚五国,在推进"一带一路"倡议进程中,与中国有着巨大的优势互补。首先,这些国家资源丰富,蕴藏着储量巨大的石油、天然气、煤炭和位居世界前列的有色金属,这些资源不仅对中国具有重要价值,也是地区经济起步的第一桶金。不仅如此,这里是中国西气东输管道的战略通道,无论是自身的能源输入,还是为西亚油气过境提供捷径,均堪称咽喉要地。

其次,中国与中亚国家在农业现代化和基础工业建设方面具有明显产业梯次关系和承接转移便利。费尔干纳盆地、阿姆河和锡尔河流域的广袤区域,是世界农业文明的发祥地之一,淡水丰沛,土地肥沃,生产棉花、粮食、瓜果和牛羊,此行转进过程中,河中地区大片小麦、水稻、棉花和成群牛羊令人过目不忘。但是,作为传统农业地区,中亚国家经济发展水平普遍较低,农业人口比例相当高。中亚第一人口大国乌兹别克不仅承载3000万人口的巨大负担,而且其中80%从事农牧业,青年人在人口中的占比高达60%。因此,成功由农业大国向初步工业化和现代化国家跃进的中国,有足够经验和条件帮助中亚国家建立现代农业,以及纺织和皮革加工等轻工业,帮助更多人口摆脱原始农牧业转向城市生活,并吸纳大量劳动力,避免经济和社会危机。

其三,中亚国家基础设施普遍薄弱,无论公路、铁路、航空交通和运输,还是水电供应、电信设施和三产服务硬件设施,欠缺老旧是共同特征。苏联时期,中亚国家原本就滞后于联盟整体发展水平,苏联解体后20多年发展不足导致基础设施欠账多,缺口大,其状况远不如东南亚国家。吉、乌、塔缺少高速公路,公路、铁路里程有限,通行和运输能力薄弱,且未实现互联互通;机场数量少,规模小,辐射半径和密度不值一提;固定电话用户比例和移动覆盖率总体较低,互联网覆盖几乎处于起步阶段。

差距产生动力,落后孕育机遇。正因为中国的发展总体超越中亚国家,才为双方的互补与共赢提供了可能。据悉,中国国有和民资企业已全面进入中亚国家,在成就对方的同时做强做大自己。吉、乌、塔已张开双臂迎接中国资本、企业和技术的到来。吉尔吉斯目前有各种中资公司数十家参与其油气勘探、开发及路桥和水电站建设。比什凯克的中亚最大的多尔多伊百货市场几乎被"中国制造"所占领;乌兹别克所有行业包括油气开发、公路铁路建设和成套设备引进,以及电信基础改造和网线建设,都活跃着中国企业的身影;塔吉克几乎所有的公路都由中国公司建造,甚至连收费口的设施都成套地引进自中国。

在塔吉克,笔者一行见证了中国打造互联互通的奇迹:路桥集团3年前承建的沙赫里斯坦5.2公里长隧道不仅是中亚最长的公路隧道,还是中国迄今在海外建设的最长单体隧道,更重要的是,它结束了塔国因冬季冰雪封路南北交通和货运彻底中断的发展瓶颈。中土和中铁建正在联手承建的三洞五桥"瓦亚铁路",虽然不足50公里长,但工期短,施工难度大,竣工后将使塔国中南部铁路告别不能联网甚至需要借道邻国的尴尬局面,并以10倍于原铁路的运行速度(200公里/小时)、使用寿命100年和抗击9级烈度地震的"中国标准",为该国未来的铁路网线升级改造预留了空间。

基于丝绸之路的固有联系和丝路精神的传承,中亚国家与中国人文交流也进展顺利,喜欢中文、学习中文的学生和青年数量逐年增加,中文人才行情看涨,供不应求。新疆师范大学与吉尔吉斯国立民族大学联办的孔子学院,无论规模、质量和影响力,在全球孔子学院中都属排头兵,体现了人文交流在中亚的顺畅。当然,面对1.4亿中国人出境游的巨大红利,中亚国家在旅游开放与资源开发方面都远远不足,潜力巨大。

中国与中亚国家推进"一带一路"倡议已在路上,但地区国家吸引外来投资和促进互联互通的软环境依然是薄弱环节,堪比基础设施不足这个短板。中亚国家与中国政治关系稳固,人民慷慨善良友好,但是,签证手续烦琐、费用高昂,外汇进出管制严格,住宿逐日登记,甚至海关人员刁难勒索等现象依然不同程度地存在于所历三国,体现出它们开放程度不高、与国际接轨不足的阶段性滞后态势,也必然会制约地区社会与经济的整体进步。

当然,中亚国家重新独立不过 20 余年,此后又经历不同程度的动荡与战乱,地理环境又相对封闭,积弊难返,情有可原。相信随着"一带一路"倡议以接地气方式推动不同项目着陆地区国家,并带来巨大利益和福祉,形成利益和命运共同体,这些阻碍进步与发展的因素会日渐减少,一个开放、友好、包容、繁荣和充满活力的中亚,一定会将昔日丝绸之路的风采呈现给世界。

(原载《华夏时报》2015 年 10 月 8 日)

9. 世界期待"一带一路"倡议

自从中国国家主席习近平 2013 年分别于哈萨克斯坦和印度尼西亚提出"丝绸之路经济带"和"21 世纪海上丝绸之路"共同发展倡议以来,"一带一路"倡议日益成为国内外炙手可热的概念和愿景。尤其是随着中国发改委、商务部和外交部联合发布"一带一路"倡议和项目清单后,国际社会总体表现出日益强烈的热情和真诚期待,共建国家及时将本国发展规划与中国的"一带一路"倡议进行战略对接,部分国家还针对性地推出一系列重大开发项目,期待中国在实施"一带一路"倡议进程中优先考虑。

综合近两年的世界各国反应看,不同政治制度、发展阶段和经济水平的国家,对"一带一路"倡议的回应明显不同,各国与"一带一路"的地理和历史联系,以及对华关系沿革与现状,也都构成热度不同的回应,进而形成非常明显的"金字塔"结构图景:底层是广大的共建发展中国家,它们数量庞大并构成"一带一路"共建国家主体,集中于中亚、南亚、东南亚和中东地区,尽管对"一带一路"倡议的认知多限于知识精英、政府官员和学术机构层面,但普遍热烈期待中国这一倡议。这是一个基座广阔、墙体厚实和温度热烈的对应体,尤其以古代丝绸之路沿线国家为代表,它们是那段辉煌历史的共同见证者、建设者和受益者,基于对古代中国海陆丝路对外友好交往的深刻记忆,欢迎中国复兴这一造福于共建各国的宏伟工程。

在这第一梯队的热烈反应浪潮中,还有相当多的国家充分肯定中国和平外交和不干涉他国内政的传统政策,盛赞"丝路精神",期待也相信中国通过"一带一路"倡议能带给它们新的惊喜和新的发展动力。

当然,发展中国家对"一带一路"倡议回应的未必全是甜言蜜语,它们基于殖民主义、帝国主义、强权政治与炮舰政策留下的痛苦记忆和残酷现实,希望中国能在推进"一带一路"倡议时,避免"强则称霸"的宿命,保持中国留给它们的美好记忆和当下形象。当然,部分国家也担心中国在推进"一带一路"倡议过程中引发新的地缘矛盾,特别是激化与大国、强国的竞争与博弈,进而给本国或本地区带来新的摩擦和动荡。还有一些观点提醒或质疑中国,不能以零和思维实施"一带一路"倡议,而是要换位思考,多站在共建国家的立场和利益诉求点上考虑如何取得双赢和多赢。

居于"金字塔"腰部位置的是部分地区大国和西方发达国家,呈现的色温也是暖热或适度的,它们总体期待"一带一路"倡议,看好中国经济的强大驱动力、"一带一路"倡议实施后中国13亿人口市场的巨大诱惑,以及由它们与中国发展的差异而形成的互补,特别是欧洲和亚太地区的发达国家,中国的强大资金、基础建设能力和政治资源,可以与它们高度发达的教育资源、人才资源、管理经验、人脉关系等优势形成互补,进而共同分享"一带一路"倡议红利。欧洲的英、法、德、意和亚太地区的韩国、新加坡、澳大利亚、新西兰等热切投身亚投行创建,就是这种机遇认知的外在体现。当然,这部分国家基于现实因素和政治考量,也提出了不少问题和困难,但总体上还是保持肯定和期待。

这一梯队里俄罗斯和印度两个大国的态度,则总体暧昧,反应速度和热度明显滞后于沿线其他国家,公开表态也相对迟缓。原因很简单,因为它们都在不同评价体系中自视为与中国等量齐观的大国,有自己的地区和全球战略布局考量,不太乐意成为中国主导的"一带一路"倡议的组成部分或配角,更何况,它们与中国在地缘关系方面有相当程度的竞争性。但是,随着"一带一路"倡议由简单概念到具体轮廓出台的演进,随着这一共同发展愿景由舆论务虚向项目清单和机制构建的落实,以及中国大量增信释疑努力的付出,它们已经由最初的消极、冷淡逐步增温、增色,并日益表现出将本国发展战略与规划对接"一带一路"倡议的兴趣和热情。

位于"金字塔"顶端的大概只有美国和日本两个国家,形只影单,但态度强硬,给人以冰冷、灰暗的印象。美日一直以唱衰甚至抹黑"一带一路"倡议为基调,而且由于它们的国际地位和分量非同寻常,这种负面态度影响巨大,与前两个板块形成鲜明的温差对比。道理也很简单,美国担心中国借助"一带一路"倡议快速增加实力,扩大影响,形成以中国为核心的新权力中心,最终解构美国主导的现有国际政治、经济和安全体系,取代美国自诩的世界领导者地位。至于日本,完全是岛国心态作祟,无法适应中国快速和平崛起,担心中国强大富裕后,不仅完全在亚太和世界遮蔽日本光芒,甚至迫使日本再次进入唐代以后仰视中华文化一千多年的漫长时代。

对应"一带一路"倡议,世界各国特别是广大欧亚国家正结合自身经济发展或产业升级,推出与"一带一路"倡议对接的各种规划,或努力使既定发展规划搭乘"一带一路"倡议便车。以欧亚和太平洋地区为一个大表盘,沿顺时针方向,我们可以依次清晰地看到:韩国的"欧亚计划"、印尼的"海洋战略"、文莱的"2035 计划"、越南与中国共建的"两廊一圈"、巴基斯坦与中国共建的"巴中经济走廊"、阿拉伯国家的"向东看"愿景、土耳其的"中间走廊战略"、欧盟的"容克投资战略"、英国的"苏格兰北部开发计划"、哈萨克斯坦的"光明之路规划"和俄罗斯主导的"欧亚经济联盟"等。这些国家都已基本通过与中国领导人的沟通实现了顶层认可的、程度不同的战略对接,初步形成共商、共建和共享"一带一路"倡议的共识。

"一带一路"共建国家也不失时机地规划了核心或骨干建设项目,如韩国的"欧亚丝路特级列车"、印尼的"雅万高铁"网络、24 个港口和 38 个机场项目、泰国的中南半岛铁路网和酝酿中的克拉运河工程、巴基斯坦的瓜达尔港和中国工业园区、埃及的"苏伊士走廊""新首都"和"上埃及金三角"城市一体化工程、科威特的跨海大桥和贾比尔新海港。这些项目都非常期待中国资金、企业、技术乃至开发经营的积极介入。至于最早呼应"一带一路"倡议的中亚各国,围绕基础建设和升级的项目合作,早已携手大大小小的中国公司如火如荼地成为"进行时"。

(原载《华夏时报》2015 年 12 月 1 日)

10. 东盟四国行:孔雀东南飞,天地已不同

"走出去"是中国企业寻求发展的一项国家战略,随着"一带一路"倡议的实施和推进,往哪里走,如何走,走什么,怎么走得好,走得稳,走得持久,就变成政商两界必须系统思考的问题。世界之大,天地之阔,情况之复杂,要提供一个标准答案似乎也是万难之事。但是,这不妨碍在实践与思考后抽离出一些规律性或普遍性共识。8 月 17 日至 9 月 1 日,笔者所在的采访团队走访越南、缅

甸、柬埔寨和泰国等东南亚四国,接触和考察近 20 个政商对象后发现,坚定"走出去"战略,推进"一带一路"倡议,不仅理论上可行,实践上亦大有可为。

"走出去":进一步海阔天空

大量中国企业走出去,起初是被迫转移。经过 30 多年大发展,中国原有的发展模式不能就地持续,最突出的问题体现在四个方面:劳动力成本大幅度提高,企业不堪重负;原材料和能源消耗严重,环境承受空间急剧萎缩;贸易壁垒增加和摩擦加剧,传统市场环境恶化;中国经济需要转型和升级,产能过剩严重,必须寻求新的投放空间。

本团队 15 天内考察了两个中外合资工业园区、五个大型国企项目、两家中资企业商会和六家民企,行业涉及基础设施、能源、工业和商业地产、机械设备、家电、金融服务和旅游等多个领域,覆盖面广,类型丰富,规模大小不等,展示了中企走出去的活力。尽管这些对象只是四国数千家中企庞大队伍中的凤毛麟角,但不同以往的"孔雀东南飞"以及埋头精耕细作,证明"走出去"有助于企业浴火重生。

泰国罗勇工业园区是中泰合资建设的工业园,今年已经整 10年,其中方总经理徐根罗介绍说,华立电表走出国门,是因为内部市场饱和,企业发展陷入瓶颈,当 10 多年前把目光投向泰国后发现,这里独特的气候和人文环境,使家用电表在功能上获得新的拓展空间。以泰国为新门户,整个东南亚乃至广阔的世界市场呈现柳暗花明之势,此时,被逼出走的无奈变成发现新大陆般的欣喜。在新市场扎稳脚跟的华立,又联手泰国著名工业地产商安美德公司建立工业园区,为更多中国企业到东南亚打拼提供安全港湾和保姆式服务。

在罗勇工业园落户的大型国企中策橡胶,由于产品对美出口被"双反"阻击而被迫寻找新市场,于是瞄准头号橡胶生产国、东南亚制造业中心及东盟最大汽车市场的泰国。2014年7月该公司在泰国设立海外首家工厂,总占地面积876亩,总投资约7亿美元,计划2016年底总产能为3个品种750万套轮胎,预期收入2.5亿美元,成为园区内占地面积最大、生产规模和总投资额最高的企业。自2015年6月一期开业至今,已完成490万套产能,销售收入1亿美元,产品销往泰国、马来西亚、新加坡、缅甸、土耳其、俄罗斯、哥伦比亚和美国。

福建太子地产2015年才打入柬埔寨市场,已注册9家子公司,并形成完整的闭环产业链,成为该国房地产业龙头老大。太子地产正在金边繁华政务商务区打造集高端酒店、公寓、住宅、写字楼、商业街区、国际酒店、休闲娱乐功能于一体,总体量近百万平方米的新中央CBD,把中国房地产综合开发的经验快速复制到这个追求高消费和高标准的发展中国家。格力电器则以其高品质、高标准、高品位和高性价比迅速拓展越南市场,力争在2018年销售20万套,占领市场10%并进入三甲。1999年就进入越南,一度遭遇重挫的家电巨头TCL绝地重生,把这里当作国际化重点市场之一持续发力,已成功占据市场份额16%,成为当地消费者最喜爱的中国品牌,为中国品牌挽回了荣誉。

合作、共赢、创新:确保走得稳走得赢

东南亚四国行,我们发现,合作、共赢和创新已成为中国企业拓展市场的新亮点。合作与共赢既体现在努力融入当地社会、寻求多方合作,也体现在中国企业抱团发展、打造产业链条的努力上。

中石油参与的中缅油气管道项目,吸纳缅甸、印度和韩国公司共同开发,形成"四国六方"机制,并从土建阶段到实现天然气输送,都优先考虑造福当地经济与社会发展,成为一个目标大、战略意义重要却争议最小的海外工程。据了解,管道投产以来,向国内输送110亿立方米天然气,向缅甸分输10亿多立方米,初步缓解了沿线地区能源短缺的局面。

中铁六局承建越南河内吉灵—河东城铁项目,不仅尽最大可能吸纳当地劳动力,消化越南过剩的钢铁、水泥等建材,而且把13.04公里长的快轨12个站点设计成融入不同地段场景、展示越南传统文化与现代流行元素的时尚地标,得到越南政府的大力支持和沿线居民的理解和配合,保证了工程的顺利推进。中建六局依靠集团较高的国际化和美誉度,承建了新加坡投资的河内四季大道两大商业住宅区项目,以人性化的综合社区服务功能提升了建筑品质,为越南呈现了不同以往的城市民居样板。

创新也是中国企业在东南亚四国发展的重要特点,尤其在柬埔寨西哈努克港经济特区、缅甸罗勇工业园得到充分体现。西港特区由国内著名民营企业红豆集团发起,得到两国政府大力支持,建立12平方公里的园区,不仅设立符合当地劳动力密集和农业劳动力富裕特点的品牌服装生产厂,而且与柬埔寨政府合作,打造一站式服务体系,5年间引入近百家中国厂商落户。山东地板生产商杜荣在园区建厂规避美国反倾销,利用热带速生杂木制作高品质仿古地板,又成功销往美国,其投资4000万建设的两大厂房有望两年内收回成本。

华立集团与安美德集团合资的罗勇工业园被誉为"工业唐人街",开园10年来以灵活多样的经验模式,吸引80多家企业入驻,其中中国500强有10余个,入园企业投资总额逾24亿美元,年销售额超过10亿,累计实现产值65亿多美元,解决本地就业2万余人,并成为众多中资企业向其他地区拓展业务的新起点。华立集团借助罗勇工业园积累的经验和品牌,又在南美的墨西哥开辟工业园区,并考虑在北非选点打造新的码头。

大型工程机械制造商三一重工打进柬埔寨短短3年,以其强大技术和设备竞争力站稳脚跟,引入五大门类设备260多套。由于设备造价较高,三一重工不是简单地出售或租赁设备给施工方,而是以设备入股方式帮助伙伴成长壮大,进而共同争取更多建筑项目,扩大资产和收益。

面对"一带一路"倡议发展机遇以及中国企业的攻城略地,东南亚四国总体持欢迎态度,尽管个别国家政府因为地缘政治因素有所犹豫,但寻求发展和搭乘中国经济腾飞便车已是基本共识,这是难得的内在驱动力。此外,上述国家由于资源禀赋不同、发展程度差异,形成对中国高中低端不同产能转移承接的客观需求和梯度空间,也为中国企业发展提供了丰富的选择可能。

此行我们还看到,拓展东南亚市场的中国企业,已普遍认识到要因地制宜、因国制宜对接项目,努力实现基础员工本地化、核心员工国际化,尊重、适应所在国法律、习俗、文化传统乃至就业习惯,不再盲目追求中国速度、中国效率和中国标准,而是以淡定心态精耕细作。这些变化与早期走出来的先行者已明显不同,也必将为在东南亚扎根、开花和结果奠定新的良好开端。

(原载《华夏时报》2016 年 8 月 30 日)

11. 精耕"一带一路":用精彩行动讲好中国故事

2013 年 9 月,中国国家主席习近平在北半球中亚腹地哈萨克斯坦提出共建"丝绸之路经济带"倡议,向世界呈现了一张横亘广袤欧亚大陆的经济腾飞蓝图;10 月,习近平在南半球"千岛之国"印度尼西亚提出共建"21 世纪海上丝绸之路",又为世界勾勒出一条贯通太平洋和印度洋的海洋经济振兴彩带。"一带一路"倡议由此横空出世,既成为中国联系世界的宽大纽带,又成为贯通半个地球的活力脉络,既成为实现"中国梦"的时代依托,又成为激活全球经济要素的东方智慧。一幅绵延浩瀚的中国故事画卷随后逐步展开,无数走出国门的企业和个人,用千姿百态的具体行动,向世界讲述当代中国如何引领新一轮全球化的精彩故事。

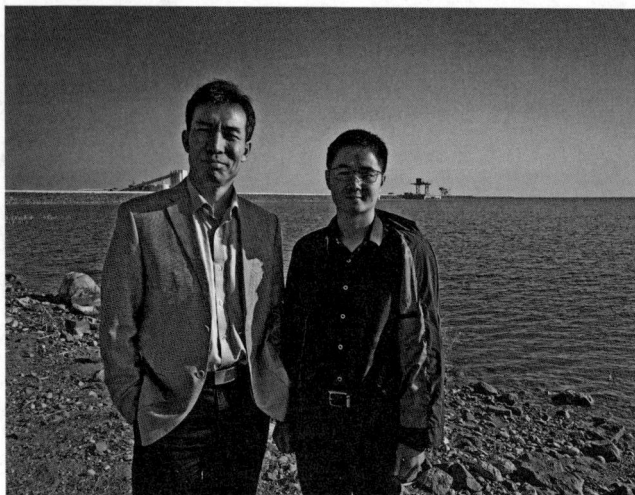

中国在苏丹尼罗河畔为这个非洲国家建起了3座大型水力发电枢纽,不仅解决了数百万人的生产和生活用水,而且大大缓解了该国电力短缺的窘境,为其经济腾飞所需要的水电基础建设做出巨大贡献。

3年来,北起俄罗斯莫斯科—喀山高铁破土,南到印尼雅加达—万隆高铁项目全面实施;东到并购巴西两座水电站,西到非洲坦桑尼亚的杰龙产业园上马,无数"一带一路"项目如火如荼地在亚非欧实施。从参建英国欣克利核电站到与新西兰签署合作备忘录,"一带一路"的朋友圈正在扩大阵容提升品质;从众多国家携发展愿景竞相搭乘中国顺风车,到联合国把"一带一路"倡议纳入全球发展进程……中国故事越来越多,也越来越精彩。

一、带给共建国家福音,用双赢讲好中国故事

2016年11月17日,第71届联合国大会一致通过关于阿富汗问题的第A/91/7号决议,欢迎"一带一路"等经济合作倡议,敦促各方通过"一带一路"倡议等加强阿富汗及地区经济发展,呼吁国际社会为"一带一路"倡议建设提供安全保障。这是由193个主权国家组成的最大国际组织首次将"一带一路"倡议与区域经济发展

挂钩。今年3月17日,联合国安全理事会15个成员全票通过第2344号决议,再次重申联大上述决议精神并赋予其法律约束地位。中华人民共和国成立68年来,由中国倡导的发展蓝图成为国际共识和法律文件,这是第一次,它无可置疑地彰显了中国在当今世界经济发展中的规则制定力和话语影响力,也表明中国提出的"一带一路"倡议正成为造福沿线及相关国家的历史机遇和崭新平台。

据统计,迄今已有100多个国家和组织参与"一带一路"倡议,中国与40个沿线国家签署共建合作协议,与30个国家开展产能合作。"一带一路"涵盖地域由最初的欧亚两洲60多个共建国家逐步扩大,正形成一条连接大西洋、印度洋和太平洋的广阔发展带,不少发展中国家和新兴经济体将中长期发展规划直接与"一带一路"倡议进行对接,部分发达国家也将摆脱经济停滞和低迷的希望寄托于共建共享"一带一路"。中国不仅借助"一带一路"倡议成为全球共同发展的关键引擎,也让世界用欣赏和尊敬的目光正视中国和平崛起所带来的普世红利。发挥大国作用,肩负世界责任,分享成功果实,已成为世界共同讲述的中国故事。

二、拉动共建国家经济,用实惠讲好中国故事

世界看好"一带一路"倡议,在于其核心是拉动经济和促进增长,解决2008年经济危机爆发以来全球不同区域普遍遭遇的发展困境。以基础设施投资为龙头、以产能和贸易合作为双驱的"一带一路"倡议,将中国的经济持续发展及转型升级与不同资源禀赋和发展阶段的共建国家互补嫁接,并产生化学反应,进而化腐朽为神奇,带动各国经济起步与重振,用实惠造福于相关国家和人民。

"一带一路"沿线,西北端是经济发达但陷入低迷的欧洲,东南端是欣欣向荣却参差不齐的亚太,中间是跨越中亚、南亚、西亚和非洲的广袤欠发达地区,这个核心区域人口多达44亿,约占全球人口的69%,仅基础设施建设缺口就超过1万亿美元,占全球份额的29%。这些国家普遍基础薄弱,教育迟滞,人口众多且中青年就业压力大，产业普遍落后或空白，在全球化分工体系和贸易链条中处于竞争乏力的低端，极易受到外部环境影响，进而频繁引发经济危机，催生社会动荡并衍生政治危机，无法从根本上保证长期稳定与发展。

"一带一路"倡议的出台与实施，可以通过包容式、共享式合作与发展，根本性地缓解和消除欧亚腹地和非洲的长期贫血症，实现自我造血机制，增强经济和社会肌体抗风险能力，走出适合本国国情的可持续发展道路。自 2015 年起，中国对"一带一路"沿线 65 个国家的进出口贸易达 10 万亿美元，中国海外工程项目和对外投资的近五成都投放在这一地区，正在明显改善当地的基础设施条件，也给产业孵化和培育、就业和税收乃至贸易增长注入巨大动力。

2015 年 10 月，笔者在塔吉克斯坦采访时看到，中国承建的高海拔沙赫里斯坦公路隧道，以中亚最长隧道的记录结束该国冬季南北交通中断的历史；中国承建的瓦亚铁路首次把该国南部长期三分天下的铁路网联结成片，并预留未来的提速空间。2016 年 10 月，非洲有史以来首条电气化铁路贯通埃塞俄比亚和吉布提，中国公司把资源丰富的古老非洲直接带进交通现代化的最前沿。今年非洲大国肯尼亚连接首都内罗毕和东非第一大港蒙巴萨的铁路也将通车，中国企业将再次为东非经济和社会发展铺就一条大动脉。2016 年 8 月，笔者在中缅油气管线项目获悉，这条跨越缅甸西北四省邦的能源大管道不仅缓解了当地电力短缺的局面，而且创造了大量就业，推动了当地经济发展。

不输出价值观，不干涉内政，专注于帮助共建国家发展，用看得见、摸得着的经济成绩单，塑造一个完全不同的大国形象，这就是"一带一路"倡议中国故事的核心脚本。

三、搭建共建国家园区，用模式讲好中国故事

"一带一路"建设不仅是中国带动世界共同发展的伟大实践，

也是中国经济发展模式的移植、创新和拓展。建设产业园区,实现现代技术、产业和人才的集聚,整合当地及周边土地、劳动力、资源和市场等多种资源,完成与中国富余和优质产能的有效对接,是3年来"一带一路"倡议走进发展中国家的重要举措,也初步实现了共荣和可持续发展。笔者采访过不同类型的中国援建产业园,都因地制宜地带动中国的产能、资本、技术乃至标准出口,也都立竿见影地带给园区所在国很好的经济和社会效益。

江苏红豆集团投建的柬埔寨西哈努克港工业园,结合当地农业人口过剩、劳动力密集、教育素质和工作技能相对偏低及劳动力成本低廉的特点,引进相对中低端的产业集群,发展出口加工型、劳动密集型和易受欧美双反贸易壁垒影响的企业,帮助柬埔寨建立以纺织业、箱包加工业、家具制造业为主的产业,并将其打造成该国最主要的支柱产业和外汇来源,解决近10万人的就业。

浙江华立集团参与合建的泰国罗勇工业园,利用当地工业体系比较发达、汽车制造业先进、橡胶产量巨大和劳动力素质较高的条件,建立较高标准的现代化工业矩阵,吸引汽车、机械、家电等上百家中外企业入园,成功打造"泰国工业唐人街"的奇迹。

新疆中泰集团借助文化、地域和产业方面的相似性,合资在塔吉克斯坦建立当地最大的"新丝路"农业纺织产业园,全部完成后将划地10万亩棉田,年产3万吨棉籽,形成现代化的棉花种植与棉纺产业,帮助棉农将棉纺制品远销欧洲,实现稳定收入和提高生活水准的初步目标。该园区从考察到签约开工前后仅10个月,充分体现了中国速度。

中国玻璃纤维大鳄巨石集团落户埃及中埃苏伊士合作园区,成为整个非洲第一家玻纤企业。民企新希望集团则独辟蹊径打入埃及中部工业园,成为埃及肉鸡产销大户并位居产业链顶端,受到当地消费者与同行的欢迎。阿拉伯半岛"辛巴达"的故乡阿曼,中国的深圳发展模式启发了2000平方公里"杜库姆经济特区"的诞生,宁夏回族自治区率先投建工业园区,并引进首批10家中国企业和 32 亿美元资本,在石化、建材和电子商务等领域拓展新天地。北上不远的沙特阿拉伯,在"2030 发展愿景"框架下,多个中国投资建设的园区也陆续上马……

据商务部统计,截至 2017 年 3 月,中国企业已在 36 个国家建有 77 个园区,其中 56 个位于"一带一路"沿线 20 个国家,累计投资 180 亿美元,并以不同规模、模式和功能推动中国企业与当地产能合作,共促经济发展,为东道国创造超过 10 亿美元的税收,超过 16 万个就业岗位。

四、培养共建国家人才,用育人讲好中国故事

国家竞争终究是人才竞争。"一带一路"项目在共建国家落地,也是中国践行"授人以鱼,不如授人以渔"古训的过程。本着真诚帮助发展中国家实现长久性、内生性和自主性发展的良好愿望和无私精神,中国企业不仅尽可能地做到基础劳动力本地化,而且正在努力推动技术、管理和经验人才的本地化,最终使项目落地国人民成为掌握项目和发展的真正主人,形成具有本国特色的人才队伍和培养机制。

中缅油气管道项目,当地法律规定本国管理人才 6 年内占比应由 25% 提升到 75%,项目管理方为此积极选拔优秀大学生,出资培训他们学习中文、专业技术和管理知识,并提供实习机会,尽早把他们安排到不同层级的管理岗位,缅籍人员比例已提前超过 75%。在埃及中埃苏伊士合作园的巨石公司基地,笔者组看到,埃及工程师已成为玻纤技术骨干力量,在中国师傅培养下,他们不仅可以独立操控复杂的电子化生产流程,而且适应了认真、高效和严谨的企业文化,整个 1600 人的团队中,中国管理人员只有 50 名。埃塞俄比亚首都亚的斯亚贝巴,2000 名当地员工在接受铁路运营培训,学习从机车驾驶到设备维修再到乘务服务等技能。在肯尼亚铁路蒙内铁路项目实施中,中国迄今已为当地培养 2 万多名技术和管理人员。

上述几例只是中国实地培养"一带一路"共建国家人才的小故事,不同程度地发生在数万个"走出去"企业的成长与发展过程中。作为新兴大国和广大发展中国家的好朋友、好伙伴和好兄弟,为发展中国家培养人才、输送智力的努力早已在国内起步,并伴随着"一带一路"倡议的发力,成为中国政府、高校、智库通力合奏的一曲交响,大量留学生、管理干部和技术人才正源源不断地到中国学习、观摩和实践,并带着支撑国家发展崛起的技能、观念和经验折返本国建设大潮。

五、用技术输入共建国家,用品牌讲好中国故事

"一带一路"倡议发起之初,西方舆论不乏偏见、成见乃至恶意的聒噪,宣称中国将大量过时技术和落后产能向发展中国家倾销,甚至发展中国家的部分政治精英也偏听偏信,先入为主地应和这种偏颇论调。3年实践表明,中国带给发展中国家的是大量先进甚至独创技术和标准。

塔吉克斯坦的瓦亚铁路总长不过48.65公里,包括3座隧道和5座桥梁,工期只有28个月,由中国铁建中标设计和施工,设计时速为200公里,运行安全期为100年。修建这段铁路所面临的气候、地形和地质条件复杂,工程难度大,建造标准高,技术含量多,工期要求短,外国同行大多望而却步。中国铁建在规定工期内按照一流设计和施工标准,为该国南部平均时速只有40公里的铁路网树起一座高耸的技术和标准的丰碑。连接埃塞俄比亚和吉布提的亚吉铁路,是中国企业首次在海外采用全套中国标准和中国装备建造的铁路,时速120公里的铁路运行本身,就是已被世界叹服的中国一流铁路技术与装备的完整引入。

中缅石油管线项目采取"四国六方"经营模式,配备国际化运营管理团队,参照世界一流的美国API和ASME国际标准,全球招标采购,国际第三方施工监理,等等,都确保了工程的优质和透明,而无论是管线建设本身的复杂性,还是技术和装备的创新,在行业

内具有很多开辟先河的记录。

与加入 WTO 后的前 15 年不同,中国参与"一带一路"建设已摆脱初级产品出口、产品质量不如欧美韩日的印象,呈现给世界的是大量自带知识产权、技术创新和独特标准的中国品牌故事。

六、尊重共建国家文化,用尊重讲好中国故事

习近平主席首次提出"丝绸之路经济带"建设倡议时,强调"民心相通"是创新合作新模式"五通"中的重要一环。2014 年,习近平在北京发表重要讲话指出,"人类文明没有高低优劣之分,因为平等交流而变得丰富多彩"。中国对外交往始终本着国家不分大小一律平等的原则,并基于饱受殖民主义、帝国主义和霸权主义之苦的共同遭遇,与广大发展中国家形成相似或相同的文明交往观和经贸交流观。反对文化霸权主义和民族沙文主义,也贯穿于中国对"一带一路"倡议的推动和实践,尊重他国法律、主权、宗教习俗和文化传统,成为中国企业的基本要求和政策红线。

笔者两次考察中缅油气管道项目时获悉,项目在设计阶段,主导工程的中石油东南亚管道公司就科学规划管道路由,绕行生态敏感区、文化遗产保护区、寺庙、佛塔、学校等重点区域,对当地宗教、文化、传统和民俗体现了充分的认知和尊重,甚至不惜为此付出更多投入与成本。笔者在河内考察中铁六局承建的该国首条轻轨时看到,吉灵—河东线城铁项目位于繁华市区且穿越楼群,外观整体设计交织着流行时尚与越南情调,并与周边原有建筑环境融为一体,堪称兼具中国内核与越南外衣的崭新地标,体现了对越南文化的尊重。尤其要指出的是,项目施工过程中,为了适应本地社会文化与习俗,项目方主动调整中国速度和节奏,在分工环节上苦下功夫,合理解决本地用工比例、合同工期刚性要求与保障施工质量与效率的现实矛盾,使项目成为造福工程和暖心工程。同样的故事,笔者也在塔吉克斯坦瓦亚铁路施工现场多有感触,为了照顾本地劳工的饮食禁忌,项目食堂全部按清真标准管理;考虑到本地

工人白天数次礼拜,项目采取弹性工作、月薪发放和关键工种由中方员工负责的灵活管理制度,顺利解决企业文化与地域文化的适应与融合问题。

七、呵护共建国家环境,用责任讲好中国故事

"一带一路"建设多在发展中国家展开,核心又是逢山开路、遇水搭桥的基础设施建设,面临的难点之一是环境保护。虽然环保意识进入中国相对较晚,但这并不意味着中国企业在国外"穿新鞋走老路"。我们欣慰地看到,大量参与"一带一路"建设的中国企业正在主动强化环保意识,积极践行社会责任,带动东道国在观念上"弯道超车"。

还是以塔吉克斯坦瓦亚铁路为例,项目负责人告诉笔者,尽管当地企业与个人的环保意识相对淡薄滞后,各种施工后遗留的山地疤痕屡见不鲜,中国企业却给当地人带来全新的、世界标准的环保观念和操作标准,项目所有施工挖掘后的山体都进行认真回填和绿地恢复,进而使项目工地附近呈现出花园般的视觉享受。

肯尼亚以"动物王国"著称,生态环境十分复杂。中国建设的蒙内铁路项目充分认识到动物与环境保护的重要性和敏感性,沿途设置了可供长颈鹿等高大动物通过的 14 处特别通道,解决了人与动物、发展与环保的困难,体现了可贵的社会责任。

当然,体现社会责任,不仅仅局限于硬环境的保护,也在于软环境的建设。越来越多的企业在实施项目时,拿出大量资金用于当地民生改善、公共服务和文化建设,真正将自己与当地的社会、经济和文化发展融为一体,谱写了新时代"一带一路"倡议的中国好故事。

(原载《参考消息》2017 年 4 月 9 日)

12. 四年磨一剑:"一带一路"倡议晋级世界版

5 月 14 日至 15 日,"一带一路"国际合作高峰论坛在北京圆满收官。这场主题为"加强国际合作,共建'一带一路',实现共赢发展"的国际盛会规模宏大,成果显著,影响深远,已将这个 4 年前中国提出的共同发展倡议,切实升级为世界版的未来集体行动。

论坛闭幕时,中国国家主席习近平宣布,将在 2019 年举办第二届"一带一路"国际合作高峰论坛,这意味着这一由中国搭台、众多国家和国际组织参与的风云际会将长期化、定期化和机制化,"一带一路"倡议秉承的"共商、共建和共享"原则,将成为未来世界经济发展,特别是欧亚腹地和非洲、拉美共同发展、互利共赢的主旋律。

四年实践:"一带一路"倡议向世界交出漂亮答卷

2013 年 9 月,习近平在北半球中亚腹地哈萨克斯坦提出共建"丝绸之路经济带"倡议,向世界呈现一张穿越广袤欧亚大陆的经济腾飞蓝图;10 月,习近平在南半球"千岛之国"印度尼西亚提出共建"21 世纪海上丝绸之路",又为世界勾勒出一条贯通太平洋和印度洋的海洋经济振兴彩带。"一带一路"由此横空出世,既成为中国联系世界的宽大纽带,又成为贯通半个地球的活力脉络;既成为实现"中国梦"的时代依托,又成为激活全球经济要素的东方智慧。一幅绵延浩瀚的中国故事画卷随后逐步展开,无数走出国门的企业和个人,用千姿百态的具体行动,向世界讲述当代中国如何引领新一轮全球化的精彩故事。

4 年来,北起北极圈俄罗斯亚马尔液化气巨型项目破冰,南到赤道以南的印尼雅加达—万隆高铁项目全面实施;东到并购南美洲巴西的 2 座水电站,西到非洲坦桑尼亚的杰龙产业园上马,无数"一带一路"项目如火如荼地在亚非欧拉各洲展开。从参建英国欣克利核电站到与新西兰签署合作备忘录,"一带一路"的朋友圈正在扩大阵容,提升品质;从众多国家携发展愿景竞相搭乘中国顺风车,到联合国把"一带一路"倡议纳入全球发展进程……以古老的海陆丝绸之路为主道,一条更宽更长的新兴经济带已浮现日益清晰的轮廓,人们似乎看到,跨越大西洋并撬动世界数百年大发展的经济传动轴正在向东南方向位移,中国正在重新成为世界经济发展的核心引擎。

截至论坛峰会前夕,已有100多个国家和组织参与"一带一路"倡议,中国与40个沿线国家签署共建合作协议,与30个国家开展产能合作。"一带一路"倡议涵盖地域由最初的欧亚两洲65个共建国家逐步扩大,正形成一条连接大西洋、印度洋和太平洋的广阔发展带,不少发展中国家和新兴经济体将中长期发展规划直接与"一带一路"倡议对接,部分发达国家也将摆脱经济停滞和低迷的希望寄托于"一带一路"倡议。中国不仅借助"一带一路"倡议成为全球共同发展的关键推手,也让世界用欣赏和尊敬的目光正视中国和平崛起所带来的普世红利。

"一带一路"沿线是跨越中亚、南亚、西亚和非洲的广袤欠发达地区,核心区域人口多达44亿,约占全球人口的69%,仅基础设施建设缺口就超过1万亿美元,占全球份额的29%。这些国家普遍基础薄弱,教育迟滞,人口众多且中青年就业压力大,产业普遍落后或空白,在全球化分工体系和贸易链条中处于竞争乏力的低端,极易受到外部环境影响,进而频繁引发经济危机,催生社会动荡并衍生政治危机,无法从根本上保证长期稳定与发展。以基础设施建设为核心,以产能和经贸、金融合作为主要内容的"一带一路"倡议,正在世界各地演绎中国式和平建设与发展的脚本。

2014年至2016年,中国与"一带一路"沿线65个国家的贸易总额超过3万亿美元,中国海外工程项目和对外投资的近五成都投放在这一地区,帮助相关国家建成或正在建设一大批基础设施,包括铁路、桥梁、隧道、港口、机场、水电站、输电网络,改善当地的基础设施条件。同时,中国企业先后在 36 个国家投资近 200 亿美元,建设 77 个境外经贸合作区,帮助这些国家实现产业、技术集聚,成为经济发展和腾飞的龙头,为共建国家创造 11 亿美元的税收和 18 万个就业机会,并大力培训当地人才,建立技术团队,以输血和造血并重的方式推动当地经济和社会的发展。

承前启后:北京共识推动"一带一路"倡议引领世界发展

"一带一路"国际合作高峰论坛,是 1949 年以来首场真正意义上的中国主场、世界水准的发展盛会。130 多个国家、70 多个国际组织约 1500 名代表聚首北京,总结过去 4 年的伟大实践,形成五大共识,发表联合公报,公布 76 大项、270 项有代表性的成果,与中国签署"一带一路"相关协议的国家及国际组织总数达到 68 个,亚投行成员新增 7 个进而达到 77 个,超过亚洲开发银行。

值得指出的是,继去年联合国大会和安全理事会相继以决议形式将"一带一路"倡议与发展中国家发展联系在一起,并与联合国 2030 发展规划统筹后,联合国秘书长、世界银行、国际货币基金组织等领导人出席这次峰会,大大提升了峰会的权威性。

这次论坛具有广泛的覆盖性、代表性和包容性。一直采取观望态度的美国派出代表团参加,并要求其驻华大使馆组成"一带一路"倡议工作组,积极寻求对接中国相关项目;一直持抵制立场的日本也及时转向,派团与会,显示"一带一路"倡议不可抗拒的吸引力。即便处于核危机旋涡中的朝鲜也应邀到场,体现了中国"一带一路"倡议不设置政治议程、不搞小团伙和包容、开放、平等、自愿等全新理念,使这次国际盛会成为超越意识形态和地缘纷争的和谐论坛。

这次论坛的成功举行,不仅体现了中国设置议程能力、发展规划能力、协调多边能力的空前提高,也充分体现中国话语权正在被国际社会广泛认可和接受。"五大共识"和联合公报,全盘接受了中国建设"一带一路"所呼吁的"五通"主张、"共商、共建、共享"倡议及"和平合作、开放包容、互学互鉴、互利共赢、平等透明和相互尊重"等精神,反映了中国遵守《联合国宪章》宗旨和原则、尊重各国主权和领土完整,以及恪守有关控制气候变暖的《巴黎协定》及反对贸易保护主义等一贯立场,为这次世界发展大会打上深刻而鲜明的中国烙印。

这次论坛呈现了中国的世界观、发展观、责任观、义利观和文明观。习近平主席宣布中国将向丝路基金注资 1000 亿元人民币,相关银行将提供 3800 亿元的专项贷款,并建设 300 个民生项目,培养更多的发展中国家人才。这些承诺凸显了在世界经济低迷不振、孤立主义和贸易保护主义抬头的逆境中的中流砥柱角色,展示了中国经过近 40 年快速发展后的硬实力作用和软实力魅力,也无可争议地展示了新型大国的领袖风范和世界担当。

俄罗斯《独立报》称,中国是唯一能提出惠及全球 60% 居民的全球性倡议的国家;德国《明镜》周刊说,中国振臂一呼,几乎所有人都来了;彭博社评论说,习近平的新丝绸之路为"全球化 2.0 版"定下终结基调;德国《萨克森报》说,条条大路通中国;美国《波士顿环球报》称,过去 500 年来,称霸世界的是大西洋国家,这一漫长的历史阶段结束了,东亚国家将重新获得其曾经拥有的霸主地位……

尽管不乏媒体质疑甚至唱衰"一带一路"倡议,但是,更多的国际舆论对中国挽救经济贸易全球化不吝点赞,这表明公道自在人心,"一带一路"倡议正在受到越来越多的理解和欢迎,也必将因为改写世界经济和贸易版图而载入史册。

(原载《华夏时报》2017 年 5 月 18 日)

13. "一带一路"上的标本项目——中缅油气管道[①]

中缅油气管道是近年中国在海外建设的重大能源和工业项

[①]本文共同作者为《中国石油报》主任记者、中国石油经济与技术研究院兼职研究员张立岩。

目,对于完善中国油气管网建设和布局均衡、确保能源战略安全、分散海上单一输入渠道风险,以及提升西南地区经济建设水平具有重大意义,同时,也对缅甸经济和社会发展具有显著的现实和长远贡献,并有助于加强中国同东南亚国家基础设施互联互通建设和区域经济一体化发展。在诸多"走出去"项目遭遇不同困境乃至夭折的背景下,中缅油气管道项目按期保质保量完成建设并投入运营,成为"走出去"项目的成功典范之一,也积累了丰富而宝贵的经验,具有难得的示范价值。本文尝试对该项目的战略意义和标本价值做初步梳理,以期更多"走出去"的中国资本和项目加以借鉴。

2017 年 5 月 19 日,从缅甸西海岸开始输送的国际市场原油,通过中缅原油管道越过中缅边境,顺利到达了中国段瑞丽首站。而与中缅原油管道并行敷设的中缅天然气管道,已于 2013 年 7 月 28 日正式投产向中国通气。

项目概况

中缅油气管道项目是两个管道项目的合成,其一为中缅原油管道,其二为中缅天然气管道。两条管道均起始于缅甸西海岸,上岸后并肩穿越缅甸若开邦、马圭省、曼德勒省、掸邦四个省邦,由瑞丽进入中国云南境内,并延伸到贵州省安顺分道运行,原油管道北上在重庆长寿收尾,天然气管道南下在广西南宁告终。项目计划投资约 40 亿美元,获两条管道缅甸境内特许经营权 30 年。为便于表述,本文将其统称为"中缅油气管道"项目。本文所提项目,一般指缅甸境内段。两条管道具体情况如下:

中缅原油管道由中石油集团和缅甸油气公司合资建设,起点位于缅甸西海岸若开邦皎漂港东南方的马德岛,缅甸段全长 771 公里,设置站场 5 座,缅甸境内设计年输量 2200 万吨,相当于 2014 年中国总进口量 3.1 亿吨的十五分之一左右。

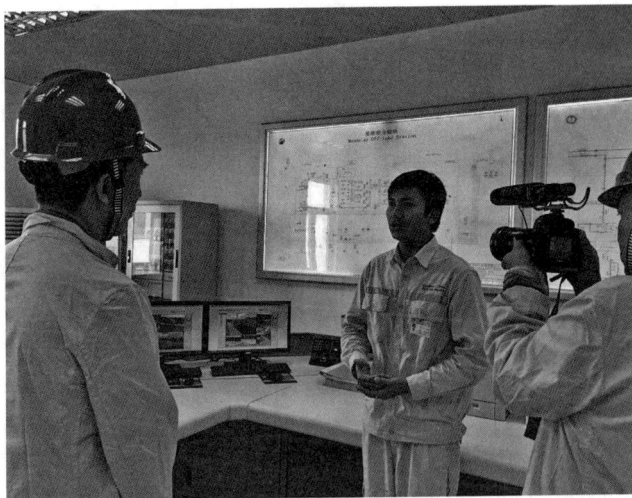

作者在中缅石油管线曼德勒油气调控中心采访。中缅油气管线这个"四国六方"重大项目不仅具有改变中国能源布局、助推西南经济发展的战略意义,而且也有共商共建共享的巨大示范意义。

中缅天然气管道由中石油集团、韩国浦项制铁大宇公司、印度石油海外公司、缅甸油气公司、韩国燃气公司、印度燃气公司共同出资建设,缅甸段793公里,设置站场6座,起点位于若开邦皎漂港,缅甸下载点前年设计输量120亿立方米,缅甸下载量不超过管输量的20%。此外,作为配套设施的马德岛港为缅甸首座大型原油卸载港,港口设计长度约为480米,可供30万吨大型油轮靠泊。岛上还建设了12座高约23米、单体容量约为62.9万桶的原油储罐,以及1条5000吨级、长度为150米的工作码头。此外,平均水深24米的马德岛港,还建设1条32公里的航道。2004年,油气管道计划首次提出,经过6年艰苦谈判,最终中缅达成石油和天然气管道同时建设、并轨推进的合作方案。为了实施这一重要项目的设计、建设、运营、扩建和维护,专门成立了由中国、缅甸合资的"东南亚原油管道有限公司",以及中国、缅甸、印度和韩国等四国六家公司参股的"东南亚天然气管道有限公司"。

该项目被视为中缅两国建交 60 周年的重要成果和结晶,受到两国政府和领导人的高度重视。2008 年 12 月,中石油集团与缅甸上游气田开发联合体签署《关于瑞(Shwe)气田天然气购销协议》。2009 年 3 月,中缅两国签署《关于建设中缅原油和天然气管道的政府协议》。同年 6 月,中缅双方签署《中国石油天然气集团与缅甸联邦能源部关于开发、运营和管理中缅原油管道项目备忘录》。同年 12 月,中国石油与缅甸能源部签署《中缅原油管道权利与义务协议》。2010 年 6 月 3 日,在时任中国国务院总理温家宝和缅甸联邦政府总理吴登盛共同见证下,中石油集团和缅甸国家石油公司签署一系列文件,包括《东南亚原油管道有限公司股东协议》《东南亚天然气管道有限公司权利与义务协议》《东南亚天然气管道有限公司股东协议》等。当天还举行了隆重的开工仪式。2013 年 7 月 28 日,中缅天然气管道工程正式投产向中国通气,9 月 7 日开始为缅甸分输。2015 年 1 月 30 日,中缅原油管道工程试投产,同时马德岛港开港投运,成功接卸第一船原油。2017 年 4 月 10 日,中缅两国元首在北京见证《中缅原油管道运输协议》正式签署,当天傍晚,缅甸马德岛港开始接卸来自国际市场的原油。

中缅油气管道项目的战略价值和意义

中缅油气管道作为"走出去,接进来"的大型能源建设和输送项目,具有多方面的战略价值和意义。据中石油东南亚管道公司提供的数据,截至 2017 年 3 月 31 日,天然气管道自投产以来,已向国内供气 133.4 亿立方米;向缅甸累计分输 15.5 亿立方米,主要满足当地发电需要。

1. 增加能源进口通道,确保能源安全

中国正处于工业化、城市化和现代化初期,经济保持中速运转,能源需求旺盛而持续。中国的能源结构以煤炭为主,污染严重,环境压力巨大,而仅占中国能源消费份额 15% 的石油和天然气主要依赖外部进口。此外,中国石油战略储备在各大经济体中处于落后位置,严重不足,战略风险不言而喻。扩大进口渠道,确保能源安全特别是油气供应畅通,不仅迫不及待,还是百年大计。

中缅原油管道主要运输中联油购买自中东的原油,大大缩短部分中东原油的运输里程和成本。据专家介绍,中缅油气管道绕开马六甲海峡至少可以缩短1200公里路程。如果缅甸近海石油得到开发,中国将享受"近水楼台先得月"的各种便利。

这条油气管道的开通,将在可预期的未来,给中国特别是西南地区提供可观而稳定的油气供应。据中石油东南亚管道有限公司总经理姜昌亮介绍,这个通道目前具备120亿立方米天然气输出能力,未来进行增输以后会达到170亿立方米;原油管道目前输送能力是2200万吨,再进行增输可以达到3000万吨。油气通道整体通过能力已达到4300万吨当量的规模水平,是非常强大的能源通道。

中国从中东和非洲进口的油气资源80%经过印度洋、马六甲海峡和南海这条水道,沿途地缘关系复杂,各国军事活动频繁,对峙时隐时现,存在持续风险。特别是马六甲海峡,最窄处仅有2.4公里,而且海盗猖獗,一旦中断或受阻,将直接瘫痪中国东南方向海上能源大动脉。中缅油气管道的建设与使用,缓解了单一海上输送能源的压力,还进行了战略备份,也增加了中国在南海维和主权的底气和筹码。

中国传统的油气输入通道,除途经马六甲海峡的东南通道外,还有西北方向的中亚油气管道和东北方向的中俄油气管道。借助中缅油气管道,中国填补了西南方向的油气输入通道,弥补和完善了现有油气输入网络的空白,大大增强了能源输入的均衡性和抗风险性。

2. 完善中国油气管线布局,实现能源动脉结构均衡

石油、天然气是现代工业体系的动力来源,也是世界经济蓬勃发展的基本保障。北美、俄罗斯和欧洲等经济发达地区,无不具备完整、均衡和全面覆盖的油气管网,中国作为第二大经济体和最大

石油天然气消耗国,管线网络建设滞后且不均衡。

美国已建成世界最大天然气管网,整个北美天然气干线管道超过 48 万公里,美国境内成品油管网长达 15.29 万公里,遍及 50 州,管网直径从 203 毫米至 1067 毫米不等。俄罗斯油气管道运输系统长度和运量居于世界前列,干线油气管道总长 23.1 万公里,90%的原油和 100%的天然气均实现管道输送,连接 500 多个气田,向世界 1500 多个城市和乡镇供气。欧洲则是世界天然气管网最密集地区,建有 12.6 万公里输气干线管道,18 座 LNG 接收站和 60 多个地下储气库。

相比之下,中国作为后发新兴经济体和头号能源消费国,油气管网体系建设相对滞后,缺口较大,与上述国家和地区差距不小。截至 2014 年,中国陆上油气管道总里程超过 12 万公里。不仅如此,中国油气管线的布局明显存在分布不均、供应失衡的问题,现有管线集中在工业和经济发达的东部地区,以及油气储量相对丰富的西北地区。整个西南地区则呈现管线短缺和总体空白的状况,因此,中缅油气管道项目还承担着西南补漏、全国织网的战略功能。

3. 促进中国西南地区经济发展和升级

中缅油气管道对于弥补西南地区油气资源短缺、促进经济发展与升级也具有重大现实意义。据统计,受上述所言资源布局所困,西南地区成品油市场长期不足,2009 年仅广西成品油缺口就达 1500 万吨,重庆也一直遭受油荒困扰。西南地区绝大部分缺口依靠"北油南运"或"东油西送",运输成本较高。虽然近年国家相继在西南地区投入建设炼化厂项目,但是,原油不足或"远水难解近渴"的根本性困局依然得不到解决。中缅油气管线的建成,将决定性改变西南地区缺油短气的局面。

作为一个以"世界旅游名城"为梦想的城市,昆明"气化"的心情十分迫切。从中缅天然气管道国内段贵港站出发,沿着西气东输二线广南支线,奔赴广东地区,缓解了燃"气"之急。中缅油气管线的建成,不仅将填补云南成品油生产空白,而且也将对该省化工、轻工、纺织等产业产生巨大拉动作用,石化工业将成为云南省新的重要产业。中缅油气管线经过云南多个州市,对推进云南经济结构调整和增长方式转变、加快经济社会发展、促进边疆少数民族地区经济社会进步,具有重要的现实意义和深远的历史意义。

天然气作为低污染的洁净能源引入西南地区,将大大改善能源结构,降低对煤炭的依赖,减少二氧化碳排放和开采造成的环境破坏。据测算,中缅天然气管道如每年输送 120 亿立方米天然气,可替代煤炭 3072 万吨,减少二氧化碳等排放 5283 万吨,在让居民、商户享受到价格实惠的同时,充分缓解当地"气荒"局面,有效促进区域经济向低碳集约型转变。

目前,云南省正在依托中缅原油管道项目,积极布局、发展石化新兴产业,最大程度释放资源价值效应,建成产业链完备的新兴石油炼化基地。得益于这条油气大动脉,重庆将实现 1000 万吨石油、60 亿立方米天然气下载,建设长寿工业园区大型炼油化工一体化项目与三峡库区国家原油战略储备基地等,都已列入战略规划。

4. 带动缅甸经济社会发展

中缅油气管道从一投产,就立竿见影地造福缅甸的经济和社会发展。缅甸自然条件优越,资源丰富,但是,由于长年政局动荡,迟迟没有对外开放,几十年来经济发展落后,属于世界最不发达国家之一。其中,基础设施落后,能源特别是电力、燃气和成品油不足一直困扰这个国家。中缅油气管道开通,将历史性地改变缅甸的面貌。

首先,中缅天然气管道的开通,将缓解缅甸能源不足的状况。2013 年 9 月 7 日,中缅天然气管道投产 40 天后,皎漂首站即实现临时分输,向天然气发电厂供气,有效缓解了当地电力紧张的局面。居民用电从每天的三四个小时,一举增加到全天 24 小时不间断。同时,相较以往柴油发电,使用天然气发电后的用电费用也大幅降低。

2015年4月,中缅天然气管道在缅配套建设的皎漂、仁安羌、曼德勒、当达等4个天然气分输站全部投用,用气高峰期每天下载天然气270万立方米,不但有效满足缅甸国内对能源的需求,还充分带动管道沿线的经济发展,给缅甸民众带来更多实惠。V-Power发电厂于2016年5月正式投产,根据缅甸政府规划,年底新加坡投建的新电厂也将投入使用。随着下游用户增加,用气需求不断攀升,中缅天然气管道也将为当地电力、钢铁等工业发展持续提供天然气资源保障。

其次,中缅油气管道的运营,给缅甸带来可观的眼前和长远收益。2013年,中缅天然气管道的建成投产解决了瑞(Shwe)气田下游市场,第二次实现缅甸天然气的出口创汇。这条管道每年还为当地带来包括国家税收、投资分红、路权费、过境费、培训基金等在内的可观经济收益。据测算,缅甸每年从管道项目直接获取1381万美元的路权费以及每吨1美元的原油管道过境费。作为合资公司的股东,缅方在未来30年也将获得丰厚的投资分红。

中缅油气管道建成,不仅每年为缅甸下载不超过200万吨的原油和总输量20%的天然气,成为缅甸油气进出口的新通道,还能将缅甸南部丰富的天然气资源输送到中部、北部等主要消费市场。而资源和消费市场的顺利衔接将有利于吸引更多国际投资参与缅甸上游开发和下游利用,帮助将南部资源优势转化为经济和产业优势,促进缅甸利用天然气产业的成长和发展,服务和带动民生发展和经济增长。

此外,管道可以为炼化、天然气终端利用等下游项目提供原料和燃料,从而满足社会对成品油、电力、化工产品等的需求。越来越多的缅甸民众将用上更加清洁、现代的能源,提高生产效率,改善生活质量。

第三,中缅油气管道项目直接给缅甸企业带来巨大商机,解决大批劳动就业需求,直接让当地百姓从项目启动之处享受红利。项目立足于缅甸本地物资供应与服务市场,优先考虑本地企业生存与发展,培养本地工程分包商、材料供应商和服务商,先后有220多家本地企业参与管道项目建设,涉及材料、设备、办公设施、生活物资、安保、法律咨询等多个领域。据统计,项目建设期间,累计聘用当地人员超过290万人次,高峰时当地用工达6000人。

中缅油气管道是中国在东南亚承建的第一个大型能源项目,也是迄今为止最大的工业项目,它的建成和运行,使中国与缅甸和整个东盟地区初步实现能源管道的互联互通,推动了局部地区的优势互补和经济一体化发展,扮演着"孟中印缅经济走廊"先行先导的开拓性角色。

这个项目由于直接给缅甸带来可观的经济与社会效益,让东南亚国家感受到搭乘中国经济发展便车的实惠,见证了中国睦邻友好政策,以及共商、共建、共享"一带一路"的远景,通过实际行动,破解了"中国威胁论"或"中国环境威胁论"等不实之词,密切了中国与缅甸及周边国家关系,对取信地区国家,打造升级版的中国—东盟自贸区,加快和深化区域一体化建设,都有重要的政治意义。长远地看,中国还可以沿中缅油气管道修建公路和铁路,把皎漂港开辟为中国西南地区出口南亚、西亚、欧洲和非洲的货物中转站。

2017年5月19日,从缅甸西海岸开始输送的国际市场原油,通过中缅原油管道越过中缅边境,顺利到达了中国段瑞丽首站。而与中缅原油管道并行敷设的中缅天然气管道,已于2013年7月28日正式投产向中国通气。

中缅油气管道是近年中国石油集团在缅甸建设的跨境重大能源和工业项目,对于完善中国油气管网建设和布局均衡,确保能源供应安全,分散海上单一输入渠道风险,以及提升西南地区经济建设水平具有战略意义。同时,该项目也对缅甸特别是沿途西部四邦省的经济和社会发展具有重大现实和长远贡献,并有助于加强中国同东南亚国家基础设施互联互通和区域经济一体化建设。该项目战线长,投资多,地缘、地理和地质条件复杂,施工难度大,堪称业界难度之最。但是,在诸多"走出去"项目遭遇各种困境乃至夭折的背景下,该项目按期保质保量完成建设并投入运营,成为"走出去"项目的成功典范之一,积累了丰富的经验,具有显著示范价值,也值得众多中国"走出去"资本和项目加以借鉴。

中缅油气管道项目的实施和推进,明显改变了当地经济和社会发展状况,皎漂马德岛的巨大变化就是典型。

马德岛是孟加拉湾的一个离岛,陆地面积约 12 平方公里,隶属缅甸若开邦皎漂地区,岛上居民世代以打鱼、种植为生。工程建设初期,马德岛原始森林覆盖,没有公路,缺乏淡水,物资匮乏,施工条件极其艰苦。中缅两国人民团结协作共同奋战,历经五年艰苦建设,于 2014 年 5 月 30 日,实现原油管道建设机械完工。马德岛上建成 30 万吨级原油码头和相应的深水航道以及原油管道首站、120 万立方米原油罐区、工作船码头等设施,昔日原始小岛变身现代化、国际化海港。作为皎漂经济特区重要的港口运输基础设施,马德岛港已经成为本地吸引外资的示范,被视为缅甸对外贸易形象的重要窗口。

管道项目团队在马德岛开展工程建设的同时,时刻注重改善当地民生。为解决岛上居民喝水用水难问题,项目团队主动在马德岛投资,建设从为工程所用的水库到民用供水管道,每年为居民提供自来水 22 万吨,受益面覆盖全岛 5 个村落 704 户人家 3000 位居民,结束了他们世代生活用水靠积攒雨水的历史。此外,管道项目团队还为岛上修建公路、学校、警察局,捐赠渔网,出资为每户村民安装电表,同时投入 30 万美元架设通信塔,彻底解决了该岛手机无信号覆盖的局面。居民日常生活所依赖的水、电、路、讯条件大幅改善,马德岛逐步与现代化生活接轨。

2015 年 1 月 28 日,缅甸时任总统吴年吞在马德岛港预投产仪式上称,"这个港口是缅甸首个具有国际标准的石油港口,将使国家和人民双方受益,助力缅甸经济发展,造福缅甸人民"。缅甸时任能源部长吴泽亚昂称,"马德岛港不仅是若开邦的骄傲,也是缅甸的骄傲"。

中缅油气管道项目的标本价值和意义

近年来,中国资本和企业"走出去",在不同国家遭遇一系列问题和挫折,例如,严重亏损的沙特麦加轻轨项目、被搁置数年的缅甸密松水电站项目、几次反复的斯里兰卡科伦坡城项目、中标后又被废止的墨西哥高铁项目、死而复生的希腊比雷埃夫斯港项目、一波三折的印尼雅万高铁项目,以及反复调整的泰国高铁工程等。这些项目国情不同,遭遇的问题也千差万别。但是,这些情况都预示着中国企业和资本在大规模走出去后面临前所未有的挑战和考验。中缅油气管道项目能在五年内按计划稳扎稳打,走得出来,拿得下来,干得起来,收得回来,是系统解决诸多共性问题取得的丰硕成果,因此,它还有中国资本和企业"走出去"的标本价值和示范意义。

1. 合作多赢的模式示范价值

作为境外实施且兼具能源安全和基础设施双重功能的中缅油气管道,最为人称道的是合作多赢理念基础上的"四国六方"模式。据报道,印度和韩国都是最早分别参与缅甸天然气和石油管道项目的竞争者,由于它们自身的方案问题和地缘因素,最后将项目拱手让给了中石油集团。但是,中石油并没有理所当然地以"零和"思维吃独食,而是将印度与韩国竞争者吸纳进来,变对手为伙伴,化竞争为合作,共同建设、开发和分享这个令人眼红的重大项目。

2009年7月,中石油组建东南亚管道有限公司(简称"东南亚管道公司"),注册资金75亿人民币,主要负责中缅油气管道项目缅甸境内的设计、建设、运营和管理。经营范围包括交通运输、仓储、项目投资、管理、工程总承包、投资管理和咨询,以及进出口等业务。

两个合资公司在香港注册,即东南亚原油管道有限公司(SEAOP),股本比例为:中国石油50.9%,缅甸油气公司49.1%。

东南亚天然气管道有限公司（SEAGP）股本比例为：中国石油50.9%，韩国浦项制铁大宇公司25.041%，印度石油海外公司8.347%，缅甸油气公司7.365%，韩国燃气公司4.1735%，印度燃气公司4.1735%。两个合资公司均在缅甸设立分公司。

这个模式的最大特点是化竞争为合作，利益均沾，共同受益，优势互补，避免了单一中国股权公司容易遭遇的各种竞争者诋毁，也降低了国际和缅甸国内舆论的压力。

2. 高标准、高质量、国际化和透明化的操作示范价值

高标准、国际化和透明操作。这是参与国际商业项目竞争的基本要件。中缅油气管道在复杂的地缘、地理和文化环境中，妥善地处理了这些棘手问题，为项目安全、顺利运行提供了制度保障。

设计和论证科学周密。中缅油气管道项目设计科学，论证周密，耗时15个月进行可行性研究，可行性报告先后7次审阅修订，以确定项目安全可行。管道设计经过专项审查核准通过，经过18次专项安全评估。管道线路选择有利地形，尽量避开高地震烈度区、地震活动断裂带、滑坡等不良地段，避免通过人口稠密、人员活动频繁地区，最大程度地预估和规避自然、社会风险，降低建设和维护成本。

遵循国际优质标准。严格按照国际管道项目规范和模式进行操作，在包括设备选型、设计、施工在内的每个重要环节，均严格遵守美国API和ASME等国际标准。

优选采购一流材料和设备。采用国际一流的X70碳素钢管和德国伯马、舒克等国际知名厂商的设备产品，确保施工质量和效率。

招标优选供应商和承包商。采用国际公开招标模式，选用优秀供应商和建设承包商，确保公平和自由竞争原则，避免暗箱操作非议。

聘请国际工程监理。聘请两家第三方工程监理公司对所有承包商建设质量实施全程监控，严格控制施工质量，还特别聘请来自

阿联酋和印度的无损检测公司,对管道焊接质量进行专业检查,聘请德国、泰国、印度等国外有经验的监理工程师,为管道焊接质量等关键点进行质量控制提供双保险。

国际化团队管理。中缅油气管道项目获得两国政府大力支持,中缅政治关系特殊,因此该项目前期必然既引人注目,又难免内外非议。中石油作为项目主要投资方和建设运营团队,调配具有国际视野和操盘经验的人员落实。"四国六方"联合体本着核心人才国际化的原则,在合资公司框架和商业通行规则基础上处理内外关系,在董事会架构下与印度、缅甸和韩国伙伴开诚布公,努力磨合,形成共同利益和价值观基础上的共识,避免内部杂音和自我消耗,同时分担了压力和风险。

阳光化项目运行。坚持诚信、互动、平等原则,通过网站、平面媒体等渠道不断增加信息披露,建立和完善公开的利益相关方参与机制,坦然接受当地和国际媒体、各种 NGO 组织、缅甸政党和议会、合作伙伴、员工和社区组织及各界人士的监督、质询乃至挑剔,切实做到在阳光下运行,塑造优秀的企业公民形象,避免了各种不测风云和无妄之灾。

3. 工程实施攻坚克险的样本示范价值

中缅油气管道项目是个难啃的骨头,输送距离长,运量大,跨国施工和运行,法律、人文和自然环境复杂,气候和地质陌生,这些因素都极大地考验着项目的落地和推进。仅就施工本身而言,中缅油气管道项目被业界称为"世界上最难建设的管道之一",中石油克服了千难万险,取得了诸多工程实施的突破。

工程难点单纯从地理和地质角度看,就相当复杂。第一,环境敏感点多。沿途地域山高林密,环境保护区、风景名胜区、水源地、宗教场所和墓地多,而且穿越瑞丽江、澜沧江(伊洛瓦底江)和怒江等多条国际河流,对环保设计提出更高要求。第二,地势险要,地质复杂。管道所经地区处于印度洋板块和欧亚板块碰撞结合部,地壳活动剧烈,沿线地质环境复杂,地质灾害类型众多,具有"三高四活跃"不良地质特点,即高地震烈度、高地应力、高地热,活跃的新构造运动、活跃的地热水环境、活跃的外动力地质条件、活跃的岸坡再造过程。第三,地质灾害点多。沿线80%以上为山区,滑坡、泥石流、崩塌等地质灾害多发、频发,地质灾害数量多、类型多,严重危害管道安全。

对中缅油气管道缅甸段而言,最大的技术挑战是全线2条河流和8条海沟定向钻穿越,每条都要进行管径1016毫米气管线、管径813毫米油管线及光缆管的3次穿越,施工难度极大。其中最大海沟跨幅1500米,最深穿越82米,这在世界海底管道建设史上都是首例。整个管道项目区域常年多雨,管线海拔落差达1300米,都给施工带来严重挑战。

管道项目团队在施工过程中组织最精干的队伍,投入最优良的设备,并积极创新工程管理方式,在机载激光雷达测量、海底管道敷设、南塘河大峡谷开挖、桁架跨越施工过程应力应变实时监控、原油码头泥岩地基处理等方面技术上取得了重大突破,积累了宝贵的一手数据和实操经验。

参建单位在工程建设期间艰苦奋战,米坦格河跨越、南塘河大峡谷穿越等重要控制性工程,马德岛工作船码头、12个沉箱预制安装及箱内回填等原油码头基础工程,均顺利告捷,管道焊接一次合格率达到98.68%,超过国际同类管道工程的质量指标,高标准、高质量、高效益地建成了优质、安全、环保、友谊的中缅油气管道。

4. 注重环保、尊重属地文化与传统的示范价值

近年不少中国海外项目遭遇困境,多半因为环境影响评估或被指责存在缺陷,或与当地文化及传统产生冲突。中缅油气管道项目自启动建设以来,一直以保护缅甸环境不受破坏为前提,严格落实环境保护措施,打造阳光、绿色、环保管道。

项目调研阶段,通过公开招标方式,聘请国际知名机构开展环境评价,并依据国际通用原则和标准形成报告。设计阶段,要求科学规划管道路由,绕行生态敏感区、文化遗产保护区、寺庙、佛塔、

学校等重点区域,对当地的宗教、文化、传统和民俗体现了充分的认知和尊重。

征地环节严守国际惯例和缅甸法律法规,由缅甸能源部、缅甸油气公司、项目人员共同组成工作小组,确定征地与赔偿方案,按照"村民自愿,少占耕地""先赔偿,后用地"的原则,直接将赔款发放到村民手中,在法律上做到干净利落不留后遗症,在利益保障上减少中间环节,直接惠及民众。

管道施工严控作业带范围,南塘河大峡谷两侧管线呈 V 型,为减少土地占用、植被破坏,作业带宽度由 60 米优化为 40 米。项目采用世界领先的机载激光雷达技术、海沟穿越技术,减少对地表、植被的扰动。管道经过的海沟两岸有珍贵的红树林,项目以定向钻穿越施工取代大开挖,将入土点和出土点全部选择在陆上,最大限度地保护了红树林和海洋生态。

项目还因地制宜,制定了各具针对性的沿线水土保持与生态恢复方案。在地质灾害频发地区,采取混凝土浇筑保持水土;在山区地带,通过人工播撒草籽、草袋恢复植被、地貌,施工结束的第一个雨季过后,管道沿线地貌已基本恢复。

5. "授人以渔"的共同成长示范价值

缺乏人才特别是管理人才,是发展中国家普遍经济、社会和文化落后的关键问题,"授人以鱼,不如授人以渔"。中缅油气管道项目遵照缅甸外商投资法规定,也本着项目长期发展和深度造福缅甸人民的良好愿望,提高员工本地化和国际化水平,努力培养一支优秀、专业的当地员工队伍,尤其注重当地青年人才的培训培养,提升缅籍员工在管理、专业技术、操作技能等岗位的比例。

公司为缅籍员工量身制定岗位培训计划,联合缅甸仰光大学及中国西南石油大学、北京外国语大学等高校,为 58 名缅籍大学生进行语言、专业知识培训及管道企业现场实习,并挑选经验丰富的技能专家采用"师傅带徒弟"的模式帮助缅籍员工在工作中快速成长,使之成为能够独当一面的专业技术人才。2015 年,选派两名优秀缅籍员工前往昆明理工大学攻读硕士学位。截至 2016 年底，公司缅甸当地雇员合计已达 800 人，占全部人员的 72%。2016 年 9 月，笔者第二次到曼德勒管道项目办公地点采访调研时发现，曼德勒天然气分输站 24 名管理人员中，缅籍人员已经占到半数，其中经过中方语言和专业培训的业务骨干已经可以独立值班，监控和操作设备。

6.“利他主义”的社会责任示范价值

社会责任是现代企业参与公共治理和回馈社会的重要义务之一，也是确保工程项目顺利实施的重要保障。对于“走出去”企业而言，社会责任也是避免“新殖民主义”标签并水乳交融地融入当地社会和经济的重要手段。中缅油气管道项目在实施过程中，始终贯穿“国际主义”和“利他主义”精神，积极恪尽企业责任，以正确的“义利观”处理投入与获取、眼前得失与长远利益的辩证关系，取得良好效果，保证了项目的顺利推进和后续运行。

缅甸是个多民族、多宗教和文物丰富的国家，中缅油气管道项目不仅联合多方代表组成征地机构，体现公信力，而且管线沿途坚决绕道改线，尽量不占、少占耕地，保护寺庙、佛塔、学校、墓地、自然保护区和文物。对工程所用征地，依据国际惯例和缅甸法规，不仅先赔偿后用地，而且直接将赔付款发放到村民手里，及时发布土地赔偿信息，做到手续完备，过程透明可控，赔付不打折扣。

尽量让管道沿途民众得到实惠，避免计较一时得失。缅甸基础设施薄弱，经济落后，该项目特别注重改善沿线村民的生活状况和条件。项目上马后，公司系统性地开展社会公益项目，在 NGO 和缅甸各级政府支持及帮助下，行程 1 万多公里，4 次对管道全线近百个村镇进行摸底排查，在充分听取各方意见的基础上，确定社会公益项目，并通过计划实施，初步改善管道沿线地区教育、医疗、供水、供电、通信、道路等基础设施水平和居民生活条件。

据统计，中石油和两个合资公司先后投入 2400 多万美元造福当地人民，援助 123 个公益项目，包括 67 所学校、3 所医院和

23 所医疗站。这些项目惠及管道途经的 4 个省邦 20 多个镇、上百个村落和 102 万缅甸百姓,体现了中缅人民间的"胞波"深情。也正因为把当地民众当作手足来善待,他们才由衷理解、支持和配合工程的实施,进而使项目成为朝野认同、上下满意、内外首肯的难得范本。

此外,在缅甸遭遇地震、水灾、台风等自然灾害时,公司都能第一时间伸出援手,及时向灾区捐款捐物,协助地方政府和民众救灾减灾和重建家园。基于上述原因,中缅油气管道项目在所有缅甸中资企业中获得较高的美誉度和公信力,得到各界好评,成为造福缅甸人民的民心工程和沟通两国的桥梁工程。

7. 改善中国企业和资本形象的品牌价值

中缅油气管道项目克服复杂的政治、地缘、气候和地质困难,按期保质地完成生产并投入运营,圆满收官。项目在工程技术方面再次证明施工能力的"国内第一、国际一流",展示了中国石油企业强大的勘测、设计、施工和创新实力,为中国企业特别是大型国企赢得了业界声誉和资质口碑,无疑将提升中国参与国际同类项目的竞争力。

中缅油气管道项目创立的"四国六方"模式,展示开放和包容精神,体现合作多赢互利意识,在中国企业和资本参与全球化进程中具有典型的范例价值,值得不同类型的项目参考和借鉴。

中缅油气管道项目坚持基本员工本地化、管理人才国际化,既降低劳动与管理成本,又体现与时代发展和企业升级所匹配的人才观与管理观,为中国本土企业走出去、本土化和国际化探索了宝贵经验。

中缅油气管道项目坚持科学立项、严谨测算、规范组织、高标施工和透明运行,有效避免了盲目上马、匆忙施工和外界干扰等弊端,最大程度地确保了投资的安全性和高回报,也值得称道。

中缅油气管道项目注重环境保护与属地环境适应,协调项目与自然和社会关系良性互动发展,确立了具有中国特色的施工环保标准,展示了新一代国企的大局意识和国际担当。

中缅油气管道项目先予后取,多予少取,造福沿线地区经济与社会发展,并注重培养本地人才,孵化造血功能,构建命运共同体和长期共生共荣机制,是中国友邻、睦邻和惠邻外交政策的具体体现,也是"好邻居、好朋友、好伙伴"外交理念的企业版实践。

中缅油气管道项目值得总结和借鉴

"走出去"不是新概念、新事物,但是,如何"走出去"并且走成功,是个因地制宜、因时而变的常新课题和挑战,也是每个海外中国企业都无法回避的新现实。

中缅油气管道项目的确值得一书,这不仅在于它对确保国家能源安全和促进西南地区经济发展与升级具有重大意义,还在于它是走得出去、立得起来、站得稳当并经得起考验的成功样板。作为一个大型海外项目,值得总结和借鉴。

(原载《丝路瞭望》2017 年 8 月 3 日)

14. "一带一路"倡议对接叙利亚战后重建: 时势评估与前景展望①

随着叙利亚境内国际反恐战争和政权争夺战进入收尾阶段,政治解决叙利亚危机的努力正在坎坷中推进,叙利亚战后重建也同时开启。政治重建、安全重建和经济重建是叙利亚重建进程中并行不悖且彼此制约的三道难关,最终目的是全面恢复叙利亚的政治秩序与经济社会发展。无论是叙利亚自身对国家重建的迫切需求,还是中国在各领域取得的发展成就和经验,都使"一带一路"倡议对接叙利亚战后重建成为可能。本文基于联合国、世界银行、国际货币基金组织等国际组织关于叙利亚冲突的最新结论和数据,结合叙

───────────

①本文共同作者为北京外国语大学阿拉伯学院 2017 级博士研究生李世峻。

利亚危机的新发展和新形势,对"一带一路"倡议对接叙利亚战后重建的可能性、优势、原则和模式进行客观评估和积极展望。

自 2011 年叙利亚危机爆发至今,叙利亚国内冲突在大国干涉和多方介入下已延续 7 年之久,造成严重的人员伤亡和财产损失。当前,叙利亚局势进入新的发展阶段:2017 年 11 月至 12 月,伊朗、俄罗斯、伊拉克先后宣布极端组织"伊斯兰国"已被击溃;12 月 7 日,俄总参谋长盖拉西莫夫表示叙利亚已经完全从"伊斯兰国"组织控制下解放出来;11 日,普京突访俄在叙利亚赫迈米姆空军基地,宣布将从叙撤军。同月,新一轮叙利亚问题日内瓦和谈与阿斯塔纳和谈分别于 14 日和 22 日结束。2018 年 1 月 30 日,叙利亚全国对话会议在俄罗斯索契圆满闭幕,这一和解进程所取得的关键性进展,为战后的"新叙利亚"国家政治构架完成了"封顶兜底"[1]。纵使举步维艰,通过和平谈判最终解决叙利亚冲突的可能性正与日俱增,叙利亚战后重建工作也正逐步由幕后移至台前,各方对中国"一带一路"建设对接叙利亚重建的猜测与期待之声愈益高涨。在新形势下,认清叙利亚重建面临的现实困境对中国参与叙战后重建具有重要的现实意义。

一、叙利亚重建进程的"三重难关"

叙利亚问题解决的复杂性和不确定性使叙战后重建至少面临"三重难关"的考验。

(一)政治重建

随着作为政治实体存在的"伊斯兰国"的覆灭,叙境内的反恐战争已近尾声,"后'伊斯兰国'时代"的政治重建是关乎叙利亚重建整体进程能否顺利推进的前提,而这一前提在短期内很难取得

---

[1] 马晓霖:《索契决议:为叙利亚统一与完整"封顶兜底"》,载《华夏时报》2018 年 2 月 3 日,第 37 版。

有效突破,至少面临三个方面的不确定性。

第一,重建机制尚未出台。迄今为止,曾在推动叙利亚危机政治解决过程中发挥过作用的多边机制主要包括维也纳和谈机制(Vienna Peace Talks)、日内瓦和谈机制(Geneva Peace Talks)和阿斯塔纳和谈机制(Astana Peace Talks)。由于缺乏当事国的直接参与,维也纳机制颇受诟病,更由于土耳其的态度转变而鲜有进展;日内瓦机制和阿斯塔纳机制随之成为政治解决叙利亚危机的两个关键平台。然而,无论日内瓦机制还是阿斯塔纳机制,目前均不具备全面展开和推进叙利亚政治重建的足够能力和条件。首先,日内瓦和谈因"巴沙尔去留"等关键问题而久谈未果,更因俄罗斯的排斥和冷落难显成效。其次,阿斯塔纳和谈自2017年1月启动以来迅速形成机制,取得了停火、换囚、建立"冲突降级区"等重要成果,进而超越日内瓦机制成为解决叙利亚危机的主要机制,随之演变成各方争夺叙利亚问题主导权的重要平台。然而,将阿斯塔纳和谈机制的成果融入日内瓦机制中并加以贯彻和落实非常困难。当前,由俄罗斯、伊朗、土耳其三国主导的阿斯塔纳机制,与以联合国名义但由美国、欧盟、沙特等国主导的日内瓦机制大有分庭抗礼之意,不排除导致各方博弈加剧的可能性。包括叙利亚反对派、美国等在内的有关各方能否积极响应阿斯塔纳机制所取得的成果,直接关乎新的政治重建机制能否出台,关乎真正融合各方力量、围绕重建事宜展开多边商讨的叙利亚重建国际会议能否尽早召开,并最终关乎叙利亚的政治重建能否实现。

第二,国家政体和意识形态走向不明。在2017年10月31日落幕的第七轮叙利亚问题阿斯塔纳和谈中,俄罗斯代表团团长、俄叙利亚问题总统特使拉夫连季耶夫表示,"不排除商讨建立叙利亚民族统一政府的可能性"①。然而,所谓"民族统一政府"究竟采取

①周翰博:《阿斯塔纳和谈带来和平曙光——各方重申政治解决叙利亚问题》,载《人民日报》2017年11月2日,第21版。

中央集权制、联邦制还是邦联制,多方势力必各有打算。在当前形势和条件下,巴沙尔政府试图让叙利亚重回大一统局面存在极大困难;同样,使叙利亚分崩离析成为若干独立主权的国家也不现实。

在政体选择方面,未来叙利亚大致存在三种可能:保留原有的单一共和制;选择黎巴嫩模式或伊拉克模式,成为一个内部高度自治的联邦制国家,按教派和民族划分权力并使之相互制衡;形成一种介于中央集权制和联邦制分权体制之间的"共和国主体+若干联邦区"的新型体制,在单一共和制的体制下给予库尔德人一定限度的自治权。这三种可能都维持了巴沙尔在大马士革的继续统治①。

在意识形态层面,不仅反政府的政治力量会抵制复兴社会主义,库尔德人也排斥阿拉伯民族主义,部族主义和集权型共和观念都可能再次复兴。鉴于战后伊拉克的教训,叙政府和俄罗斯不会轻易放弃复兴社会主义道路而选择多元化的意识形态,后萨达姆时代,正是匆忙解散复兴党致使国家因长期统辖各派的超级意识形态突然消失而成为一盘散沙。当然,未来叙利亚"阿拉伯复兴社会主义"也不排除作出调整和局部妥协的可能性。无论如何,叙利亚政体和意识形态的未来走向取决于内部各派力量的博弈,也取决于域外大国的角力,形势至今并不明朗。

第三,阿拉伯身份去留存疑。叙利亚政治重建终究面临阿拉伯身份去或留的两难抉择。一方面,叙利亚库尔德势力独立于叙政府军和叙反对派而存在的一项重要原因,是后两者均以"歧视和'阿拉伯化'库尔德人"为目标②。作为叙利亚库尔德族群的核心诉求之一,"去阿拉伯化"是库尔德人在未来政治重建进程中与叙

---

①Zachary Laub,"What to Watch for in Post-ISIS Iraq and Syria," *Council on Foreign Relations（CFR）*,October 19,2017,https://www.cfr.org/backgrounder/what-watch-post-isis-iraq-and-syria,登录时间:2017 年 11 月 27 日。

②Ari Soffer,"The 'Non-Arab Spring'?" *Arutz Sheva*,September 18,2017,https://www.israelnationalnews.com/Articles/Article.aspx/13847,登录时间:2017 年 11 月 29 日。

政府角逐的主要议题之一。同样,叙境内的亚美尼亚和土库曼斯坦等少数民族也乐见未来国家去"阿拉伯化"标签。另一方面,启动政治重建的叙利亚政府将考虑是否以及如何重返阿盟,特别是如何修复与海合会(GCC)成员国之间的关系。叙利亚如果为争取内部稳定和政权延续而尊重"去阿拉伯化"诉求,则难免引起外部相关国家的不满和反对。如何在弥合内部分歧和排除外界忧虑之间权衡利弊将成为考验叙利亚政府的又一难题。

总之,叙政治重建进程前途未卜,叙政府掌控和治理国家的能力一时难以恢复至较高水平,客观上增加了政局不稳和战乱、恐怖主义借机反弹的风险。

(二)安全重建

在叙利亚危机进入新发展阶段的背景下,虽然反恐已降级为次要任务,叙利亚重建进程中的安全重建环节——旨在实现全面停战以及解决战乱带来的诸多安全问题,仍然是当前叙工作的重中之重,更是整体重建进程能否有效推进的保障。当前,叙利亚安全重建大致面临五大难题。

第一,"冲突降级区"发展难题。2017 年 9 月 15 日,第六轮阿斯塔纳和谈机制确定暂以 6 个月为有效期在叙利亚建立四个冲突降级区,从而使俄、土、伊三国率先为实现叙利亚全面停火和地区稳定找到了新的突破口。截至 2017 年 12 月,这一过渡性质的举措为降低地区冲突烈度和缓解人道危机发挥了重要作用,更使各方在打击地区极端恐怖组织方面取得了实质进展,叙政府也由此重新掌控了境内大片领土。然而,叙利亚战争是一场大国干涉和地区力量介入相交织的冲突和复杂的地缘政治博弈[1],这就意味着任何停火协议能否长期有效执行、"冲突降级区"在下一阶段将如何发展均会受到各方博弈情势的直接影响。未来,在政治解决进程稳步推进的前提下,以俄、土、伊为主导的冲突降级区极有可能迎

---

[1]马晓霖:《"奥巴马主义"与叙利亚危机》,载《阿拉伯世界研究》2017 年第 1 期,第 61 页。

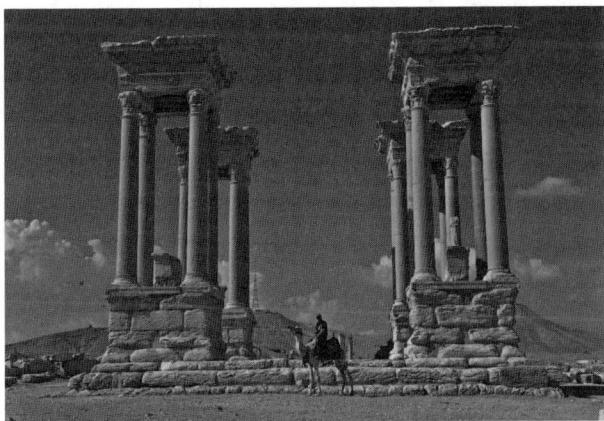

图为作者2008年首次访问叙利亚时拍摄的帕尔米拉文化遗产核心部分朱庇特神庙,但是,这处景点已在2011年爆发的内战中被恐怖组织"伊斯兰国"武装野蛮摧毁。经历10年战乱破坏的叙利亚经济倒退半个世纪,一旦恢复全面和平,将主要依赖中国参与重建。

来包括美国在内的多国介入,使冲突降级区转为相对的稳定"板块",最终伴随政治解决的成功而完成其历史使命;相反,若政治解决不进反退,在恐怖主义这一共同敌人的短暂缺席下,各方暴露出的直接利益冲突和控制权争夺甚至可能导致"冲突降级区"变为"冲突升级区"。

第二,反恐收尾阶段难题。在各国宣布打击恐怖主义的军事行动取得胜利之前,"伊斯兰国"武装力量在叙利亚的规模远超伊拉克①。虽然叙利亚境内的恐怖组织有形力量已被大大削弱,但其仍在流窜中的无形力量依然具备发动零星恐怖袭击的能力,对地区安全与稳定构成潜在且持续的威胁。因此,包括叙利亚危机各方在内的反恐力量在叙反恐收尾阶段至少面临三大任务:为应对恐怖主义在地区发生的新变化,对化整为零的极端主义和激进主义力量进行再次定性与甄别;联手防范流窜中的恐怖组织有生力

①Zachary Laub,"What to Watch for in Post-ISIS Iraq and Syria."

量进入别国或反恐阵营的管辖盲区以求再起;防止大国或地区国家出于私利而与被击溃的恐怖组织暗中合作,使其卷土重来。

第三,政府军恢复与重建难题。在叙利亚安全重建进程中,政府军的恢复与重建事关叙政府掌控和维护国家安全的能力。内战爆发前,叙政府逐年减少义务兵役期限,至2011年,原有兵役期限已缩减到一年半,显示出政府军健康、良好的发展势头①。自叙内战爆发至2014年底,因伤亡、变节和拒服兵役,叙政府军人数从32.5万人锐减至15万人,非正规部队则有8万到10万折损②。在此过程中,叙政府转而通过颁布新规定、抓捕兵勇乃至强迫已服兵役的公民接受预备役等措施扩充政府军兵员,客观上致使政府军整体质量大不如前,并引发了民怨。叙政府面临尽快在数量和质量上帮助政府军进行恢复和重建以及安抚民心的不小考验。

第四,遣散与整合反政府武装及收缴武器难题。除政府军外,在叙内战中出现的各种名目的反政府武装组织多达上千个,其中的大部分规模较小且由地方掌控,同时不乏由多个武装力量结盟而成或受到域外大国支持且颇具影响力的非政府武装组织③。其中,以受美国力挺、库尔德人主导的“叙利亚民主军”以及由土耳其扶持的“叙利亚自由军”和“土库曼旅”等叙反对派军事组织最具代表性。“伊斯兰国”武装的势力衰退不可避免将引发地区及域外大国围绕领土、控制力和影响力展开竞赛和角逐④。随着反恐战争进入尾声和重建进程的开启,叙政府对各类民间和地方武装或遣散

①“Syria Reduces Compulsory Military Service by Three Months,” *China Daily*, March 20, 2011.

②“Syria Increasing Efforts to Build up Military after Substantial Losses,” *South China Morning Post*, December 29, 2014.

③“Guide to the Syrian Rebels,” *BBC*, December 13, 2013, http://www.bbc.com/news/world-middle-east-24403003,登录时间:2017年12月2日。

④Louisa Loveluck and Loveday Morris, “As ISIS Retreats in Syria, U.S. and Iran Scramble for Control,” *The Washington Post*, June 7, 2017.

或整合,对曾经的反政府力量进行武器收缴似乎成为安全重建的题中之义,却又面临地区多元博弈带来的极端复杂性。可供对照的负面例证是后卡扎菲时代利比亚国家政权破碎、军事割据、恐怖分子活动猖獗的现实。

第五,土耳其"安全区"的存废难题。自叙利亚危机爆发以来,土耳其方面曾多次提出在叙北部地区建立"安全区"或"禁飞区"。这一动议首先针对域内的"伊斯兰国"武装力量,同时针对被土耳其视为心腹大患的叙利亚北部库尔德武装,其实质是假反恐之名行维护本国领土安全和利益之实。虽然在奥巴马时代这一提议被多次忽视,但时至今日,土在叙北部的"安全区"的建立却已成为不容各方否认的既定事实。无论特朗普上台以后美国中东政策的转变,还是"伊斯兰国"势力的逐步退去,都在客观上促进了"安全区"的巩固。因此,现阶段土耳其"安全区"的存在并不会随着地区恐怖主义势力的衰退而轻易走向终结。然而,"安全区"的存在又不可避免地使叙政府以及其他域内和域外大国心存芥蒂。未来,若库尔德人仅谋求自治而不再设法独立,则"安全区"的存在不复必要;相反,则会给予"安全区"存在以合理的口实,为地区安全重建平添许多不确定性。

"后'伊斯兰国'时代"的叙利亚安全重建道阻且长,战乱状态在短期内难以得到根本性扭转,战后权力分割、族群冲突和各方博弈将长期存在,叙利亚与沙特、土耳其、以色列等周边国家的关系存在恶化的较大可能。安全重建能否顺利进行,尚取决于能否解决以美、俄为代表的大国以何种方式继续存在、能否形成联合政府控制下的有效安全力量两大关键问题。

(三)经济重建

如果说政治重建和安全重建是叙利亚重建进程的前提和保障,经济重建则是一切努力的最终目标。无论叙政府和博弈中的各方针对政治重建和安全重建做出怎样的布局,民生问题始终应为解决问题的目标所在,并影响着政治重建和安全重建进程的顺利推进。

叙利亚曾经是中东地区具有深厚历史和文化底蕴的国家,同时也是最封闭的国家之一。除少量石油外,叙本国资源相对匮乏。然而,根据国际货币基金组织于 2016 年出台的一份涉及叙利亚冲突与经济的专项报告,至 21 世纪初,叙利亚政府逐步实行包括开放商业银行和股票交易、寻求加入世贸组织等经济自由化的举措,已帮助叙利亚经济保持了低通胀率和强劲的增长势头,财政赤字始终保持在可控范围内,经济实现了平稳、较快的发展①。内战前的叙利亚是一个高度城镇化的国家,至 2010 年共有 2881392 个不同类型的住房单位分布在 8 个省份,叙城镇人口约占总人口的56%②。然而,内战爆发以来,叙经济遭受巨大打击,虽然经济重建工作已在启动当中,却仍然面临诸多困难,集中体现在以下三个方面:

首先,伤亡人数巨大,经济倒退严重。据世界银行估算,2010年叙人口总数约为 2210 万,在 2011 年至 2016 年间至少缩水 20%,约 1000 万人流离失所或被迫迁移③。有关叙利亚战争造成的死亡人数,联合国与阿盟叙利亚问题特使(UN and Arab League Envoy to Syria)、叙利亚政策研究中心(Syrian Centre for Policy Research)和叙利亚人权观察站(Syrian Observatory for Human Rights)分别作出40 万(2011 年 3 月 15 日—2016 年 4 月 23 日)④、47 万(2011 年 3

---

①Jeanne Gobat and Kristina Kostial,"IMF Working Paper:Syria's Conflict Economy," *IMF*, June 2016, p. 3, https://www. imf. org/external/pubs/ft/wp/2016/wp16123. pdf,登录时间:2018 年 2 月 6 日。

②"The Toll of War:The Economic and Social Consequences of the Conflict in Syria," *World Bank Group*, July 10, 2017, p. 21, http://www. worldbank. org/en/country/syria/publication/the-toll-of-war-the-economic-and-social-consequences-of-the-conflict-in-syria,登录时间:2018 年 2 月 5 日。

③Jeanne Gobat and Kristina Kostial,"IMF Working Paper:Syria's Conflict Economy," p. 6.

④"Syria Death Toll:UN Envoy Estimates 400,000 Killed," *Al Jazeera*, April 24, 2016, http://www. aljazeera. com/news/2016/04/staffan-de-mistura-400000-killed-syria-civil-war-160423055735629. html,登录时间:2017 年 12 月 6 日。

月 15 日—2016 年 2 月 11 日)①和 47.5 万(2011 年 3 月 15 日—2017 年 7 月 15 日)②的统计;另据联合国难民署统计,因内战致残人数多达 80 万之众。联合国相关机构统计显示,截至 2017 年 4 月,叙利亚危机造成的经济损失高达 3500 亿美元③,该数值为 2010 年叙利亚 GDP 的 5 倍有余。叙利亚危机对叙实物资本造成了严重损害。据世行统计,叙境内 7% 的建筑被彻底摧毁,20% 遭不同程度损坏,65% 的住房单位遭到破坏④,客观上加剧了民众的颠沛流离。

战争带来的损失更渗透到叙国家基础设施的各个层面:包括阿勒颇、台德穆尔、代尔祖尔等 9 个城市的数十个工业区遭到破坏,其中阿勒颇受损最为严重;霍姆斯、大马士革等城市以及许多小城镇由于成为战场而遭破坏甚至彻底毁灭,为当地居民带来了严重的人道主义灾难;工厂、土地、道路、发电厂及灌溉系统以及旅游机构等大部分设施遭到破坏,民众几无医疗、学校等基本公共服务享受。国际货币基金组织统计数据显示,至 2013 年初,叙利亚 30 多个电站停运,至少 40% 的高压线路遭到破坏;由于基础设施受损,叙利亚在霍姆斯和巴尼亚斯的两家国有炼油厂运营能力减半⑤;叙利亚总长度达 2423 公里的铁路系统由于战争破坏已无法运营⑥。据世界银行 2017 年 2 月发布的报告显示,叙全国 16% 的

① Priyanka Boghani, "A Staggering New Death Toll for Syria's War— 470,000," *PBS*, February 11,2016, https://www. pbs. org/wgbh/frontline/article/a-staggering-new-death-toll-for-syrias-war-470000/,登录时间:2017 年 12 月 6 日。

② "About 475 Thousand Persons Were Killed in 76 Months of the Syrian Revolution and More than 14 million Were Wounded and Displaced," *Syrian Observatory for Human Rights*, July 16, 2017, http://www. syriahr. com/en/? p=70012,登录时间:2017 年 12 月 9 日。

③ Hashem Osseiran, "The Likely Winners in the Race to Rebuild Syria," *News Deeply*, September 13, 2017, https://www. newsdeeply. com/syria/community/2017/09/13/the-likely-winners-in-the-race-to-rebuild-syria,登录时间:2017 年 12 月 13 日。

④ "The Toll of War:The Economic and Social Consequences of the Conflict in Syria," p. 21.

⑤ Jeanne Gobat and Kristina Kostial, "IMF Working Paper:Syria's Conflict Economy," p. 10.

⑥ "The Toll of War:The Economic and Social Consequences of the Conflict in Syria," p. 36.

医疗机构(含综合医院、医疗中心、医疗点)被彻底摧毁,42%遭到部分损坏①,不仅需要急诊的患者无法得到应有救护,慢性病患者以及妇女和儿童均无法获得适当的治疗②。种种迹象表明,叙利亚经济倒退严重,恢复周期将十分漫长。据联合国难民救济及工程局(UNRWA)分析,叙经济至少需要30年才能恢复至战前水平③。

其次,重建资金缺口巨大,叙本国投融资能力极其有限。据联合国西亚经济社会委员会(ESCWA)2016年估算,仅叙利亚经济重建中的基础设施恢复部分就至少需要2000亿美元才能完成④,加上其他领域的资金需求,叙利亚重建面临近3000亿美元的资金缺口。相较于战前,日益累积的国家债务已使叙利亚政府难堪重负。据国际货币基金组织统计,叙政府公债在2009年底仅占GDP的31%,至2015年底则一跃达到GDP的100%;外债占GDP比重则由2009的9%跃升至2015年的60%⑤。此外,叙政府外汇储备消耗殆尽,其投资、融资和偿付能力均受到极大限制。从2011年到2015年,伊朗被普遍视为叙利亚唯一来自外部的财政"靠山",得益于伊朗的帮助,叙政府才能够为市场提供足够的石油产品⑥,这对于一度风雨飘摇且无力产油的叙政府而言无疑至关重要。叙政府于2016年1月通过了旨在借助私有经济管理和运营国有产业(石油领域除外)的PPP(Public Private Partnership)法案,次月又正式启动名为"国家伙伴关系"(National Partnership)的新经济战略以

①Ibid. ,p.38.

②Ibid. ,p.41.

③Mona Alami, "Assad Wants to Rule Syria, but Economics Say Otherwise," *News Deeply*, October 24,2016,https://www. newsdeeply. com/syria/articles/2016/10/24/assad-wants-to-rule-syria-but-economics-say-otherwise,登录时间:2017年12月14日。

④"The Toll of War:The Economic and Social Consequences of the Conflict in Syria," p. 20.

⑤Jeanne Gobat and Kristina Kostial, "IMF Working Paper:Syria's Conflict Economy," p. 17.

⑥Katarina Montgomery, "Syria Won't Recover for Decades' —An Expert's View on The Cost of War on The Country," *News Deeply*,June 16,2015,https://www. newsdeeply. com/syria/articles/2015/06/16/syria-wont-recover-for-decades-an-experts-view-on-the-cost-of-war-on-the-country,登录时间:2017年11月30日。

促进本国经济重建,多个政府项目已经上马①。然而,鉴于 PPP 计划所依赖的本国银行并不具备足以支撑重建的资本,私有经济的注资对叙利亚国家经济重建而言仍然远远不够。

最后,叙战后重建缺乏大国一致,援助模式难寻先例。数额庞大的重建资金缺口首先意味着如没有大量的国际援助和贷款,重建工作就不可能完成。然而,叙利亚的经济重建进程与叙利亚问题本身一样,因反恐和争夺政权的双重属性以及大国博弈的长期存在而具有十分特殊的复杂性;各方在政治解决中的分歧势必折射和作用在经济重建的过程中。这些现实的直接影响,首先体现在叙利亚经济重建进程将有别于阿富汗、伊拉克等以美、欧为主体且大国展现出相对一致的国家重建进程,其次体现在国际社会对叙利亚经济重建的援助模式将无先例可循。

在遭受西方经济封锁、外交孤立的背景下,包括巴沙尔在内的叙各级别官员均曾多次表示,"盟国"企业在重建进程中享有优先权,而欧美企业则首先需要以其政府为支持反对派的立场进行道歉来换取在重建中获利。"大马士革当前对沙特、卡塔尔和土耳其也采取类似的立场。"②可以预见,包括俄罗斯、伊朗、中国、印度等在内的"东方国家"将成为叙政府寻求经济援助与支持的主要对象。美、欧在短时间内不会改变"挺叛""倒巴"且乐见叙政府遭遇掣肘的实际立场,且始终担忧重建资金终将落入巴沙尔亲信或效忠于他的代理人手中③。而以沙特为代表、曾长期支持叙利亚反对派的阿拉伯国家同样很难迅速转身成为叙政府的援助者。

纵然有意参与重建,各国的参与程度和援助模式也将大大异于以往。二战后,美国为支持欧洲重建曾向"马歇尔计划"捐款约

①Hashem Osseiran, "The Likely Winners in the Race to Rebuild Syria," *News Deeply*, September 13, 2017, https://www.newsdeeply.com/syria/community/2017/09/13/the-likely-winners-in-the-race-to-rebuild-syria,登录时间:2017 年 12 月 8 日。

②Ibid.

③Zachary Laub, "What to Watch for in Post-ISIS Iraq and Syria".

130亿美元,相当于今日1000亿美元有余,却不及今日叙利亚一国重建所需数目。美国、欧洲和其他发达经济体被普遍寄予慷慨解囊的期望,但即使每年做出援助数十亿美元的联合承诺,预计10年内可满足的需求也不会超过总数的四分之一。对海湾阿拉伯产油国家而言,受油价走势和预算紧缩影响,其潜在的援助规模也会远不及实际所需①。

除上述困难外,叙战后重建进程中本国企业运营环境以及相关法律、法规的配套建设尚待完善,货币交易和银行监督能力有待重建与加强,银行监管框架亟待改革,其中的反洗钱和打击恐怖主义融资制度更有待尽早建立。

对叙利亚战后整体重建而言,政治重建、安全重建和经济重建环环相扣,互为支撑,叙利亚问题的特殊性和复杂性决定了三者唯有齐头并进,相互扶持,才能使重建进程有序开展,重建目标早日达成。

二、"一带一路"倡议对接叙利亚重建的可能性与优势

随着叙利亚局势进入新的发展阶段,叙国内形势比以往任何时期都更具备走向相对稳定的可能。面对满面疮痍、百废待兴的战后叙利亚,"一带一路"倡议对接叙利亚战后重建的现实基础、可能性与优势等问题正引起中国企业和国际社会的广泛关注。尽管叙利亚重建面临"三重难关"的考验,"一带一路"倡议对接叙战后重建仍具有充分的可能性与优势,也同样需要从内外两个维度进行整体考量。

在叙利亚方面,随着反恐战争进入尾声和"冲突降级区"作用凸显,较之以往相对稳定的国内环境使中资企业在"一带一路"倡议框架下参与叙利亚重建成为可能。在可预见的未来,全面和平的实现意味着叙利亚重建投资的需求也是全方位的,百废待兴的

---

① Perry Cammack, "The Staggering Price of Syria's Reconstruction," *News Deeply*, February 11, 2016, https://www. newsdeeply. com/syria/community/2016/02/11/the - staggering - price-of-syrias-reconstru-ction,登录时间:2017年12月16日。

经济现状和规模庞大的投资需求客观上为中资企业提供了不应忽视的商机和发展机遇。2016 年至 2017 年,包括叙利亚总统巴沙尔、叙副总理穆阿利姆、叙驻华大使穆斯塔法等在内的多位政要利用各类场合表达了对共建"一带一路"的支持和中国参与叙利亚重建的欢迎态度,展示出对中国一直以来秉持客观、公正立场处理叙利亚问题且力促叙利亚危机政治解决的尊重和欢迎,这无疑为未来中国在重建进程中发挥建设性作用提供了政治基础。

在中国方面,"一带一路"倡议对接叙利亚重建既存在可能性,更具备多方面的优势。

第一,中叙传统友谊深厚,自 1956 年建交至今,两国始终保持着多领域的密切、友好关系。自 2011 年 3 月叙利亚危机爆发以来,中国秉持《联合国宪章》的宗旨和客观、公正的立场,多次对联合国安理会就涉及叙利亚的决议草案动用否决权,并先后发出了"六点主张"①"三点坚持"②等把维护叙利亚根本利益、中东和平稳定以及《联合国宪章》的宗旨和原则作为出发点和落脚点的强有力声明,要求国际社会有关各方切实尊重叙利亚的独立、主权和领土完整,尊重叙利亚人民自由选择政治制度和发展道路的权利③,为避免使叙利亚进一步陷入灾难发挥了重要作用,叙利亚及中东局势的后续进展无一不验证了中国政策的"深谋远虑"。

自叙利亚危机爆发以来,中国以各种形式向叙方无偿提供了规模可观的人道主义援助。2017 年 1 月 18 日,中国国家主席习近

①2012 年 3 月 4 日,中国提出了政治解决叙利亚问题"六点主张",敦促停止使用武力,倡导不带先决条件、不预设结果的包容性政治对话,以叙利亚国内秩序稳定、国家安全为基础,积极推动政治协商解决危机。

②2015 年 12 月 4 日,中国外长王毅在与叙利亚副总统兼外长穆阿利姆的会谈中提出贯穿叙利亚问题政治解决进程始终的"三点坚持":一是坚持叙利亚问题的政治解决方向,二是坚持由叙利亚人民自主决定叙利亚的前途与未来,三是坚持由联合国发挥斡旋主渠道作用。

③马伟:《中国在联合国多边外交平台下在叙利亚问题上的立场与政策》,载周烈、肖凌主编:《阿拉伯研究论丛》2016 年第 1 期,北京:社会科学文献出版社 2016 年版,第84 页。

平在联合国日内瓦总部发表题为《共同构建人类命运共同体》的主旨演讲,宣布中国决定提供新的一笔额度为 2 亿元人民币的人道主义援助,用于帮助叙利亚难民和流离失所者①。可以说,精神和物质层面的双重支持,为中国参与叙重建赢得了来自叙政府和人民的充分信赖和支持。

第二,良好的中叙、中俄、中伊关系为中国参与重建提供了必要的政治外交基础。除联合国多边会议外,中国领导人始终不遗余力地利用上海合作组织峰会、"一带一路"高峰合作论坛以及同有关国家政要的双边会谈等国际场合强调和重申政治解决叙利亚问题的坚定立场。中俄两国在叙利亚问题上展现出的"默契",客观上也为叙利亚的和平与稳定提供了坚实的保障。2012 年,面对爆发不久的叙利亚危机,第十二次上海合作组织元首峰会在北京发表联合声明,反对军事干预中东,并呼吁通过对话寻求和平解决叙利亚问题的途径。2013 年的叙利亚"化武风波"引发了西方多国对叙政府的新一轮声讨,武力干预叙利亚危机的可能性一时间大幅增加。5 月,中、俄两国领导人在圣彼得堡会晤,中国国家主席习近平明确表示,对叙利亚实行军事干预只会使中东局势更加动荡,政治对话才是解决问题的唯一正确办法,关于叙利亚问题,中方表示的立场是一贯的、坚定的、鲜明的。而与俄方彼此协调一致,相向而行,也是早已形成的默契②。

第三,得益于自身发展成果和参与外援、重建项目的丰富经验,中国在资金、技术、人才、装备等领域具有其他国家不可比拟的专业优势。在经贸领域,中国正稳步开展企业参与叙利亚重建的各类前期交流和试水,中方企业也显示出积极的参与姿态。2017 年 5 月 4 日,由中国阿拉伯交流协会主办的"叙利亚的安全形势与

---

① 习近平:《共同构建人类命运共同体——在联合国日内瓦总部的演讲》(2017 年 1 月 18 日,日内瓦),载《人民日报》2017 年 1 月 20 日,第 2 版。
② 薛宝生:《中俄对叙一致立场释放强大和平之力》,中国网,2013 年 9 月 6 日,http:// opinion. china. com. cn/opinion_39_81139. html,登录时间:2018 年 1 月 14 日。

重建机遇——中国阿拉伯交流协会访问叙利亚情况介绍会"在北京召开。会上,中国阿拉伯交流协会重点发布了叙利亚基础设施建设、电力、建材、农业等各类重建项目,得到了所有参会企业的积极响应和支持。包括中国交通建设集团、中国大唐集团、中国港湾工程有限责任公司、中国葛洲坝集团、中冶集团、中国水电建设集团、中国兵器工业集团、中钢设备有限公司、奇瑞汽车股份有限公司在内的众多知名中国企业纷纷表示,愿意参与叙利亚战后重建工作①。

2017 年 5 月 15 日,为积极落实"一带一路"国际合作高峰论坛会议举措,同时为进一步加强中叙双边务实合作,中国驻叙利亚大使齐前进与叙利亚计划与国际合作署署长伊马德·萨布尼分别代表中、叙两国政府签署了关于向叙方提供无偿援助的经济技术合作协定,以及关于向叙方提供紧急粮食援助的换文②。同月,为推动中国与叙利亚企业界交流,由中国贸促会组织的中国—叙利亚企业对接交流会也在北京成功举办。会上,叙利亚企业家代表团就叙利亚经济现状、投资环境和投资机遇进行了详细介绍,来自中叙两国基础设施、能源、制造业等领域的 150 余位企业代表与会,进行了叙利亚重建大幕拉开以来的首次中叙企业对口交流③,为两国企业的后续合作奠定了良好的基础。

2017 年 8 月,在第 59 届大马士革国际博览会期间,有 20 余家中国企业参与了展出,产品涉及能源、建材、汽车、家具、机械装备、家用电器等多个领域,显示出中国企业对叙利亚市场的浓厚兴趣

---

① 红鸿:《叙利亚战后重建会议首次在北京举行》,载《中国企业报》2017 年 5 月 16 日,第 7 版。

② 车宏亮:《中国政府再次向叙利亚提供人道援助》,新华网,2017 年 5 月 16 日,http:// www.xinhuanet.com/world/2017-05/16/c_1120976839.htm,登录时间:2018 年 1 月 8 日。

③《中国—叙利亚企业对接交流会在京成功举办》,中国驻叙利亚大使馆经济商务参赞处,http://sy.mofcom.gov.cn/article/zxhz/201705/20170502573656.shtml,登录时间: 2018 年 1 月 7 日。

和加强合作的强烈意愿。12 月 7 日,商务部新闻发言人高峰在例行新闻发布会上表示,中国企业重视与叙利亚开展经贸合作,"我们鼓励中国企业继续加强与叙利亚企业的交流,在切实做好安全保障工作的前提下,探讨参与叙利亚的重建"①。

第四,"一带一路"建设正稳步推进,且成效明显。近年来,中国与"一带一路"共建国家的合作取得了丰硕成果,包括建立了广泛的合作机制,支撑体系不断完善,重大项目批量落地,企业参与"一带一路"倡议的影响力不断提升②,尤其是中国企业参与科威特、伊拉克和阿富汗等国战后重建积累了丰富经验,均使"一带一路"倡议对接叙利亚重建更具底气。

第五,参与叙战后重建成为中国突破自身发展瓶颈重要的潜在途径。近年来,随着经济发展进入"新常态",中国经济面临产能过剩、环境压力大、经济发展成本增加、贸易壁垒频现、外汇储备过剩等新问题和新压力。从产能角度来看,截至 2016 年,中国有 220 多种工业品产量居世界第一③,其中 8 种严重过剩④。随着"去产能"工作的进一步推进,轻工、家电、纺织服装等传统优势产业以及钢铁、有色金属、建材、化工等富余产能优势产业将加快"走出去"步伐,工程机械、交通设备等装备制造业生产能力和水平也将进一步提升,从而为"一带一路"倡议在产能合作领域与叙利亚战后重建相对接提供直接的便利。

自叙利亚危机爆发以来,中国为最大限度地争取政治解决叙利亚问题和帮助叙利亚实现真正的和平、稳定与发展做出了举足

---

① 史凯:《中国愿适时探讨参与叙利亚重建》,载《国际商报》2017 年 12 月 8 日,第A03 版。
② 顾阳:《"一带一路"国际产能合作稳步推进》,载《经济日报》2017 年 5 月 13 日,第3 版。
③ 于佳欣、吴雨、白林:《220 多个"世界第一"背后的尴尬怎么破?》,新华网,2016 年 3 月 4 日,http://www.xinhuanet.com/politics/2016lh/2016-03/04/c_1118237021.htm,登录时间:2017 年 11 月 27 日。
④ 根据中国国家统计局不完全的官方统计,2016 年我国钢铁、水泥、电解铝、平板玻璃、造船等行业的产能利用率,分别只有 72%、73.7%、71.9%、73.1%和 75%;汽车、光伏和风电行业则面临 50%的产能过剩率。

轻重的贡献。在世界经济论坛 2017 年年会开幕式上,习近平主席发表题为《共担时代责任,共促全球发展》的主旨演讲,为应对世界经济的"逆全球化"贡献中国方案,彰显了中国引领全球化进程的责任与担当①。"一带一路"倡议对接叙利亚战后重建,不仅是中国一贯支持和帮助叙政府和人民政策的延续,也是中国全方位对外开放、以"一带一路"倡议为依托引领新一轮全球化进程并体现大国责任的有力彰显。

三、"一带一路"倡议对接叙利亚战后重建的原则与模式

随着"一带一路"建设的稳步推进,鉴于中东地区在"一带一路"建设中的重要地位,中国参与叙利亚战后重建的焦点正由"能否参与重建"转向"如何参与重建"。面对叙利亚问题的特殊性和复杂性,"一带一路"倡议对接叙战后重建尚需尽早制定相应的原则,规划可能的模式。

(一)"一带一路"倡议对叙利亚战后重建应坚持的原则

结合叙利亚重建所面临的"三重难关"考验和"一带一路"倡议对接重建的可能性与优势,当前中国参与叙利亚战后重建至少应坚持三项原则:第一,坚定不移帮助叙利亚恢复和平与稳定,支持叙政府巩固政治重建与安全重建,为"一带一路"倡议对接叙利亚战后重建创造安全、稳定的环境。第二,考察先行,渐进式开展。鉴于叙利亚局势尚未完全稳定,多元博弈情势复杂,恐怖主义威胁并未完全根除,应在充分考察和调研的前提下坚持渐进式开展,以基础设施建设为基础,鼓励和引导企业在参与重建前进行更加全面、深入的调研和风险评估,充分发挥中国优势,让作为参与重建"排头兵"的企业时刻感受到身后坚实、可靠的政策支持。第三,坚

---

① 徐秀军:《引领全球化进程的中国责任与担当》,中国日报网,2017 年 1 月 20 日,http://china.chinadaily.com.cn/2017-01/20/content_28008705.htm,登录时间:2017 年 11 月 28 日。

持"一带一路"建设的"共商、共建、共享"①原则,坚持政府顶层设计、企业自主选择、以市场为导向相结合,支持和鼓励企业"走出去",在强化企业风险防范意识、提升其风险应对处置能力②的基础上充分发挥"一带一路"倡议的潜力。

(二)"多国多方"模式展望

国际社会对叙利亚经济战后重建的援助模式无先例可循,而中国"一带一路"建设对接叙利亚战后重建同样需要拓展思路,规划新的对接模式。首先,面对欧美、海湾阿拉伯国家等重建事业传统"金库"可以预见的缺席,结合叙政府和人民所展现出的"向东看"意愿,未来以叙、中、俄、伊(朗)等国为重建主体,旨在共迎机遇、共担风险、共负成本、共享收益的新型重建模式正在酝酿。在此模式下,预计多国实际形成的"重建联合体"不仅可以满足叙利亚战后重建千亿美元级别的资金需求,更能有效利用原本有限的叙利亚国内市场,分散各国参与重建的风险和压力。在全面和平实现以后,可进一步参照中国在中缅天然气管道建设项目中首创的"四国六方"③合作模式,以铁路、公路、电力、水处理、通信设施建设为依托,使地区国家形成战略利益相互捆绑、基础设施互联互通的崭新局面。其次,"一带一路"倡议对接叙利亚重建的渐进式开展应从相对安全的地区和更具需求的领域入手,进而逐步拓展至其他与叙利亚民生问题息息相关的关键领域。未来一段时期内,帮助和支持叙利亚基础设施恢复和建设将始终是参与战后重建的主题,除至关重要的交通运输和通信设施建设外,医疗设施与

---

①何奕萍、王昕:《习近平:中阿共建"一带一路"应坚持共商、共建、共享原则》,人民网,2014年6月5日,http://cpc.people.com.cn/n/2014/0605/c64094-25108950.html,登录时间:2017年12月22日。

②《"一带一路"企业影响力榜单揭晓　四点建议助企业"走出去"》,中国一带一路网,2017年12月21日,https://www.yidaiyilu.gov.cn/xwzx/gnxw/40529.htm,登录时间:2017年12月23日。

③张立岩、王晓群:《"四国六方"能源合作新模式——东南亚管道公司国际化道路的探索与实践》,载《中国石油报》2014年1月20日,第4版。

器械、石油管线和设备的恢复与修复,以及叙利亚境内尚存文物的修复与保护等都是"多国多方"模式下中国企业可以发挥重要作用的潜在领域。

总体来看,中国政府的稳步推动和企业的积极参与将成为未来一个时期中国在经贸领域参与叙利亚重建的主基调;在不远的将来,中国企业将在与叙利亚民生和基建相关的重点领域发挥自身强大的作用,为"一带一路"倡议对接叙利亚重建打造愈发坚实和广泛的平台。

四、余论

"一带一路"倡议对接叙利亚战后重建的挑战与机遇共存,风险与商机并行。未来一段时期内,叙利亚境内战乱和冲突的影响难以立刻消弭,大国干涉和多元博弈以及族群对立的局面长期存在,暴力恐怖活动伺机而动,这些现实客观上构成了中国与地区国家共建"一带一路"建设的不利因素。然而,阿斯塔纳机制和日内瓦机制"双轨"正在稳中推进,美、俄等国在叙的军事存在一定程度上使地区形成了一种相互制衡但相对稳定的局面,即使俄罗斯已宣布从叙利亚撤军,其在叙境内的军事基地仍将成为未来俄在叙常驻部队的有力依托,为巴沙尔政府稳步开展政治重建和安全重建提供支撑和保障。同时,各国正在加大政治解决叙利亚危机的斡旋力度,全面和平的实现已现曙光。更为重要的是,无论中东局势如何复杂,中国都不会在"一带一路"倡议的推进过程中打退堂鼓。

中东国家是"一带一路"建设的重要参与力量与合作对象,中国的中东政策必将成为中国特色大国外交的重要一环。"一带一路"倡议对接叙利亚战后重建,有利于推动地区和平与稳定的真正实现,提升中国作为负责任大国的国际形象和影响力,推动构建人类命运共同体。归根结底,中国坚持各国自主选择发展道路、重视以民生问题为核心的发展理念、不以价值观绑架现实问题的思路一直能够在广大发展中国家形成共鸣①，"一带一路"倡议与叙利亚战后重建的对接有望成为这一共鸣的最新例证。

　　总之，在努力规避风险、做足准备、量力而行的前提下，中国应以乐观、积极的态度看待"一带一路"倡议对接叙利亚战后重建的前景，把握历史机遇，使"对接"真正有效而务实，帮助叙利亚早日实现和平、稳定与发展。

（原载《阿拉伯世界研究》2018 年第 2 期）

15. "一带一路"倡议与中埃产能合作：
成果与问题研究②

　　在"一带一路"倡议框架下，中国与埃及这两大文明古国在发展战略层面出现许多契合点和相通处，这为两国的产能合作带来了难得的历史机遇。近年来，得益于这些"天时、地利、人和"的要素，中埃产能合作全面开花，成果丰硕，当然，也遇到一些具体的问题。

　　本文以 2017 年作者在埃及实地采访巨石、EETC500 千伏输电线路工程、新希望等企业和项目为基础，对中埃产能合作的时代背景和现实意义进行了阐述，分析了两国在产能合作中的独特优势和利益契合之处，并通过成功案例的解读，总结出未来两国继续开展产能合作面临的机遇与挑战。

　　埃及是北非大国，也是文明古国。近年来中国和埃及之间的产能合作蓬勃发展。事实上，中埃产能合作已有数十年的历史了，埃及所在的中东地区是中国实行改革开放后开展国际合作起步较早的区域之一。早在 20 世纪 70 年代末至 80 年代初，中国

---

① 刘波：《参与叙利亚重建有利于推动"一带一路"建设》，载《21 世纪经济报道》2017 年 2 月 16 日，第 4 版。
② 本文共同作者为宁夏卫视频道编导闫兵。

便开启了同埃及、伊拉克、阿尔及利亚等国家在建筑领域的产能合作①。近几年,随着中国"一带一路"倡议的提出和推进,"产能合作"更是成为中埃合作的重要关键词,且日益呈现出蒸蒸日上的良好态势。

埃及近七年重要经济数据一览

单位%	2012 年	2013 年	2014 年	2015 年	2016 年	2017 年	2018 年
埃及失业率	12.4	13	13.4	12.9	12.7	12.2	10.9
埃及通胀率	8.6	6.9	10.1	11	10.2	23.5	20.9
埃及 GDP 增长率	2.2	3.3	2.9	4.4	4.3	4.2	5.3

(数据来源:IMF 网站)

一、中埃产能合作的时代背景

1."一带一路"倡议的提出

2013 年 9 月,中国国家主席习近平在哈萨克斯坦纳扎尔巴耶夫大学发表题为《弘扬人民友谊　共创美好未来》的演讲,首次提出要创新合作模式、共同建设"丝绸之路经济带"的倡议,此为"一带";同年 10 月,在印度尼西亚,习近平主席在国事访问期间发表重要演讲,提出共建"21 世纪海上丝绸之路",此为"一路"。至此,以 2013 年 9 月为起点,"一带一路"倡议掀开了世界发展进程的新一页。

"一带一路"倡议着力打造"政策沟通、设施联通、贸易畅通、资金融通、民心相通",而产能合作则成为中国推进这"五通"和企业"走出去"战略的重要形式。5 年多来,"一带一路"倡议由理念变为行动,由愿景化为现实,促进发展,造福人民,已经在世界范围内取得实际成效,受到广泛的欢迎和响应。在这其中,就有北非大国埃及。

①魏敏:《中国与中东国际产能合作的理论与政策分析》,《阿拉伯世界研究》2016 年第 6 期。

从埃及国内的形势看,2010 年年底开始的中东剧变导致了西亚北非地区的局势动荡,多国领导人下台,埃及也是其中之一。自 2011 年起,埃及先后发生了两次街头革命,经济陷入低谷,目前埃及面临基础设施落后、经济发展滞后、产能缺口较大等问题。塞西上台之后,制定了很多宏伟的经济发展规划,如修建苏伊士运河、打造苏伊士走廊经济区以及兴建新首都等,重点项目都是围绕基础设施和能源两大领域。因此,当前埃及积极寻求稳定、谋求古国复兴的渴望恰恰与"一带一路"倡议的提出相契合。2016 年 1 月,习近平主席在阿盟发表讲话时提出,埃及人民崇尚变革、追求自由的伟大精神是永恒的。今天的埃及承载着传承文明的希望,肩负着探索复兴道路的使命。

2. 埃及的独特战略地位

埃及是一个具有多重性质的大国:埃及是阿拉伯国家、非洲国家、中东国家和发展中国家,同时又是第一个承认中华人民共和国并建交的非洲国家和阿拉伯国家。埃及具有悠久的历史,是世界四大文明发祥地之一。古代丝绸之路曾经把古代中国和古代埃及联系在一起,如今,在"一带一路"的版图上,埃及又因其不可替代的战略地位成为重要的节点国家。

埃及位于北非东部,领土还包括苏伊士运河以东、亚洲西南端的西奈半岛。埃及既是亚、非之间的陆地交通要冲,也是大西洋与印度洋海上航线的捷径,战略位置十分重要。埃及是中东人口最多的国家,也是非洲人口第二大国,在经济、科技领域长期处于非洲领先态势,因此,埃及在中东和非洲拥有强大的影响力。由于埃及特殊的地位和作用以及中埃之间特别的友谊史,中埃关系同时牵动着中阿关系、中非关系与南南合作关系。2014 年塞西就任埃及总统以来,高度重视对华关系,中埃两国建立了全面战略伙伴关系。

当前,中埃产能密切合作已经走过四个年头。2015 年 6 月,中埃产能合作工作组代表团访问埃及。双方代表在全面梳理中埃产能合作的互补优势后,初步确定了 15 个优先项目清单。2015 年 9 月埃及总统塞西访华,两国政府正式签署《中埃产能合作框架协议》。目前,中埃泰达经贸合作区和中埃 500 千伏输电线路工程已成为中埃产能合作的品牌项目。

二、中埃产能合作的现实意义

国际产能合作是指两个存在意愿和需要的国家或地区之间进行产能供求跨国或跨地区配置的联合行动。产能合作可通过两个渠道进行:既可以通过产品输出方式进行产能位移,也可以通过产业转移的方式进行产能位移。我国提出的产能合作超越了传统的资本输出,它既是商品输出,也是资本输出。但是,国际上主流的产能合作主要指产业转移[1]。在中国和埃及这两个大国和经济体之间,产能的相互合作既源于各自的现实需要,又符合优势互补的经济原则。

1. 中国的独特优势

——"走出去"的国家战略

坚持对外开放是我国的基本国策,在大量吸引外资的同时,鼓励中国企业"走出去"也是我国一项长期提倡的国家战略。尤其在当前"一带一路"倡议背景下,无论是从开拓市场空间、优化产业结构,还是从获取经济资源、争取技术来源,乃至于突破贸易壁垒、打造中国企业的国际品牌等角度来讲,"走出去"都是一种必然选择。

大量富余优势产能是中国开展对外产能合作的产业基础,完备的产业体系有助于中国立体推进对外产能合作。中国 200 多种工业产品产量位居世界第一,既有钢铁、水泥、平板玻璃、工程机械、电解铝等传统产业的产能合作,也有多晶硅、光伏电池、风电设备等新兴产业产能的合作,还有对外开展铁路、公路、航空、电网、

---

[1]郭朝先、刘芳、皮思明:《"一带一路"倡议与中国国际产能合作》,《国际展望》2016 年第 3 期。

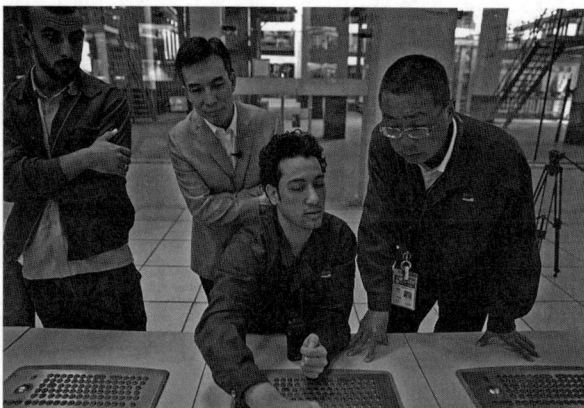

浙江桐乡的巨石集团因为产能严重过剩而走出国门寻找发展空间，在埃及建立了非洲第一个玻璃纤维企业，也给当地做出巨大贡献，包括吸纳就业、缴纳税款、拉动上下游产业以及培训技术和管理人员。

电信等领域的互联互通。面对埃及基础设施亟待改善的局面，中国企业迅速把握机遇，凭借施工速度快、有做大项目的经验和实力等优势，迅速敲定合作。埃及 EETC500 千伏输电线路项目就是一个典型的例子。这是中埃产能合作首个成功签约项目，也是埃及规模最大、电压等级最高的输电线路工程。2016 年 1 月，习近平主席访问埃及期间在两国元首的共同见证下，双方签署承包合同，这也证实了国家对企业"走出去"的支持和重视程度。

——投融资平台保障

在目前的国际产能合作过程中，有多种融资方式，如"两优"贷款、商业贷款以及股权投资等。作为中国援外优惠贷款和优惠买方信贷，中国进出口银行（简称"口行"）的"两优"贷款是中国政府给予发展中国家政府的优惠性资金安排，也是国际产能合作中较多采用的融资方式。然而，埃及 EETC500 千伏输电线路项目则是中埃双方落地执行的首个商业贷款协议，这也在中埃产能合作的金融服务方面实现了可喜的突破。2016 年，中国人民银行与埃及中央银行就未来 3 年 180 亿人民币规模本币互换达成协议。同年，中国国家开发银行向包括埃及央行在内的埃及金融机构发放了 14 亿美元贷款,其中向埃及中央银行发放贷款 9 亿美元,是国家开发银行首次开展对境外央行大额授信,有利于维护埃及金融市场稳定,便利双边贸易和投资。国家开发银行还与埃及国民银行及埃及银行合作,累计向埃及中小企业发放 2 亿美元贷款,惠及近 200 家埃及企业,促进近 8000 人就业①。2017 年 5 月,"一带一路"国际合作高峰论坛期间,中国信保与埃及投资与国际合作部签署了《关于投资促进的谅解备忘录》。中国国家开发银行、进出口银行等与埃及有关机构签署了港口、电力、工业园区等融资合作协议和项目贷款协议,助力中埃产能合作升级。

——产能充裕、业态丰富、选择多样

自"一带一路"倡议提出以来,中国与许多国家发展战略实现顺利对接,2014 年至 2016 年,同"一带一路"参与国家的贸易总额超过 3 万亿美元,对"一带一路"参与国家投资累计超过 500 亿美元。据商务部统计,2016 年,我国境内投资者共对全球 164 个国家和地区的 7961 家境外企业进行了非金融类直接投资,累计实现投资 1701.1 亿美元,同比增长 44.1%;我国企业共对"一带一路"沿线的 49 个国家进行了直接投资,投资金额合计 145.3 亿美元;在"一带一路"共建国家建立初具规模的合作区 56 家,累计投资 185.5 亿美元,初步形成"一带一路"国际产能合作体系②。中国与埃及的产能合作开展数年,已经产生了务实成效。除了电力,围绕交通、住房、经贸合作区等领域,中埃双方都有着诸多合作机会。2018 年 3 月,中国建筑股份有限公司承建的埃及新行政首都中央商务区(CBD)项目开工。9 月,中国建筑又分别和埃及投资与国际合作部签署 35 亿美元的埃及新首都中央商务区二期项目总承包合同,与埃及东部油气公司签订了 61 亿美元的埃及苏

---

① 宋爱国(中国驻埃及大使):《乘"一带一路"倡议东风 促中埃合作远航》,《学习时报》2017 年 5 月 22 日。

② 王凡:《一带一路产能合作促进国际共享发展》,《中国社会科学报》2017 年 12 月 29 日。

伊士炼油及石化厂项目总承包商务合同。埃及新首都距离苏伊士经济特区约 6 公里,距离开罗老城区和地中海海岸都不远。根据中国住建部和埃及住房部的协议,新首都目前主要做中等收入住房项目,中国的很多开发商都可以在其中寻找机会。此外,苏伊士经贸合作区业已成为中埃互利合作的一张靓丽名片,也是中方境外产业园区合作的成功范例,已形成石油装备、高低压电器、纺织服装、新型建材和机械制造在内的五大产业园区,多种类型企业可入驻。

此外,中国还具有合作模式灵活多样、性价比高、丰富的海外项目运作经验以及秉持独特的文明交往观等特点。这些都成为中埃产能合作中的突出亮点。

中国在埃及部分企业

1	中国远洋海运集团埃及公司
2	中国石化国际石油勘探开发有限公司埃及公司
3	中国西电埃及分公司
4	华晨巴伐利亚汽车公司
5	中国·埃及苏伊士经贸合作区—中非泰达工业园区
6	巨石埃及玻璃纤维股份公司
7	新希望埃及片区
8	中国北方工业公司驻埃及代表处
9	中兴通讯股份有限公司埃及分公司
10	中国港湾(埃及)工程有限责任公司
11	华为技术埃及有限公司
12	安琪酵母(埃及)有限公司
13	科泰电源埃及公司
14	牧羊埃及工业股份公司
15	中国葛洲坝集团股份有限公司埃及分公司
16	中国路桥工程有限责任公司埃及分公司

续表

17	中国水电建设集团国际工程有限公司埃及代表处
18	中国建筑股份有限公司埃及分公司
19	国家电网—中国电力技术装备有限公司
20	中国土木工程集团有限公司

2. 埃及的当下优势

——顶层保障

埃及总统塞西求稳定、图发展,"塞西经济学"已成为埃及的国家发展战略。塞西在其第一个任期内积极探索经济改革路径,使埃及基本实现了稳定发展;对外开展全方位外交,并着力引进外资和与经济强国开展合作。他极为重视同中国的合作关系,2014 年年底访华时,塞西开宗明义,第一句话就是,"埃及希望成为'一带一路'的一个组成部分",此后两国元首及高层互访频繁。2018 年4 月,塞西赢得总统连任后,埃及现行的内外政策将总体延续,中埃合作将从现在的协议阶段进入更具成效的实践阶段①。

——政策导向

在塞西新经济政策的影响下,埃及陆续出台一大批刺激投资与经济发展的法律法规。尤其是 2017 年 5 月埃及公布新《投资法》,从"新承诺、新优惠、新制度"三个方面,为外国投资者提供了更有力的投资保障、更优惠的投资激励和更便捷的投资服务。新《投资法》对投资范围、投资机制、外资审查、资本构成、外汇使用、国有化与征用、解决投资争议、刑事社会责任等内容进行了完善和更新,体现了埃政府吸引外资和大力改善营商环境的决心和愿望,也为中埃合作打开了新的机遇之窗。新《投资法》规定,公司注册的时间由原来的 40 天缩短为 3 天。

---

①王金岩:《塞西政府的内外政策走向及中埃合作前景》,《当代世界》2018 年第 5 期。

——人口红利

埃及是一个人口大国,近几年呈现出爆发式的增长,目前已达到1.045亿。埃及人口约50%都是24周岁以下,劳动力普遍年轻,用工成本低廉。埃及实行免费教育,国民受教育程度较高,本地专业人才储备丰富,易于实现人才和管理的本地化。同时,如此大的人口基数也带来巨大的国内需求,产品的本地市场消化能力较强。

——区位优势

苏伊士运河,北起地中海的塞得港,南止红海旁陶菲克港,全长190多公里,是亚洲与非洲间的分界线,同时也是亚非与欧洲间最直接的水上通道。运河通过地中海和红海连通大西洋和印度洋,紧扼欧、亚、非三大洲交通要冲。这样的运河,在世界上是独一无二的,具有重大的经济意义和战略价值。坐拥苏伊士运河,埃及处于亚非欧的路口,物流便利,可以轻松辐射周边市场。

此外,埃及拥有丰富的自然资源,这就为水电、矿产、油气、光能等领域的产能合作提供了资源基础。

三、中埃产能合作案例分析

1.巨石埃及玻璃纤维股份有限公司

受到埃及地理位置、资源和劳动力等优势的吸引,同时为了规避欧盟30%的反倾销税,2012年,全球最大的玻璃纤维制造商,中国巨石集团有限公司受邀进驻埃及苏伊士经贸合作区,并成立独资子公司。

入驻埃及6年时间,中国巨石已经在埃及建成3条大型池窑拉丝生产线,投资总额超6亿美元,为当地创造2500个就业岗位,实现年产值超过2.2亿美元,累计上缴利税3亿埃镑。

2018年8月,巨石埃及投资建设的20万吨玻纤生产基地投产,成为中国在埃及投资金额最大、技术装备最先进、建设速度最快的工业项目,实现了我国玻璃纤维行业首次向国外的技术输出,也填补了非洲地区玻纤制造业的空白。

巨石埃及的发展也带动了上游物流运输、矿产开发和包装材料制作等产业的发展,以及下游玻纤织物、风力发电等复合材料应用产业的快速发展。

2. 埃及 EETC500 千伏输电线路项目

2016 年 1 月 21 日,国家主席习近平访问埃及期间,中国国家电网公司与埃及电力与新能源部签署了埃及 EETC500 千伏输电线路项目合同,由国家电网公司所属中电装备公司以 EPC 模式建设该项目,项目投资额约 7.6 亿美元。这是中埃产能合作项下首个成功签约项目,也是埃及规模最大、电压等级最高、覆盖范围最广的输电线路工程。项目位于埃及尼罗河三角洲及以南地区,输电线路总长 1285 公里,建成后将连接 5 座电厂和 10 个变电站,投资规模达到 7.58 亿美元。对中国而言,该项目拉动了国内 10 余家制造工厂的生产,带动了国内约 6 亿美元以上的机电产品的出口和近两千人的劳务输出,是"走出去"战略的具体落实和"一带一路"倡议下"五通"的具体体现。

3. 新希望埃及公司

新希望埃及有限公司是中国农业产业化龙头企业新希望集团在非洲地区的首家分公司,可以称作民营企业与现代养殖业"走出去"的典范。第一家新希望埃及公司于 2013 年投产,目前,新希望在埃及已经有 4 家饲料工厂,其中 3 家已经投产,第 4 家工厂和种禽项目正在建设中。根据规划,到 2022 年,新希望埃及公司将实现年生产饲料 60 万吨、鸡苗 5000 万只的目标,届时将带动 1500 人就业,并带动上万养殖户脱贫致富。

通过采购新希望的饲料,当地的 FCR(料肉比,即饲养的畜禽增重 1 公斤所消耗的饲料量)已经从 1∶2,变为 1∶1.6,不仅带动了养殖成本的下降,而且惠及普通消费者。目前,新希望埃及公司每年上缴利税上千万美元。

四、中埃产能合作前景展望

4 年间,中国企业在埃及的国家建设中承接下多个大型建设项目,成为中埃经济合作中的新亮点和重头戏。在埃及方面的邀请下,截至目前,中国国家电网、中国建筑、中国中铁等企业都获得了较大规模的建设项目。从整体看,中埃产能合作未来空间广阔,呈现一片蓝海,尤其在以下领域存在较多合作机会。

1. 新能源与可再生能源。目前,埃及 90% 以上的电力供应都来自传统的石油和天然气发电。随着油价的不断攀升,电力成本一直在增加,埃及政府最近也大幅上调了电价,使民众和企业倍感压力。2018 年 8 月,埃及《第七日报》报道称,"今年有望成为埃及太阳能强劲发展的一年"。埃及目前正在建设全球最大的太阳能发电场,还将在埃及其他地区普及建设。中国的比亚迪电动巴士也成为埃及历史上首批纯电动巴士。此外,埃及也推出农业项目规划,以推动 550 万农业人口的发展,如太阳能光板灌溉项目以及跟随式太阳能电板项目。

2. 医疗保健。过去,埃及的医疗体系主要由政府控制,而在最近 10 多年中,国营医疗机构服务水平下降一直遭民众诟病。埃及卫生部有新医院建设计划,包括使用新技术和最新设备对现有医疗设施进行翻新和整修,特别是在农村这样医疗服务水平比较低的地区。同时,私营医疗机构对复杂医疗设备的需求也在增长。加上埃及国内医疗设施几乎全靠进口供应满足,这对中国医疗器械出口商而言是个难得的机遇。

3. 沙漠化改造与粮食生产。长期以来,埃及作为中东和非洲地区的重要发展中国家,其粮食安全问题从 20 世纪 70 年代起一直延续至今。曾经的"尼罗河粮仓"现已变成了粮食净进口国,粮食问题变得愈发严峻。总体而言,埃及的自然环境条件、政府经济政策的偏差、城市化进程和农业科技发展水平四大因素造成目前埃及的粮食安全问题①。埃及要在最近 3 年内完成 150 万费丹(1 费丹约合 4200 平方米)的土地改良计划,以缓解其粮食供应紧张的

---

① 张帅:《埃及粮食安全:困境与归因》,《西亚非洲》2018 年第 3 期。

问题。毋庸置疑,在这一过程中,先进的科学技术是其摆脱自然约束、满足人民粮食需求的重要保证,这在农业强国以色列的发展中得到证实,但对埃及来说还任重而道远。而这也恰恰给中国的企业造成机会,中国的先进农业技术与设备、粮食仓储和安全企业可以填补市场空白。2013年落户中埃泰达苏伊士经贸合作区的牧羊集团在埃及建设生产基地,总投资7000多万美元,上马了专门生产粮食仓储钢板和饲料机械设备的生产线。

4. 重点项目开发。据埃及贸工部2017年发布的投资地图显示,埃及全国有100多个工业区有待投资开发。其中,苏伊士运河经济特区和新首都是埃及当前经济建设的重地,在埃及的经济发展中占据非常重要的地位。该区域内的政策和建设环境正在逐步改善,将为外国合作者提供更多便利,中国企业与埃方在上述两个区域的合作将更加顺畅。

此外,埃及急剧增长的人口和不断加快的城市化进程拉动了房地产、建筑、建材等行业的迅速发展,同时在教育领域,一些"大学城"项目也希望与中国知名院校对接并开展合作办学,这其中也不乏产能合作的机会。

五、中埃产能合作面临问题

尽管中埃合作前景广阔,埃及投资环境逐步改善,但鉴于埃及国内多方面情况仍不稳定,中国企业在埃及投资兴业时应对以下方面加以注意,以使双方的合作顺利开展,且避免不必要的损失。

1. 恐袭和安全风险。恐怖袭击风险主要潜伏在北部非洲、西部非洲。在埃及活动的恐怖组织中危害较大的是"伊斯兰国"武装西奈分支,2016年底以来该恐怖团伙已策划多起针对国内科普特基督徒的大型恐怖袭击活动,造成数百人伤亡。埃及政府不得不在2017年4月宣布在全国范围内实行为期3个月的紧急状态,并在2017年7月和10月两次延长。即使在这样的高压态势下,2017年11月24日埃及北西奈省一座清真寺再遭疑似"伊斯兰国"武装分子炸弹与开枪扫射袭击,造成至少 305 人死亡、128 人受伤。这是自美国"9·11"事件以来全球范围内死亡人数最多的恐怖袭击事件,令世界震惊,也给埃及的安全形势敲响了警钟①。

2. 营商环境有待优化。虽然新《投资法》出台,但很多措施是否能真正兑现仍待观察。埃及的税费制度不稳定,随时可能调价,企业或临时被通知须缴纳某项税费,或实施某项标准检查。另外,政府各部门之间的协调不够通畅也是一个长期存在的历史遗留问题。

3. 政府债务风险。根据埃及《每日新闻》2018 年 8 月报道,非洲开发银行(AFDB)发布埃及经济展望报告指出,债务依然是埃经济发展的主要制约因素。在过去 6 年中,埃及积累了大量债务,其中主要是国内债务。报告指出,埃及债务与 GDP 的比率从 2011/2012 财年 65% 增加到 2016/2017 财年的 91.1%。截至 2017 年 3 月底,政府债务总额(国内和国外)增加至 GDP 的 106%。一方面,国内预算部门债务增加至 GDP 的 89%。另一方面,截至 2017 年 6 月底,外债存量(政府和非政府债务)增加至 790 亿美元(占 GDP 的 41%),其中政府外债增加至 GDP 的 18%。信用评级机构穆迪的研究称,新兴经济体债务期限较短,财政规模较小,难以应对不断上升的债务成本,在遇到全球金融状况趋紧的情况下,将表现得最为脆弱。穆迪指出,埃及、巴林、巴基斯坦、黎巴嫩和蒙古国是债务风险最高的五个国家,而斯里兰卡和约旦也将受到利率带来的冲击。未来中国与埃及开展经济合作时应先对其实际经济能力充分评估。

4. 国民就业观念与职业精神。埃及虽然坐拥人口红利,但是当地员工的思想观念比较落后,加之长期以来形成的就业观念,不少埃及工人不适应企业的正规管理,纪律意识淡薄,时常无故旷工,一些在中国行之有效的管理方式在埃及难以奏效。埃及新《投

---

① 姚桂梅:《中非共建"一带一路":进展、风险与前景》,《当代世界》2018 年第 10 期。

资法》虽然提高了外籍工人比例的上限,但是不少中国企业仍然面临用工困境。因为埃及产业工人较少,专业人才难觅,尤其是合格工程师及熟练工人招聘困难,埃及员工生产效率低,培训成本高①。这也是中国企业赴埃时头疼的问题之一。

六、结语

鉴以往可以知未来。中埃两国产能合作现已取得的进展有力说明,"一带一路"建设在埃及的推进,不仅具备优越的基础条件,而且具有广阔的前景。未来,中埃可在许多方面继续致力于实现优势互补和产业对接,充分挖掘在经贸投资、能源电力、铁路交通、港口物流、航天科技等务实合作方面孕育的巨大合作潜力,同时继续加强战略协作与政策沟通,并夯实两国合作的民意与人文根基,推动中埃全面战略伙伴关系在"一带一路"倡议框架下收获更多成果。

中国和埃及,有千年交往、文明对话的历史积淀,有共迎挑战、合作发展的友谊传承,在"一带一路"倡议下,中国和埃及也将密切合作,为实现各自的"中国梦"和"埃及梦",为实现古老大国的复兴而努力奋斗。

(原载《新丝路》学刊 2018 年第 4 期)

16."一带一路"倡议与中塔产能合作实践②

"一带一路"倡议提出以来,在中国与塔吉克斯坦的共同努力下,两国在产能合作领域收获了一些实践成果。中塔产能合作发展迅速,是两国历史交往密切、经济发展优势互补等因素共同作用的结果。中塔产能合作既为中国企业带来了经济和社会效益,也

---

① 佘莉、姚桂梅:《中埃苏伊士经贸合作区:背景、成效、发展机遇》,《国际经济合作》2018年第 7 期。
② 本文共同作者:宁夏广播电视台品牌推广部主任、主任记者丁半农。

为塔吉克斯坦创造了就业，增加了收入，是两国在"丝绸之路经济带"建设框架下的双赢之举。随着"丝绸之路经济带"建设的持续推进，中塔两国在产能领域的合作前景充满光明。

塔吉克斯坦是中国的传统友好邻邦，也是"丝绸之路经济带"重要共建国家之一。中塔两国2017年建立全面战略伙伴关系后，各领域合作发展势头进一步加强。中国与塔吉克斯坦经济结构具有明显的互补性，目前双方在基础设施、农业及工业领域的产能合作已初见成效，两国产能合作前景广阔。

一、丝绸之路与中塔历史交往

中塔共建"一带一路"有着非常好的合作基础和共同的历史记忆，其核心纽带就是历史悠久的古代丝绸之路。塔吉克斯坦是中亚内陆国家，有"高山之国"之称。两千多年前，中国西汉杰出外交家、旅行家、探险家张骞出使西域，凿空最早最重要的东西方文明交流通道——丝绸之路，也开启了中塔人民友好交往的先河。相关研究表明，张骞曾在今塔吉克斯坦首都杜尚别不远处的吉萨尔驻足，并经苦盏前往大月氏履行外交使命。杜尚别在波斯语中意为"星期一"，因这里每逢星期一集市繁盛而得名。古丝绸之路繁荣时期，杜尚别曾为重要枢纽，是使臣和商贾云集之地。中国的茶叶和茶文化在公元10世纪通过丝绸之路传入塔吉克斯坦及中亚地区，逐渐融入当地民众生活并形成自己的特色。在以"塔吉克民族之父"、萨曼王朝创立者——伊斯梅尔·索莫尼命名的索莫尼广场中央，一幅金属铸造的萨曼王朝地图清晰地记载了丝绸之路经过塔吉克斯坦跨越山川，连接东西并直抵罗马的路线。承载着友谊与合作的使团商队，穿过千年的风雨沧桑，谱写出人类交往史上的华彩乐章。

丝绸之路不仅是一条经贸合作之路，也是一条人文交流之路。古丝绸之路兴起后，盛唐时期上流社会的年轻人曾以学习西域语言为时尚,宁夏固原南塬北周李贤墓也曾出土全国乃至世界现存的波斯萨珊王朝文物中的珍品——金属手工艺品鎏金银壶、凸钉装饰玻璃碗。"一带一路"倡议提出后,塔吉克斯坦青年学习汉语的热情空前高涨,申请前来中国留学的人数与日俱增。走在塔吉克斯坦各地的街道上,时常能听到中文"你好"的问候声。有调查显示,中国已经成为塔吉克斯坦民众心中最友好的国家之一。

当代塔吉克斯坦人获取中国信息的方式呈现多元化,既有报纸电视、社交平台这样的大众媒体,也有人际交往的传播。在塔吉克斯坦人民的心目中,中国的形象无疑是正面的,他们对中国已形成了一种友好情感。

二、"一带一路"倡议与塔吉克斯坦的积极回应

2013年9月,中国国家主席习近平在哈萨克斯坦纳扎尔巴耶夫大学发表题为《弘扬人民友谊　共创美好未来》的演讲,首次提出要创新合作模式、共同建设"丝绸之路经济带"的倡议。2013年11月,在党的十八届三中全会上,建设"一带一路"被正式写入《中共中央关于全面深化改革若干重大问题的决定》,从而上升为中国的国家发展战略。2017年,推进"一带一路"建设写入《中国共产党章程》,体现了中国推行"一带一路"倡议国际合作的坚定决心。"丝绸之路经济带"的实质是以古丝绸之路文化传统为纽带,通过加强政策沟通、设施联通、贸易畅通、货币流通、民心相通,形成互利共赢、优势互补的欧亚经济发展带。"丝绸之路经济带"体现了中国与中亚国家构建"利益共同体"和"命运共同体"的构想,展示了中国政府坚持丝路精神,践行中国坚持与邻为善、以邻为伴,坚持睦邻、安邻、富邻,秉持亲、诚、惠、容理念的周边外交基本方针。

在"丝绸之路经济带"上,塔吉克斯坦是一个很重要的国家,作为中国的友好邻邦,中塔关系在双方元首的引领下,实现了前所未有的良好发展。2013年习近平主席提出"一带一路"倡议后,塔吉克斯坦积极响应。2014年9月,中国国家发改委主任徐绍史和塔

吉克斯坦经济发展与贸易部部长拉希姆佐达共同签署《关于共同推进"丝绸之路经济带"建设的谅解备忘录》。2016 年 9 月，在塔吉克斯坦正式通过的《塔吉克斯坦共和国至 2030 年国家发展战略》，与"一带一路"倡议有很多共同之处，二者深度对接融合为两国在能源、交通、贸易、人文等多个领域的深入交流合作创造了条件。

2017 年 8 月，塔吉克斯坦拉赫蒙总统访华期间，两国元首共同宣布将中塔双边关系提升为全面战略伙伴关系，共同见证了《中塔合作规划纲要》等 10 多项合作文件的签署。双方商定全力支持并积极参与"一带一路"倡议，开展"一带一路"建设同塔吉克斯坦"2030 年国家发展战略"的对接合作，实现优势互补和共同发展繁荣。两国务实合作领域不断扩大，水平日益提升。2018 年 6 月，塔吉克斯坦总统拉赫蒙来华出席上海合作组织青岛峰会，两国元首对中塔关系未来发展作出新的战略部署。2018 年 10 月，中国国务院总理李克强正式访问塔吉克斯坦，中塔双方再次强调共建"一带一路"的高度共识。

塔吉克斯坦对对外经济贸易的发展有着很迫切的需求，期待着获取更多的资金和更先进的科学技术，在这一背景下，"丝绸之路经济带"的构想与其高度契合。面对这样一个不可复制的历史机遇，塔吉克斯坦对"丝绸之路经济带"倡议表现得非常积极。当下，中国已成为其第一大投资来源国和第二大贸易伙伴。正因如此，塔吉克斯坦把与中国的合作看得很重要，具有很强的国际和地区影响力。塔方对中国的投资、援助和工业制成品存在着较大的依赖，对其经济转型和社会发展意义巨大。

三、中塔产能合作：中国优势与塔吉克斯坦的需求

中国和塔吉克斯坦的经贸合作可谓"天作之合"，在地域上两国紧密相连，具有相通的发展理念、很强的经济互补性。2018 年上半年，中塔双边贸易额超过 6 亿美元，同比增长近 18%。相比较刚

建交时,两国年度贸易额增长超过 300 倍,显示出二者贸易之活力。2018 年上半年,中国对塔吉克斯坦累计投资近 20 亿美元,这个数额占到了塔吉克斯坦吸引外资总额的 30% 左右。2018 年 11 月,在首届中国国际进口博览会上,来自塔吉克斯坦的农业、服务贸易企业超过了 20 家,塔吉克斯坦经贸部倡议举办了中塔企业家经贸投资论坛,50 余家中国公司参加论坛并提出优先合作方向。

中国和塔吉克斯坦在工业和农业领域存在较强的互补性,开展产业合作的空间很大。越来越多的中资企业响应"共商共建共享"理念,来到塔吉克斯坦进行投资创业,实现了双赢。来自塔方的统计,有 400 余家的中资背景企业在塔吉克斯坦"安家落户"。

对于工业的发展,塔吉克斯坦有很强的发展欲望,以期提高其并不发达的工业水平。中国产业门类较为齐全,拥有强大的基础设施设计、施工和设备配套能力,在经济特区和工业园区的建设和发展中具有很丰富的经验,大量优质产能已经生成。在产能上的合作,是塔吉克斯坦促进工业发展的最佳机遇。中塔之间可以结合技术转移,通过产能合作推动塔工业化发展。通过投资的扩大和产能的不断增加,中资企业为塔方的人民提供了大量就业岗位,十分可观的税收为政府提供了财政支持,居民的生活水平提高,贫困人口减少。

作为传统农业国家,塔吉克斯坦的农业和农产品加工是国民经济的重要支撑,但是受经济发展水平的限制,技术上相对落后,生产能力较低,在这一背景下,塔方在资金引进、品种改良、设备引进和管理理念上存在很大的期待,而这些正是中国的优势所在。塔吉克斯坦农产品加工能力弱,出口多为原料形式,加工农产品出口规模有限,而中国拥有丰富的种植经验和先进的农产品加工技术,特别是从农产品原料种植到成品生产的一体化技术,可为两国在农业领域的合作奠定基础。

《塔吉克斯坦共和国至 2030 年国家发展战略》将"粮食安全、能源安全、摆脱交通困境、促进居民就业"列为塔吉克斯坦未来 15

年国家发展战略的目标。在落实上述四个战略目标的过程中,中塔两国通过强化务实合作,提升各领域合作水平,能够做到发挥中国优势,满足塔国需求,形成中塔双边关系中的亮点。

四、中塔产能合作意义重大

对于基础设施普遍落后的中亚国家来说,随着经济的发展以及人口的增长,旧有的基础设施建设已经成为制约经济社会发展的瓶颈。要搭上"丝绸之路经济带"建设的发展快车,基础设施建设必须要跟上,如今这已成为中亚各国的共识,各方合作愈发紧密。在中塔产能合作实践中,沙赫里斯坦公路隧道项目、瓦亚铁路项目已完成,成为该领域合作共赢的典范和里程碑。

其一,塔乌公路沙赫里斯坦隧道项目。塔吉克斯坦独立后实施的公路修建和改造工程中,70%由中国路桥公司建设。由中国对外援助优惠贷款和优惠出口买方信贷支持而建成的塔乌、中塔公路一期,使塔吉克斯坦"高山之国"天堑变通途,助力其"建成跨境交通走廊"的国家战略。

塔乌公路南起于塔吉克斯坦首都杜尚别,终点位于乌兹别克斯坦的边境口岸恰纳克,是塔吉克斯坦建国以来最大的公路建设项目,也是上海合作组织最大的基础设施领域合作项目。该公路途经塔吉克斯坦多个重要城镇,包括首都杜尚别和位于北部的第二大城市苦盏,成为连接塔吉克斯坦南北的交通大动脉。

沙赫里斯坦公路隧道是中亚目前最长的隧道,也是目前中国在海外建设的单体最长隧道。隧道全长 5253 米,最高海拔 3400米,项目由中国路桥工程有限责任公司承建。塔吉克斯坦地处中亚腹地,在 14.31 万平方公里的国土面积中,三分之二的海拔都在3000 米以上,全境 93% 为山地,道路施工条件差,难度高。隧道于2006 年 8 月开工建设,中国建设者克服气候恶劣、地质复杂等困难,于 2012 年 4 月实现主洞顺利贯通,并于 10 月 27 日竣工通车,塔吉克斯坦总统拉赫蒙亲自主持通车仪式。

塔吉克斯坦原有公路几乎全部建于苏联时期,独立以来,由于连年内战及国家财政紧张,无力对道路进行维修,公路路况很差。此前,每到冬季,连接塔吉克斯坦南北的公路都会被冰雪阻隔,贸易物流全部中断。从2006年开始,中国公司进入塔吉克斯坦,先后承担了该国境内5条主要交通干线的修复改造项目。沙赫里斯坦隧道的投入使用,不仅缩短了路程,节省了时间,更有效打通了该国被高山阻隔的南北地区,对塔社会经济发展具有重大战略意义。拉赫蒙总统表示,随着这条隧道的开通,塔吉克斯坦才正式成为一个完整的国家。为感谢和表彰中国建设者的卓越功勋,拉赫蒙向项目负责人授予友谊勋章,这是塔吉克斯坦政府第一次向中国企业代表授勋。

这条公路的建成改写了塔吉克斯坦南北公路冬季不能通行的历史,对促进当地经济快速发展和南北民众间交流与团结具有重要作用。同时,这条隧道也是进一步完善中亚区域交通网络、修复"新欧亚大陆桥"的重要举措。

其二,"瓦赫达特—亚万"铁路项目(以下简称瓦亚铁路)。瓦亚铁路全长48.65公里,总投资7200万美元,包括3座隧道和5座桥梁,属于塔吉克斯坦杜尚别至库尔干秋别铁路的一段,由中铁十九局集团公司承建。该项目地处地震烈度9度区域,地质、地理情况复杂,施工难度极大,曾使多家国际承包商望而却步。瓦亚铁路隧道工程于2015年4月30日正式开工,2016年8月24日通车,这是中国铁路施工企业首次进入中亚铁路市场,也是中国在塔吉克斯坦"一带一路"建设的重点项目。拉赫蒙在通车仪式上表示,建设铁路是推动工业发展的重要因素之一,对铁路交通基础设施的投资是政府实施摆脱交通困境战略的重要举措之一。瓦亚铁路是该国重大民生工程,是促进塔经济发展、提高民众生活水平的重要举措,不仅方便塔国民众出行,促进塔各地之间贸易,也为塔商品出口创造了有利条件。

此前,塔吉克斯坦铁路系统总长约900公里,北中南三部分互不相连。从杜尚别乘火车前往南部最大城市库尔干秋别,必须借道乌兹别克斯坦和土库曼斯坦,时间长,报关手续烦琐。瓦亚铁路的建成使得此前两到三天的路途时间缩短为几个小时,大幅缩短了塔吉克斯坦中部和南部地区之间的路程,降低了两地间运输成本,提升了塔整体运输能力,对塔经济发展具有重要战略意义。

铁路项目建设不仅为当地培养出一支由熟练工人组成的技术队伍,而且中国标准的采用也为塔吉克斯坦铁路的线路改造和提速预留了极大的空间——这段铁路的设计通车速度最高可以达到每小时200公里,是目前塔吉克斯坦铁路平均速度的近5倍。瓦亚铁路项目是中国施工企业进入中亚市场后的第一个铁路项目,项目展示了中国施工企业的形象和实力,对促进"一带一路"倡议推进具有十分重要的意义。

瓦亚铁路项目使当地人实实在在感受到了"一带一路"倡议的早期收获,充分展现出这一倡议的巨大潜力和广阔前景。随着瓦亚铁路的贯通,苦盏、杜尚别这些古丝绸之路上的重要驿站将在"丝绸之路经济带"上起到更加重要的作用。展望未来,瓦亚铁路还将联通阿富汗、土库曼斯坦乃至伊朗,连接了中国—塔吉克斯坦—阿富汗—伊朗一线,这使塔方取得了一个通往国际市场的通常渠道,促进了中国与中亚地区的合作与联系。

随着中国和塔吉克斯坦合作领域的不断丰富,农业和工业领域的合作更加深化,倾向于技术、产品加工等方面的合作,煤炭、黄金矿产、电力的合作则为塔方经济发展注入强大的能量。例如,位于塔吉克斯坦北部的塔中矿业属于世界级铅锌矿,具有超过年300万吨的采选处理能力,解决了当地超过2400人的就业问题,产值在2017年达到3.5亿美元,纳税额度达到7300万美元,占据了塔方工业产值的15%和GDP的5%,成为当下塔方首屈一指的工业项目和重要的纳税机构。2013年8月,正式点火投产的华新水泥塔吉克亚湾工厂成为中国水泥工业第一个投产的海外工厂。从2013年8月点火投产至今,华新水泥在塔投资建设的2座年产各

100万吨的水泥厂,新型干法生产线大型设备国产化率达到100%。2017年华新水泥销售水泥量超60万吨,塔方也随之成为水泥出口国,同时也实现了塔方最初的进口代替战略。

中塔合作中,塔方得到了来自中方大量投资,税收大量增加,人民就业率提高,改变了塔方的经济实力,促进了其社会效益的实现,这对两国经贸合作持续发展起到了积极的推动作用。对中国而言,中国企业实现了"走出去"战略,在中塔产能合作的推行下,企业产品和设备得以输出,实现可持续和绿色发展。

五、结语

自古以来,塔吉克斯坦就是古丝绸之路的必经之地,中国与塔吉克斯坦的友好有历史传承。随着"丝绸之路经济带"建设不断推进,近几年越来越多的中资企业走向塔吉克斯坦投资兴业。"丝绸之路经济带"建设为中塔深化合作带来了历史性机遇。在这一框架下中塔加强各领域合作,双方产能合作前景光明。

2018年是上海合作组织成立17周年,也是"一带一路"倡议提出5周年。随着中塔两国在上合组织和"一带一路"倡议框架下合作的不断深入,两国将共同把握历史机遇,利用"一带一路"倡议搭建的国际合作平台,寻找合作契合点,加大重点领域合作力度,创新产能合作方式,推进产能合作项目的落实,提高企业国际竞争力和风险防控能力,完善合作的机制体制,实现产能合作互利共赢,为双方发展提供良好机遇。

(2018年12月)

17.全面联通,世界不同

基督教创始学说讲,上帝根据自己的形状用泥土捏了个亚当,考虑到他孤独无伴便又拆下他的一根肋骨造了夏娃。亚当和夏娃繁衍后代,逐步形成今天的人类大家庭。

中国的象形文字说，两腿直立并行走的动物乃为"人"；两人结伴而为"从"，体现追随和参照的社会关系；三人结伙而为"众"，代表各色人等。

无论是西方神学意义上的人类童话，还是中国文字符号学所折射的人字演进，都说明一个道理：人之间有了联系，世界从此不同。联系是外在与表象的互动，真正推动人类与历史进步的却是交流与沟通。只联不通是物理反应，又联又通才能产生化学反应。

远古的世界地理空间非常浩渺，而文明体系的天地相对有限，受制于信息、交通、语言、资源等因素，族群间的联系和交流需要漫长的时间才能实现，只要稍微受到阻遏便会与世隔绝，变成自我为中心的部落或王国，"不知魏晋，何论秦汉"。即便是主唱人类历史大剧的几个大帝国，如果远隔万水千山，彼此的联系与沟通就难上加难。地中海文明圈的波斯、罗马、阿拉伯和奥斯曼等洲际帝国，与太平洋东岸的中国，如果没有海陆两条丝绸之路连接，彼此就不知道天外有天、山外有山，更别说促成彼此繁荣与兴盛的物产交换、思想交流和信仰碰撞。

这种早期的东西方持续互联互通催生了知识分享、技术革命和视野拓展，也进一步激发人类走出自我王国、走向自由王国的冲动，刺激了发现更广阔外部世界并将人类连接在一起的梦想。大航海时代就是这样到来的，它通过几批探险先驱将被地质运动撕裂、推离的地球板块联系在一起，形成了推动整个人类进步大跨越的全球化。

此后，人类的联通因工业革命不断进步和升级变得更加高效、快捷，更由于计算机和互联网时代的到来而更加惊艳，完全超出先知的预言。70亿人口构成一张无边的信息网，每个成员都变成一个节点，任何地方和任何人不可能再孤立于外部，任何死角与秘密都不可能再永远尘封。

在信息化、大数据、智能化和物联网的今天，全面联通已全面升级，每个人都已变成透明人，人与人之间的联系极其方便，也极其引发不安,因为联系过密,沟通过多,人们反而产生某种联通恐慌。从某种角度看,技术和应用的进步太过超前,速度与效果打破绝大多数人的预期,进而产生被裹挟、被塑造的无力感。

这种因为关联沟通而产生的渴望与惊恐的复杂感觉,很像被上帝泥塑出来的亚当夏娃,也像甲骨文里彼此接近的两个"人",因为实在不知道下一步会发生什么。但是,无论怎么变,世界还是离不开互联互通,因为人类只能进步,不能倒退,不可能回到独来独往的那个时代。其实,那个时代也从未有过,只存在于宗教神话故事里。

(发表于浙江交通之声广播电台内刊,2019 年 1 月)

18. 中非合作:既非"债务陷阱", 亦非"慷慨撒钱"

9 月 3 日至 4 日,2018 年中非合作论坛北京峰会圆满举行,中国和 50 多个非洲国家领导人共襄盛举,参会国之多,规模之大,既将中国对非交往推向新高潮,也见证了大国与非洲国家"群英会"的新纪录——从来没有一个国家能单独与几乎所有非洲国家共济一堂,共商发展。峰会闭幕时通过了《关于构建更加紧密的中非命运共同体的北京宣言》和《中非合作论坛—北京行动计划(2019—2021 年)》等成果文件,展现了中非携手实施"八大行动"、推动中非合作提质增效的坚定意愿,描绘了中非合作共赢、共同发展的新蓝图。

当然,盛赞中非合作的主旋律也伴随着"债务陷阱""新殖民主义"或"慷慨撒钱"的负面声音,这些论调也许会构成一些干扰,但无法扭转中非合作共赢、携手共进的大势。

携手十八载:"三好"关系成就中非双赢

在这场引人瞩目且为今年最大的中国主场外交开幕式上,中国国家主席习近平发表主旨讲话,以构建中非命运共同体为基轴,全面阐述中国加强对非关系的新政策新主张,宣布中国对非务实合作新行动新举措,提出未来3年和今后一段时间将重点实施"八大行动"的具体规划。

习近平阐述的中国发展对非关系政策理念体现为指导双边合作的四句承诺:坚持真诚友好、平等相待;义利相兼、以义为先;发展为民、务实高效;开放包容、兼收并蓄。习近平强调了百年未有大变局下四个"中国担当":把为人类做出新的更大贡献作为自己的使命;愿同国际合作伙伴共建"一带一路";积极参与全球治理,秉持共商、共建、共享全球治理观;坚定不移坚持对外开放。

针对如何构筑更加紧密的中非命运共同体,习近平提出24个字的指导原则:责任共担、合作共赢、幸福共享、文化共兴、安全共筑、和谐共生;同时宣布"八大行动":产业促进行动、设施联通行动、贸易便利行动、绿色发展行动、能力建设行动、健康卫生行动、人文交流行动以及和平安全行动。

无论是四句承诺或四个担当,还是24字指导原则或"八大行动",习近平都进行了言简意赅的内涵阐释,涵盖中非合作的方方面面,既基于双方当代关系史的共同宝贵遗产,又面向合作共赢与同创未来;既积极乐观看待非洲发展,又再次确认中国对外开放;既高屋建瓴解释宏观政策,又以具体数据和项目体现中国对非洲的支持。习近平的讲话既是中国对非洲政策一以贯之的体现,也是中非合作论坛成立18年来继往开来的大国外交宣言,确实见证了这种好朋友、好伙伴和好兄弟"三好"关系的务实、稳步和全面发展,及其对中非双赢局面的推动。

中非政治互信不断巩固深化,除个别国家外非洲53个国家都已和中国建立外交关系;中非在关乎彼此核心利益的重大问题上互信理解互相支持,自1991年以来,中国外长几乎每年首次出访都始于非洲,非盟也在南海争端中集体支持中国立场;中非合作论坛建立以来,机制化、务实化交流持续进行,堪称大国与区域组织合作典范。

中非发挥经济互补优势,经贸合作成就斐然,双边贸易额以每年近 100 亿美元的幅度增长,从 2000 年的 100 亿美元增加到 2017 年的 1700 亿美元。2009 年起,中国就取代美国和法国成为非洲最大贸易伙伴。中国也跃升为非洲头号投资国,各类投资已超过 1000 亿美元,参与非洲建设的中国公司多达一万家以上。

中国大力投身非洲建设,使基础设施普遍稀缺、制造业微不足道、就业压力极大和经济发展落后的非洲见证明显变化,部分国家的经济、社会发展取得跨越式进步:中国的轨道交通和装备正在打通非洲内部与外界的快速联系,中国参建的港口、公路、铁路和水电设施正在为非洲的贸易畅通和经济腾飞提供强劲动力,中国的产能转移正在推动"非洲制造"的成长和造血型经济的发轫,中国培养的人才队伍正在帮助非洲逐步具备自力更生的能力;中国主导的众多项目更是解决了千千万万非洲人的就业,带动非洲国家产业转型、出口增加和经济增长。

中国在非洲的影响力也今非昔比。美国大西洋理事会认为,中国是非洲最具影响力的参与者,相关报告显示,1963 年至今,曾主导非洲的法国的影响力从 37%下降至 8%,同期英国的影响力从 13%下降至 3%,美国从 13%下降至 10%,而中国则从不足 1%上升到 13%,这种后来居上的影响力表明,中国已超越欧美赢得非洲。

600 亿美元援非:两种质疑声音的悖论与误读

习近平在主旨发言中针对支持非洲发展提出一长串数字承诺:实施 50 个农业援助项目、50 个绿色发展和生态环保援助项目、50 个文体旅游项目、50 个安全援助项目;向非洲受灾国提供 10 亿元人民币紧急援助,派遣 500 名高级农业专家,设立 10 个鲁班坊,培训 1000 名非洲精英人才,提供 5 万个政府奖学金名额和 5 万个研究培训机会,邀请 2000 名非洲青年来华交流……为了推动"八大行动"顺利实施,中国愿意以政府援助、金融机构和企业投融资等方式,再向非洲提供 600 亿美元支持。

笔者注意到,多家西方媒体报道这次中非合作论坛峰会,都把 600 亿美元作为标题和导语加以突出,国内部分人士也对这笔巨资的投入抱有疑虑,但是,两种论调又彼此矛盾而相互冲抵。

西方媒体认为中国继续向非洲提供资金是加剧非洲债务压力,可能形成"债务陷阱",使非洲承受过多债务无力偿还而形成后患。个别西方媒体无视中国投资给非洲带来的发展活力和全新面貌,指责中国搞"新殖民主义",抹黑中非彼此尊重、相互平等、互惠互利的共同发展新模式。美国《时代周刊》更赤裸裸地称,中国向非洲提供贷款威胁美国利益,理由是中国的"债务外交"蚕食美国的商业机遇。这个判断堪称西方攻击中国援非"阴谋论"的实质所在,简言之就是妒忌中国在非洲的拓展与收获。

需要指出的是,非洲国家的确普遍存在债务问题,但是,这些债务多半是历史遗留问题,而且中国并不是非洲国家主要债权国,更不是始作俑者和主要责任方。CNN 网站 9 月 3 日刊文以埃塞俄比亚为例公允地称,该国"债务总额 290 亿美元中的大部分债权属于中东国家、世界银行和其他国家,事实上,多数非洲国家也是如此"。霍普金斯基金会一项研究结果也表明,"中国不是当前非洲债务危机的主要造成者"。中国遵循国际惯例免除部分最不发达非洲国家到期债务的同时,认为只有推动非洲可持续发展才能根本解决资金缺血和债务问题,并日益强调投资的科学决策、市场导向和互惠互利。

国内质疑"大笔"援助非洲的舆论多半源于简单化判断,无非担心投资失败无力收回成本,使纳税人的钱打水漂,或者认为中国本身是发展中国家,国内尚有几千万贫困人口而不该到海外做慈善家。这些论调初衷固然是善意的,但是,忽略了投资是个复杂的系统工程,既有国家层面的长远和通盘利益盘算,也有企业层面的效益评估。

另外,也不能简单把有偿贷款、低息或无息贷款等同为无偿赠款或人道援助。中国未来支援非洲的 600 亿美元构成一清二楚：150 亿为无偿援助、无息和优惠贷款；200 亿为信贷资金；100 亿为开发性专项资金，50 亿为自非洲进口贸易融资专项资金，100 亿为企业 3 年内投资额度。

中非合作渐入佳境而步入青壮年期，回顾往昔，成就斐然，双方满意；展望未来，前景广阔，大有可为。审视中非近 26 亿人口庞大市场的发展，必须"风物长宜放眼量"。

（原载《华夏时报》2018 年 9 月 4 日）

19. 漫漫丝绸路，拳拳赤子心
——《丝路商旅》推荐序

展读王有军访谈录《丝路商旅》，有一种亲切感油然而生——因为这是一部专门挖掘、叙述当代中国回族人士搏击商海的实录，因此，愿意承其美意，不知深浅地写一点随想。

首先，书名会让我耳边响起悠远依稀的驼铃声，眼前浮起大漠、黄沙、戈壁、绿洲和蓝海，似乎穿越时代、贯穿中西的丝绸之路绵延不绝、生生不息地向我们逶迤而至，并与内涵更丰富、延展更宽阔的"一带一路"当代伟大工程承接延续，深感人类交往和历史前进的步伐不曾停歇。

其次，这是一部聚焦"丝路之子"回族的商企开拓实录，作为回族之子展读这个群体开拓"一带一路"的点滴努力，我分明能触摸到民族体内那一脉相承的精神律动和基因活跃。

其三，本书采访的部分人物是我熟悉的朋友甚至是合作伙伴，因而其形象更加栩栩如生，其故事更加真实可信，仿佛老友以另一种方式再次见面叙谈，音容笑貌跃然纸上。

这部访谈录选取的对象除一人为撒拉族外，全部是回族商企人士，他们奋斗的地域覆盖新疆、甘肃、青海、宁夏、陕西、云南、河北、河南、内蒙古、北京、广东、浙江、四川和贵州，这散布于五湖四海的身影,其实体现了中国回族的一个独有特点——大分散、小集中,也浓缩了回族作为中华民族分支之一形成的源流——我们的祖先融合形成于陆路丝绸之路与海上丝绸之路,最终扎根、遍布华夏大地而相对集中于古代丝路最为活跃的地理板块,数百年来生生不息,繁衍成长,将伊斯兰文明与中华文明完美地融为一体,并通过宗教信仰、生活习俗乃至行业特点保留了独特的民族身份和精神气质。

应该说,尽管人口只有 1000 多万的回族今天安居乐业,五行八作,活跃在几乎所有的领域,而且行行努力,人才辈出,但是,整体而言,经商置业依然是中国回族颇具代表性也颇具实力和影响力的圈子,因而客观上延续了回族善于经商、善于理财的突出特点和民族基因。尽管这部访谈录仅仅涉及庞大回族商圈的部分代表,甚至没有纳入更多更有实力的商界翘楚,但通过他们也能对回族作为丝路之子、商旅后人的民族传承得窥一二。

首先,"无回不商"的就业偏好体现得非常具体。这部访谈录的群像中,所涉猎的传统行业包括茶叶、玉器、皮货、餐饮、地毯、滋补品、香水、家禽养殖和教育等,现代行业包括旅游、造纸、制药、金属冶炼、时装设计生产、蜂蜜酿造、虫草加工、地产开发、跨境电子贸易、工业园区……翻阅这部访谈录,读者可以发现自己置身于一个创业百花园,似乎在所有商业领域和链条环节,都能找到回族从商致富者的身影——既有扎根家乡埋头经营的守望者,也有异地开拓商圈的闯荡者;既有跨地区连锁品牌的经营者,也有用现代理念、技术与方式延续丝路贸易的弄潮儿。总之,这个群体充分体现了回商克己本分、吃苦耐劳、坚忍不拔和勇于开拓的祖传精神,又折射了中国改革开放的时代背景赋予回商群体不同父辈们的创业意义。

其次,这部访谈录的群体人物,都秉承先人爱国爱族爱教的优良传统,他们的商业实践得益于国家富民政策的保护和激励,他们的努力拼搏汇聚于 10 多亿中国人民脱贫致富的集体洪流,他们所遇困难与挫折的克服无不仰仗各级政府的支持与关照,他们的事业发展融合了多民族兄弟姐妹的智慧与汗水,他们成功后的感激感恩无不归功于欣欣向荣的时代和日益强大的祖国,他们的奋斗历程充分体现了国家让人称道的民族与宗教政策,他们的精神风貌也延续、发扬和光大了两大文明深度交融和交相辉映的时代光芒。

第三,这部访谈录的群体人物,也基本都继承了传统回商"义利互济"的祖传美德。因为有信仰和追求,有敬畏和底线,有严格的祖训家风和圈子口碑,他们在商言商但不唯商,他们爱财但取之有道,他们看重义字当头、义字为先,而不是见利忘义、唯利是图。初创阶段,他们会带动家人、左邻右舍共同脱贫、集体致富,不分民族,不分信仰,充分体现了"回汉一家亲"的宝贵精神财富。他们有所积累后,倾其所能兼济天下,积极投身社会公益事业,主动履行企业责任。我熟悉这个群体,源于 6 年前与本书主人公马中华、马志军等一起发起"叶柏公益",以"叶柏书柜"的形式给落后乡村的小学生赠送课外读物,帮助孩子们打开知识窗口,扩大视野,鼓励他们通过读书改变自己和家乡的命运。此后,众多回族商企人士都陆续投入这一公益事业,共襄其成。

当然,总体而言,由于历史原因,回族主体分布于相对封闭落后的中国西北、西南,他们的经济基础相对薄弱,教育程度相对不高,见识阅历相对有限,知识技能也相对欠缺,当然,这是整个中国发展的阶段性局限所致,也基本反映了中国东西部差异较大的现实。因此,尽管回商群体在 55 个少数民族中已脱颖而出、不同凡响,但是,他们依然是快速崛起且规模庞大的中国商业队伍中的一支细小涓流。但是,大河有水小河满,只要中国继续保持改革开放,只要中国回商积极弘扬丝路精神并继续热忱投身国家发展大计,一如先祖名满丝绸之路,他们一定会为"一带一路"建设做出独特贡献,赢得独特声誉。

最后要提到的是,王有军作为一位年轻却又资深的电视记者,这部回商专访录做得专业而扎实,不仅能看出他事先颇费功夫的案头准备,也能发现他抽丝剥茧的后续挖掘,而且每个采访对象都特点鲜明,经历起伏曲折,既有宏大时代背景叙述和深厚历史回溯,又有不同地域和经济环境下的商道评述,而且行文内外可以体味到作者对本民族的热爱,以及对这个伟大时代的褒奖与感动。无论书写对象,还是书家本人,都展示了丝绸之路后代的拳拳赤子之心。

另外,这部著作既是一本很有启发意义的现代生意经,也是一部很有参考价值的新闻采访样本,值得向试图创业的商业新人和投身传媒事业的青年人隆重举荐。当然,我也希望,王有军能再接再厉,沿着这条思路推出第二部、第三部系列作品,一网打尽天下回商。

2019 年 8 月 22 日于土耳其旅途中
(原载阿拉伯文版《丝路商旅》,新世界出版社,2019 年)

第二章

境内各界访谈录

自 2015 年 9 月《解码"一带一路"》周播访谈节目筹备开始，三年间，笔者在国内以中文、英文和阿拉伯文三种语言，先后专访了几十位资深中国前驻外大使、"一带一路"共建国家驻华大使、知名智库、高校研究机构和多边组织的专家、学者，以及众多中国国有、民营和外企企业负责人，围绕"一带一路"倡议，从不同维度和层面进行了较为深入的理论探讨、学术梳理，以及初步经验和教训的归纳和总结，丰富了公众对这一伟大实践的认知和理解。

此部分共同作者为栏目执行主编、资深媒体人李靖云，文章均发表于《华夏时报》，各部分以见报时间排序

一、外交对话录

1. 印尼：喧哗仅仅是美丽之外的杂音

　　前段时间，印尼雅加达的游行给很多国人造成恐慌心理，谣言遍地，但是印尼并没有处于动荡之中，多元、和平的发展基调不变，依然是值得投资的好地方。印尼驻中国大使苏更·拉哈尔佐（Soegeng Rahardjo）更是对印尼与中国合作建设"一带一路"持乐观态度，并就此接受了我们的专访。

未来五年，中国在印尼机会多多

　　马晓霖：我们知道印尼是一个传统海上大国，自然资源丰富，过去在海上贸易中也发挥了非常重要的作用。印尼未来将扮演怎样的角色？

　　苏更·拉哈尔佐：印尼由 1.7 万多座岛屿组成，是世界最大的群岛国家，众多岛屿散布在赤道周围，地理上处于亚洲、非洲、澳大利亚和太平洋国家之间的战略位置。在此背景下，2015 年佐科·维多多总统宣布要将印尼重新定位为"海洋轴心国"，成为全球海上合作的支轴。另一方面，习近平主席 2013 年 10 月对印尼进行国事访问期间，提议建设"21 世纪海上丝绸之路"，也就是"一带一路"的一部分。我相信佐科·维多多总统和习近平主席所提的两个定位版本互为补充，可以协同发展。第二点是，借助这一概念，所有国家都应该不仅努力开展经济合作，也要建立贸易联系。

　　马晓霖：大使先生，我们两国作为全面战略性伙伴，您认为未来两国之间将会有哪些进一步的合作呢？

苏更·拉哈尔佐：2013 年 10 月，苏西洛·尤多约诺总统和习近平主席同意将我们两国的合作关系升级为全面战略性伙伴关系，这意味着印度尼西亚和中国已经迈向基于互信的全面长期伙伴关系，两国政府和社会之间的互动也会增强。中国现在是亚洲第一大和世界第二大经济体，在这种情况下，为了吸引中国投资，印尼政府做出了很大努力，例如采用更加简便、高效的投资手续，同时提供免税期和免税优惠。印尼也希望中国向我们的产品打开市场，包括非石油、非天然气、大宗商品和其他产品。在此过程中，我们将实现更加平衡的对华贸易。

马晓霖：作为"一带一路"倡议的第一个合作项目，中国高速铁路成功进入了印尼市场。您认为该项目未来会扩大吗？

苏更·拉哈尔佐：当然会。我认为不仅是万隆到雅加达，还有雅加达到泗水，以及万隆到苏腊巴亚之间都需要高铁。我觉得第一个项目非常重要，因为未来我们还会考虑其他项目，尤其是高铁和铁路项目，而且不仅在爪哇，还可能在苏门答腊、加里曼丹、苏拉威西和巴布亚。未来 5 年，印尼将于苏门答腊、加里曼丹、苏拉威西和巴布亚兴建 24 个海港，也会在上述地区建设高速公路和铁路，还会建 28 个机场，以及 1 座 3.5 万兆瓦的发电站。所以，我认为中国商人有很多机会可以参与到印尼这些基础设施项目中。

马晓霖：大使先生，请您给我们介绍一下当前两国双边贸易的情况。

苏更·拉哈尔佐：2014 年印尼和中国的双边贸易额达到约 680 亿美元，而印尼的贸易逆差高达近 140 亿美元，这是个很庞大的贸易逆差。这也是为什么我强调未来要与中国建立更加平衡的贸易，这一点很重要。为解决这一问题，我认为其中一个举措就是中国向印尼产品打开市场，例如水果。印尼水果种类繁多，但只有四种进入中国。一种是山竹，一种是印尼很有名的蛇皮果，然后是香蕉，还有荔枝。我们印尼还有鳄梨，也生产很多椰子，但这些都无法进入中国市场。所以我认为中国市场未来应该向印尼产品开放,尤其是水果。

我要说的第二点是,为什么我们的贸易逆差这么大并在 2014 年达到 140 亿美元。因为我们从中国大量进口工业产品,同时出口很多水果产品。这完全是不平衡的。中国目前是印尼最大的贸易伙伴,我们的第二和第三大贸易伙伴分别是日本和美国。我希望在未来 3 年,尤其是我们禁止出口原矿产品以后,贸易不平衡的情况会有所改善。我们现在已经开始邀请中国企业来投资我们的冶炼业,希望未来 3 年,大量矿物制成品能从印尼出口至中国,我想这样会有助于减少我们的贸易逆差。

和平包容多元,才是印尼的底色

马晓霖:我们都知道印尼是一个大国,是第三世界的领袖国家。作为发展中国家和新兴国家,你们对未来有怎样的规划?

苏更·拉哈尔佐:2015 年 4 月,印尼举行了第一次亚非会议暨万隆会议 60 周年庆祝活动。我们很高兴地看到习近平主席也出席了活动,这表明两国将携手深化经济合作,促进亚非国家的经济发展。回到 1955 年万隆会议召开的时候,所有新独立的发展中国家聚集到一起,共同探讨如何构建新世界。我记得会议的成果是达成万隆会议十项原则,其中一点就提道:所有亚非国家都应致力于实现世界和平与繁荣。我认为这一点很重要。印尼将继续努力,通过在双边、多边和区域论坛中发挥作用来实现这一目标。

马晓霖:万隆会议确实标志着亚非国家的团结和胜利,印尼那时也成为一颗闪耀的明星。现在,印尼在担任发展中国家和新兴国家领袖方面有什么成果呢?

苏更·拉哈尔佐:印尼是最大的南亚和东盟国家。不过,我们虽然是最大的,但也努力与他国合作,对他国表现出更大的包容度。如何维护世界和平与稳定是一个更重要的问题,例如通过东盟这一机制来实现。东盟成立于 1967 年,至今有近 50 年的历史。过去 40 多年间,该地区没有发生任何冲突,因为印尼作为大国并没有将意愿强加于他国,而是努力通过与所有邻国开展对话和谈判来解决问题。您也能看到,东南亚所有国家都可以和平发展经济。我认为东盟可以实现非常快速的发展,也是因为印尼对地区和平与稳定做出了贡献。

马晓霖:我第一次在大使馆见您的时候,我说贵国是最大的伊斯兰国家,您当时告诉我:"我们不是伊斯兰国家。"

苏更·拉哈尔佐:是的,印尼拥有世界最多的穆斯林人口,但我们的国家并不是基于宗教的。我们政府承认的四大宗教是伊斯兰教、基督教、佛教和印度教,这四大宗教可以在我国共存。基于这一点,我们能和平地接受其他宗教的存在。这表明我们的穆斯林是温和的,我们一直都在努力建设和平文化。例如,在斋月过后的开斋节期间,穆斯林举办的仪式会得到其他人的尊重。又例如圣诞节的时候,基督徒在教堂的活动也同样会得到穆斯林的尊重。我相信我们是一个爱好和平的国家,从来不作恶,而且我们尽全力确保所有游客在印尼的安全,让他们得以享受湖光山色、阳光海滩和一切美景。

马晓霖:印尼有女性总统、部长、立法人员、市长,遍布不同层级。你们能够充分保障女性的权利,原因何在?

苏更·拉哈尔佐:原因很多。比如说,我们有"传统":在西苏门答腊省,女性是强势领导人,男性要顺从。所以传统、价值观、政治和历史等都构成了这样的背景,使得女性在印尼能发挥重要作用。梅加瓦蒂·苏加诺普特丽总统就是印尼的首任女性总统,她做出了要推行总统直选的决定,这个决定很重要。

(发表于 2016 年 11 月 15 日)

2. 中东,稳定还是压倒一切的

世界政治不断出现黑天鹅,但对中东而言,黑天鹅则意味着稳定和不再动荡。随着国际力量联合清剿恐怖组织"伊斯兰国"武装的胜利展开,中东局势正在发生变化,但是会怎么变呢? 我们就此专访了中国外交部前副部长杨福昌。

中东在乱中寻求新变化

马晓霖：西亚地区特别是阿拉伯世界，是古代丝绸之路的核心区域，但是近现代以来，在西方政治主导下，尤其进入石油时代后，整个阿拉伯地区给人的印象是，第一很有钱，第二特别乱。在中国提出"一带一路"倡议的背景下，我们究竟应如何客观全面认识西亚，特别是阿拉伯地区呢？

杨福昌：你说的问题都是存在的，是很有钱，也是很乱，但这并不是阿拉伯世界的全部。我思考了一下该怎样概括阿拉伯世界，不一定很全面。我的想法是这样的：第一，这个地区有着很深厚的文化底蕴，历史悠久，世界四大文明古国中，有两个就在今天阿拉伯世界，也即埃及和伊拉克。第二，这个地方有两大战略资源，依我看这两大战略资源影响到全世界的战略资源，一个是石油，一个是苏伊士运河。第三，这里有三大宗教的圣地，犹太教、基督教和伊斯兰教。第四这里是阿拉伯、波斯、犹太和突厥人四个民族的聚集地。这四个特点形成了当前中东地区一切问题的根源，或者说是财富。它有石油自然有财富，有不同的宗教，有不同的民族，自然就容易引起动荡。

马晓霖：我们现在横切面地看中东地区，特别是阿拉伯世界，烽火连天，到处都很乱。如果要从几千年的历史纵轴来看，您觉得阿拉伯世界这种状态会持续很久吗？

杨福昌：从区域历史上看不会很久。但是，中东从这么一个乱象中恢复到比较平稳的状态也需要时间，所以有人说，中东现在处于动荡当中。动荡是真的，包括现在情况比较好的、向上的埃及，国内也有不少问题。今天一次爆炸，明天一个事件。所有这些问题都获得解决需要很长时间。在历史长河里，几十年是很短暂的，但这段时间对生活在这个地区的人们的影响，那就是他们的全部。2011年开始的这波动荡，把阿拉伯世界旧有的传统秩序完全打乱，而且这个动荡带来了政权更迭,带来了方方面面的变化:政策上,对外关系上,思想上,都带来很大的变化。这个变化有的是很积极的,是向上的。过去长期政治上的僵化、经济上的停滞等等问题,新的政权都在考虑在这方面如何做,如何有更新不僵化,如何不再是二三十年由一个人统治国家,如何改变经济上的状况,新的政府肯定要在这方面加以考虑的。

不管怎么变,稳定依然是共识

马晓霖:中国提出"一带一路"倡议,如果能在阿拉伯世界获得推广,是不是对阿拉伯的经济重建与发展,对于社会秩序的恢复有很大帮助?

杨福昌:动荡之后的阿拉伯世界还是比较困难的。因为动乱打乱了一切传统的做法和观念,但新做法和新观念没有建立起来。从旧到新的转变处于过渡期,各种思想、各种流派都可以产生。例如,在伊斯兰教方面,现在人们往往把恐怖主义与伊斯兰教挂钩,这个事情怎么来纠正它?我很关注埃及的一些舆论,塞西总统说一定要匡正伊斯兰的语言,对外正确介绍伊斯兰教,向世界说明伊斯兰教是什么样的,这样才可以。埃及还算比较好的,国民经济重新开始发展,有强有力的政府,有得到拥护的领导人。但有些国家还没有走到这一步,现在经常讲埃及和突尼斯,这两个国家现在走向转型,走向比较平稳一点的道路。那么利比亚、叙利亚,还有也门怎么样,后面三个国家,还看不到平稳的前景。

马晓霖:埃及与叙利亚是阿拉伯世界最重要的两个压舱石国家,尤其是埃及。有这样两句话,一句说埃及稳中东稳,埃及乱中东乱;还有一句话,说如果叙利亚乱的话,整个中东也会天下大乱。您长期在埃及工作,又在外交部分管西亚非洲工作,非常熟悉包括埃及、叙利亚等在内的中东国家情况,您觉得现在塞西治理埃及的这种思路,是不是已经产生初步效果?下一步叙利亚的前途在哪里?出路又在哪里?

杨福昌：我先谈埃及。塞西是 2013 年当选总统，现在看，埃及的发展还是有一定的成绩和进步的。主要表现在经济上，塞西上台之后他就大力抓经济，不抓经济，政权也不会稳固，人民感受不到收入提高，感受不到生活水平的提高，你的政权也不会稳固。埃及的经济增长，2015 年经济增长率超过 4%，这个是我没有想到的。前几年是 1%、1.5%、2%最多了。在动荡之前的穆巴拉克时代，增长率大概是 5%多一点。埃及计划 2016 年增长率要超过 5%，恢复到动荡之前的水平，这应该是埃及目前经济上取得的成就。所以从这方面讲，埃及现在是有成绩的。

叙利亚问题，很重要的一个因素是外界干预。反对派一开始定下很高的基调，就是巴沙尔总统必须下台，现在越不过这个坎儿了。叙利亚问题不管怎么解决，政府是很重要的一个方面，而巴沙尔就是这个主要方面的领导人，主要的方面都要去掉，你怎么解决叙利亚问题？西方国家曾试图推动联合国通过决议，主张保留叙利亚国家机构，甚至可以保留军队，但是巴沙尔必须下台，这是很矛盾的。既实现不了这个目标，又不便收回这些目标，最后由这些外界的干涉造成叙利亚问题的乱局，甚至给了"伊斯兰国"武装可乘之机。现在政治解决是大家都同意的主张，包括联合国也做出相关决议，但政治解决就要承认政府这一方。从解决问题讲，两个主要的方面必须坐在一起，这个主要的方面之一就是政府，巴沙尔为代表的政府。你（反对派）不满意巴沙尔可以，政治解决的过程中，要知道怎么样变更，怎么样过渡，必须是不带来很严重后遗症的这种过渡才可以。

（发表于 2016 年 12 月 2 日）

3. 老朋友，新合作——"巴铁"是这样炼成的

随着瓜达尔港开始运行，中巴工业走廊建设进入新阶段。巴基斯坦为什么被中国人称为"巴铁"，除了密切的外交关系，巴基斯

坦还意味着什么？中国和巴基斯坦之间的传统友谊为何常说常新？在中国推出"一带一路"倡议之际，我们专访了巴基斯坦驻中国大使马苏德·哈立德（Masood Khalid）。

"一带一路"倡议，让"巴铁"更铁

马晓霖：我们都知道中国和巴基斯坦是好邻居、好伙伴，在汉语里我们称彼此是"巴铁"。中巴是全天候战略合作伙伴，那么目前两国的经济合作有哪些？

马苏德：首先，中国无疑是我们最亲密的朋友和伙伴，我们彼此有着完全的信任。在过去的 60 年里，我们的关系逐步深入，这种友谊是一棵常青树，我们就是你们说的"巴铁"。我很高兴地告诉我的中国朋友们，目前两国正在进行新一轮的经济合作。在巴基斯坦有超过 1.3 万多名中国人参与近 200 个项目的运作，中巴经济走廊的打造更是加速了这种合作。我在大使馆碰到很多中国企业的代表，他们会问我，我们应该怎么做，巴基斯坦有哪些发展机会，巴基斯坦的潜力在哪里，你们出口的产品有哪些，诸如此类的问题。可见我们两国之间有着广阔的发展前景。

马晓霖：巴基斯坦是如何看待亚投行和丝路基金的呢？

马苏德：首先我要向中国政府提议建立亚投行表示感谢，无论是对全球金融架构的调整，还是对发展中国家的帮助来说，这都是一个意义重大的提议。在基础设施建设方面，仅亚洲国家的基础设施建设就需要数万亿资金。巴基斯坦是亚投行的创始成员国之一，我们相信亚投行对满足发展中国家基础设施建设的合理需求，将发挥重要的作用。丝路基金也是中国政府的一个重大倡议，拥有400 亿美金的基金规模。丝路基金的第一个投资项目就选在巴基斯坦，那就是卡洛特水电站项目。我们非常感谢丝路基金的第一个项目选择了巴基斯坦。

马晓霖：我们都知道，中国参与了巴基斯坦的基础设施建设，在巴基斯坦政府看来，两国之间的合作有哪些新项目、新进展？

马苏德：我们认为，习近平主席提出的"一带一路"倡议非常有远见，且影响深远。巴基斯坦是中国的合作伙伴，因此在"一带一路"倡议框架下，我们开展了建设中巴经济走廊合作，习近平主席称它为"一带一路"倡议的龙头项目。在这个项目下已确定了很多领域的合作，比如能源领域、基础设施建设、造船业、打造工业集群，以及建立经济特区等。

两国政府都在努力实施这个项目，我们还成立了一个高级合作委员会负责整个项目。中方目前由发改委领导，巴基斯坦方面由规划发展和改革部部长领导。双方非常频繁地碰头，下属的中巴经济走廊委员会也经常碰头。目前，中巴两国已经在能源等诸多领域达成一致并开展一系列合作。

作者在北京专访巴基斯坦驻华大使马苏德，畅谈中巴共建"一带一路"。巴基斯坦是中巴经济走廊的终端，也是中国在陆路开拓"一带一路"的第一个重大项目落地国。

我首先来谈一谈电力能源领域，巴基斯坦的电力能源短缺，因此求助于中国政府。两国政府决定在 2017 年或 2018 年上半年之前，为巴基斯坦增加 1 万多兆瓦的国家电网电力装机容量。此外，我们还有很多中国公司感兴趣的项目。举个例子，巴基斯坦是一个巨大的纺织生产基地,纺织业是我们的主要产业;而中国纺织业目前效益不佳,因为成本飙升而失去竞争力,因此,我强烈建议中国纺织企业考虑把生产基地搬到巴基斯坦去。我们有很具优势的纺织业基地,我们是世界上第四大棉花产地,也有世界上最大的灌溉系统。

坦率地讲,我们目前缺乏足够的资金和技术,而中国目前具备资金和技术,并且也非常专业。如果你们把巴基斯坦的廉价劳动力和资源,以及中国的技术与专业精神结合起来,可以有很大的合作空间。

马晓霖:在您看来,中国的"一带一路"倡议对巴基斯坦意味着什么?

马苏德:如果让我来简单总结的话,那就意味着发展,意味着互联互通,人民互相了解,共同发展。在巴基斯坦看来,"一带一路"倡议是一个既有规则的颠覆者,中巴经济走廊也将成为一个颠覆者。巴基斯坦政府郑重承诺,全社会都将全力以赴去实现这个梦想。我们两国领导人也已达成一致,中巴经济走廊是"一带一路"倡议的先锋项目、旗舰项目以及试点项目。我们都必须为它做最大的努力,我们会和中国朋友一起去实现它。

"巴铁"的未来,前景向好

马晓霖:实际上我们也有些担心巴基斯坦的治安问题,因为巴基斯坦与阿富汗之间有一条漫长的边界线和很多部落地区。您能为我们介绍一下目前巴基斯坦的治安情况吗?

马苏德:在经过几次军事行动后,我们基本肃清了激进主义者和恐怖主义者,大部分恐怖力量被消灭,藏匿地点被毁,恐怖设施不复存在,余下部分四散逃亡。如果你把恐怖分子的数量和前两年对比的话,就可得出结论:当今的情况正在好转,越来越趋向稳定,军事行动也越来越少。当然,不可避免地,仍然会时不时有恐怖袭击事件发生。但我想任何一个国家都不可能说绝对没有这些不稳定因素,而我们的努力方向或者我们的使命,应该是终结恐怖主义,给它们最沉重的打击,让恐怖主义无法抬头,但这需要时间。

马晓霖:中国和巴基斯坦之间的友谊是两国老一辈领导人打下的基础,我曾在巴基斯坦以及其他国家,接触过一些巴基斯坦青年,那么现在的年轻人怎样看待中国,以及中巴之间传统的经济联系?

马苏德:中国和巴基斯坦的友谊非常特别,我们彼此之间有一种完全的信任,那是我们关系中最重要的因素。不管你在媒体上听到过巴基斯坦怎样的故事,巴基斯坦对于中国有一种超越国界的认同。中国是我们最亲密、最有力和最好的伙伴。这种关系不仅仅是在官方层面、政府层面,而且还存在于人民交往层面。如果你去巴基斯坦,当你走在大街上,迎面遇到的人问你从哪来,你说你是从中国来的,他们就会热情欢迎你。当我在中国说我是从巴基斯坦来的,我也受到过这样的礼遇。所以说这种超越国界的情感是非常重要的。的确,我们需要告诉我们的年轻人,这种关系是如何开始的,而且无论是在多么艰难的环境里,我们都会站在彼此身边。

不论是顺境还是逆境,我们都曾经坚定地互相支持。我们的老一辈人,以及后来的领导者,都为这种关系的建立做出了贡献,做出了牺牲。

我们两国有着很多的故事,把这些故事讲述给我们的年轻一代是非常重要的,年轻人应该了解这段历史。中国和巴基斯坦的关系充满希望,我深信两国的年轻一代会将这种关系上升到更高的高度。

（发表于 2016 年 12 月 30 日）

4. 来自狮子国的期待

斯里兰卡近日将南部的汉班托纳港交给中国投资方管理,这一港口初步具备深水港的能力。中国企业投资几十亿美元后终于完成改造。新港的建立,对于中国在印度洋的贸易关系有着巨大意义。斯里兰卡对中国的投资持怎样的态度? 他们对于"一带一路"倡议又有什么期待? 中国人关注的斯里兰卡港口城项目曾被停工的内幕是什么? 我们就此专访了斯里兰卡驻华大使卡鲁纳塞纳·科迪图瓦库(Karunasena Kodituwakku)。

无论中国还是斯里兰卡,都需要全球化的市场

马晓霖:中国和斯里兰卡两国历史联系久远,尤其是在经贸与文化交流方面,您如何看待两国间的这种历史联系?

科迪图瓦库:两国之间交往最早的记载,是在公元5世纪初期,大约1600年前,有一个斯里兰卡佛教僧人访问中国。大约在同一时期,中国山西高僧法显在公元412年访问了斯里兰卡。他穿越了戈壁沙漠,经过阿富汗、印度,最终到达斯里兰卡。法显在斯里兰卡待了两三年,搜集了很多佛教书籍并带回中国。那时他乘船回国,大约花了几个月时间,最终在南京上岸,之后将书籍译成中文。我们两国有历史记载的文化和教育往来就是从那时开始的。此外,在海上丝绸之路上,斯里兰卡的港口是重要的中转站。我们在那里发现了中国古代钱币,这意味着古代两国已开始贸易了。

马晓霖:斯里兰卡是中国"一带一路"倡议的重要伙伴,这种伙伴关系是由独特的地理位置和巨大发展潜力优势所决定的。因此从国家层面来讲,斯里兰卡如何理解"一带一路"倡议? 从人民以及您个人层面又如何理解呢?

科迪图瓦库:这是一个重要的倡议,也是一个历史转折点的选择。"一带一路"沿线很多国家都是在20世纪五六十年代建立的。虽然发展路径不同,经济形态不同,但现在都有一个共同认识,那就是全球化,因为全球化为世界带来了很多进步。即便现在中国是世界上人口最多的国家、第二大经济体,如果要实现可持续发展,也仍然需要全球化,需要其他国家的市场。你们需要投资机会,有很多外汇储备。从流动性看,你们不能把钱放在银行,必须

拿出来投资。同样的,现在斯里兰卡生产世界上最好的红茶,产量超过 3 亿吨。但斯里兰卡人口很少,只有 2000 万人口,比北京都少。如果我们不能把茶卖到其他国家,我们自己消化不了。同样,我们的服装纺织行业生产世界上最好的服装,但是 95% 都要出口。全球化就是现实,至少未来半个世纪我们是无法回避的。我不知道以后的人类是否能改变生活方式,但是目前和可以看到的将来,全球化就是事实,国际贸易非常重要。

两国合作虽有波折,但合作是大趋势

马晓霖:25 年的内战是制约斯里兰卡经济社会发展的一个因素,内战结束近 7 年了,目前情况如何? 因为安全问题是投资者、企业以及中国游客都会考虑的。

科迪图瓦库:独立后,我们的道路是很平顺的,有些国家比如新加坡还曾经想以我们的发展为模板。但不幸的是,我们的一些领导人没能赢得所有社会公众的信任,因此造成了一些民族冲突,最终发展为恐怖主义,影响到国民经济的各个方面。所幸这个黑暗的冲突阶段已经过去,现在到了和谐发展的时期。自从新政府选举成立之后,在新任总统迈特里帕拉·西里塞纳和总理拉尼尔·维克勒马辛哈领导下,在反对党泰米尔全国联盟领导人的配合下——现在泰米尔全国联盟成为议会中的少数党,大家都在努力寻找权力分享的有效方法。

马晓霖:斯里兰卡在航海领域有着独特的优势,您刚才也提到了斯里兰卡在印度洋的航道中心有很长的海岸线。在这个方面,中国和斯里兰卡是否能有更深更广的合作?

科迪图瓦库:是的,当然没有障碍。事实上两国正在开展贸易协定谈判,这将为两国使用和开发港口提供更多机会。

马晓霖:谈到海港,我们必须谈谈那个著名的科伦坡港口城项目。该项目曾反复停工,尤其对中国方面影响很大,中间发生了什么事情?

科迪图瓦库:我理解中国政府、企业和人民对项目停工的忧虑。其实这个项目并没有反复,只是停工一次。我必须解释中间发生了什么。这个港口城项目不是一个新项目,是前任政府负责的,大约已开展近10年了。初衷只是在科伦坡港嵌入一个80公顷的港口城项目,第一阶段就是南部港口的扩建。但这个计划还没有获得批准时,新政府和新决策者就上台了。

在这里,我不想批评斯里兰卡的国内政治,但是我需要解释这个原委,因此我必须说这个项目最终采用了特设的治理方式,80公顷变成了100公顷,后来又变成200公顷、240公顷。起初对这个项目的环境影响评估,是按照特定的面积考虑的,但是扩大项目面积后,他们没有进一步做环境评估。这个错误完全不在中国投资者,是我们的官员、政客们做出的各项特设决定导致的。

我再以一个进行中的项目为例,现在很多首都都建有高塔,斯里兰卡也决定建一座。这座塔由中国人设计、建造,从中国融资。项目投入预计达到5000万美元,可当我看到项目文件的时候,已增长为1亿美元。后来我看到斯里兰卡的报纸报道,项目已经变成1.04亿美元。不幸的是,在以前的管理系统中,这个项目的特设是由一个家庭中的三代人做出的,三代人做出了三项决定,不断修改,最终这个高塔的修建还在继续。

新政府上台后,他们觉得这些修改没有通知任何其他人,包括议会和内阁,只有政府中的几个人知道。当然他们也没有让怀揣美好意愿和友谊的中方知道,中国公司只能配合,继续按照新的条款去融资。项目效益都会随着项目完成生效。当然这些建筑公司雇佣一些斯里兰卡人,对他们也是有好处的。真正对国家的好处,要到项目结束才能显现,不仅是人工岛建成,是那些新建筑也要完工。

我提到的金融中心,需要建一座很高的大楼,因此我们还要找到合适的位置。随着新大楼的修建,新商业的开展,新投资者的到来,新的就业机会、新的服务等都会来,也会增加斯里兰卡的税收。

因此一切都要等项目完工后，效果的呈现需要一些时间。但是从长远来看，港口对开发者和斯里兰卡来说，都将会是双赢的。

（发表于 2017 年 1 月 13 日）

5. 阿拉伯世界依旧拥抱全球化

特朗普就任美国总统，无疑是一个重大历史事件。不管他的言行是乖张还是真就如此之想，就现实而言，在特朗普眼里，全球化和阿拉伯、穆斯林都已成为他的眼中钉。阿拉伯世界怎么看全球化？怎么看美国全球化退潮后的世界？我们就此专访了阿拉伯国家联盟驻华大使加尼姆·希卜里（Ghanim Al-Shibli）。

阿拉伯文明曾推动全球化发展

马晓霖：大使阁下，阿拉伯民族是一个伟大民族，在历史上发挥过重要作用，特别是为沟通东西方、加强各民族交流方面做出过重大贡献。在全球化的背景下，阿拉伯世界在当今世界扮演着什么样的角色呢？

加尼姆·希卜里：在这方面我想强调两点：第一，阿拉伯世界的地理位置。从人类文明诞生起，阿拉伯世界的地理位置就决定了它的地位。第二，阿拉伯民族所处的地区有着各种文明沉淀，例如苏美尔文明、法老文明、腓尼基文明、两河文明等，三大宗教也诞生于此。从这个角度而言，阿拉伯世界处于全世界的中心，这一中心位置历来受到战略家、政治家、经济学家等的高度重视。自古以来，地中海将阿拉伯世界与欧洲相连，而阿拉伯世界则与中国、印度、印度尼西亚等亚洲国家相连。此外，阿拉伯世界与非洲同样相连，阿拉伯世界中的一部分便位于非洲。可以说，欧亚非三大洲通过阿拉伯世界实现了联通。

在这一地区，除了我前面所讲的苏美尔文明、法老文明、腓尼基文明等多样文明，阿拉伯民族还创造了一个对人类文明进程产生了重大影响的文明,即阿拉伯—伊斯兰文明。中世纪时,阿拉伯人吸收并保护了罗马、希腊等古代文明的精华,并将其译介至欧洲,进而推动了欧洲的文艺复兴。从某种程度来说,阿拉伯世界推动了全球化的发展。巴格达、大马士革、巴士拉、开罗、迦太基等阿拉伯城市,则在当时被视为世界科学与文化中心。应当讲,当时阿拉伯文明十分繁荣,如果没有阿拉伯的学者将古代经典翻译成阿拉伯语,那么就没有欧洲的文艺复兴。

马晓霖:您对欧洲以及世界历史都有非常深厚的了解。现在,由中国提出的共建"丝绸之路经济带"和"21世纪海上丝绸之路"的倡议,在国际社会引起强烈反响,您对此有何评价?

加尼姆·希卜里:我们对这一倡议有着高度评价。我们认为这一倡议不是草率之举,更不是空谈,而是经过中国领导人的深思熟虑后提出的,体现了中国领导人的智慧。首先,它将会连通巨大的市场,阿拉伯世界人口达到4亿,具有巨大的消费潜力和开展经贸往来的空间。其次,它将会增进各国间的文化交流,各国间的距离不断缩小,各国也应当加强彼此间的人文交流。阿拉伯文明与中华文明一样,均属于东方文明,因此,我们应当加强相互间了解与互动。第三,"一带一路"倡议将会为共建国家的基础设施建设提供重要支持。亚投行的成立以及中国对亚投行400亿美元的投入,将有助于在海上和陆上重建丝绸之路。

海上丝绸之路始于中国南部海岸,连接阿拉伯湾,联通科威特、伊拉克、叙利亚、地中海区域以及非洲东部地区,并将也门等国与苏伊士运河相连,从而使运航量和港口吞吐量大幅增加。而陆上丝绸之路,其目标不仅是欧洲。欧洲和阿拉伯世界的共建国家可以开展合作,为国际贸易提供极大的便利。

"一带一路"倡议不仅要联通欧亚,更重要的是我们可以在东西方之间进行沟通,因此这是一个非常好的倡议,我们非常期待该倡议能够取得成功。我们相信这一倡议必将增进共建国家之间的交往与合作,因此我们非常欢迎这一构想,并期待它能取得巨大成功。

中阿之间未来潜力巨大

马晓霖:2014 年中阿贸易额超过 2500 亿美元,这是一个巨大成就。中国商务部预计到 2025 年中阿贸易额达到 6000 亿美元。但目前来看,双方贸易中大部分份额,是由中国与海湾国家之间的贸易构成,未来阿盟打算采取何种方式实现阿拉伯国家整体与中国间的贸易平衡?

加尼姆·希卜里:不仅是阿盟,阿拉伯各国的政府及领导,以及中国政府,均应致力于实现中阿贸易平衡。石油和天然气是中阿贸易最重要的组成部分,阿拉伯国家半数以上的石油产品出口至中国,大量的天然气也出口至中国。中阿贸易同样包括一般货物贸易、IT 产品贸易,但能源仍是核心部分。中阿双方一直以来也致力于扩展双方在能源领域的合作,例如 2014 年在利雅得召开的能源大会,还有中阿在石化领域的合作项目。我们期待双方在能源方面有着更多更广的合作。

在其他许多领域,中阿同样有着密切的合作,如工业产品、中阿共同投资项目等,均对中阿贸易的发展有着良好的促进作用。同样,中国与阿拉伯海湾合作委员会也在为建立自贸区一起努力。中埃苏伊士运河经贸合作区的建立,也促进了中国与阿拉伯国家的贸易合作发展。在中阿投资大会上,中国与黎巴嫩政府也签署了有关推动中阿投资发展的协议。在"一带一路"倡议提出的背景下,许多阿拉伯国家和中国已着手于通过具体项目和协议推进中阿贸易的发展,我对此感到乐观。

(发表于 2017 年 2 月 15 日)

6. 突尼斯:一半是海水,一半是火焰

2017 年中国的春节刚过,突尼斯正式宣布对中国公民免签。这个产生过迦太基文明的地方,有着地中海最优美的海湾,撒哈拉

最美的沙漠,也经历过"阿拉伯之春"的洗礼,对很多中国人来说是一个神秘的国度。这个国家为什么值得一去?我们就此在北京专访了突尼斯驻中国大使迪亚·哈立德(Dhia Khaled)。

突尼斯在"一带一路"倡议中不会缺席

马晓霖:中国和突尼斯之间有着悠久、良好的传统关系,虽然过去的五六年间,突尼斯的境况比较艰难,但是过渡政府仍然与中国保持着良好关系。您怎样看待两国关系?

迪亚·哈立德:正如你们所知,突尼斯是一个多种文化交融的国家,也是一个对外开放的国家,现在我们已进入稳定期。我们同中国的关系是特别友好的,自两国建交以来就不断发展,两国人员互访也不断增加,往来十分紧密。截至 2016 年,中国已成为突尼斯第四大经贸合作伙伴。而 2000 年的时候,中国只排在第 19 位,可见两国间的经贸往来发展迅速,进步巨大,年增长率将近 10%。两国的文化交流也发生了质的飞跃,艺术合作有很多项目。我很感谢中国在突尼斯这样一个重要的历史时期给予的支持,帮助我们实现经济发展,促进国家的稳定与进步。

马晓霖:突尼斯经历了 6 年的困境和政治变革,您能总体概述一下当下突尼斯的状况吗?特别是经济和安全方面,因为人们如果想去突尼斯旅游,心中多少还是有点忧虑的。

迪亚·哈立德:得益于局势稳定,2016 年突尼斯没有发生过一起恐怖袭击事件。突尼斯政府为消灭恐怖主义付出了巨大努力,特别是在 2015 年发生的恐怖主义事件对旅游业产生巨大影响后,有关机构进行了协商,包括中国在内的兄弟国家也给予了帮助。在政治稳定、局势安全之后,投资领域向企业家们开放,企业间的交流日益频繁。我们邀请中国企业向突尼斯进行投资,互利共赢。

马晓霖:众所周知,突尼斯的地理位置非常重要,连接欧洲与非洲,也处在丝绸之路的中段,是古代丝绸之路上的重要驿站。中国提出"一带一路"倡议后,贵国上下如何看待"一带一路"倡议?

迪亚·哈立德：确实，突尼斯在古丝绸之路上具有重要地位，同时突尼斯高度赞赏习近平主席提出的"一带一路"倡议，我们也希望可以发挥作用，促进和实现这个倡议。该倡议将促进相关各国的经济贸易发展，同时也将维护局势的稳定，因为经济贸易的发展会为整个地区带来稳定。在给习近平主席递交的国书中，我们也表达了愿意付出努力促进"一带一路"倡议的实施。不久前，中国外交部副部长张明访问突尼斯并会见了突尼斯外长朱海纳维，朱海纳维再次强调突尼斯愿意在"一带一路"倡议中发挥积极作用。我们相信这个倡议会成功，我们愿意成为倡议中积极的一方。茶叶、陶瓷、丝绸，很多这样传统的特产和工艺，在突尼斯和中国都存在，这要归功于古丝绸之路，中国的物产来到突尼斯，突尼斯的物产来到中国。在古丝绸之路上，我们发挥了作用，因此新丝绸之路我们也不会缺席。

既要有优惠的投资政策，也要优美的自然风光

马晓霖：中国企业已开始向突尼斯进行投资，特别是在去年，中国企业在突尼斯磷矿开采业、航空服务业进行投资，目前中国在突尼斯的总体投资情况怎么样？

迪亚·哈立德：关于磷矿开采的工程，实际上不是从去年开始的，要追溯到20世纪90年代初。秦皇岛有个公司专门投资磷矿衍生品生产，我两周前刚刚访问过这个公司，这是一个成功的投资典范，给双方都带来了收益。由于这个项目的成功，公司得以发展壮大并设立了第二家公司。突尼斯的投资空间很广阔，但实话实说，中国在突尼斯的投资还没达到我们的预期，还没有体现出两国间历时已久的友谊，我们认为中国在突尼斯的投资还可以加大好几倍。

至于航线的开通，我们使馆及相关机构正努力促进突尼斯至中国的直达航班，很遗憾现在还没有直达的航班，还需要途经一些阿拉伯或欧洲城市才能到达突尼斯。我们相信建立直达航班会对两国游客互访产生积极影响,同时也会增进贸易往来,加强人员交流,促进两国在各领域的关系。2016 年的数据十分令人欣慰,中国来突尼斯的游客同期增长率达 10%。

我之前说过,中国在突尼斯的投资还没有达到我们的预期,为此我们使馆及相关各方将付出努力,将突尼斯现有的投资环境介绍给中国,中国的企业可以重点在突尼斯开展投资。事实上,的确已有一些成功的投资范例,在此我仅举一例。2000 年,华为开始在突尼斯启动,现在已成为突尼斯最重要的电话通信、程序供应商,和最重要的科技、经济投资方。华为公司现在规模很大,很有可信度。

马晓霖:现在突尼斯吸引中方投资的优势有哪些呢?

迪亚·哈立德:如你们所知,突尼斯地处地中海地区中心位置,连接欧洲与非洲,从突尼斯去欧洲很多重要城市只需要一两个小时。突尼斯同时也是非洲与阿拉伯国家的交汇处,在政治、社会重归稳定后具备诸多优势。中国投资商可以充分利用这些优势,拓展投资活动。中国如果直接向欧洲市场出口货物会遇到一些困难,但是如果通过突尼斯进行出口,当这些商品附加值不超过 40%时,就可以以"突尼斯制造"的名义将这些商品销往欧洲,这也为中国企业的商品出口开拓了更广阔的前景。

中国有鼓励企业"走出去"的战略,以便使其商贸活动全球化,也许许多中国投资商不知道这些数据,我愿意尝试通过各种方式把突尼斯可以提供的投资优势告知大家。不要小看突尼斯当下的经济总量,虽然和中国相比突尼斯的市场很小,但是突尼斯能为中国企业提供优惠政策,以促进其商贸全球化。随着突尼斯实现稳定和发展,中国不仅可以向欧洲销售货物,还可以与非洲各国、阿拉伯各国建立贸易往来,因为突尼斯与非洲国家有贸易往来,可以简化贸易流程。

马晓霖:突尼斯以优美的景色、古老的历史闻名世界,虽然它人口少,面积狭小,但是旅游资源丰富,您能整体跟我们说一下突尼斯的旅游资源概况吗？

迪亚·哈立德：正如我说的，突尼斯存在过多种多样的文明，迦太基文明、腓尼基文明、罗马文明、汪达尔文明、伊斯兰文明、西班牙文明、奥斯曼文明、法国殖民文明，多元文化对突尼斯影响深远。突尼斯有4万多处历史古迹，你们可以去参观。突尼斯拥有许多美景，它有最美的绿洲，有著名的沙漠，也有美丽的山地。

2016年，随着局势稳定下来，我们发现中国来突游客越来越多，年增长率达10%，一年之内游客人数倍增。突尼斯欢迎中国游客来游玩，我们将会给中国游客提供值得期待的旅游产品，相比其他旅游国家来说，产品更加丰富多样，独具特色。

（发表于2017年3月9日）

7. 伊朗——发展经济的愿望远强于拥核

作为世界文明历史中长期的主角之一，自伊朗作为一个国家出现就多次震撼世界文明。近代从传统波斯变身为现代伊朗，历经坎坷，从人口总量到经济总量，伊朗仍然无愧于中东第一大国，有着非常独特的地位。近期在中东越来越多的区域博弈和大国角逐中，伊朗更表现出不可抑制的能力，尽管伊朗始终陷入核危机的漩涡中，但是，伊朗驻中国大使阿里·阿斯加尔·哈吉（Ali Asghar Khaji）在北京对我们强调，伊朗发展经济的愿望远强于拥核。

从古至今，中伊之间关系密切

马晓霖：2016年年初，中国国家主席习近平对贵国进行了成功的访问，双方元首确立了两国建立全面战略伙伴关系。您认为这个全面战略伙伴关系，它意味着中国与伊朗未来会有怎样的进一步合作？

阿里·阿斯加尔·哈吉：习主席对伊朗的访问是历史性的，我们伊朗把此次访问评价为里程碑式的访问。而且目前两国政治层面的关系,也是历史上最好的时候,两国高层就是想让双边关系在所有领域能快速进一步发展。习主席访问伊朗期间,两国签署了包含众多领域合作的17项备忘录,在有关国际政治、国际事务乃至反恐方面,不管地区层面或者国际层面,中伊两国的立场非常接近,非常相似。因此,我们对于两国之间未来的发展前景充满希望。

马晓霖:大使阁下,中伊关系源远流长,无论是古代的陆上丝绸之路,还是海上丝绸之路,伊朗都是最重要的一个节点。从某种意义上讲,没有伊朗就没有古代丝绸之路,今天的伊朗从政治家到人民,怎么看待古代丝绸之路这种连接欧亚的桥梁作用?

阿里·阿斯加尔·哈吉:如果看世界地图的话,伊朗刚好是处在丝绸之路上,并且担当着十字路口这样一个角色。在陆地丝绸之路,通过我们可以把中国和中亚联系到西亚、整个中东和北非。如今,在中国、哈萨克斯坦、塔吉克斯坦、阿富汗和伊朗之间,也存在着一个五方对话机制,为的就是能够建立一条经过这几个国家的通道。过去伊朗的铁路系统可以经过土耳其一直联结到欧洲的铁路系统,因此可以这么说,伊朗的交通系统能够成为中国沿着丝绸之路经过伊朗,并由此到达其他地区的桥梁。目前,伊朗已组成一个跨部门工作组,由来自伊朗政府不同部门以及私营部门的代表组成。

在此次习主席访问伊朗期间,双方也签署了"一带一路"合作备忘录。到现在为止,中国和伊朗之间已举行过几十次会晤,来自两国的专家、官员正在探讨有关基础设施建设、交通运输、能源合作、海洋合作和港口建设等一系列合作内容。

马晓霖:可以看出伊朗很欢迎"一带一路"倡议,而且已经同中方开展了合作。那么伊朗方面有没有一整套的、长期的发展规划,以便未来跟"一带一路"倡议进行对接?

阿里·阿斯加尔·哈吉:双方正在商谈一系列项目,很快中国会派一个工作组去伊朗,他们将会和伊朗相关官员和有关部门深入探讨,以便开展和进行包含在"一带一路"倡议框架内的新的合作项目。我们也在和中国的商务部商谈,在中国举办一个与"一带一路"倡议相关的大会,来自两国不同领域的相关专家将会参加。我们对于双方在"一带一路"倡议框架内进行更多的合作,充满了期待。

马晓霖:大使阁下,中伊是两个发展中的大国,经贸关系非常密切,而且经济上有很强的互补性,双方互为重要的贸易伙伴。2015 年中伊之间的贸易额达到了 500 亿美元,这应该说是一个很大的进展。那么在石油价格下降的背景下,中伊未来在经贸合作方面还有什么可以拓展的空间吗?

阿里·阿斯加尔·哈吉:伊朗和中国经济的确互补性非常强,尤其是能源在两国合作关系中非常重要。除了原油之外,与石油相关的一系列产品,包括化学、化工产品等,也在两国的交易量中占据相当大的比重,在这方面,我们双方可以进一步加强合作。习主席在对伊朗访问期间签署的建立全面战略合作伙伴关系文本中有一条,强调中伊两国要设定一个以 25 年为期限的长期合作框架。这意味着我们明白今天两国的合作是怎样的,25 年之后我们要达到怎样的目标,而为了达到这个目标,我们需要通过什么的途径。在这个过程中,存在很多的机遇。

"一带一路"倡议,中伊合作前景广阔

马晓霖:中国牵头成立了亚洲基础设施投资银行,而且参与建设了金砖国家开发银行,还要筹建丝绸之路投资基金。我本人去过 6 次伊朗并发现,经过西方 30 多年的经济封锁和制裁,伊朗的基础设施建设应该说已滞后很多,总体比较薄弱。未来中伊双方在基础设施合作方面都有哪些机会?

阿里·阿斯加尔·哈吉:中国建立亚投行是非常重要的一个行动,我们非常欢迎,我们也已成为亚投行的成员国。同时,金砖国家开发银行也非常重要,我们期待着这个银行很快能出台接受

新成员国的方案,我们也很快会申请加入。丝路基金也是实施"一带一路"建设的重要组成部分。这些机构可为我们提供一些非常好的投融资便利,我们非常重视和这些机构进行积极合作。我们和亚投行行长之间也有着非常好的交流,双方决定亚投行将向伊朗派一个访问团,以便于能近距离地体会到我们所设定的那些与基础建设有关的一些想法,以便于双方开展合作。

　　马晓霖:说到基础设施建设,伊朗有没有规划在未来 5 年或 10 年要建多少个港口、多少个机场,要建多长里程的公路? 还有,伊朗是个旅游大国,越来越多的游客到伊朗去参观你们的文化遗产,显然伊朗的酒店是远远不够的,未来要建多少个酒店? 这都是中国投资者很感兴趣的话题,您能不能给我们提供这方面的数据?

　　阿里·阿斯加尔·哈吉:伊朗不同的部门已经有了一些明确数据,并制订了多少年内要完成什么样目标的计划。为了实现长期发展,我们已做好一些规则,比如在石油和天然气行业中,我们将要投资 2000 亿美元。我们也已规划好将来会需要修多少公里的铁路,并且其中的一个路段将会是高铁。在这些计划中,港口、机场、公园都包括在内,这些计划会为我们和中国,以及和别的国家合作,提供很好的依据。

(发表于 2017 年 3 月 14 日)

8.科威特要连接中国与欧洲新丝绸之路

　　科威特是中国人认识海湾的一把钥匙,正是因为科威特和 1991 年的海湾战争,才使中国人对海湾产生一定程度的了解。这样一个富油小国,却是一个有着非常特殊地位和勃勃雄心的国家,围绕如何共建"一带一路",我们在北京专访了科威特驻华大使穆罕默德·祖维赫(Mohammad Saleh Althuwaikh)。

科威特与中国渊源深厚

马晓霖：大使先生，我在新华社当记者的时候曾在科威特工作过两年。当然，这大概是20多年前的事情了。但是，您的国家和人民给我留下很好的印象，我至今记忆犹新。

祖维赫：人类的贸易往来有很悠久的历史，在国家、王朝出现之前就有了。科威特和中国的关系是有历史的，十分紧密和稳固，并具有建设性。从历史上看，科威特所在的海湾地区和中国商人有长期的历史交流，并在亚洲其他港口进行贸易往来。我们在科威特很多地方，特别是费莱凯岛的考古发现中看到不少中国瓷器。科威特国自建立以来，与中国的商业活动就更频繁了。事实上，科威特和中国建交之前，自20世纪60年代开始，双方就已有官方互访活动。建交后，双方领导层和政府都具有远见卓识，双方关系不断发展。最近一次大型访问是在两年前，科威特首相访华并与中方签署了一系列协议。当然，我们也期待中国领导人访问科威特国。科中双边贸易额已接近140亿美元，而且这个数字每年都在增长。双方都有意愿进一步推进经济、贸易和投资领域的合作发展。我认为现在和未来这方面有很多机会。

马晓霖：科威特是人民币市场最大的外国投资者，特别是在人民币成为第五大国际货币之后。未来科威特是否会在这一领域进行更多的合作？

祖维赫：这是肯定的。科威特是中国市场最大的投资者之一，这个市场给予每个外国投资者很多保障。此外，中国政府也在这个领域进行了很多改革以吸引外国投资者。现在中国货币受到世界的重视，正在成为具有引领作用的货币，也逐渐成为重要的国际货币。科威特中央银行和中国中央银行在这一领域达成了共识，未来会有合作机会。

面对"一带一路"倡议，科威特雄心万丈

马晓霖：大使先生，中国提出"一带一路"倡议之后，科威特政

府和人民有什么回应吗?

祖维赫:在谈到科威特对"一带一路"倡议的回应之前,我们需要明白"一带一路"倡议是国际合作新形式,很多国家和研究机构已对这一议题进行了充分的研究和讨论,以便解释中国发出这个倡议的各种原因。我个人的看法是,它是创造性的想法,是建立在合作基础上的,不仅是双边合作,而且是集体合作。我们希望创造有利条件支持这一倡议。尽管目前很多国家和地区不太稳定,阻碍了这一倡议的实施,但是我们知道,中国在世界上很有地位,拥有悠久历史和灿烂文明,政治经济发展稳定,并与世界各国保持友好关系。我们相信中国有能力帮助世界上许多国家平息事端。如果一些国家不能实现稳定,这个倡议就会受阻。但是,我们也相信,人民向往合作,向往互利。

有些人对这一倡议表示担忧,那是他们还没有认真了解,不知道它未来的远景,以及世界各国人民对它的反应。只要能够创造一个和平、安全、稳定的环境,我认为这些反应会是积极的。

马晓霖:中国提出的"一带一路"倡议就是给大家提供机会。我知道科威特有近期和长远的发展规划。在"一带一路"倡议的大背景下,双方在哪些领域可以加强合作,或者找到新的机会?

祖维赫:我呼吁中国的研究机构对"一带一路"加紧进行研究考察。我们是世界上第一个提出"大陆合作"理念的国家,这个和"一带一路"倡议比较相似;我们也是第一个致力于复兴古代丝绸之路的国家。所以我觉得,科威特领导层和政府的想法与中国的这一倡议是相符合的。我们和中国领导人会晤时,也这样告诉他们。

我们有计划将各大陆连接起来,将非洲和亚洲、欧洲和亚洲、欧洲和非洲联系起来,确实有这个计划。我们在很久以前就有丝绸之路计划了。我们现在准备建立"丝绸之路城",预计耗资 2500 亿美元。我们有一个计划,旨在加强与该倡议的联系。

科威特政府有不少大型发展项目,我们期待利用地处海湾湾头的重要地理位置,将陆路和海路连接起来。任何一个和中国倡议相近的计划或想法,必须要与科威特相联系。我们尊重中国,所以,我们决定建立"丝绸之路城",并不冠以科威特式的名字,目的是让它成为联结中国及其他国家的灯塔。

科威特支持"一带一路"倡议,在该倡议的框架下,我们和中方签署合作协议。我们已准备好与中国进行更广泛、更多层次的联系与合作。我们还有科威特经济发展基金,也发挥着重要作用,曾帮助一些国家推动社会发展,帮助这些国家发展基础设施建设,为民众和社会服务。我觉得科威特和中国都认同合作与互利。

马晓霖:谢谢大使先生。虽然贵国土地面积比较小,但是毗邻海湾,拥有很多海港,如科威特港、舒韦赫港等,无论在古代还是现代都很有名。我还听说科威特即将修建一个新的港口穆巴拉克港。在加强海上发展,或者说建设海上丝绸之路方面,贵国有什么规划?

祖维赫:科威特在建设和发展方面有很大规模的规划,不仅在国内有所作为,还和周边邻国及其他地区国家建立了重大合作项目。科威特正在建设海湾最大的港口穆巴拉克港,它位于科威特北部,建成后将有助于海陆贸易交往。除了港口之外,科威特还有铁路建设计划,期待借助它将港口的进口货物运输到其他国家。科威特修建铁路连通海湾合作委员会其他成员国后,还会与其他阿拉伯国家的铁路联网。因此,未来这个港口会有很大发展前景。

现在,科威特还有一个重要的战略计划,即战略岛屿计划,它将把5个岛屿联系起来形成自由贸易区,并给很多公司和投资者提供机会。我在此邀请中国公司来科威特,这个计划将会产生很多机会,为我国国内、海外地区和国际(贸易)服务。

马晓霖:众所周知,科威特是世界上最富有的国家之一,但是国家收入主要依靠石油。目前,石油价格快速下滑,这种状况有可能持续很久。那么,目前贵国经济状况如何?

祖维赫:我会告诉您,我们的经济形势现在很稳定很好。为什么? 我们的确依靠石油,但是我们建立了很强的内部经济体系,这个体系的主要支柱也比较坚固。此外,国家也鼓励内部投资,以便避免受到国际经济形势的消极影响。国际经济形势不太稳定,但是科威特并没有受到太大冲击,虽然经济增长有一点下滑,但是并没有崩溃。目前,科威特经济形势不错,是稳定的,国家也制定了计划维持良好的经济发展水平,为国民和外来投资者提供良好的环境。

(发表于 2017 年 4 月 18 日)

9. 如何构建"一带一路"欧亚经济带?

中亚和俄罗斯腹地,这是"丝绸之路经济带"起步要经过的地区,俄罗斯也很早就提出了欧亚经济同盟发展计划。从中亚到俄罗斯,具体的政治和经济情况如何? 怎样构建"一带一路"欧亚经济带? 我们就此专访了外交部前副部长、上海合作组织创始秘书长张德广。

政治稳定是中亚稳定的重要保证

马晓霖:中亚是一个非常关键的腹地,中亚地区的政治安全与稳定,实际上决定着"一带一路"倡议未来的走向和发展路径。您能不能总体评估一下目前中亚地区的政治安全状况?

张德广:中亚地区的安全问题,现在总的情况是好的,政局是稳定的。虽然其中几个国家的领导人年龄比较大,但他们都很有经验,其治国方略、政策以及所走的道路,都比较符合他们本国的历史和发展的客观需要,因此,政府在社会和广大民众中享有比较高的威望。各国政治的稳定是地区稳定的一个重要的保证。如果一个国家政局都不稳定,其他不稳定因素就会爆发出来,恐怖主义势力、分裂主义势力就可能趁机兴风作浪。而恐怖主义、分裂主义势力,一向是中亚地区需要解决的一个很重要的问题。

上海合作组织 2001 年成立的时候,成员国就发布了打击恐怖主义、分裂主义和极端主义公约,这个协定本身就是基于现实情况。中亚地区这"三股势力"是破坏稳定和安全的主要因素,所以我们要加强团结来打击这"三股势力"。经过 20 多年的共同努力,我们加强了反恐军事演习,提高了反恐能力和协作水平,抑制了恐怖主义势力,总体取得了很大成果。如果没有上海合作组织,中亚的安全态势不会是目前这种状况。所以,总的来讲,我们对这个地区的安全和稳定是有信心的。但是另一方面,也有隐忧,也有隐患。

马晓霖:中亚地区资源非常丰富,而且历史上是丝绸之路重要的参与者、建设者和受益者,现在中亚国家对"一带一路"倡议的回应也很积极。实际上,中国与中亚国家的合作也非常广泛,可以说,合作一直是进行时,有些合作还非常深入。您能否谈谈中国与中亚合作的前景?

张德广:习主席 2013 年 9 月访问哈萨克斯坦的时候,在纳扎尔巴耶夫总统在场的情况下,提出了要共同建设"丝绸之路经济带",后来上升为一个国际规划。这个倡议是中国提出来的,但并不是中国一国的计划。中国提出这个倡议至少有两条考虑:第一条考虑到我们的"十三五"规划,需要更进一步的开放,需要更进一步走向欧亚这片广阔地区而发展经济合作,并建立一种更深层次的合作关系和互利共赢关系。另外,我们提出这个倡议也是从地区经济的发展以及各国发展的需要来考虑的。

中亚地区发展的瓶颈是基础设施,因为那里的基础设施非常落后。比如,目前使用的公路还是以苏联时期建设的道路为主,过了这么多年,那些水泥路都已爆皮,相对落后了。还有通信业也比较落后。中亚要想继续发展经济,就必须解决基础设施落后这个问题。但中亚各国又没有资金,需要投资,而解决这个问题,还需要国际联动起来,仅靠双边合作不行,需要多边合作机制,也就是说要互联互通形成网络。

习主席的视野宏大,他将历史上丝绸之路的文化积淀运用到现在的外交,运用到国际合作,从而提出"一带一路"这样的倡议,这完全符合中亚地区各国发展的需要。比方说哈萨克斯坦,我们计划建设"一带一路"经济带,打通中国与欧洲,需要建设一条长8400多公里的通道,这条经济带在哈萨克斯坦境内就有2700多公里,这将对哈萨克斯坦的发展影响非常大。

马晓霖:我们从中亚跳到欧亚地区来观察,其中最大、最主要的国家是俄罗斯。我们也看到,这几年俄罗斯在普京领导下,大力倡导欧亚经济联盟建设,并将其作为俄罗斯主导的区域经济一体化的一个规划在大力推进。那么,欧亚经济联盟的具体内涵是什么? 它与中国"一带一路"倡议对接的意义又在哪里?

张德广:欧亚经济联盟是俄罗斯积极推进的外交战略,既是地区地缘政治战略,也是地缘经济战略,这对俄罗斯很重要。我觉得中国作为俄罗斯的战略伙伴,作为它最大的邻国,我们对其推行这一规划应该持理解的态度。2012年,也就是欧亚经济联盟规划提出来已经有一段时间后,我们在莫斯科举办过一次研讨会。当时有一位莫斯科记者问我怎么看欧亚经济联盟,欧亚经济联盟同上海合作组织会不会有矛盾。我当时回答说,无论是上合组织,还是欧亚经济联盟,它们不应该是相互矛盾的,它们可以平行发展。我的这个说法被俄罗斯报刊称为平行发展论,认为这个回答是比较友好的。

我也参加过一些欧亚经济联盟的活动,哈萨克斯坦、白俄罗斯、亚美尼亚、吉尔吉斯,这些国家都是俄罗斯传统的盟友,经济联系很紧密,这是俄罗斯的利益所在。一个国家不考虑地缘利益是不现实的,我们不应该将欧亚经济联盟视为对付中国的一种机制。习主席与普京会晤时,双方都强调欧亚经济联盟和上海合作组织及"一带一路"倡议是可以对接的。

这是很重要的协议,是中俄战略协作伙伴关系和战略互信向前发展的重要步骤。因为在过去一段时间里,无论是在俄罗斯还是在中国,除了我那种平行论,也确实还有抵触论。

马晓霖:中俄经贸发展虽然有一定的增速,但是比重不尽如人意。比如说,两国曾给 2015 年设定的经贸目标是达到 1000 亿美元,实际却下跌到近 400 亿美元的水平;原来规划期待 2020 年达到 2000 亿美元,我个人觉得这个前景也不太乐观。您觉得究竟存在哪些问题?如何才能改变这种"一头沉"的局面?

张德广:我也经常在思考中俄经济关系,与你有同感。也就是说,我们双边的政治关系这么好,没有什么问题,边界问题也都解决了,不存在什么敏感的问题了,但是,经贸合作就是上不去,就是停留在近 1000 亿这个坎上。现在确立了 2000 亿的目标,但是,这个目标看来也还是需要很大努力才能实现。两国贸易目前主要集中在能源领域。实际上双方在基础设施建设领域合作潜力巨大。

俄罗斯基础设施很落后,作为一个大国,甚至没有一条像样的高速公路,莫斯科与圣彼得堡这两个最大的城市之间也没有像样的高速公路。俄罗斯的道路质量一向不好,在沙俄时期就是如此。俄罗斯曾经有一段时间准备和法国合作修建公路,后来条件没有谈拢。虽然中国有能力做得更好,但是从历史上来看,俄罗斯经济与欧洲的联系更多。乌克兰危机之后,俄罗斯在经济层面开始考虑向东看,但是目前来看合作刚刚开始。

其次是消费领域,俄罗斯的农产品需求主要通过欧洲外销,其中土耳其占据着绝对优势。中国的基础消费品要进入俄罗斯市场,主要是物流问题需要解决,这两块是未来中俄经济合作的潜力所在。

(发表于 2017 年 4 月 25 日)

10."非洲屋脊"埃塞俄比亚的发展梦想

地处东非高原的埃塞俄比亚是孕育人类的母体,也曾是非洲历史上唯一长期保持独立的国家,也是非洲联盟永久会址所在地。这个贫困而古老的国家,如今是非洲经济增长最快的成员,而中国则在其中扮演了重要角色。2016 年 10 月 5 日,由中国企业采用全套中国标准和中国装备建造的非洲首条现代电气化铁路——埃塞俄比亚首都亚的斯亚贝巴至吉布提首都吉布提的亚吉铁路正式通车。中国和埃塞俄比亚之间在"一带一路"建设中还会有怎样的合作? 我们就此在北京专访了埃塞俄比亚驻华大使塞尤姆·梅斯芬(Seyoum Mesfin)。

要与贫困斗争,要抓住发展机遇

马晓霖:中国和埃塞俄比亚的国家友谊和文明联系有着悠久历史,我们也曾共同反对帝国主义和殖民主义,这么多年来一直互相扶持。如今,两国也都在为国家的富强而努力奋斗。在您看来,两国间除了这些相似之处,埃塞俄比亚的发展现在还面临什么问题?

塞尤姆·梅斯芬:我对你的观点深表赞同。自马可·波罗时期我们两国就有着密切的贸易往来,那时候埃塞俄比亚向中国出口黄金、白银、象牙、香火和灯,也会从中国进口一些香料。另外,近代以来中国和埃塞俄比亚都是反对帝国主义和殖民主义的国家,从这点来说我们之间有许多相似之处,比如当意大利法西斯入侵埃塞俄比亚时,中国人民也处在抗日战争的浴血奋战中。

如今,埃塞俄比亚是继尼日利亚之后的非洲人口第二大国,我们通过经济建设来团结人民,埃塞俄比亚的每一个家庭都清楚地了解我们国家要做什么。如果要问他们谁是埃塞俄比亚的敌人,他们都会告诉你,埃塞俄比亚的头号、二号和三号敌人都是贫困。如果你问他们要如何对抗这个敌人,他们会说竭尽全力,努力奋斗,再接再厉,永不言弃。我们坚信,无论是应对措施还是基本设施,我们都已经做好充分准备。我们要向贫困说不,要消除贫困——这是我们的共同愿望。

马晓霖:您刚刚提到人口问题,中国也是人口大国,这也是两国的相似之处。而且,我们都将经济发展作为国家的中心任务,都实行改革开放。那么,在您看来,这样的发展模式是否能够持续?

塞尤姆·梅斯芬:现在是全球化时代,小圈子发展是不可取的,只依靠有限资源是无法生存的。埃塞俄比亚是非洲的资源和电力中心之一,在资源开发方面我们做得很好。现在,埃塞俄比亚已是绿色能源国,我们发展水利资源,并向周边国家出售电力。埃塞俄比亚也是世界上少数几个能够利用风能开发农业的国家,我们正在开发的风力发电,是中国许多公司正在寻求的巨大产能,并且,它们已经和我们展开了这方面的合作。此外,埃塞俄比亚还被称为拥有 13 个月阳光的国家,这个说法当然是夸张的,但也充分说明我们的光热资源是多么丰富。

马晓霖:大使先生,我有一个个人观点,可能稍有偏颇。贵国拥有非常丰富的水利资源和矿产资源,但是,在经济发展过程中,这些自然财富并没有被很好地开发利用。在您看来,两国在这方面是否还有更多的合作空间?

塞尤姆·梅斯芬:再给我们 5 年时间,到 2019 年年底,也就是两三年后,埃塞俄比亚将成为液化天然气主要出口国,包括中国都将是出口对象。我国的烃油发展前景也会如此。埃塞俄比亚其他很多领域的资源潜力都是巨大的。

要和中国合作,要学习中国经验

马晓霖:我听说贵国有意成为非洲的交通、物流和产业中心,我们也发现埃塞俄比亚对中国提出的"一带一路"倡议作出了许多回应。作为外交家和政治家,您如何评价这个倡议?现在距离中国提出这个倡议已有 3 年多了,这项倡议也给世界创造了许多机会,对此您是怎么看的?

塞尤姆·梅斯芬:我认为"一带一路"倡议是所有人一直以来的愿望。这不是泛泛之谈,不是空口承诺,我们看看中国这几年的付出，看看"一带一路"倡议所覆盖的国家及其响应就知道。这项倡议繁荣了商业，刺激了创意和灵感，使文化更具多样性，各国政治和各种学说水乳交融。所以我认为我们很幸运地把握住了这一千载难逢的机会。埃塞俄比亚是第一个将内陆与"一带一路"相连的非洲国家，并建造了非洲大陆最大、最先进的吉布提—亚的斯亚贝巴电气化铁路。

马晓霖：您刚刚提到的埃塞俄比亚和吉布提之间的铁路，是整个非洲大陆的第一条现代化和电气化铁路，可以称之为是铁路发展过程中的里程碑。您认为在"一带一路"倡议的大背景下，这条铁路的修建有怎样的意义？

塞尤姆·梅斯芬：这是由中国公司建造的现代化铁路，采用了最先进的中国技术和中国标准。这条铁路全长 756 公里，是非洲大陆最长的电气化铁路。但是，我希望这只是个开始，之后还会有更多的电气化铁路。

埃塞俄比亚有一个重大计划，即在未来 10 年或 15 年内建设总里程约为 5000 公里的国内铁路网。亚吉铁路只是将吉布提、埃塞俄比亚与印度洋连接起来，跨越了红海。我们必须继续修建铁路。有人呼吁我们将国内铁路连接起来，将埃塞俄比亚和肯尼亚连接起来。引用我国领导人的原话就是，这条铁路是中国、吉布提和埃塞俄比亚三国政府共同建造的。海尔·马里亚姆总理认为这是中国赠予非洲的贺礼。这是我们经济和社会一体化前进的工具，不仅仅在吉布提和埃塞俄比亚之间，这是非洲新面孔和非洲新希望的象征。我们的盖莱总统说，这条铁路象征着非洲领导人要致力于共同的未来，克服基础设施建设中的困难。中国特使说，这是 21 世纪的友谊，是现代的并且具有前瞻性的铁路，它将中国的"一带一路"倡议与东部非洲发展完美地结合起来。

这条铁路的高效运行，必将为吉布提和埃塞俄比亚人民服务，使埃塞俄比亚的进出口能力有所提升。因此，我们要与中国再次合作，沿着这条铁路线建立工业园区。我们将是非洲东部国家中第一个受益于"一带一路"倡议的。

马晓霖:我们发现很多中国公司在贵国有建设项目,如华坚集团成立了华坚工业园区,中国商务部也帮助贵国建立了东部工业园区。越来越多的中国企业进驻贵国,您如何评价它们的总体价值和表现?

塞尤姆·梅斯芬:实际上,中国国企和民营公司早已开始在埃塞俄比亚投资,中国也是埃塞俄比亚最大的投资者。去年,江苏省领导率领由 100 多个公司和政府部门组成的代表团访问了埃塞俄比亚,双方一致同意在亚吉铁路沿线建设工业园区。湖南省副省长也率领一个由大批公司和省级政府部门代表组成的考察团,他们也在其所选的地址上建立了工业园区。

我们和广东省也早有类似的合作。比如东莞华坚,原本在埃塞俄比亚建立的是制鞋厂,现在已发展、成长并将业务延伸到另一个行业——纺织行业。由广东省副省长带领的来自 98 家公司的大型代表团访问埃塞俄比亚后,他们决定将参与到原本由华坚单独建立的工业园区中。

中国是我们经济的最大支持者,是我们的投资者,我们的建设者。更重要的是,中国还是我们在贸易和投资方面最大的合作伙伴。但最最重要的,是中国一直激励着我们。我们从中国成功发展的经验中得到启发,埃塞俄比亚人民深深意识到这一点。

(发表于 2017 年 5 月 16 日)

11. 解密"创新之国"以色列

既占据着三大宗教圣地,又是世界科技中心——以色列从诞生之日起就是一个充满传奇的国度,不仅缔造了军事奇迹,也创造了沙漠农业奇迹,更是世界最强大的科技创新国之一。这样一个神奇的国度如何看待中国的"一带一路"倡议? 我们就此专访了以色列时任驻华大使马腾将军(Matan Vilnai)。

合作发展，中以之间有成绩更要拓展空间

马晓霖：众所周知，以色列国土面积并不算大，但却是一个强有力的国家。它拥有悠久的文明史，也充满活力和创新能力。您能否用几个关键词描绘一下您的国家？

马腾：以色列，按我的说法首先是一个文明古国，历史悠久，文化传统特色鲜明；它还是一个创新国度，这两者是以色列的主要特征。

马晓霖：自从中以建交以来，双方在很多方面有着交流和合作。您认为，我们两国在哪个领域的交流合作更成功？

马腾：我们两国之间有着悠久的历史联系。建交以来，中以关系也是不断发展的。我认为，中以最重要的合作领域，首先是科技，而科技合作当中最重要的板块是农业。我这里所说的农业，是广义的农业，并不仅仅是一般意义上的农业，除了种植业，还包括畜牧业、乳品行业，也包括水处理技术等方面，比如我们在中国有很多生态奶牛养殖场。我认为这些农业领域的合作，是中以之间的重要话题。我在中国各地走访考察的时候，看到了中国人对现代化农业的需求，这促使中国人不断提高农产品产量。我想这正是中国和以色列的主要合作领域。

马晓霖：除此之外，中国和以色列两国之间在其他领域的合作情况如何？

马腾：正因为我们之间在农业方面的合作很成功，由此延伸到其他领域也有了很多合作。比如以色列的文化产业很发达，以色列和中国之间也有着紧密的文化交流。比如以前我们会请以色列的某一位摄影家来中国进行交流，而现在我们国家会组织一批摄影家来北京参加在中央美术学院举行的摄影双年展。实际上，长期以来文化交流一直是我们两国交流的重要议题。当然经济合作也是重要议题，我们在以色列举办的水技术展览、水工业博览会，其中最主要的参会团体都来自中国。

作者在北京专访以色列驻华大使马腾将军。以色列与中国建立了创新全面伙伴关系，两国已卓有成效地开展全方位的共建"一带一路"的务实合作，以色列将重要港口海法港和阿什杜德港交给中国公司建设和运营。

马晓霖：中国和以色列两国之间的贸易额有多少？

马腾：坦白讲，这个数字并不高，我们双方都要不断努力来提高这个数字。我在中国当驻华大使已 3 年，3 年来我们的贸易额增长了 3 倍，但是总数仍然不高。和中国的全球贸易额相比，中国和以色列之间的贸易数字真是微不足道。但重要的是，两国的贸易额一直在持续增长。

马晓霖：在您看来，增加两国之间的贸易和其他方面的往来，还需要做哪些工作？

马腾：过去两国之间有直飞航线，但运营方是我们以色列的航空公司，而且每周只有 3 次航班。如今海航也加入进来，开通了北京到特拉维夫的直飞航线，这样我们每天都有从北京到特拉维夫的直飞航班，再加上我们还有从香港到特拉维夫的直飞航班。这两条航线对发展双方的旅游业非常重要，而且我们将可以和中国有更直接的交流。

还有签证，中国公民申请赴以色列的签证将会更简单，获得签证会更容易。而且可以获批更长时间,不只是单次入境,而是多次入境。从2016年11月起,我们向中国公民发放10年有效期签证,这对双方都是利好。

第三件事,是以色列人民自己要做好准备来招待中国朋友。中国游客会越来越多地到以色列观光旅游,但中国人的饮食习惯和以色列人不同,文化习俗也不同,我们必须做好这方面的准备。当然中国朋友来以色列之前也要做好准备,这样才会有更好的体验。

"一带一路"倡议,中以之间要激发更多创新精神

马晓霖:您曾经高度评价"一带一路"倡议,在您看来,我们在"一带一路"建设方面可以有哪些合作?

马腾:古丝绸之路是从亚洲、从中国起步到欧洲,而以色列正是必经之地。现在习主席提出的"一带一路"倡议是一个绝妙的想法,联通了中国和西方世界。习近平主席倡导的这个理念,也是非常重要的思想,我们以色列有着很好的创新能力和科学技术,我们肯定将参与到"一带一路"建设中。我知道中国企业正在参与建设我们的一个海港,当然我们还有其他合作项目。

我们将招收更多的中国留学生,为此我们专门开设了针对中国学生赴以色列留学的项目。我们两国的大学之间也有互动联系。特拉维夫大学和清华大学都是世界知名学府,特拉维夫大学在清华大学有一个创新中心,这是特拉维夫大学和清华大学之间的一个纽带。

未来我们会尽可能建立更多的合作与联系。我可以告诉你,以色列所有的大学校长都曾访问过中国,而且他们都将自己的学校向中国学生开放,也向你们的大学开放。我认为这件事意义重大,这搭建起了中以两国之间学术交流的框架。

马晓霖:我们知道中国在以色列阿什杜德海港建设时,招募了超过2万名中国建筑工人,两国之间是否会在基础设施和建筑领域有越来越多的合作?

马腾:我相信一定会的。因为我们已经看到,你们中国的工人是多么高效,他们在以色列工作表现非常好,这些大家是有目共睹的,他们会越来越受到市场青睐。我们在特拉维夫有一个地铁项目,这个地铁的隧道就是一家中国企业负责建设的。而这些只是开始,我相信在不远的将来,我们会看到越来越多的中国企业参与以色列的项目。这就是你们所说的双赢局面,对双方都有益。因此,我相信合作项目会越来越多。

马晓霖:以色列被誉为创新的国度,实际上中国政府也正在鼓励创业创新。在这一领域,我们双方可以有哪些方面的合作?

马腾:这是中以之间的重要话题。尽管以色列很小,而中国很大,但我们的创新能力很强。贵国副总理刘延东女士和我们的外交部部长互访时,签署了两国间创新方面的协议。作为这项协议的一部分,我们做过很多次合作论坛,讨论了很多关于创新的话题,并且建立了合作创新基地。我希望未来会有越来越多的中国企业去以色列,我们一起合作,一起创新。中国人很聪明,很勤奋,和以色列人一样。我们应该一起合作,因为以色列的解决方案在中国同样适用。我们只要找到正确的合作方式,就一定能激发出更多的创新精神。

(发表于 2017 年 5 月 25 日)

12. 千年海上丝绸之路的最繁荣时刻

在越南岘港举行的第 25 次亚太经合组织领导人非正式会晤(APEC)会议,是十九大结束之后中国领导人第一次出国亮相,凸显了中国与东盟之间的重要经济政治关系。作为世界经济发展最具活力与潜力的地区之一,东盟十国与中国建立了世界人口最多、发展中国家间最大的自贸区,而海上丝绸之路也正在经历史上最繁荣的时刻。中国和东盟如何抓住"一带一路"倡议的机遇继续实现共同发展?我们就此专访了中国—东盟商务理事会执行理事长许宁宁。

中国—东盟，因自贸而获益良多

马晓霖：中国提出了"一带一路"倡议，从"21世纪海上丝绸之路"这条线路来看，首先是把中国与东盟十国联系在了一起。那么中国与东盟的经贸关系在整个中国对外经贸中占有怎样的地位？

许宁宁：中国排名前三的贸易伙伴分别是欧盟、美国和东盟，中国已连续7年成为东盟第一大贸易伙伴。2015年中国与东盟的双边贸易额达到4722亿美元，而东盟与其他一些贸易伙伴比如美国，才有2700亿美元。中国—东盟自由贸易区框架协议是2002年签署的，到2015年双方贸易增长了13倍。因为双方把关税减免了，所以这种贸易关系比东盟的第二位、第三位贸易伙伴都高出一截，这都是签署中国—东盟自由贸易区框架协议之后发生的快速变化。

马晓霖：自2010年元旦中国与东盟正式建立自由贸易区以来，双方的经济贸易发展情况如何？

许宁宁：这个成果实际上是自2000年我们发出提议后，经过十年磨一剑才取得的。根据协议，双方贸易产品的90%以上是零关税，零关税之后会给我们的产业、给我们的市场带来什么变化呢？当我们提出来要跟东盟建立自由贸易区的时候，东盟很高兴，因为1997年爆发了东南亚金融危机，对东盟来说跟中国之间的合作是摆脱这场金融危机重要的经济支柱，当时中国进口了很多来自东南亚的产品。实际上东盟是从1992年开始建东盟自由贸易区的，与中国建立的自贸区是东盟与外部建立的第一个自由贸易区。另一方面对于中国来说，也是第一次跟外部建自贸区。实践证明，自贸区建设惠及了双方的经济增长，发展和巩固了中国与东盟的战略伙伴关系。

对于民众来说，最能切身感受到中国—东盟自由贸易区给我们生活带来变化的，就是从2004年1月1日开始实施的"中国—东盟自由贸易区早期收获计划"。从2004年1月1日开始,我们中国很多城市满大街的水果摊上多了很多来自东南亚的水果,像榴梿、波罗蜜、香蕉、火龙果等,如今,这些东南亚水果在我们民众的日常消费中已非常普遍。对于东盟来说也是同样如此,在东盟国家的水果摊上、餐桌上多了很多来自中国的像杏、苹果、梨这样的水果。可以说,中国—东盟自由贸易区建成后的最大受益者,就是自贸区的消费者。

马晓霖:自贸区从构建到建成以来,双方在双向投资方面有什么大的变化?

许宁宁:截至2016年5月底,中国到东盟投资和东盟到中国投资相加的双向投资额是1565亿美元,其中东盟在华投资1000多亿美元,中国在东盟投资是500多亿美元,也就是说东盟在华投资多于我们一倍。东盟领导人希望中国能有更多投资,我也对他们讲,中国14亿的消费者是一个整体市场,而东盟毕竟由10个国家组成。到中国来的东南亚投资者大部分是华商,他们熟悉中国的语言、中国的文化,最初都是抱着衣锦还乡的心态,自然到中国来的投资比中国企业到那儿的多。但是,这些年中国企业到东盟的投资增长很快,虽然绝对数只有500多亿美元。目前中国企业在国外投资的第一目标市场就是东盟,可以说它们普遍看好东盟国家的市场。所以说双向投资现在非常活跃。

马晓霖:企业在双向投资方面还需要官方做哪些工作?

许宁宁:我们可以看到,虽然有很多企业纷纷走进东盟,享受了自由贸易区的政策,但却没有自贸区政策的概念,没有FTA(自由贸易区)的意识。我记得2010年我们去全国30多个城市宣讲中国—东盟自贸区政策,很多省长、市长,包括主管经贸的地方官员,问我们中国—东盟自由贸易区在什么地方?他们以为是中国南部地区与东盟建的自由贸易区,后来我说包括四川、江西、安徽都在这个自由贸易区之内。现在我们推进共建海上丝绸之路,提出要将自贸区升级,为我们的企业更有效、更有序地走进东盟,提供一个指导意见、一个大的方向和一些具体计划的指导。

自贸升级,中国—东盟目标远大

马晓霖:按您所说,中国和东盟在自由贸易区建成的基础之上,又共同打造了一个升级版的自由贸易区,那这个升级版究竟是什么概念?

许宁宁:所谓升级就是进一步、更大地开放市场。十几年来,世界发生了很多变化,出现了很多自由贸易区,东盟也把自由贸易区发展成为经济共同体,这就要求我们根据新的变化来完善我们的自由贸易协议。按照规划,到2020年中国和东盟的贸易额要达到1万亿美元,实现这个贸易目标压力是非常大的,我以为更大地开放市场是其中一个非常重要的措施。过去我们实施零关税主要是针对关税壁垒,现在我们要更积极地推动取消非关税贸易壁垒,加强海关、商检、标准、知识产权等一系列的合作,来推动双方之间货物贸易的更大发展;要更大地推动互联互通,加强基础设施建设,包括航线交通、铁路、公路等一系列的互联互通。积极推动双方之间的投资合作,通过升级版的议定书使我们的投资更加互利互惠。

马晓霖:自贸区升级与建设"一带一路",特别是"21世纪海上丝绸之路"建设又是一种什么样的关系?

许宁宁:中国—东盟自由贸易区升级,这是双方经贸合作的一种需要,是海上丝绸之路建设的一个制度化安排。通过开放市场,进一步密切双方关系,获得共同发展。当前世界经济复苏缓慢,增长缓慢,欧美市场并不是很景气,在这种情况下加强与周边国家、新兴国家的经济关系,尤其是在海上丝绸之路建设中加强与东盟之间的关系,特别需要我们双方之间增进合作。现在的加快自由贸易区建设战略,有一个优先考虑,那就是优先周边,尽量先跟周边国家签署自贸协定,已经签署的自贸协议要升级,没有签署的我们要积极推动签署。第一优先是中日韩自贸区、RCEP,也就是区域经济全面伙伴关系;接下来,就是与"一带一路"沿线有关国家签署自贸协议;第三阶段,是与更多的国家签署自由贸易协议。签署自由贸易协议、双方开放市场这种经贸合作在开放的市场中会更加活跃,更加密切。

（发表于 2017 年 11 月 21 日）

13. 瑞士:愿做"一带一路"的中介和桥梁

瑞士是世界最发达、最富裕的国家之一。在共建"一带一路"倡议这样一个以发展中国家为主体的发展计划中,发达国家能起到什么作用? 2017 年 1 月,国家主席习近平在瑞士达沃斯世界经济论坛年会发表主旨演讲。作为世界经济的重要参与者和贡献者,中国将为世界的发展提供何种意见,分享什么机遇,也受到格外关注,我们就此专访了瑞士驻中国大使戴尚贤(Jean-Jacques De Dardel)。

作者在瑞士驻中国大使馆专访戴尚贤大使,充分感受瑞士对中国的独特情怀与期待。瑞士特别希望能搭乘中国的"一带一路"快车共同开拓第三市场。

"一带一路"倡议，瑞士非常看好

马晓霖：全球金融危机已经过去数年，世界经济却仍未走出阴影。2016 年，"黑天鹅"频现让市场焦虑进一步升温。在全球经济增长放缓之际，部分发达国家却掀起"逆全球化"浪潮，试图对世界贸易流通制造障碍，减少自身全球化责任。2017 年 1 月，中国国家主席习近平在参加瑞士达沃斯世界经济论坛时，就此发表了主旨演讲，得到了世界赞誉，请问瑞士对此反应如何？

戴尚贤：我们非常高兴聆听习主席的演讲。我原本以为听到的会是一个展示中国经济开放性与改革方向和前景的演讲，没想到他并没有言及这些内容，而是将中国和他本人定位于全球化、自由贸易与开放性的拥护者，做了一场更精彩的演讲。事实上，瑞士本身很早就成为这种贸易规则和全球化、开放性的受益者，因此在贸易保护主义和民粹主义盛行、未来有着很强不确定性的时刻，能听到这样的论调是非常欣慰的。我们也相信把这些语言变为实际行动还有很多事情需要去做。

马晓霖：您如何评价中国推动全球化这一举动？

戴尚贤：这看起来有点自相矛盾对吗？看看中国在共产党领导下正在引领全球化和自由贸易的发展，而那些在第一时间创建了自由贸易和拥护开放的国家，却遭遇了保护主义和民粹主义。的确，我在这些发达国家看到的是一些人的恐惧不安和一种不断增长的担忧。当然我仍旧深信，通过自由贸易、边界开放以及相互的作用和影响，所有利益相关者都能在中期或远期共同获益，但也不能对社会转型时期的消极因素掉以轻心。但这样的"逆流"是可以被发展治愈的，比如恰到好处的自由贸易以及互联互通，肯定可以起到重要作用。

在这个意义上说，中国现在的立场以及"一带一路"倡议，就不仅仅是一个区域性的、仅仅以中国为中心的事情，而是一个更大范围、为了全世界的美好明天而提出的倡议。

建设"一带一路"，瑞士积极行动

马晓霖：瑞士是第一个同中国缔结自由贸易协定的欧洲大陆国家，在您看来，为什么瑞士会成为第一个？

戴尚贤：这是我们确定的方向，在不到 3 年的时间里，我们就达成了一致。瑞士经济对中国经济作用巨大，我们是中国的全球第八、第九和第十大产品和服务供应商，这对我们这么大的国家来说，是相当可观的。因此我毫不怀疑，无论是官方还是资本都注意到，更加紧密的关系将使双方获益。当然你也可以问问我们的中方伙伴，为什么选择瑞士。从我们自身来说，我们是自由贸易主义者，我们也给予中国作为一个发展中国家各种贸易优惠。我知道中国也与其他国家开展了自由贸易协定谈判，也取得了进展；但是它们花了更长的时间，有的反复了三四次。

马晓霖：据我们了解，国际舆论对共建"一带一路"倡议的意见各不相同，一些国家很欢迎，一些国家很保守，还有一些国家在质疑，您怎么看待这一倡议？您认为这对相关国家来说是一个好的机会吗？

戴尚贤：这是中国想要扩大开放的真正信号。而且我们的确认为"一带一路"倡议或者设立亚投行，都是具有中国特色的倡议。实践证明中国很乐意把自己的资源拿出来，和世界其他国家共同开发，共同利用。世界银行也表示，基础设施建设在全世界范围内都有巨大需求，仅靠个别机构不仅很难满足这些需求，也无法推动古代丝绸之路沿线那些衰败经济体的发展。因此我们最终采取了积极支持的立场，即使我们两国在地理上看起来很遥远，并且可能与其他一些机构如亚洲银行、亚洲开发银行、世界银行等正在做的事情相重叠，但我们更愿意选择一种战略性更强的途径和想法。扩大开放并不仅仅对对象国是一种利好，对中国积极参与国际事务也是有好处的。

马晓霖：据我所知，2015 年 3 月瑞士就递交了成为亚洲基础设施投资银行意向创始国的申请。2015年6月瑞士签署了亚投行章程，成为亚投行创始成员国之一。您觉得未来瑞士在亚投行会扮演怎样的角色？

　　戴尚贤：瑞士是加入亚投行最早的西方创始成员国之一。基础设施的开发不能没有强大资金的支持，而我们财力雄厚。这几年，我们的综合财力在全世界一直位居第七至第九名。我相信我们的专业度、领悟力以及其他很多方面，都能在亚投行的运行中发挥作用。目前很多国家正在陆续加入亚投行，而且我们希望那些持观望和怀疑态度的国家也可以加入进来。

　　马晓霖：联合国通过了一项特别决议，表示支持中国的共建"一带一路"倡议，认为这可以帮助发展中国家强大起来。另一方面我们也可以看到，瑞士是如此重要，因为它不仅是金融和制造业中心，也是联合国机构所在地之一，还有很多的国际组织总部。那么瑞士如何发挥自身优势来推进共建"一带一路"倡议的实施呢？

　　戴尚贤：我们有非常高水平的大学教育，还大力推进职业培训，凭着这些让瑞士成为很强的经济体，我们当然很乐意与全世界在教育领域有需求的国家来分享这些经验。另一方面，我们拥有很多世界级的大公司，还有很多在全世界范围内积极开展业务的中型公司。瑞士的大企业都需要尽可能地实现本地化，尽快地发展，所以我们会通过公司的在职培训在不同国家复制我们的模式。这意味着在一家瑞士公司工作，不仅仅会得到不错的薪水，还会得到在职培训，受到专业教育，这直接或间接会对公司所在的国家、社会和团体产生帮助。

　　我们之所以特别重视这方面，就是因为瑞士世世代代的发展都依赖于智力。我们并没有什么自然资源，只能依靠创新和创造来获得发展，而且这种方法被证明是可行的。"一带一路"倡议与保护主义相反，处处都是内部的互联互通和沿途的互相交流。我们将发挥一切比较优势，帮助促进这一倡议，我们都能因它而受益。这是"一带一路"倡议值得支持的地方，而且我们也一定会为此提供支持。

（发表于 2017 年 12 月 19 日）

14. 新西兰，敢为西方先

　　魔戒、奶牛、羊毛、肉库，这是新西兰留给世界和中国的直接印象。新西兰是高度发达的资本主义国家，其经济成功地从以农业为主，转型为具有国际竞争力的工业化自由市场经济。世界银行将新西兰列为世界上最方便营商的国家之一。虽然身处西方发达国家阵营，但新西兰在对华关系上从来都很有主见，迄今已开创多个"第一"：第一个同中国结束"入世"双边谈判，第一个承认中国完全市场经济地位，第一个与中国签署自贸协定……2017 年 3 月 27 日，新西兰又与中国签署了"一带一路"合作协议，成为第一个与中国签署相关协议的西方国家。新西兰为何在诸多领域"敢为西方先"？我们就此专访了新西兰驻中国大使麦康年（John Mckinnon）。

敢为西方第一，只为促进发展

　　马晓霖：中国和新西兰签署了第一个"一带一路"合作备忘录，这也是中国提出"一带一路"倡议以来，与南太平洋国家签署的第一个合作文件。您能谈谈这个文件签署的过程和意义吗？

　　麦康年：自从习近平主席几年前提出"一带一路"倡议以来，新西兰就一直在关注这一倡议。李克强总理访问新西兰时，我们希望双方能达成某些安排和协议，而"一带一路"倡议是中国和新西兰共同关心的一个领域，所以我们与中国国家发展和改革委员会展开了讨论，达成了合作安排，这一安排为我们对"一带一路"倡议的关注设立了基础和原则。这意味着在未来 18 个月，我们将确定合作的方案。对于新西兰来说，这是一个机会——面对中国这样一项重大举措，我们非常关注它未来的发展。

　　马晓霖：那么，新西兰积极且深度参与这些谈判的考虑是什么？新西兰的相对优势又是什么？

麦康年：一方面"一带一路"的轮廓已经大致呈现，既包含海上丝绸之路，也涵盖古老的陆上丝路，很明显，新西兰对海上丝路很感兴趣。新西兰可以与不同历史和经济背景的国家建立合作关系，为其他国家提供专业技术、专业技能和知识，这是新西兰的价值之一。从这个意义上来说，新西兰可以为新旧丝绸之路沿线国家的经济、社会提供一种补充。今天我来接受采访时，特地戴上了一枚纪念路易·艾黎来中国90周年的小徽章。路易·艾黎是一名杰出的新西兰人，也是中国人民的老朋友，他在中国的时候，多数时间都在甘肃省的山丹县。甘肃既是古丝绸之路上的重镇，也是新丝绸之路上的重要地区。

这个例子从另一个角度告诉我们，新西兰和很多丝绸之路上的国家和地区之间的联系由来已久。因此我们非常希望看到，通过签署"一带一路"合作协议这样的方式，同时也通过其他方面的合作，进一步加深这些联系。

马晓霖：我们了解到，新西兰朝野包括执政党和反对党，已经发起了一个"一带一路"合作协议的促进机制，您能否给我们讲一讲这方面的情况？

麦康年：我们的判断是，新西兰国内对"一带一路"倡议感兴趣的商家和企业，可能会更多地在咨询管理领域投资发展，而不是基础设施建设领域，当然这种趋势仍然有待观察。我们很高兴李克强总理在新西兰访问期间，还会见了新西兰反对党领袖利特尔及其他政治和商业人士，他们都致力于发展新西兰与中国的关系，并认可中国在新西兰发展中的作用。所以在这个框架内，新西兰国内对"一带一路"倡议表现出了相当高的兴趣。

马晓霖：新西兰是第一个签署"一带一路"合作备忘录的西方发达国家，您认为这会为西方国家做出榜样吗？

麦康年：任何政府都要看看"一带一路"上正在发生着什么，然后联系本国的情况来决定自己的打算。所以我们并不打算成为一个典范。人们可能会对我们正在做的事情很感兴趣,但是其他国家必须做出自己的决定,就像我们自己决定什么对新西兰有用,什么对新西兰合适一样。我们要说的是,我们对"一带一路"倡议进行了了解,认为它有很多令人感兴趣的可能性,但我们仍然需要进一步去认识和了解"一带一路"倡议。

设立开放框架,赢得新的机会

马晓霖:2008 年新西兰与中国签署了自贸协定,成为首个与中国签署自贸协定的发达国家。2017 年,中国—新西兰自贸协定的升级谈判在北京举行,双方围绕多项议题进行了富有成效的磋商。我听说这被认为是一个全面优化的协定,您认为这具体表现在哪些领域?

麦康年:2008 年新西兰与中国签署双边自由贸易协定,在该协定的执行过程中,新西兰和中国之间的贸易大幅增长了 2 倍。现在中国是我们最大的或第二大的贸易伙伴,当然这取决于计算货物和出口的方式,所以中国现在是新西兰非常重要的伙伴。我们要确保新西兰与中国的自贸协定是一个开创性的协议,能够在未来的 10 年中继续像过去一样发挥作用。

本次自贸协定升级,我们关注的领域包括贸易便利化、技术性贸易壁垒、对企业的支持等,同时也想探索如何通过升级使自贸协定能够反映当下变化的环境。事实上我们两国也都与他国签订了协议,都参与了地区和多边贸易谈判,因此我们在很多领域都有提高的空间。

在新西兰看来,"一带一路"倡议是一个框架,相关国家的很多活动都可以包含其中。对于新西兰的企业来说,不管是自由贸易协定还是"一带一路"合作备忘录,它们都愿意去了解其中的机会,帮助它们与第三国或者其他公司接触,以便能够在之前从未想到过的领域做项目或提供咨询服务。

马晓霖:我们都知道丝绸之路沿线的大多数国家都有着历史

60

悠久的畜牧业，但是发展程度偏低，而农牧业是新西兰的优势，在这方面新西兰打算如何发挥作用，帮助它们共同发展呢？

麦康年：一方面新西兰的农畜牧业非常先进，非常精细，能够生产出高质量的食品，这些技术显然是中国人以及"一带一路"上的其他国家都很感兴趣的。而新西兰在很长一段时间内，就如何提高生产力、如何改善农业技术为相关国家和地区提供了很好的建议。

最近我们与中国达成了一项关于清真肉食品的协议，在新西兰经过认证的清真肉食品在中国也将被承认。我想这个协议不仅与中国的消费者有关，而且也与其他可能对中国和新西兰有意义的领域有关。

另一方面，新西兰的一个区马尔堡已经与中国的宁夏建立了联系，因为它们都是葡萄种植区，也是葡萄酒产区，这是新西兰的技术和生产力可以与中国合作的另一个领域。几十年前，在马尔堡没有种植这么多葡萄，而宁夏很可能也没有这么多葡萄。如今这两个地方都发展起来了，这就为以前从未有过的接触和合作创造了可能性。

所以说，一旦你设立了开放的框架，就将看到各种各样的以前从没想过的机会。

（发表于 2017 年 12 月 26 日）

15. 恢复"亚洲心脏"的脉搏

阿富汗地处欧亚大陆腹心，被认为是欧亚大陆的心脏，有着悠久的历史。但是，特别的地理位置使这样一个位于地缘交锋地带的国家，在世界相对和平的 40 年间，成为世界最不和平的地方之一。如今，在经历多年内战后，阿富汗开始了重建，亚洲心脏的脉搏正在恢复。阿富汗将如何借力"一带一路"倡议重现古丝绸之路的伟大荣光？我们就此在北京专访了阿富汗驻中国大使贾楠·莫萨扎伊（Janan Mosazai）。

饱尝战乱，渴望和平与发展

马晓霖：我们看电视或读报纸的时候，常常发现阿富汗冲突与动荡频繁发生。阿富汗现在的局势如何，尤其是安全局势？

贾楠·莫萨扎伊：阿富汗地处亚洲心脏位置，被称为中亚的十字路口，历史上一直是兵家必争之地。近代，列强在中亚、南亚的殖民历史，使我国遭遇了长期被世界边缘化的命运。1979 年，苏联毫无理由地入侵阿富汗，使这片土地深受冷战之苦。此后，阿富汗又出现了国际恐怖主义和极端主义。一直以来，我们都是站在反抗恐怖主义和极端主义的最前线，保卫我们的领土，也保卫文明。这不仅仅是为阿富汗人民提供和平的家园，也是为地区的稳定和繁荣做贡献，我们要努力成为一个和平稳定繁荣的邻国。

马晓霖：的确，如果我们要推进国家的发展，当然非常需要和平稳定的环境。中国与阿富汗之间在诸多领域有着多项合作，其中安全合作是否也是其中的重要部分？

贾楠·莫萨扎伊：我记得加尼总统 2014 年就职之后，第一个出访的国家就是中国。2016 年 8 月，我们进行了首次中国阿富汗两军战略对话，阿富汗国民军总参谋长与中国中央军委联合参谋部参谋长展开了对话。2017 年双方特种部队在中国首次举办联合军事演习。我认为这是一个重要的里程碑事件，它向各方传达出这样的信号：中国和阿富汗的关系正在全方位发展。

马晓霖：我们都知道，历经 30 多年的战乱，阿富汗的基础设施遭到严重破坏。阿富汗政府积极开展重建规划，您能给我们介绍一下到目前为止取得了哪些进展吗？

贾楠·莫萨扎伊：2001 年塔利班政府倒台后，我们建立了人民选举产生的民主政府。那时候我们的国家几乎被完全摧毁了，只剩下非常少的基础设施，有数百万人流亡国外。在塔利班政权倒台后的十五六年后，我们已经成为一个位于亚洲中心的主要的新兴国家。我们建造了一大批公路设施，不仅在中国和阿富汗之间修建了公路,还有望修建一条铁路,马上我们还将修建光缆。

我很高兴地告诉大家,从中国江苏海门到阿富汗巴尔赫省的海拉顿之间,开通了直达货运班列。海拉顿是阿富汗和乌兹别克斯坦之间的边境城市,铁路通过这里可以到达阿富汗北部最大的城市以及交通枢纽、商业、文化中心马扎里沙里夫。我们相信这是历史性的进步,可以进一步促进和加强各领域的合作。

目前还有一个在五个国家间修建铁路的计划,这是一条从中国新疆到伊朗的铁路,将途经吉尔吉斯斯坦、塔吉克斯坦和阿富汗,我们正和包括亚投行在内的合作方一起,探讨并寻求融资以便完成这个项目。

我们也在阿富汗修建了多个国际机场,包括巴尔赫省、赫拉特、坎大哈。当然在首都喀布尔有哈米德卡尔扎伊国际机场,按照规划我们在阿富汗其他主要地区和省份都将修建机场。

我们也重建了很多大坝,因为阿富汗水资源丰富,这可是清洁能源;我们还在开发太阳能和风能,并且正在实施一个重要的地区性项目——"中亚—南亚电力 1000（CASA–1000）",通过这个项目,可以经阿富汗从吉尔吉斯斯坦和塔吉克斯坦进口电力,再输往巴基斯坦;我们还确定了 TAPI 天然气管道建设项目,连接土库曼斯坦、阿富汗、巴基斯坦和印度。我们正在建设的项目还有很多,这些只是其中的一部分。

追求合作,欲重现昔日荣光

马晓霖:众所周知,阿富汗自然资源丰富,尤其是矿产资源,这方面两国是否有合作呢?

贾楠·莫萨扎伊:中国企业在阿富汗投资的话,最大的相对优势就是地理上的优势,我们是邻国,会节省不少运输等成本。而且我们为投资和商业活动提供了不仅是地区最低,甚至是全世界最低的税收政策,我们希望能以此吸引外资,尤其是来自中国这样友好邻邦的投资。

你刚刚提到在自然资源方面的合作,我们已经和中国的相关公司签署了阿富汗最大铜矿的开采合同,希望双方都能从中获益;中国石油天然气集团公司与一家阿富汗公司组成了合资企业,双方签署了合同共同开发阿富汗北部的油田;今年早些时候,我们还与中国路桥集团签署合同,修建阿富汗中部的一条主要公路,这个合同正在实施过程中。告诉您一个数字,我们使用包括航空测绘成像等先进手段探测了阿富汗30%的自然资源,这些自然资源的价值在1万至3万亿美元之间。因此我们可以推测出我们还有多少自然资源,包括矿产资源。我们很乐意和中国加强合作。

马晓霖:我们知道,阿富汗对"一带一路"倡议的反应非常积极,我们两国政府也签署了谅解备忘录。在阿富汗政府看来,"一带一路"倡议对阿富汗的意义是什么?

贾楠·莫萨扎伊:我们知道"一带一路"倡议是习近平主席提出来的富有远见的倡议。阿富汗如果不是地区第一个,也是最早欢迎和支持这一倡议的国家之一。因为我们想要重现阿富汗作为古代丝绸之路上商业、贸易和互联互通的大陆桥的历史地位。2016年5月,阿富汗首席执行官阿卜杜拉应李克强总理邀请来华访问的时候,两国签署了谅解备忘录。2016年6月在上海合作组织的峰会上,双方同意优先发展阿富汗的铁路包括高铁建设、公路建设以及两国间的光纤通信建设,我们正在努力,切实推进这三个领域的建设。因为中国可以通过阿富汗连接伊朗及其他西亚、中东以及世界其他地区,我们则可以通过中国—巴基斯坦经济走廊连接中亚和南亚地区。作为积极实现这一倡议的一部分,我们申请成为亚投行的正式成员,幸运的是上个月我们的申请通过了。未来我们愿意同亚投行一起开发基础设施和能源领域建设。

马晓霖:我觉得这对中国和阿富汗来说,都是一个重要的消息。2016年11月联合国通过了专门针对阿富汗问题的议案,2017年3月联合国安理会又通过了支持阿富汗重建的决议,并呼吁通过"一带一路"这样的倡议加强区域合作。

贾楠·莫萨扎伊：这是一个巨大的进步,应该说国际社会对这个构想以及"一带一路"倡议表现出的支持,是因为它能够切实促进双赢合作,促进共同发展,促进理解和互信。谁会反对这样一个倡议呢? 没有人!"一带一路"倡议是一个合作的倡议,聚焦于所有共建国家的共同发展,也彰显了中国的领导力。我们相信,中国政府愿同其他国家、地区,愿意同全世界分享中国发展和繁荣的经验。

（发表于 2018 年 1 月 9 日）

二、学者对话录

1."一带一路"上的能源合作与空气治理

席卷大半个中国的雾霾成为人们关注的焦点。实际上,自2006 年起,中国二氧化碳排放量已居世界首位,碳排放、碳减排压力巨大。雾霾阴影下的中国经济发展已经走到一个分岔口。无论是从中国经济可持续发展角度,还是从世界能源结构调整来说,中国能源结构的变革已成为全球关注的焦点。发展中国家一般都是资源丰富的国家,"一带一路"周边是世界主要的油气产地,对于中国而言,这是能源供给的支撑,也是环境治理的需要。澳大利亚国家工程院院士、国家特聘"千人计划"专家刘科对"一带一路"能源合作与空气治理有自己的看法。

中国需要能源,但更看重可持续发展

马晓霖：中国企业走向世界,比"一带一路"倡议的推进要早很多年。企业"走出去"一个重要的驱动力就是寻找能源,目前中国能源市场的基本状况是什么样?

刘科：2010 年中国石油的总耗量大概是 4.7 亿吨,2014 年年底

涨到 5.7 亿吨,我们国家近 10 年来采油量维持在 2 亿吨。5.7 亿吨的原油耗量,有 3.7 亿吨需要靠进口。产量不足,需求增长却很快,随着中国汽车工业和城镇化的发展,对原油的需求量不会继续停留在 5.7 亿吨,至少在目前或者可预见的未来,大量的石油还是要靠进口。

马晓霖:为了应对国内经济转型和环保压力,中国提出了庞大的节能减排计划:到 2030 年单位 GDP 能耗要比 2005 年减少 60%～65%;一次性清洁能源中,非化石能源要占到 20%,怎么做才能达到这个目标?

刘科:我希望能够用天然气来取代煤炭,同时非化石能源也得增长起来。能源问题、环境问题是跟经济转型连在一起的,要解决中国的环境问题和能源问题,第一,经济的增长点不能靠高耗能产业,更多的要靠创新,靠服务业。要达到每千美元 GDP 能耗降到 60%～65%,我觉得完全有可能。尽管中国 GDP 增长速度有点放缓,但在全球中国还是最好的,而且中国经济的基数也大起来了。今天 GDP 的 7% 和 10 年前的 7% 完全不是一个概念。GDP 增长的时候,我们能适当控制能耗。靠经济的转型,我觉得达到这个目标是完全有可能的。第二,能源结构的转型,不能像以前那样完全靠煤为主的能源来驱动整个中国的发展。

马晓霖:"一带一路"共建国家都是资源禀赋很强的国家,特别是石油和天然气。您说我们要调整能源结构,尽量少用煤多用气。那么是不是在天然气合作方面,可以优先实现中国和"一带一路"共建国家间的合作和发展?

刘科:win-lose(你赢我输)和 lose-win(你输我赢)都不能叫 sustainable(可持续),必须 win-win(双赢),只有双赢的这种战略关系才可持续。随着中国经济的发展,中国对能源的需求增加是不争的事实。但是中国希望在国际贸易准则下,通过双赢基础增加自己能源的供应量,尤其是新能源的供应。也就是说在国际贸易准则前提下,大家互通有无。这样的话,我觉得大家最终是双赢,对"一带一路"共建国家也是好事。

马晓霖：很多人说中国的"一带一路"倡议，最主要是为了确保能源的供应。从确保能源安全的角度来讲，您认为"一带一路"共建国家对中国能源的发展究竟有什么样的意义？

刘科：一个国家真正的能源安全，最终是通过自己国力的增加，及和周边国家的关系来决定的。整个"一带一路"共建国家，比如独联体国家，油气储量是很大的，但当地市场是有限的。所以不管是把天然气作为新能源，还是天然气化工方面的合作，对当地的国民经济发展都是好事，也能给我们提供相对清洁的能源。天然气，尤其是近几年随着非常规油气的发展，在 100 至 150 年之内不用担心全球天然气会消耗殆尽。问题是，天然气消费市场和天然气储藏地不在一起。在陆上可以修管道来运输，但是，管道沿线国家必须保证政治稳定。今天恐怖组织搞爆炸，明天恐怖组织搞爆炸，那样的话，天然气管线的安全就没法保证。只要政治稳定，管线运输天然气的成本还是相对比较低的。

中国经验和教训，可资借鉴

马晓霖：中国和"一带一路"沿线大部分地区都处在同一个或相似发展阶段，甚至我们的发展方式都很接近。在这种情况下，中国能给发展中国家提供很多可以参照的经验；在教训方面，中国的环境污染、雾霾越来越严重，我们不希望"一带一路"共建国家在未来的发展过程中也出现这样的弊端。具体来说，我们可以给"一带一路"共建国家一些什么样的建议？

刘科：我非常反对实施先污染后治理的方式。现在很多人说，当初伦敦就是先污染后治理，中国的东三省也是先污染后治理。但一定要记住这一点：英国先污染后治理的一个很大因素，是后期发现了足够的天然气可以取代煤炭。对中国而言，能源结构改变的前提条件是必须保证中国今后能够发现足够的天然气！但是谁能保证一定能发现呢？假如发现不了，现在污染后期治理这种理论就不成立。所以我想大家不要说别人是先污染后治理,所以我也先污染后治理。而且先污染后治理的成本是很高的。英国在全世界最先发展工业,之前没有环境污染这个经验教训。现在大家都已明确地知道这个经验教训了,再去走先污染后治理的道路,是非常不科学不明智的。

马晓霖:不能亦步亦趋按照西方的污染治理道路来走,应该弯道超车。

刘科:对。"一带一路"倡议与能源战略接得很紧,能源与环境也是分不开的,1平方公里可以住10个人,也可以住10万个人,如果这1平方公里住的是10万人,每个人都大额排放,那环境容量肯定是有限的。雾霾实际就是对我们环境容量的一个警告。如果我们总与西方比人均汽车持有量多少、人均耗煤量多少、人均电量和人均天然气的消耗量、人均石油的消耗量,将来做出决策会很危险。"一带一路"有很多发展中国家,发展中国家不应该去走西方这种高耗能道路。发展中国家人均的耗煤量、耗气量,如果都达到西方国家水平,资源必然不够,环境容量也必然不够。我们一定要找一条既能提高生活水平,又不至于破坏环境的发展道路。

中国本身是在探索一条前所未有的道路。就像习总书记讲的,我们中国的改革开放是前无古人。虽然不能说是后无来者,但是我们完全是靠着自己不断摸索,不断摸着石头过河,摸错了赶紧去修正,我们就是这样走过来的。现在中国的电厂技术,已可以让火电排放降低到比天然气电厂排放的污染物还要低的程度,这是中国已有的技术。中国最好的火电厂技术比如上海外高桥发电厂,每千瓦的耗能量只有280多克煤,这在全球是仅有的。这些技术对那些没有天然气,又要建火电厂的"一带一路"共建国家很有价值。我觉得中国这些技术都"走出去",可以对"一带一路"共建地区做出贡献。

（发表于 2016 年 12 月 22 日）

2.“一带一路”上的扶贫事业

“一带一路”共建国家是历史文明久远的国家,也是自然资源丰富的国家;是发展中国家,但更多的是贫困国家。扶贫对中国而言是大事,对“一带一路”上的共建国家而言,更是大事。作为有着扶贫经验的国家,中国在“一带一路”的扶贫工作又意味着什么呢?我们就此专访了中国扶贫基金会副会长王行最。

没有扶贫开发,就谈不上经济发展

马晓霖:“一带一路”共建国家基本上都是发展中国家,中国也是发展中国家,推进“一带一路”建设可以说是以共建国家的经济发展为主轴,然后促进中国与这些国家的合作。作为中国扶贫基金会的领导,您怎么看待扶贫开发与经济发展之间的关系?

王行最:“一带一路”共建国家基本上都是发展中国家,农业在这些国家的经济发展中构成比例非常大,农业人口也非常多,相对来说城市化进程和城镇化发展水平都比较低。促进这一部分人口的发展,提高他们的收入,肯定也是这些国家最重要的经济工作重点,所以扶贫开发必然是经济发展里非常重要的环节。

马晓霖:中国扶贫基金会这些年在“一带一路”共建国家都做了哪些工作?有哪些具体项目?有没有与“一带一路”倡议对接的项目?

王行最:扶贫基金会在国际化战略的启动方面走得比较早,2005年开始就提出在做好国内项目的同时要走出国门,走向国际。2009年开始,我们提出,除了人道主义救援,还要进入社区开发发展型项目,开发民生工程。所以我们在布点上应该说是以东南亚和非洲国家为主,恰好也是在“一带一路”线上。目前在长期执行项目的国家有四个,非洲的埃塞俄比亚和苏丹,东南亚的缅甸和尼泊尔。

在埃塞俄比亚,我们开展了"微笑儿童"学校共参的项目。这个项目 2015 年 5 月正式启动,现在已经实施了一年多时间,覆盖亚的斯亚贝巴地区 42 个公益学校、大约 3200 名学生。学生来到学校后,精神状态比以前有很大提高,学习成绩比以前也有很大提高。我们很欣喜地看到这样的结果。但更令我们感觉到欣喜的,是这个项目由于实施效果非常好,为当地许多企业所认可,所以埃塞俄比亚本地的企业投了很多钱。

第二个是在苏丹开展的中苏阿布欧舍友谊医院。这个项目从时间上来说比埃塞俄比亚的还要早,2009 年做的项目可行性调研,2011 年 7 月份正式竣工,项目总投资 110 万美元。

以往我们大型援助项目存在一个普遍问题,就是把硬件建设完后就走人了。我们曾听到过这样的情况,很多项目的硬件是中国政府或者中国企业援建的,建完走了以后,因为当地运营能力不足,欧美一些国家就进来了,美国、英国、法国派医生提供软件,结果许多当地受援的社区都不知道这是中国援建项目,说这个是美国的项目、英国的项目、法国的项目。

这不是我们所希望看到的结果。吸取这样的教训,所以我们在后来的援建项目中,硬件建设完成后,派人进驻医院的董事会参与他们的管理,后续我们还派去医生,帮助医院提升专业水平,提高医生护士的专业技能。我们利用这个医院作为一个中心点,辐射周边的社区,使当地的贫困产妇得到产前检查服务、住院分娩服务。医院运营的效果也非常好,就诊的人数每年大概有差不多15% 的增长量,收入水平每年有 30% 的增长量。

没有保障,扶贫开发就没有可持续性

马晓霖:在推进"一带一路"建设中,现在有很多相应的机构,丝路基金、丝路银行、亚洲基础设施投资银行。同样,对扶贫开发合作来说,有意愿有经验甚至有模式,是不是也应该有一个相应的国际合作机制? 将来在"一带一路"共建国家的扶贫开发中,是不

是得有一定机构的保障？

王行最：对，我个人非常赞同这个思路。中国是一个发展中国家，过去我们接受过援助，也在力所能及的范围内向发展中国家提供援助。以前这项职能是由商务部援外司来承担的，但是现在随着中国经济的快速发展，已成为全球第二大经济体，许多国家包括发达国家和发展中国家，都呼吁中国要从受援国变成援助国。中国政府虽然并没有从正面上回应，但实际上也是在向这个方面努力。比如说，中国把 GDP 的零点几个百分点，拿出去专门做对外援助的话，我相信应该需要有一个专门的机构来做这样的事情。

在西方发达国家，基本上每个国家都有这样发展援助的双边组织，就中国而言，应该有这样一个组织，由它专门统一规划对外援助的目标，比如要达到什么样的目的、采取什么样具体的战略和步骤、实施什么具体的项目、由哪些人做这样的事情等问题。如果没有一个专门的、独立于某一个部委之外的机构，我觉得很难承担这样的责任。所以我个人非常主张有一个独立的发展援助署这样的机构来承担这项职能，使中国的对外援助更加系统化，更加有规划。

马晓霖：您提到中国扶贫基金会 2005 年就走出去了，那么整个中国民间组织走出去，特别是在帮助扶贫开发这方面，依据这些年您海外工作的经验来看，我们还面临哪些困难？应该怎么解决？包括政府在内应该帮助中国的扶贫机构做哪些工作？

王行最：十几年走过来，我亲身参与其中，感受非常深切。具体来说，困难和挑战，有内部的也有外部的。首先，我们有专门对外援助的机构，政府的钱基本上走政府的系统，所以民间组织要向政府去申请资金基本上是没门的。我们企业的发展历程也比较短，企业社会责任感是比较缺失的。普通民众的国际意识现在也还是比较薄弱，好多人都觉得，中国是一个发展中国家，我们还有那么多穷人，你们跑到非洲去援助干吗？

扶贫基金会走出去十几年，国内对我们的国际化其实意见也不统一。有意见说我们国内的事情还做不完,到国际上干什么去,做得还那么费劲。所以怎么样统一认识,如何靠坚强意志去执行是非常重要的;另外,公益组织这个行业的人力资源,合格的人选本身就比较有限,有执行国际项目的能力,有国际视野,并致力于国际发展这样的人才更是少之又少,基本上找不到。

而且我们在项目所在国面临的一些问题,包括文化传统、习俗、法律和免税等问题都需要沟通。比如,我们在苏丹的项目能否免税,这事归苏丹财政部管,我们当时从财政部部长到三位副部长全都找了。我们当地的合作伙伴是副总统夫人成立的一个基金会,她也帮助我们想办法。即便有这么强大的支持,我们也花了三个月才清关,医疗设备、空调什么的才进去。这些困难都是我们以前在国内做项目时所没有碰到的。所以说,做国际化的项目,确实比在国内要困难得多。

（发表于 2017 年 1 月 19 日）

3. 践行"一带一路"倡议,企业如何"走出去"?

践行"一带一路"倡议,其主角还是企业,企业为什么要去"一带一路"呢? 从国家战略到企业战略,"一带一路"倡议的机会在哪里? 企业如何才能抓住机会? 我们就此专访了国家发展和改革委员会学术委员会秘书长张燕生。

"一带一路"沿线有风险,风险孕育机会

马晓霖:中国提出"一带一路"倡议,有些人认为这是中国经济进入高速发展 30 多年后,遇到了一个瓶颈阶段,需要在这个时候向欧亚腹地寻找市场,寻找资源,寻找新的发展出路,您认为这种看法是不是有一定道理?

张燕生:过去 30 多年的改革开放,属于外向型经济模式,我对这个模式有两个基本评价:一个评价是功德无量。外向型经济模

式功德无量在于中国经济的双轮驱动,一个轮子是出口,一个轮子是招商引资。过去 35 年,中国解决了三个问题:第一个问题是外汇短缺、资本短缺、商品短缺;第二个问题从计划经济到市场经济转型;第三个就是给 13 亿中国人开了窍。

我的第二个评论是,外向型经济模式过去 35 年很成功,但是它难以为继。出口是拿别人的奶酪、拿别人的市场,招商引资是拿别人的资本。未来 35 年,我们的开放战略将转向开放型经济。开放型经济也就意味着我们会重视出口,但是,我们要更加重视进口;我们会重视引进来,但我们会更加重视走出去。走出去,到哪儿去?

邓小平同志在 30 多年前就讲,东部沿海地区发展到一定程度,我们开放和开发的重点要转向中西部,尤其是西部地区,也就是说西部地区要进入新一轮开放、新一轮改革、新一轮发展的最前沿。讲"一带一路"倡议与地方发展,新疆是丝绸之路经济带的核心区,宁夏是内陆开放经济型的实验区,它的对接重点是阿拉伯世界和伊斯兰地区。

马晓霖:"一带一路"沿线有 60 多个国家,主要都在欧亚腹地,这些国家从发展的角度看,普遍经济结构比较单一,经济发展水平层次比较低,您能否具体评价一下这些共建国家及其发展状况?

张燕生:这 65 个共建国家确确实实像你讲的,无论是哪个方向,都属于亚非拉为主的地区,也就是多为发展中国家。到发展中国家去,我有一个比较形象的描述,说这是第二次农村包围城市,这是第二次上山下乡。我们知道过去 35 年中国有一家企业做得比较成功,就是华为。那么我们要问,华为的成功之道是什么? 从华为的实践来看,他们是去了"一带一路"共建国家,那里是全球跨国公司很少去的地方,因为那里有很高的政治风险、社会风险、经济风险以及文化和宗教冲突。一般人们都希望去一些比较发达、风险可预见的地方,不愿意去风险很高的地方。恰恰这些地方成为华为得到第一桶金的最好的地方,大家不去它去。

从这个角度讲,华为走的就是"一带一路"。前一段时间我阅读了一份美国的在华商会报告,报告中一组数据使我非常受启发。这组数据说,在中国的美国企业中很多企业的回报好于美日欧市场。实际上,越成熟的市场,越规范的市场,竞争越充分,你就只能拿到平均利润率;可是你来到中国呢,像美国的别克车、德国的大众车,它每一辆车得到的利润都会分别比在美国和德国得到的纯利要多得多。

中国西部地区应成为企业"走出去"的后勤基地

马晓霖:从国家层面来讲,中国也是一个发展中国家,也是在经历城市化初级阶段。从一个国家快速实现发展来讲,过去35年中国的经验是不是对"一带一路"发展中国家,或者欠发达国家有非常好的帮助意义?

张燕生:我觉得一定会有的。我们的"一带一路"倡议,用习近平总书记的话来讲,叫作以创新思维建立的。比如说,设立亚投行和丝路基金为"一带一路"项目融资。我经常问自己,通过亚投行融资和向世界银行、亚洲开发银行融资有什么不同? 我们知道,世界银行宗旨也是搞发展的,是为发展融资的,不过到现在为止,世界银行行长永远是美国人,亚洲开发银行行长永远是日本人。他们对于发展的需求,对于发展中国家的发展需求,认识和我们是不同的,所以我们的行为也会不同。

马晓霖:您考察过很多地方,东南亚、非洲甚至高加索,有些发展中国家其实在特定时段里,它们是经过了高速发展的,但后来又跌入了困境,比如北非的埃及、突尼斯这样的国家,您觉得是什么导致这种情况的发生?

张燕生:你说的这些地方,在发展经济学的描述里,叫作有增长而无发展。什么叫增长? 增长就是人均GDP的增加,财富是增加的,人均GDP上升,可以达到1万美金,甚至可以大于1万美金。但是它没有解决公平分配的问题,机会公平、结果公平以及起点公平,或者没有解决经济的结构问题。一次新科技革命来了,这些国家却基本还都是一些传统产业,没有经济结构、社会结构和组织结构的变化。

与此同时,往往这些国家没有走向治理体系和治理能力的现代化,缺少现代化治理。增长是指经济层面,发展是包括经济、社会、生态、创新,是整个经济社会和文化结构动态进步的过程,也就是说,不但人均 GDP 要增加,政治、经济、文化和社会制度也要进步,要根据人们的这种自我实现的需要,不断地推动改革的红利。

马晓霖:中国也面临着经济转型,包括产业升级的问题,中国国内地区发展也不均衡,甚至有的地方差异非常大。随着"一带一路"倡议的推进,我们很多优质的产能会转移到"一带一路"去,这是不是说明我们国内有一些地方没有办法承接这些产能? 如果我们实现了产能转移,却没有实现产业升级,会不会出现产业的空心化?

张燕生:"一带一路"要走好,就要举全国之力,东中西合作互动。产能过剩是消灭竞争对手最有效的办法,危机也是淘汰过剩产能和淘汰竞争对手最好的机遇。因此,在目前国内产能严重过剩的情况下,必须按照我们所讲的"四个一批"来处理:淘汰一批,转移一批,消化一批,并购一批。转移一批怎么转? 我想第一步就是转到中国西部地区去。举个例子,中国人喜欢打拳,我们知道无论是咏春拳还是长拳,第一个动作出去是收拳,收拳收在什么地方呢? 就收在中国西部地区。比如说,国际物流大通道,我们有渝新欧铁路,有郑新欧铁路、汉新欧铁路、蓉新欧铁路,那么,这些国际物流大通道,它的编组应该是不同的方向,"一带一路"沿线地区的物流编组,产业整合的不同方向。所以说,我们的产业首先应该在西部地区进行整合,将其作为原材料、后勤的补养基地。

(发表于 2017 年 3 月 21 日)

4. 民间资本如何借势"一带一路"倡议?

金砖国家银行在非洲正式开设了非洲中心,这是金砖国家合作的进一步深化,也是"一带一路"倡议推动发展中国家金融合作的具体行为。金融尽管有开发性金融活动,但是本质上仍然是一种市场投资。在国家金融合作之外,民间资本应如何借势"一带一路"倡议呢? 我们就此专访了民生证券研究院执行院长管清友。

借势"一带一路"倡议,民间资本自有优势

马晓霖:配合"一带一路"倡议,中国配套出台了一系列投融资平台,比如亚洲基础设施投资银行、丝路基金、丝路银行等等,但这些机构都是以主权投资为基础的开发性金融平台,和它们相比,民营投融资机构应如何参与这样一个宏大的共同发展倡议?

管清友:开发性金融一般更强调它的政治意义,它的收益相对来说可能期限长一些,收益可能低一些,但民间金融则要求有比较恰当的投资回报率。

马晓霖:主权投资基金具有国家间、政府间合作的性质,所以,应该说它体现国家意志,呈现出的投资预期、项目选择与民间金融是不一样的。具体到民间金融,您认为它有哪些特定的比较优势可以参与"一带一路"建设?

管清友:对于开发性金融来讲,虽然是部分体现国家意志,但是它也得赚钱,而民间金融的优势,还是更加市场化,更灵活,考虑的因素会更单纯一些。从民营企业这个角度来讲,做项目是需要赚钱的,需要在保障资金安全的基础上能够获得比较好的回报。但是,我这里想强调一点,在"一带一路"倡议的推进过程中,无论是金融机构还是民间金融都要讲政治,因为毕竟"一带一路"共建国家和地区差别比较大,各个国家的政治、法律和社会环境差别很大,发展水平也不一样。

马晓霖："一带一路"主要共建国家都是发展中国家,应该说从综合治理到各种保障方面都是比较脆弱的,从这方面来讲,民营资本搭乘"一带一路"倡议走出去,怎样才能规避这些风险?

管清友：有人说民间资本抗风险能力本身就弱,我觉得这个判断可能就不成立。什么叫抗风险能力? 是按收益率吗,还是按政府背景? 在海外其实我们共同的靠山就是中国政府,那就无所谓抗风险能力强弱的问题了。当然从规模上讲,它的确存在区分,比如说主权财富基金规模很大,在"一带一路"的建设过程中,投资只是它其中一块。而民间资本在涉及"一带一路"具体项目上,可能对它的影响就比较大,这一点确实是有抗风险能力差别的。总体来说,我认为在海外投资,其实大家面临的风险是差不多的。

马晓霖：现在有一个说法叫"海外中国",即中国在海外参与投资的企业可能有2万多家,总资产有人估计有2万多亿美元。据您了解,这2万多亿美元的存量中,民营资本或者民间资产大概占多大比例?

管清友：这个数据比较难统计,总体观察看来,我们现在还是以带有国有性质的金融机构、国有性质的企业,特别是中央企业的投资为主。民营企业其实也做了很多布局,规模也十分庞大。但是我认为,国内一直在区分所谓国有和民营,其实没有必要。从提出"走出去"战略,到现在推进"一带一路"建设,本身就意味着国内企业和金融机构参与全球化,参与其他国家的建设,在这个参与的过程中,我们分享别人发展的红利。从企业来讲,本身这是个很普通的事情,与国有、民营没有关系。

中国要打造自己的区域金融中心

马晓霖：有一种观点认为,"一带一路"建设本身就是人民币金融带的建设,您怎么理解这句话?

管清友：金融和"一带一路"倡议的关系,应该说是密不可分的。我想从两个方面来说:一个是资金融通原本就是"一带一路"

倡议中非常重要的一个组成部分,不同国家和地区金融业发展的业态,金融业管理的体制实际上是不一样的,那么在这个过程中是一个协调、妥协、相互合作的过程;第二个方面,我们在"一带一路"建设的过程中,肯定要涉及优势产能的合作,涉及双方的相互投资,这都需要投融资,而投融资就一定需要金融各业态之间的相互合作。

"一带一路"建设是人民币金融带建设的说法,我觉得未尝不可。因为"一带一路"倡议的推进必然伴随人民币的国际化。而且我觉得人民币国际化的速度,可能比"一带一路"的建设还要快。因为"一带一路"倡议毕竟是涉及几十年甚至上百年的大倡议。这让我想起英国在崛起成为世界大国的时候,它的货币国际化的过程。英国曾经是世界上最大的煤炭出口国,蒸汽机和煤炭的联系我想大家也都是知道的,英国在出口煤炭这个过程中是用英镑结算的,于是英镑相应地就国际化了。

马晓霖:从传统上来讲,世界金融中心是大西洋两岸的超大城市纽约和伦敦,以及亚太地区的东京、首尔,包括中国的香港。这些年实际上我们看到次一级的金融中心也在崛起,比如迪拜、孟买、多哈等等,您怎么看新兴国家金融中心在新一轮全球化运作中的作用和地位?

管清友:我觉得在这个过程中,要打造我们自己的区域性金融中心,以便能给"一带一路"倡议的实施提供支持。比如说,我们看到这种区域性的金融中心和专业性的金融中心,有的聚焦在结算,有的聚焦在资产管理,有的聚焦在奢侈品消费,给金融行业从业人员提供了更好的休闲场所等等;有的着重对接亚洲市场,有的着力对接欧洲市场,情况千差万别。金融中心的打造本身都有一些公共性的条件,比如资本流动要更顺畅,汇率,就是本币与外币的兑换要更方便,还有支付手段要更便捷等等这些要求。

当然也有我们说的区位特点,比如像迪拜,就是典型的连接亚洲与欧洲两大市场。中国在这方面还有空间,我们资本项目还没有完全开放,金融改革还在持续推进。当然我们有一个比较大的优势,就是我们有庞大的资本、庞大的产能,这会给打造金融中心提供非常坚实的支撑。未来我们不仅会看到上海作为国际金融中心,甚至作为一个重要的金融中心,我们可能还会看到很多的枢纽城市成为区域性的金融中心。

（发表于 2017 年 8 月 29 日）

5.“一带一路”倡议融资方向必须是百年大计

　　“一带一路”沿线多为发展中国家,发展中国家不缺发展需求和机会,但是缺乏融资能力。中国作为“一带一路”倡议的首倡国,面对的就是这样一个基本情况。应该如何推动“一带一路”共建国家经济能力的提升,补齐短板呢? 我们就此专访了中国银行前副行长张燕玲。

建设“一带一路”,共建国家资金缺口大

　　马晓霖:搞“一带一路”建设,要投资,要花钱,但“一带一路”共建国家大多数都是发展中国家。就您的了解而言,这些国家未来总体的资金缺口究竟有多大?

　　张燕玲:您这个问题提得非常好。我估计您肯定不是让我说具体的数字,说实话我也说不出来。但是“一带一路”建设中很重要的一个内容就是基础设施建设,对基础设施建设这个问题,从联合国、G20,乃至很早以前世界银行一直都在公布着这些相关数字。但是,这个数字有些偏差,甚至差距很大,为什么? 因为项目都是今天有了,明天又没有了,再加上统计的时间也都不一样,所以数字有差别也还算正常的。

　　马晓霖:2015 年我看到一个数据,是说大概在未来 10 年左右,仅亚太地区基础设施投资的缺口就有 8 万多亿美元。纵观整个“一带一路”沿线,实际上都是投资洼地。对于这个数字您怎么看?

　　张燕玲:现在说 7 万亿或 8 万亿的人比较多。2016 年在博鳌

亚洲论坛,国家开发银行的董事长就说,他们的项目库里面有9000多个项目,总盘子是1000多亿美元。其他银行也都有自己的数字,特别是今年起,各家银行每个季度都对投向"一带一路"建设的资金金额有统计。我想确切的数字,大概与刚才说的7万亿或8万亿美元差不多。全世界有一个统计数字,那就是今后二三十年里全球基础设施建设投资金额大约是70万亿美元。

作者在北京专访金融专家、前中国银行副行长张燕玲,讨教"一带一路"企业投融资问题。

融资"一带一路",规避风险也谋求长远

马晓霖:"一带一路"共建国家大部分是发展中国家,这些国家应该说普遍融资能力比较差,信用等级比较低,而"一带一路"建设又是中国倡导各方参与,中国肯定是要担当重任。那么由中国主导"一带一路"沿线项目或者相关融资的话,我们的风险是不是很大? 应该怎样规避这些风险呢?

张燕玲:"一带一路"起源于古代丝绸之路,而全球公认和感到骄傲的是古代丝绸之路,因为它是古代文明的结晶。现在,为了找到能够让世界经济很快复苏的办法,从20世纪80年代起,联合国就提出了"复兴丝绸之路"这样一个计划,之后很多国家也都拿出它们各自的计划。习近平主席"一带一路"倡议一提出来,就得到全世界的拥护。

"一带一路"倡议是全世界共同的事情,所以由中国一家包揽融资是不可能的,我们也不可能自己去包打天下。从另一方面讲,内生动力是非常重要的,共建国家自己对于"一带一路"倡议的参与非常重要。

我特别赞赏孟加拉国的三任总理哈西娜,她提出把他们国家的"金色孟加拉"规划和"中国梦"结合起来。如果每个共建国家都有它们自己的内生"复兴丝绸之路"计划,再加上中国作为负责任大国所提出的倡导,这样结合起来就会更好。但是,至于到底该怎么发展,还是要按照中国提出的包容发展、合作共赢原则去共建"一带一路"。如果大家都按照这个思路去做,可能有很多问题就特别容易解决。

马晓霖:我理解您的意思是,"一带一路"倡议是中国提出的,但是一个巴掌拍不响,应该是中国来推动融资,共建国家一起来努力,其他发达国家也共同参与这个全球化的新投资高潮。

张燕玲:对。如果共建国家各自有各自的发展计划,加上有中国更好的经验和更好的技术,还有中国在金融方面的支持,"一带一路"建设才能做得更好。当然这些东西都是市场化的,绝不是说"一带一路"建设是中国全包全揽。比方说一个项目,要向全世界招标,西方发达国家来投标,中国企业也来投标;比方说融资,可以从全世界各家银行融,不一定全是在中国融。所以说"一带一路"是一个很大的朋友圈,愿意加入朋友圈的,即使不在"一带一路"沿线,也可以来加入。

马晓霖:发达国家是全球化的推动者和参与者,它们在对发展中国家投融资方面,应该说是积累了很多的经验。那么,它们在这方面有什么经验是中国可以借鉴的?

张燕玲:西方发达国家投资发展中国家,确实是有历史了。中国在30多年前,也就是改革开放刚开始的时候,也使用了很多西方国家的政府贷款、出口信贷,那个时候我本人就具体在做这些业务。在我看来,除了金融支持,西方国家的制度、法律、规则都很健全,而咱们在这方面还是有差距的。

西方投资项目的成功率很高,每一个都是拿出真金白银来换回真正的效益,而我们在这方面过去是有差距的。"一带一路"沿线有这么多国家,其中有一些国家法律不是很健全,存在政治风险,包括企业的信誉风险应该也都很高,在这个时候,就应该和西方金融机构很好地结合,相互配合,形成合力,去规避这些风险。

马晓霖:也就是说,要帮助"一带一路"共建国家发展,这些国家自身也得达到一定的条件,否则外来投资就打水漂了,这些国家也没有发展起来,这对双方的政治、经济等方方面面也都将产生不利影响。

张燕玲:对。而且前期如果不把很多工作做到位,匆忙地上了一些项目,如果项目在过程中出现问题,它所引起的麻烦就不仅是经济的,可能还有更严重的政治问题。这样的问题都必须事先考虑清楚,而且是双方都必须加以考虑的。"一带一路"建设中的项目,其实都应该树立起一个目标,那就是这个项目必须是百年大计。

我们现在回过头看,当年西方国家援助咱们的一些项目,利用西方政府贷款搞起来的一些项目,说实话很多都是百年大计。也就是说,你不仅要帮助共建国家把项目建起来,还要帮助它今后能够正常运营,不然就是很大的浪费。接受帮助的国家,首先要对自己的偿债能力有一个评估,其次,项目一定要透明,要征求社会各方的意见。这些工作得到方方面面的认可之后,再用法律把它确定下来,这是非常非常重要的。

(发表于 2017 年 10 月 31 日)

6."一带一路"倡议如何构建国际仲裁新体系?

投资就会有契约,契约就涉及法律问题。"一带一路"共建国家经济发展水平参差不齐,文化差异大,有些国家国内的政治连续性和稳定性也较差,加上利益诉求多元化等现实因素,以及各国法律体系和实践的不同,"一带一路"倡议相关的协议在实施过程中,难免会引起许多贸易和跨境投资管理方面的问题。在此种复杂的情况下,商业利益如何得到保证,既是法律维护的问题,又是法律服务业发展的问题。我们就此专访了美国德杰律师事务所中国管理合伙人、国际商会仲裁院委员陶景洲。

中国律师界要努力走国际化道路

马晓霖:您从事法律工作几十年来,见证了中国法律服务体系从引入到"走出去"的完整过程。就现状而言,您认为中国的法律服务水平在影响力、市场份额等方面在世界处于什么水平?

陶景洲:应该说在世界法律市场,还是美国和英国占有垄断地位,尽管德国、日本都是很发达的工业国家,但它们在海外的法律服务份额也很小。中国的律师事务所应该说过去几年发展很快,但是,从服务本国法律市场到服务世界法律市场,这两者有本质区别。

马晓霖:数据显示,我国目前超过 30 万名律师中,能够熟练办理涉外法律业务的不到 3000 名,能够办理"双反双保"业务的不到 50 名,能够在 WTO 上诉机构独立办理业务的更是凤毛麟角。客观地讲,中国的律师队伍在非诉讼业务方面应该是有一定能力的,而且发展得也很快;但是在诉讼业务中,经验和能力都比较弱。您觉得中国的律师业还存在哪些短板?

陶景洲:这个和中国的法律教育有关。中国的法律教育主要还是理论性的教育,而不是职业性教育。英美国家的法律教育,就是培养你怎么去打官司,实际操作性很强。一个法律事件出来后,作为律师应该怎么分析,怎么在法庭上进行相应的辩护,这是英美法学院讲授的主要内容,而中国律师在法学院接受这方面的培训不够。另外,国际上打官司主要用英语,英语不是中国律师的母语,所以到国际法庭上交叉盘问证人过不了语言关,而且这方面的训练也是不够的。

其实,律师就是熟练工种,做得多了就会了。将来慢慢通过磨炼,通过和外国律师事务所一起合作,通过帮助中国企业处理相应的跨国纠纷,中国律师慢慢就学会了。所以,我想未来 5 年、10 年,中国律师在国际诉讼或者仲裁领域应该会进步更大。

作者在北京专访著名商事法律专家陶景洲,请教"一带一路"倡议带给中国仲裁体系建设的历史机遇。

"一带一路"仲裁更具实用价值

马晓霖:您长期从事国际商务法律业务,经验丰富,能否结合"一带一路"倡议,概括介绍一下"一带一路"共建国家法律环境的现状和特点?

陶景洲:"一带一路"沿线 65 个国家,有三大法律体系:普通法体系、大陆法体系和伊斯兰法系。总体而言,共建国家法律情况很复杂,而且这些国家的法治发展水平也很不一样:有些是很不错的法治国家,有些是法治比较欠缺的国家,还有些可能还不能称为法治国家;有些和中国有一些条约上的安排,双边有投资保护协定;有些参加了比较重要的国际条约,有些则没有。应该说,"一带一路"沿线是一个复杂的法律环境,需要中国企业根据不同国家的法制情况,包括对方和中国不同的法律关系、对方对条约的遵守情况等方面加以了解,以便做出不同的甄别和对待,这样和它们打交道的时候才不会掉入合同或者法律陷阱。

马晓霖:由于涉及多元文化和背景,各国政府、企业之间出现争端在所难免。如果寻找争端解决的方式,仲裁或许是最佳选择。"一带一路"沿线大部分是发展中国家,不同国家发展的程度不同,它们对法律、规则在认识上也是不同的。您认为这是否会影响到商务仲裁?

陶景洲:仲裁是解决在投资国纠纷的最好办法。国际仲裁是什么意思?就是说咱们签的合同里面可以约定不适用当地国法律,不在当地国仲裁,可以选择在第三国仲裁,选择适用第三国法律。比如,我们在哈萨克斯坦签订的合同,可以约定到伦敦仲裁或香港仲裁,这样便于独立公正地处理案子。而且在伦敦做出来的裁决,在全世界150多个国家都可以被承认和执行。这就和你在当地国打官司是完全不一样的,当地国的判决也许不能拿到其他国家执行,除非有双边司法判决协定或者参加了某个国际条约。所以,特别是在那些法制不太健全的国家,在可能的情况下一定要选择仲裁,一定不要落在当地法院手里。

未来我们在"一带一路"共建国家,一定要在与对方签署的合同中规定有效的仲裁条款,同时要看这个国家的仲裁是特别友善的还是特别敌对的。我想这需要专业律师给中国企业提供相应的服务。

马晓霖:中国现在是第一贸易大国,法律服务的需求量非常大,可我们的仲裁服务基本上还是靠引进境外的仲裁机构。未来中国有没有可能发展一批本土的但是又获得国际认可的仲裁机制?

陶景洲:过去十几年来,我一直四处呼吁,希望中国能成为一个国际仲裁中心,或者至少是地区仲裁中心。如果中国真正建立了好的仲裁中心,全世界的人都来这里仲裁,这就拉动了对中国律师的需求,提高了中国法官对仲裁的审查能力,还增加了中国配套服务的市场,比如说酒店、航空、翻译、专家、餐饮等等。

伦敦到处都是律师所,它们对国际仲裁的辩护水平是一流的,大家都愿意选择到那里去做仲裁,而且伦敦各种各样的设施也很方便。如果说,中国进一步提高仲裁的司法环境,对仲裁员和外国律师的限制逐步减少,我想根据现在中国在谈判中的地位,完全可以说服外国公司到中国来仲裁。

马晓霖:在您看来,伴随"一带一路"众多项目的推进,这些年中国在仲裁业发展还有哪些明显瓶颈? 从顶层设计和国家法律调整层面,中国还需要做出什么样的努力?

陶景洲:中国仲裁业发展的瓶颈,就是需要修改《仲裁法》。比如说在仲裁过程中,世界大部分国家都规定仲裁庭可以决定采取证据保全或者财产保全的命令,另一方必须执行。但是在中国,仲裁庭无权发布相应命令,你要想做财产保全或者证据保全,必须把申请提交给仲裁委员会,仲裁委员会再转交给当地法院,然后由法院做出裁决。既然仲裁庭可以做出最终裁决,为什么中间的安排反而不让做呢? 这中间环节多了一些。未来要增加仲裁庭的自由裁量权,要减少司法的介入,我认为这是中国仲裁业下一步的发展方向。

(发表于 2018 年 4 月 13 日)

7. 中国经验如何帮助"一带一路"
共建国家破解资源诅咒?

为什么有些国家遍地是黄金却贫困潦倒? 有些国家沃野千里却饥荒不断? "一带一路"沿线有 60 多亿人口,也有着世界最丰富的油田、煤矿和金属矿业,但是仍然有很多不发达国家。资源怎么才能让国家变得富有? 在这方面中国经验对"一带一路"共建国家有没有帮助? 我们就此专访了中国人民大学经济学院副院长、"一带一路"研究院副院长郑新业教授。

世界经济体系未能惠及所有国家

马晓霖：这个世界发展不均衡，有的国家富，有的国家穷，这是近百年来都非常普遍的现象，当然原因很复杂。您有一个观点我觉得很新鲜：您说现在世界经济的主导者比如英国、法国、美国，它们建立的世界经济体系是通过世界银行、国际基金组织、世界贸易组织等运行的，但这套经济体系没有惠及广大的发展中国家。您得出这个结论的依据是什么？

郑新业：当今世界经济体系是二战之后以美国、英国等为主导建立起来的。这个机制在二战后对世界经济的发展起到了很重要的作用。客观地说，很多发展中国家也从这个体系中获益，亚洲国家包括我们国家都应该承认这一点。但是话说回来，虽然有部分发展中国家获益，但是获益有限，而部分人群、部分产业受到负面冲击太大。"一带一路"共建国家，有 16 个不是 WTO 成员，很多国家没有从世界银行借到过一分钱，很多国家没有从国际货币基金组织获得过援助，同时这些国家对外投资也很少。这些指标表明什么？表明有相当一部分国家没有融入现行世界经济体系。

马晓霖：作为世界上最大的发展中国家，也是增长最快的经济体，中国提出的"一带一路"倡议，是不是可以弥补现行的经济发展体系对发展中国家难以惠及的缺憾？

郑新业：习总书记提出了一个新理念，就是人类命运共同体。人类命运共同体中一个非常重要的理念，也是中华文明中非常重要的一个理念，即天下大同，天下情怀。中国发展到今天，从某种程度上来说，世界的发展取决于我们，但是世界的发展对我们仍有很大影响。如果我们发展了，世界不发展，我们的产品往哪里销售？如果我们发展但别人不发展，别的地方有饥饿，有战争，那我们进口的来源地也同样会受到影响。

马晓霖：所以从人类命运共同体的角度来讲，中国和世界的联系，特别是和发展中国家的联系，应该说更密切？

郑新业：我们今天的发展，人们生活水平的进一步提高，不仅仅取决于我国人民的辛勤劳动和努力，也取决于其他国家人民的发展。在这个过程中，如果我们力所能及地帮助其他国家，其实也是在帮助我们自己。从这个角度来讲，解释人类命运共同体，其实有它的经济含义。

我们在最近40年的快速发展过程中，深切感受到成功融入世界经济发展体系的好处，但是我们也深深地知道融入这个体系所面临的一些困难。因此在"一带一路"建设过程中，中国提出了"五通"。从本质上讲，我们对于其他国家融入世界体系的理解，与欧美等国家有相当不一样的地方。我们是基于改革开放40年所取得的成绩和经验总结，对解决"一带一路"共建国家的问题，有非常重要的参考。

"一带一路"倡议如何破解资源诅咒

马晓霖：一般来说，经济发展离不开资源，"一带一路"共建国家，大部分应该说资源是比较丰富的。可问题也恰恰出在这里，就是它们拥有很多非常好的资源禀赋，却不能转化为经济建设成果。在您看来，这中间究竟有什么样的困难和瓶颈？

郑新业：这是一个非常重要的题目。如果您回顾人类经济史，会发现早年战争与冲突，包括第一和第二次世界大战都是以获取和占有资源为目的。但是，二战以后出现了一个什么现象呢？战争不是以占有为目的，而是以"获有"为目的。

马晓霖："占有"和"获有"有什么区别？

郑新业：有区别。"获有"的时候，会追求资源开放，而"占有"是我要控制，"获有"是我不要求控制，我只要求买得着。二战以后，出现了一个新词汇，叫作"资源诅咒"，就是说很多有着丰富资源的国家发展得很慢，而像日本、韩国以及中国台湾地区，本身没有什么资源，反而发展得很快。事实上，这是人类文明发展中非常重要的一个演化过程，是一个大的时空背景。

　　"一带一路"沿线很多国家虽然是资源富裕国,但资源富裕不代表可以自动转化为经济增长,也不能自动转化为人民福祉的提升。其中的道理很简单,因为那些资源是用不到市场上的,用不到它就不仅是过剩,还要想办法从资源所在地运送到市场上,而那是需要条件的,需要基础设施,也需要有信息。

　　"一带一路"沿线虽然很多是资源丰富的国家,但部分地区获得开发,还有一些地区没有被开发。没有被开发的地区存在什么问题?这里面有一个非常重要的概念要搞清楚,即它所拥有的资源是物理资源还是经济资源?这两者是不一样的,物理资源要变成经济资源,就需要有产品,有竞争。打个比方,当油价是 100 块钱的时候,很多地方的油田可以开采,当油价降了 50% 的时候,很多油田就不值当开采了,因为成本比油价还高。

　　在这些地方,油价高的时候油田叫作资源,价格低的时候,甚至只能算是"黑泥巴"。有资源并不能保证经济平稳发展,当资源和国际市场联系在一起时,国际上大宗商品的价格起起伏伏,对于资源国和消费国都有很大影响。比如中东,石油危机爆发时,对美国等石油消费大国和这些产油国都会产生很大冲击。

　　马晓霖:没错,中东石油危机直接推动美国建立了战略石油储备机制。

　　郑新业:所以,有资源也会存在两大难题:第一,能不能把资源输送到国际市场;第二,能不能避免国际市场波动对资源的影响。此外,长期增长的负面影响怎么解决?应该说二战以后,资源诅咒这个问题仍然是很多发展中国家面临的非常大的难题,中国将来推动"一带一路"建设,如何帮助这些国家破解"资源诅咒"而实现发展,其实是一个挺大的挑战。

　　马晓霖:您会开出什么药方来破解"资源诅咒"?

　　郑新业:中国应该帮助这些国家发展自己的产业,让它们实现技术进步,让它们的劳动者受到更好的教育、更好的培训,让它们的劳动者更有劳动生产力。同时,这些国家的基础设施建设和资本存量要上来。中国不能简单地把"一带一路"共建国家变成产品倾销地和资源提供地。

（发表于2018年4月17日）

8.遥感技术助力"一带一路"建设

越是欠发达，越需要高科技；越有高科技，越能节约成本。这是后发优势的巨大作用。作为世界最早发射卫星的国家之一，中国在卫星技术上一直有着巨大优势，卫星遥感信息技术推动了中国发展，那么，它在"一带一路"建设中能扮演什么角色？我们专访了中国科学院卫星应用国家工程实验室顾行发。

遥感技术关系到发展与生活

马晓霖："一带一路"共建国家集中了全球85%的地震灾害、水旱灾害、风暴灾害，同时还包括人类共同面临的全球变暖等巨大挑战。此外，共建国家城市化进程和经济发展不平衡也成为"一带一路"建设的掣肘。从科学的角度来讲，遥感大数据正在成为人类认知体系的一把新钥匙；从社会角度来讲，遥感大数据的运用将通过宏观、动态的监测为"一带一路"建设提供服务。您怎么看"一带一路"倡议给这个领域、这样的技术带来的机遇？

顾行发："一带一路"建设中，共建国家和地区在基础设施建设过程中，肯定需要原始的地理、环境、地质等各方面的信息，遥感技术可以来提供；在整个"一带一路"城市化建设、城市管理，还有环境保护方面，卫星遥感信息也能发挥重要作用。

马晓霖："一带一路"建设包含了大量的基础设施建设，我们对局部地区的地质水文、地理情况等垂直信息的积累分析，对于相关国家决策，包括如何投资、如何评估风险，是不是也很关键？

顾行发：我们有过一些有趣的观测。我们通过灯光观测发现，一些发达地区夜晚的灯光指数比较高；但是，欠发达的地方灯光就比较暗。特别是观察、比较东部和西部,我们就能看见一个中间灯光的洼地,这是经济目前发展还不够迅速的一个表征。因此,我们可以这样认为,只有"一带一路"共建国家整个的灯光连成片,具有一定亮度,灯光指数比较高,那时候才是真正地发展起来了。

所以说,我们从城市的密集程度,从夜晚的灯光指数,从很多发展的表征都能够观测到一个国家、一个地区的发展程度。我们还有一些其他指数,比如说车辆指数,通过对超市停车数量的多少,能够找出一些社会经济发展的指数。

中国已经发布首部《2016 可持续发展遥感监测绿皮书》,在科技部和其他部委组织的对"一带一路"遥感环境监测工作的基础上,我们还想要发布关于"一带一路"监测的绿皮书,使我们对"一带一路"共建国家每年的资源环境现状以及变化一目了然。

相对来讲,在卫星遥感资源上我们是一个大国,"一带一路"有很多共建国家对此有很大需求。目前是我们自己的航天技术发挥作用,为"一带一路"发展保驾护航、为众多共建国家服务的绝好机会。

马晓霖:目前,"一带一路"沿线大概有多少国家在与中国进行信息共享合作?或者是从中国获取一些基于遥感信息并关乎发展的建议?

顾行发:我们和周边国家发起了亚太空间合作组织,我们在巴基斯坦、孟加拉国、泰国、蒙古、秘鲁、土耳其、伊朗等国家,都进行了广泛培训和交流,而且正在共同发起亚太卫星发展计划。现在,我们也在做金砖五国的卫星发展工作。我觉得"一带一路"的卫星观测体系,将是大家共同建造、共同发展、共同享受的体系。比如蒙古和老挝,它们希望能成为中国发起的亚洲、大洋洲地球观测系统中数据共享和应用的首批国家。在遥感应用方面,我们持全面开放态度。

(发表于 2018 年 5 月 3 日)

9. 中国钢铁产业如何借势
"一带一路"倡议稳步前行?

钢铁是现代社会的基本标志,也是整个现代工业的核心产业。中国有过"钢铁挂帅"和全民炼钢的经历,今天已是世界第一大钢铁生产强国,整个产业链的每一个环节,中国都位居世界前列。面对产能过剩的压力和"一带一路"倡议的发展机遇,钢铁行业应该怎么办呢? 我们就此专访了中国钢铁工业协会副会长、冶金工业规划研究院院长李新创。

中国钢铁已是最具国际竞争力产业

马晓霖:钢铁制造业是现代工业的核心环节。中国在很长时间里曾经"缺钢少铁",但是,经过这几十年的发展,中国已是世界上最大的钢铁生产国,而且是被外界认为产能严重过剩的国度。作为行业权威,您能否介绍一下中国钢铁行业的现状究竟如何?

李新创:应该讲,经过几十年的发展,特别是改革开放以来几代钢铁人的共同奋斗,中国钢铁业是目前中国所有大产业中最具国际竞争力的产业。我们已经是生产中心、消费中心,也可以说是出口中心。中国经济的快速发展给中国钢铁带来了巨大市场。在投资建设领域需要的钢材,大概占我们消费的55%,中国整个制造业占我们钢材消费大约35%。这么巨大的市场,给中国钢铁业带来了难得的发展机遇。

我们生产了全球一半的钢,是因为我们目前消费了全球45%的钢材。很多人讲,中国出口的都是低附加值产品,而进口的是高附加值产品,这个观念要更正一下:钢铁作为一种基础材料面对的客户是高、中、低端都有,中国钢铁不仅在中低端产品有竞争力,在高附加值产品中也有竞争力。比方说我们出口产品和进口产品高附加值的对比,以价值对比看,每吨2000美元以上的钢铁进口和出口对比,中国出口是进口的 1.4 倍;每吨价格在 1000 美元到 2000 美元之间的产品,我们的出口是进口的 2.5 倍。

这样的数字说明,中国的钢铁产品不仅在中低端有竞争力,在中高端同样有竞争力。应该说中国钢铁基本上实现了"五G"或者叫作"五好"——我们不仅是有好规模,还有好产品、好服务、好品牌、好价格。

当然,我们也要看到中国钢铁在发展过程也存在着这样那样的问题,特别是中国进入新时代,面临的主要矛盾已不是简单的短缺问题,而是发展不平衡和不充分的问题。同时,我们的"中国制造 2025"规划,也会对钢铁的智能制造提出更高要求。因此,钢铁行业如何更好地满足国内国外的竞争,如何更好地满足下游用户的要求,如何更好地满足社会对产业的要求,还有很长的路要走。

马晓霖:我们现在一方面产能过剩正在大力去产能,另一方面我们又是钢铁强国,有非常独特的优势、非常成熟的工艺体系和人才队伍。那么,目前中国钢铁的产量,从产能结构分析,中端、低端和高端大概呈现什么样的比例? 从创造的附加值来讲,又是什么状况?

李新创:目前,全球有大约 70 个国家具有产钢能力,但是,请注意并不是每个国家都有竞争力。钢产量超过 1000 万吨的国家全球只有 17 个。中国由于发展不平衡和不充分,表现在钢铁产业里,既有世界一流企业,也有相对落后的企业,但总体来看,我们竞争力排在世界前列。

当然,产能过剩是任何产业发展到一定程度都会遇到的问题。但是,就中国来说,"粗钢过剩"这个概念并不全面,我们叫"钢产能过剩"。因为我们钢铁是连续工艺,从铁到钢到材是一条龙,不只是简单的粗钢。

说到过剩,是我们整体的生产能力过剩。中国钢铁产能占据全球一半,我们用两年时间先淘汰了 1.15 亿吨。现在我们鼓励优势产能走出去参与国际合作。对钢铁产业来讲,产能过剩是全球问题,全球问题要共同应对。2008 年由于美国金融危机造成全球经济低迷,经济低迷对钢铁业肯定有重大影响,市场、生产以及企业效益都表现得比较低迷,这就加剧了全球钢铁产能过剩。

"十二五"期间,中国淘汰的落后产能将近 9000 多万吨。根据国家相关政策,"十三五"期间还要淘汰 1 亿吨到 1.5 亿吨的产能。在 2016 年和 2017 年,我们真正地去掉了 1.15 亿吨产能,这非常了不起。同时我们还淘汰了低端落后的地条钢,据统计,这 700 多家企业也有上亿吨的产能。从 2014 年到 2016 年,中国去产能的贡献超过 120%。我们真正起到了表率作用,负起了大国责任,这应该是取得了国际共识的。

借"一带一路"倡议中国钢铁稳步"走出去"

马晓霖:这些年我们一直是钢铁生产大国、出口大国,也在去产能的进程中负起了大国的责任。那么随着"一带一路"建设的不断推动和深入,会不会对整个产业产生比较大的影响和拉动?

李新创:随着中国大门的不断打开,特别是"一带一路"倡议的实施,必将促进我们钢铁这样具有国际化特点的产业更好地"走出去"。"一带一路"共建国家大多数处于发展阶段,它要提高工业制造能力,会有大量的钢材需求市场,但同时这些国家大多数不具备钢铁生产能力,这就给我们中国钢铁产业更好地"走出去",创造了非常非常难得的机遇。首先是要互联互通,先做基础设施建设。没有基础设施,这些国家很难发展工业,通过基础设施建设,也能把我们很多钢材带出去,这也是非常好的一个合作机会。与此同时,不仅仅把钢材带出去,也能把我们的机电产品带出去,逐步帮助它们形成发展的能力。当然如何更好地"走出去",还需要所在国政府和我们中国政府的支持。

马晓霖:"一带一路"倡议提出的时候,中国也提出要进行供给侧改革。我们推动中国钢铁业"走出去",是不是能整体改善我们的产业结构,提升制造业或者工业标准方面的水平?

李新创:即使我们不走出去,中国钢铁工业的发展水平也随着经济的发展不断提升。但"走出去"是把我们中国的优势产能带出去,这不仅有利于中国钢铁企业的布局,而且会促进全球钢铁业的进步。中国钢铁产业,无论是对贸易、矿山开发还是钢厂开发,包括在国外研发机构的建设一定是有益的。企业不是慈善机构,一定是以效益为中心。企业有了好的效益既解决就业也贡献税收,还能不断地带动技术进步,更好地促进产业发展,更好地促进社会发展。

从社会角度来讲,现代钢铁工业的技术进步,能够为社会提供高附加值的产品,也促进了我们相关产业发展,特别是我们很多理念的改变。我们讲产业需要更多的绿色化,这就是发展到一定阶段认识上的提高。从国际上来讲,提升产业水平同样是促进所在国进步。中国的产业经验可以帮助它们少走弯路,更快地实现基础设施工业化,实现国家的快速发展和整个工业化的发展。

(发表于 2018 年 5 月 18 日)

10. 与全球最大人口红利区携手共赢

"一带一路"不仅是世界上最大的发展中国家经济带、能源和矿产资源带,也是人口最多最为密集的地区。人才是一切发展的根本,"一带一路"倡议的根本也是人的发展,如何推动人口优势并实现地区发展呢?我们就此专访了人口问题专家、南开大学经济学院教授李建民。

人口红利并不恒定

马晓霖:中国经济经过几十年的大发展,成就非凡,但也可以明显看到中国东部、中部和西部的发展并不均衡。经济发展不均衡是一个自然过程,也有一定的规律性。从经济发展角度来讲,人口聚集是经济发展的基础,中国中西部正好是地广人稀,面对这样的人口结构或者人口增长趋势,"一带一路"建设应该怎样解决西部和中部的发展?

李建民:中国的人口分布的确像你说的,中东部地区人口比较聚集,西部地区人口少,相应的经济发展也呈现出这种梯度。我们整个经济发展的战略是从沿海地区开始的,经过这几十年的高速发展,经济的发展有一个梯度转移、扩散的效应。中央其实对西部的发展也给予了很多的关注,比如"西部大开发"等等这样一些扶持政策。从现在来看,"一带一路"倡议可能会给西部的发展带来更大的机会和机遇,因为在几条经济走廊上,西部都是最重要的节点。这种节点实际上是内连外接,不仅仅是一条线上的人或者经济资源的流出或者流入的问题,而是在那个地方可能有一个聚集。这样的话,对西北地区、西南地区整个人口的集聚,包括人口城市化的进程都有非常好的作用,因为经济机会增加,经济活跃起来,人口就会活跃起来。

马晓霖:"一带一路"核心区域涵盖 65 个国家,集中了世界三分之二的人口,估计有 46 亿。这些地区有人口聚集,但没有产生经济聚集效应,我们从人口发展角度而言,应该如何破解这种人口聚集而没有产生相对应经济效应的难题呢?

李建民:这个区域的确聚集了世界三分之二的人口,聚集了劳动力资源的三分之二,但是在它的区域内部又不太一样,人口主要聚集在东南亚、南亚这样一些区域,西亚、中亚以及东欧人口密度相对要小得多。事实上仅靠人口聚集本身带不来更多的经济效应,人口聚集可以使得基础设施的规模效应更好一些,对信息的聚集、扩散会更有利,但是如果没有经济容量,人口聚集反而可能会形成大量的贫民窟。很多发展中国家的大城市存在着大量贫民窟、失业人员,大城市病在它们那里的第一个反应其实主要是失业人口;对于西亚、中亚和东欧部分,的确有一些区域人口很稀少,这些地方确实是需要一些人口聚集的。比如说哈萨克斯坦、土库曼斯坦,人口的城市化程度非常低,这都不利于经济发展。其实人口聚集的内在力量是经济资源的聚集,然后是发展机会的增加,伴随"一带一路"倡议的发展进程,则可以提供一些这样的机会。

马晓霖:"一带一路"沿线地域很广,人口聚集的分布面不一样,发展程度也不一样,那么我们抛开其他的生产发展要素,单从挖掘人口红利这个角度来讲,哪些地区的人口红利还没有被充分挖掘?

李建民:从"一带一路"共建国家的情况来看,有这样几种类型:一种类型是还没有进入人口红利期,劳动年龄人口比重基本都在60%以下甚至更低;还有一类国家实际上已经处在人口红利期了,东亚、东南亚,其实包括印度也开始进入人口红利期了,但其中一些国家的生育率下降得比较快,当然还不像中国那么快;还有一类国家,其人口转变已经完成了,但是劳动年龄人口比重仍然维持在比较高的水平,像中国、泰国、新加坡、韩国等等,由于老龄化加速比较快,所以这个时候其负担比已经开始提高了。所以人口红利未来可能是在南亚以及中东那边。

马晓霖:从一般的经济规律来说,特别是对发展中国家而言,要把人口规模优势转化为经济红利,需要哪些方面的投入?

李建民:主要是劳动力素质,包括教育水平、职业技能、就业能力。另外一个很重要的因素是需求,因为对劳动力的需求是来自经济增长和经济发展。经济增长和发展会创造更多就业机会,这个时候劳动力需求扩大,现实潜在的人口红利才能真正挖掘出来。如果有一个负担很轻的人口年龄结构,但是失业率非常高,实际上潜在的人口红利是不能转化为现实人口红利的。

中国经验值得借鉴

马晓霖:很多学者都在谈论中国的产业升级和经济结构的调整,包括劳动力密集型产业的转移。有一些专家担心我们转移得过快,或者说把握不好这个度,就会造成国内产业的空心化。我们应该怎么做?

李建民:这个问题涉及两个方面:一是我们怎样有序转移,或者如何防止制造业或者产业的空心化。另外一个是失业就业的问题,劳动密集型产业在中国其实吸纳了大量劳动力,两亿多农村流动人口到城市来,劳动密集型产业的发展是功不可没的,所以在中国很难发现有贫民窟。至于这种转移怎么把握这个幅度,我觉得要在两个层面去做:一个是政府应该有总体规划,一个就是市场。当企业在这种劳动力成本之下不能再生存的时候,转移是必然的。从另外一个角度看,中国不可能单靠着劳动密集型产业一直维持或者支持我们进入高收入国家,必然要实现产业结构优化,所以这种技术替代可能是势在必行的。

马晓霖:城镇化是经济发展的一个重要路径,结合"一带一路"沿线发展的现状和前景,您觉得在推动城市化合作方面,我们中国跟共建国家地区有什么样的合作空间?

李建民:从共建国家来看,城市化的水平发展完全不一样。差不多有一半的国家,城市化水平低于世界平均水平。我觉得中国经过这几十年城市化的发展,积累了很多城市建设的经验乃至教训等等,至少在一些领域可以和共建国家展开合作:城市基础设施建设、交通建设包括房地产以及房地产带动的相关产业,对城市化进程是非常关键的。城市化本身不仅仅是城市的一个发展过程,实际上也是农村发展的过程。如果农村处在被边缘化地位,整个国家的发展是不均衡的。我觉得在城市化进程当中,如何实现农村现代化、农业现代化,农村的发展可能也是一个非常值得关注的重点。而中国在农业上,在农业现代化上有很多经验,这些经验对共建国家,特别是处在城市化中前期的国家来说,都是非常有意义有价值的,而且有很广阔的合作空间。

（发表于 2018 年 6 月 20 日）

11. 中国方案的全球新机遇

"一带一路"倡议正式推出已近 5 年,这一倡议内容丰富,涉及区域广大。应该如何总结过去几年的经验,同时对将来又当做什么展望? 中国提出的这个发展方案对世界有什么特殊意义? 我们就此专访了中国人民大学国际关系学院教授王义桅。

中国和共建国家要共同进步

马晓霖: 自人类步入近代以来,全球话语体系就一直为欧美国家所主导,体现着强烈的"西方中心主义"色彩。进入 21 世纪以来,随着一大批发展中国家的快速崛起,以及文化上的日益自信,以西方为中心的全球话语体系已难以反映世界日益多元化发展的现实,全球话语体系亟待更趋均衡、多元的发展。在此之际,中国提出了"一带一路"倡议。您是国内最早也是最快出版关于"一带一路"倡议专著的专家学者。回顾"一带一路"倡议几年来所取得的成绩,您会如何总结?

王义桅: 一句话,"一带一路"倡议就是互联互通,或者是我们所讲的通达天下。"一带一路"倡议讲五通,这比欧洲讲的四大流通自由还多了一个。这是中国在学习其他地方一体化经验的基础上总结出来的一个全球化版本,激励了很多共建国家共同复兴的梦想。我觉得这在国际话语权上,是对西方中心论话语体系一个极大的超越,也是对鸦片战争以来中国追赶西方的一套思维方式的极大超越。

马晓霖: 作为国家层面提出并面向全球发展的一种倡议,过去几年来,您认为我们有哪些关键的步骤? 这些步骤之间,有什么内在的联系和逻辑关系?

王义桅: 我想主要是三步走吧。第一步就是倡议,要把这个倡议变成世界的共识。几年来,100 多个国家和国际组织,包括联合国在内都积极地响应"一带一路"倡议,我觉得这应该来讲超过预期。我们的"一带一路"倡议确确实实不是仅仅为了我们自己好,而是真正地为世界好,这个是超越了它们的西方中心论。第二,制定了国内外的很多规划,我们在国内战略的发展基础之上,在《推动共建丝绸之路经济带和21世纪海上丝绸之路的愿景与行动》的基础上,2017年5月份又召开了"一带一路"国际合作高峰论坛,这是多边合作机制化的制度安排。

第三步,从共识变成行动,而且行动要机制化,要靠制度来保护,要广泛参与,要透明化。

具体到行动而言,要以企业为主体,进行市场化运作,由政府提供服务,要按照国际标准,还要按照当地标准和习俗来做,否则百年大计不可持续。所以,我们现在很清楚,中国搞"一带一路"倡议就是要把中国倡议变成世界共识,把世界共识变成各国行动,变成企业实施的各种项目,习近平主席倡导建设人类命运共同体。所谓命运共同体,各国首先要把命运掌握在自己手里。在今天这个世界,命运能掌握在自己手里的国家不是那么多的。

以您熟悉的中东国家为例,很多产业都是畸形的,所以发展制度也是受到西方、域外国家大量的干预。而我们中国人强调的就是不干涉别国内政,各个国家都可以找到符合自身国情的发展道路,这是建成命运共同体的首要含义。用中国的发展带动他国的发展,大家一起来发展,把大家的命运铆在一起。

马晓霖:中国提出"一带一路"倡议,给不同国家、不同制度、不同发展阶段的地区,提供了新的选择机会和模式,是不是可以这样理解?

王义桅:"一带一路"倡议不仅仅是靠简单地复兴丝绸之路,靠贸易或者是搞文化交流,更多的是新型产业链的布局。这是因为中国的工业体系是独立而完整的。2010年我们的工业产值、工业制造能力就超过了美国,现在是美国的150%了,是美国、日本、德国的总和,是俄罗斯的13倍,这就是我们干"一带一路"的底气。"一带一路"共建国家相对来讲还是比较落后的,中国的经验对它们是非常适合的。很多产品既要让它好用,又要让它便宜,价廉物美,中国制造符合这些国家的需求。就像咱们当时改革开放对发达国家的需求是一样的,向它们要资金、要技术,我们则要有市场。

钢铁、平板玻璃、水泥、电解铝、化肥,还有煤炭,都是我们的产能优势,可以通过"一带一路"建设,通过优势互补,创造需求。

"一带"与"一路"要均衡发展

马晓霖:15 世纪初,郑和用 28 年时间七次下西洋,走遍了几大洲、几大海。但是,因为历史等原因,我们没有把海洋全球化优势变为全球文明优势。我们现在提出海陆联通,搞"21 世纪海上丝绸之路"和"丝绸之路经济带",但从学者的角度来讲,我本人更多地还是关注"丝绸之路经济带",对"海上丝绸之路"好像还是重视不足。这种现象是怎么出现的? 我们怎么改变国人重视陆地轻视海洋的这种思维和习惯?

王义桅:中国是一种大陆文明、农业文明,而欧洲人则走向海洋,因为他们资源稀缺。中国物产丰富,没有必要去海上,而且海上是一种风险极大的区域。再加上中国面临的威胁一直来自北方,来自匈奴和草原民族,古代中国很多朝代主要是要对付北方威胁。直到近代洋枪洋炮打开了中国的大门,我们才发觉海洋原来这么重要。

地球上 71% 是海,而这 71% 里面的 70%,也就是地球的 49% 是公共海域、国际海域,或者说公海。中国要崛起,就要开拓新的领域。我们建设"21 世纪海上丝绸之路"想要干什么? 第一,要将陆海联通,港口不仅是港口,还要搞经济开发区,要搞经济走廊,要把陆上和海上打通;第二,陆海联通还要升级换代,设施升级换代,搞产业园区,搞经济走廊,互联互通。

马晓霖:所以我们要顺利均衡地推进"一带一路"建设,一定要重视对"海上丝绸之路"的研究和它的整体开发。

王义桅:要转换思维方式,从陆上变为海上。您知道海上第一大国是谁吗? 美国,两面靠洋,海域面积广大;第二大是法国;第三大是英国;中国才排名第六。我们的海域面积还不及法国的一半。一看中国地图,就只看到陆地上那块,觉得是大国,忽视了海洋概念。但我们只停留在海洋时代是不够的,我们还要进入深海时代,要成为海洋大国、海洋强国,要实现我们的蓝色梦想,这个对中国来说也是千年未有之变革。

（发表于 2018 年 6 月 12 日）

12. 全球经济乏力,金砖是否褪色?

金砖国家领导人峰会在风景如画的印度果阿召开,但是对金砖国家而言,面临的首要问题是:"金砖是否褪色?"全球经济乏力的状况下,发展中国家发展合作应该如何推动? 我们就此专访了中国人民大学重阳金融研究院研究员魏本华。

金砖褪色了吗?

马晓霖:世界经济普遍不景气的情况下,发展中国家特别是"一带一路"共建国家发展乏力。金砖褪色已经是一个流行话题了,相反,发达国家现在经济有向好趋势。在这样的情况下,发展中国家应该如何发展?"一带一路"的协调发展应该如何推动?

魏本华:目前,发达国家经济总量在全球经济所占比重,仍旧是 50% 以上。但是从全球经济发展的增量角度看,以金砖国家为代表的新兴经济体做出了更大贡献。仅中国一国,就为去年的全球经济增长贡献 25% 以上。当然,目前发达国家经济正在复苏,逐渐被看好。但是总体看,仍然是 too low too slow(太低太低)。发达国家的经济风险一点不比发展中国家小,存在太多不确定性。比如,一个相对来说普遍的问题,就是欧美国家的政府赤字占 GDP 的比重太高。按照欧盟的《马斯特里赫特条约》标准,政府财政赤字不能超过 GDP 的 60%,但是,现在几乎所有欧美国家都超过这个比例。当然,发达国家如果能够持续保持稳定增长,对带动全球经济复苏,特别是改善发展中国家的贸易状况会起到一定的积极作用。

当前全球的多边贸易谈判推进缓慢，一些国家和地区采取区域性的自由贸易区方式，但这种方式未必适合所有发展中国家。有些区域贸易协定门槛和标准定得太高，大部分发展中国家，比如"一带一路"沿线很多国家达不到这些要求。所以，从这个角度来讲，发达国家的经济复苏，未必能够立刻传导到发展中国家并促进其经济增长。所以，金砖国家合作机制、"一带一路"倡议、发展中国家的经济合作，仍旧是推动发展中国家经济体发展的重要因素。

马晓霖：谈到合作发展，就是要有效互补，真正满足发展中国家间的有效需求。您曾经长期在国际金融机构工作，也到过很多发展中国家，特别是非洲国家。您也谈到发展中国家有自己特殊的需求，那么，这个有效需求应该如何辨识？

魏本华：有效需求除了经济学的解释之外，再用一个更通俗的词来解释，英文叫 bankable project（银行可担保项目），简单说，就是投资人能够 cover（消化）整个项目的投入，再取得一定收益。我对发展中国家的基础设施项目建设比较乐观，主要是因为发展中国家这种有效需求的项目仍旧很多。虽然基础设施项目期限相对来说比较长，一般都需要 10 年、15 年甚至更长的时间周期，但是，这些项目的回报率是很稳定的。以我们在非洲某个国家的经历看，该国是一个几千万人口的国家，但是，连生产一块平板玻璃的能力都没有。每年搞建筑仅平板玻璃进口，就要消耗太多外汇。我们援建了一个玻璃制造厂，满足了该国巨大的需求，玻璃厂同时也收益巨大。"一带一路"共建国家此类项目非常多，即使有世界银行和亚洲开发银行，也满足不了需求。我们现在还有金砖银行、亚洲基础设施投资银行，但是，资金需求肯定还是满足不了。

再者，舆论不断强调这一轮全球金融危机对发达国家的影响，实际上发展中国家受到的影响更大。发展中国家经济发展的正常速度，或者潜在速度都受到了一定的压制。我们前一段时间对"一带一路"60 多个共建国家展开了密集研究，总体可以有一个判断，可以很客观地得出一点共识，就是这些国家在基础设施方面存在巨大的需求。除此之外，很多国家工业发展程度也比较低，因此，在工业制造产能的提高方面也存在巨大需求。所以，在"一带一路"共建国家，有效需求的辨识还是比较清楚的。

推进"一带一路"倡议，也要学会规避商业风险

马晓霖：但是，"一带一路"主要共建国家地缘关系复杂，政商环境相对比较差。我们怎么样能够既推进"一带一路"倡议大发展，同时又规避商业风险？

魏本华：客观而言，风险的确是存在的，但是，我认为这些风险是可以防范的，只是我们自己必须要做好一些基础工作。首先，我们要对这些国家有深入的、有关经济市场各个方面的研究，要有一个基本判断。其次，在这个基础上，投资某个项目，就要考虑到相关因素。比如，我们要做一个公路项目，那么该国公路总体的设施究竟是什么水平？公路上未来的运载量、未来收益能力到底怎么样？这些方面都必须要有非常详尽的科研报告，不能操之过急。反过来，这些风险预防的基础工作做好了，具体的投资项目未来就能够推进得比较快、比较顺利。总体上来讲，我认为"一带一路"倡议的机遇是要大于风险的。

马晓霖：要从更宏观或者稍微中观的角度来看，您觉得"一带一路"倡议的研究，我们还需要在哪些方面、哪些领域入手？怎样加大投入？

魏本华：一个实实在在、刻不容缓的工作，就是要搞清楚"一带一路"基础设施目前的状况怎么样，存在着哪些需要发展的项目。我们要做一个较大的调研。也就是说，要进行国别的家底调研，真真正正地去查家底。这项工作耗时耗力，但是必须赶快动手分批加紧做。首先，从那些最需要基础设施的国家做起，相对来说比较发达的国家可以放在后面再调查。第二件必须要做的工作，就是对这些国家的金融部门情况进行摸底，这些国家央行的状况，金融监管机构的情况，都要摸底。

中国有三个金融专业监管委员会,其他国家有没有类似的机构? 金融监管机制能力,英文叫 institutional competence,或者叫机构能力。将来资金的使用、偿还等方面,都和该国金融机构能力有非常密切的联系。比如说,外汇管理这方面,对投资意向国还存在着哪些限制? 未来项目投资成功了,偿还投资人资金方面存不存在障碍? 这个国家资本市场开放到什么程度? 这些都会直接或间接地影响到项目的推进和执行。知己知彼,才能比较有效地推动投资。

(发表于 2016 年 10 月 19 日)

三、企业对话录

1. 走世界做比较,投资环境还是中国好

近期,一位知名企业家关于去国外投资设厂的采访,引发大量关于中国投资环境问题的讨论,走出去真的是个大晴天吗? 投资环境中外到底有怎样的差别? 凭借"一带一路"倡议走出去该如何布设投资环境呢? 不同的企业家可能会有不同的感受。我们专访了北京中坤投资集团有限公司董事长黄怒波,从投资吉尔吉斯斯坦旅游失利,再到投资冰岛引发巨大争议,黄怒波对国外的投资环境有着切身的体会,他的感受与观点对其他中国企业也有着很好的借鉴作用。

中国企业"走出去"要有避险意识

马晓霖:"一带一路"倡议提出后,您曾经有这样一个表态,说在世界上走过一圈以后发现,还是中国比较开放,投资环境还是中国最好。这也可以理解为对某些国外投资环境的一种抱怨,这个抱怨是

"一朝被蛇咬十年怕井绳"呢？还是您经历得太多已久病成医？

中坤集团董事长黄怒波走遍世界，他认为相对而言还是中国的投资环境最好。

黄怒波：我去过的国家加起来大概有 100 多个，全世界七大洲的高峰我都登遍了，南极北极也去过，南美北欧我都走到了。最早去中亚，是应吉尔吉斯斯坦总统的邀请去投资旅游。我去那儿一看，吉尔吉斯的旅游资源太好了，很丰富！于是我就决定投资伊塞克湖，在那儿做个大的度假基地。但是，当我们签协议的时候出故事了。俄罗斯国防部副部长来了，他给吉尔吉斯斯坦施压，说这个伊赛克湖是他们的鱼雷试验场，结果他们的报纸铺天盖地的就报道出来，反对党也出来说，中国的潜艇部队要来伊塞克湖。

马晓霖：可能您当时有点超前了，实际上在"一带一路"倡议提出之前，中亚那段时间也确实相对动荡，但现在情况不一样了。那么您这几年走过"一带一路"哪些共建国家？

黄怒波：东南亚差不多都走完了，中亚这一线一直走到土耳其，西亚去了两次，欧洲差不多都跑遍了，连拉脱维亚我都去了。日本我也投资了，但准备做北海道项目时，谈到最后一刹那，协议签不成了！当地的工会出来说，我们可以让美国人管，但不能让女人管,不能让中国人管。所以到国外投资,你会遇到文化冲突,会遇到法律障碍,比如劳工政策等一系列的问题。

但是,在我看来最大的问题是,这些年中国人在国外投资,全世界的人都搞不清楚中国人要干什么,这是很大的问题。我到法国去访问时,在企业家俱乐部见到奥朗德总统,会见完以后我先出来,看到媒体围在那儿等着采访,我也接受了采访。他们就问:你们是不是要把法国都买下来?所以,中国突然强大了以后,我们走出去的时候,全世界都没做好心理准备,这是很重要的因素。

马晓霖:这是不是现在中国企业家走出去会普遍面临的一个问题?

黄怒波:这是问题之一。实际上,我感觉我们面临的最大问题是人才问题。我在冰岛看投资环境,去了还没谈,当地工会先找我,说你这个协议要想签成,你得告诉我你怎么用工。我到挪威去,当地少数民族首领来找我,他说:你工人要用哪儿的人?他们都以为我们要拉一飞机中国工人来。欧洲工会的福利很高,权力也很大,不像美国。美国可以无理由解雇你,明天不需要你了,告诉你过两天走就行了,为什么?美国的保险制度在起作用。你离开这个公司找不着工作,半年内保险给你的工资和之前一模一样。但是,其他国家不行。所以对外投资对企业家来说风险很多。现在我国对外投资的速度这么快,不是坏事,但是,我心里捏了把汗。比如你要去中亚的话,如果你把项目谈下来了,它换一个总统换一个政党,你就得跟它重新谈。你得有这样的思想准备。

马晓霖:从您的投资经历看,现在全球贸易保护主义抬头,包括投资壁垒、逆全球化现象也出现了。您觉得这两种现象,到底在发达国家多一些,还是在发展中国家多一些?它们各自的成因是什么?

黄怒波:我曾经走遍了德国,也开着车走遍了法国等欧洲国家。我也走了哥伦比亚、阿根廷,看到了南美和欧洲的巨大差异。我发现谁在搞贸易保护呢?是发达国家。因为它们突然发现,全球化最大受益者是中国。中国现在变成全球化的推动者、贡献者。

发达国家恰恰没有跟上。第一,产业转型不行;第二,民主政治出问题了;再者,产品模式落后,反而是中国发展得很快。

马晓霖:通过"一带一路"倡议这几年的推广,欧盟各国对中国的态度大不一样了,它们是非常欢迎"一带一路"倡议的。从它们积极参与亚投行建设来看,其实都是愿意跟中国合作的。在这种情况下,您有没有可能重圆在冰岛那个破碎的投资梦呢?

黄怒波:当年我去冰岛投资时其实有个背景,当时整个欧洲对中国投资有疑虑情绪,讨论的是中国到底要干什么。认为是"狼来了!"认为我们是暴发户!现在的情况是:第一,冰岛成熟了,知道中国的贸易投资政策,并且能够理解;第二,冰岛的经济出现了问题,经济也在转型,传统行业都不行了,能最大程度拉动经济成长的是旅游行业,而恰恰中国是一个巨大的资源。所以现在北欧对中国越来越接受,尤其现在去欧洲旅游的,大部分人是中国人。从这个意义上讲,我之前在冰岛的投资经历,也算是替中国企业"走出去"做了一次试错过程。

在我看来,"一带一路"倡议好就好在这是国家倡议的。当年我是单兵作战,我只是某个中国商人,大家只知道中国人来投资了,别人不容易接受。现在咱们要普及"一带一路"概念,让共建国家和民众都知道这是什么意思,要让他们看到,如果加入进来是会受益的,老百姓也高兴,中国企业再去投资就容易被接受了。

"一带一路"倡议可能带动第三次全球化浪潮

马晓霖:您提到西方国家认为中国是全球化最大的受益者,那么在"一带一路"倡议的架构下,中国能否以全球化受益者的身份,去说服广大的发展中国家,特别是"一带一路"共建国家,以一种双赢心态拥抱和支持这个倡议?我们应该怎么着手?

黄怒波:中国提出"一带一路"倡议,标志着什么?标志着中国在第三次世界现代化运动中是领袖。中国有必要和有可能借"一带一路"倡议推出新的一次全球化浪潮,这个叫2.0版或4.0版都行。但我们的切入点在哪儿？"一带一路"共建国家大都属于第三世界,需要帮助它们发展。这些国家的市场成熟度很低,对企业家而言则意味着这些市场的成长度不是很高。但是,中国的发展就是这么走过来的,所以我们要去那儿投资,因为我们知道它 10 年后可能会是什么样的。现在我们有经验了,而且我们可以给这些人讲,给这个国家讲,说我们是怎么走过来的,你都看到了,你是不是也想这么走一遍? 那它肯定愿意吧。

马晓霖:过去中国企业走出去,特别是民营企业走出去,主要是在 WTO 框架下做进出口贸易。那么在"一带一路"倡议时代,就完全不局限于此了。我们可能是资本走出去,甚至是中国的标准全方位走出去。那么这两种"走出去",您觉得有多大差别?

黄怒波:差别还蛮大的。"一带一路"共建地区是一个新的贸易市场,它的很多轻工产品、生活日用品等是消费品,还不是很发达,空间很大。而中国的技术、经验、市场就很重要。贸易在这个方面前途无量,我们可以弥补差距,互相平衡。但我们带去的还有培育市场的办法,钱要过去,技术要过去,人要过去,还有市场要过去。我们就地建立市场,"一带一路"是一个大市场,大家共享。不单纯是中国培育了市场把货卖给人家,我们也要买人家的东西,贸易化是一个长期的主题。再一个关键点是投资市场化,就地培育建立新的"一带一路"消费市场,这也是转型。

（发表于 2017 年 1 月 3 日）

2. "一带一路",航天发展新通路

近日,中国航空航天业密集发生的几件大事引发外界高度关注:第一艘货运飞船"天舟一号"4 月 20 日成功发射,大型飞机 C919 将择机试飞,第二发长征五号遥二火箭将于今年 6 月搭载我国自主研发的实践十八号卫星升空……事实上,自去年以来,中国航天业就不断出现大的突破,老挝开始使用中国的北斗导航系统进行农业服务；今年 3 月，沙特国王访华期间，双方还签订了使用北斗导航系统的合同。可以说中国航天业已经在"一带一路"开拓了非常多的市场。那么，"一带一路"上的航天市场有多大？中国航天业又将如何为"一带一路"共建国家和地区做好服务？我们就此专访了中国长城工业集团有限公司副总裁付志恒。

虽遭阻挠，中国的航天水平依旧世界领先

马晓霖：在一般人的理解中，国际商用航天市场是一个非常高大上、高精尖的领域。相对整个全球来看，这个市场究竟有多大？

付志恒：航天商用市场包括航天制造业和航天运营服务业，这两块构成了商用航天市场的主要部分。从产品种类来讲，航天商用市场现在的竞争主要集中在通信卫星市场的竞争，而通信卫星市场又主要是欧美国家和其他国家的竞争，中国也是其中的一个参与者。如果要讲航天市场规模，其中的统计口径不太一样。狭义地讲，如果仅仅集中在商用卫星制造和运营这个领域，它的规模可能也就 2000 亿美元左右。

如果我们再扩展一点，人们现在所提到的导航应用，实际上也是通过卫星来提供的，如果加上这个规模，估计全球市场规模大概在 3000 亿美元以上。3000 亿美元以上，在我们一般人看来应该是相当大的规模了，可是，比起其他一些行业，比如通信行业、汽车业等，航天应该还是比较小的一块产业。

马晓霖：在发射市场和卫星运营的整个市场，美欧占了绝对大的比重，它们瓜分的市场份额大概占多少？

付志恒：这个数字我觉得还是挺难量化的。可以这么说，以商用通信卫星市场来讲，每年能够发射的商用通信卫星，或者换句话说可以自由参与市场竞争的商用通信卫星，大概有 20 颗左右。这20 颗左右的通信卫星，绝大部分被欧美卫星制造商拿走了。特别是近年来，由于美国政府加大对本国卫星制造和发射公司的支持力度，比如放松对出口方面的控制，同时在信贷政策方面予以支持,再加上这几年美元弱势,都提高了美国竞争商的实力。现在美国的卫星制造商在这个市场占的份额相当大,一半以上市场都被美国公司拿走了,甚至还有统计说,三分之二以上的市场都被美国公司拿走了。

另外,欧洲的两家公司也有自己的一些传统市场,它们在这个市场的竞争力也相当强。相比之下,中国现在的目标大概是占有10%左右的市场,而这对我们来讲也是相当有挑战性的一个目标。

马晓霖:这样看来竞争的确很激烈。在商用卫星发射运营这个市场,除了刚才您提到的欧美几大巨头之外,还有哪些国家是重要参与者?

付志恒:拥有航天能力的国家,现在据统计世界上大概有 12个左右。这 12 个国家里,中国是发展中国家,印度也是发展中国家。印度制造和发射火箭的能力,现在也提高得比较快。其他一些国家,像巴西过去曾经拥有这方面的能力,还有炒得比较热的伊朗、朝鲜,实际上它们也具备了一定的卫星发射能力。

马晓霖:可不可以这么说,中国是航天航空的后起之秀,后劲非常足,总体来讲现在已跻身航天大国,但还没有进入航天强国这个行列?

付志恒:您提了一个非常好的命题,中国现在是航天大国,但还不是航天强国,成为航天强国正是我们的努力方向。要成为航天强国,其中一个重要的标志就是在国际市场上必须有话语权,必须有一定的市场份额,这就要求中国必须走国际化发展之路。

实际上,中国航天的国际化发展之路,从 20 世纪 90 年代初期就已经开始。中国的商业发射服务在 90 年代经历了一个辉煌时期,总共发射了 26 颗国外制造的卫星,除了一颗是法国制造的,其他大多数卫星都是美制卫星。

在经历了这个辉煌以后,到了本世纪初,由于美国加强对中国航天市场的限制,使得我们有竞争力的产品难以获得公平的竞争机会,实际上,我们曾被挤出国际商业发射服务市场。于是,我们在那个时期加强了和欧洲航天市场的合作,由于欧洲研发出一个不受美国出口限制的卫星,我们的长征火箭和法国的泰雷兹公司成功合作,在欧洲市场上获得了相当份额,重新回到这个市场。

实际上,我们的运载火箭是具有相当竞争力的,在市场上有很好的口碑。从90年代到现在,成功率不断提高,国际市场上很多客户希望采用中国的火箭来发射他们的卫星。从某种程度上说,中国的运载火箭发射水平是领先于我们卫星发展水平的。

"一带一路"倡议,开辟航天发展新领域

马晓霖:我们知道,"一带一路"共建国家主要是发展中国家,而发展中国家现在最缺乏的就是基础设施,道路、铁路、公路、桥梁、港口、机场、通信光缆等等。最近我听到一个概念,卫星通信也是基础设施的组成部分,您怎么理解这个概念?

付志恒:"一带一路"共建国家发展并不平衡,有的国家基础设施好,有的国家基础设施比较差。以我多次去过的印度尼西亚为例,印尼是"千岛之国",国家从东到西非常狭长,岛屿也非常多。如果要靠地面的网络,比如说光缆、微波来实现国家的互联互通是非常困难的。一是投入比较大,另外周期也比较长,而通信卫星却在这个地方发挥了非常独特的、不可替代的作用。

事实上,印尼在20世纪70年代就已经建立了本国的通信卫星系统。我曾经去过印尼的最东部,它们那里的银行采用一种流动的银行车载着ATM机走村串户进行金融服务,在这个银行车上面驾着一个卫星天线,它正是通过卫星来实现整个系统的联通,来为银行服务提供保证的。所以,卫星在这些国家的经济发展和社会进步方面发挥着非常独特、不可替代的作用,也有非常大的潜力,因此,卫星通信当然是国家基础设施的一部分。

马晓霖:在"一带一路"倡议的实施过程中,我们最重视的内容就是促进当地的经济发展。您从专业的角度看,卫星遥感、地测等功能是否能为共建国家经济建设和发展提供帮助呢?

付志恒：遥感卫星在"一带一路"共建国家的发展中将会起到非常重要的作用。比如很多国家有着比较丰富的资源，而资源勘探就需要遥感卫星；在大气观测方面根本就离不开气象卫星。中国的风云系列卫星，现在也是世界气象卫星组织指定的一种稳定运行的卫星系统；还有导航领域，中国的北斗导航系统已经在亚太国家提供稳定的导航服务。2018 年，北斗系统将实现对整个"一带一路"共建国家的覆盖。事实上，中国的北斗导航系统现在已经和美国的 GPS、欧洲的伽利略和俄罗斯的格洛纳斯一起，成为联合国认定的四大全球通信卫星导航系统。这些都将在"一带一路"共建国家的发展中，起到非常重要的作用。

（发表于 2017 年 5 月 2 日）

3.“一带一路”上电力合作潜力巨大

作为世界第二大经济体，中国有很多技术仍然处于爬升状态，但也拥有很多世界第一的技术能力，电力就是其一。中国是世界上最大的发电国，也拥有世界最强的电力装备技术，这是基于中国庞大的市场需求建立的。那这一强大产能在"一带一路"共建国家，会有怎样的市场呢？我们专访了中国电力技术装备有限公司总经理郭日彩。

中国的电力装备水平，已晋升为世界第一

马晓霖：电力工业是国民经济发展中最重要的基础能源产业，是国民经济的第一基础产业，是关系国计民生的基础产业，也是世界各国经济发展战略中的优先发展重点。中国从过去电力非常缺乏的国家，经过几十年的发展，已经变成电力市场大国。您如何评价中国整个的电力生产行业状况？

郭日彩：中国的电力行业，这些年尤其是中华人民共和国成立之后，有了翻天覆地的变化。现在咱们国家总的装机容量，到 2016

年底,达到16.5亿千瓦,中国总装机容量的绝对值,已经成为世界第一。电力是经济大国的重要基础和重要标志。现在中国老百姓没有感受到缺电的状况,大城市已彻底解决缺电问题。中国能源的分布情况是,西南地区是水电丰富的地区,三北地区是煤电丰富的地区,过去都是把煤运送到电力缺乏的地区发电,但水电却不可能远距离大容量输送。这几年特高压电网上来之后,这个输送的量就非常非常大了。

不同类型的发电,与特高压技术一结合,我们就实现了大容量远距离输送,尤其是把新能源发电进行大容量远距离的输送,这是中国显著的特点,世界上任何一个国家都没有这样的。远距离大容量输送,有交流输送方式,有直流输送方式,直流输送还衍生出新的叫柔性直流输电方式。中国现在运营着这么大规模的电网,却没有出现过大的系统电网事故,这在全世界是唯一的。总结而言,中国目前整个电力行业的水平,应该处在世界第一位。

马晓霖:电力是现代化、现代工业运行的动力和命脉,如果把它比作血液的话,那么血管也很重要。中国电力技术装备有限公司是专业做电力装备、设施建设的工程公司,完全可以称得上是电力发展的血管了。经过几十年的发展,中国现在电力装备和电力基础设施建设方面,在世界上处于什么样的水平?

郭日彩:装备是支撑,因为电力发展中重要的一方面就是电力装备的升级。从发电来说,我们的单机容量现在达到了100万千瓦以上,水电站几十万千瓦,这个在世界上处于引领地位;我们的输变电设备可以进行高压直流输送,并且是远距离大容量输送,送1000千瓦、2000千瓦,到2000公里、3000公里或4000公里之外。与之相配套的是相应的控制技术,以便保证工程完整地实施、完全地运营,我们的这些设备装备,都绝对处在领先和引领地位。在用电侧,我们所有DDI的改造也都处在世界的领先水平,比如说智能电表,我们安装了4亿只以上,把欧洲所有的智能电表加起来,基本上与这个相当。

这就是中国整个电力装备发展的水平,应该绝对是世界最高水平。可以这么说,作为重要的基础,电力装备支撑着目前中国作为电力大国、电力强国的安全稳定运行。我们原来开拓其他国家市场的时候,听到我们说中国技术,会有人问:"那是你们的吗?是你们做的吗?是中国的吗?"我说是啊!后来邀请他们到中国来看,看完之后,他们说你们确实厉害,心服口服。这样与我们合作就顺畅了,障碍就没有了。

要开发"一带一路"市场,也要打开高端市场

马晓霖:世界银行数据显示,2014 年仍存在未通电人口的"一带一路"共建国家有 21 个,未通电人口约 4.1 亿,其中东帝汶、缅甸、柬埔寨和孟加拉国未通电率高达 30%以上。随着"一带一路"建设的展开,相关国家的电力建设需求将出现持续增长现象,尤其是未通电国家在基础设施、电源和电网方面的建设需求很高。中电装备"走出去"这五年,正好差不多与国家"一带一路"倡议是同步的,那么,现在中电装备公司的业务覆盖了大概多少国家?

郭日彩:埃塞俄比亚、埃及、巴西,再加上缅甸、老挝、巴基斯坦,拉美地区的墨西哥、阿根廷、厄瓜多尔还有委内瑞拉。大概目前我们的业务涉及 20 多个国家和地区。

马晓霖:您刚才提到的 20 多个国家,都是在中东、东南亚和拉美,这些地区集中了经济欠发达的国家,基础设施水平比较低,实际上对我们整个产业,包括装备水平的提高,可能帮助不大。但是,从国家电网角度看,包括中国电力技术装备有限公司为龙头的"走出去"企业角度看,是不是不能再按原来的观念来衡量我们在发展中国家的市场拓展了呢?

郭日彩:当然了,去高端市场那是最好的,但是,首先得看这个市场有没有需求,没有需求一切都无从谈起。发展中国家首先有旺盛的需求,这是前提条件。它们目前基本都处在中国 30 年前、40 年前的发展水平,它们现在的经历我们都有过。我们不仅有经

验,各方面储备、技术也都有。比如东南亚的缅甸、老挝,目前发展水平很低,还有很多地方缺电,甚至70%～80%的地区没有电,这些国家有需求,也有丰富资源,所以,我们的企业在这些国家大有用武之地:一方面让我们的电网和输变电最先进的技术"走出去";另一方面再通过这些工程,锻炼提升我们在国外工作的能力和水平,并且与当地文化不断融合,这才是中国企业"走出去"的真正意义所在。

马晓霖:发达国家在电力装备、基础设施方面领先了很多年,它们也有升级换代的问题,咱们现在从技术装备能力,从标准甚至很多独创的技术来说,拓展高端市场的障碍究竟在哪里?发达国家的市场潜力究竟有多大?

郭日彩:我们一直在跟踪发达国家的市场,其实它们是有升级换代需求的。在欧洲市场,我们打败了西门子、ABB,在英国使用了柔性直流技术。在北美的加拿大、美国这两个电力大国,我们也有项目,尤其是美国需求很大。加拿大和美国的电网都比较陈旧了,还处在常规输变电升级改造的这个阶段。当然,以美国GE为代表的企业,输变电设备技术很发达,ABB、西门子在那里也有合资厂,所以,个体的量不太大,但是,它们目前也采用很多中国设备。虽然没有工程可做,但实际上美国也是有特高压需求的,可以开拓。

(发表于2018年5月8日)

4. 中国企业在海外——带着品牌"走出去"

中国企业"走出去",最终是产品"走出去",而产品"走出去",最后就是品牌"走出去"。当前中国是世界最大贸易国,但是让人尴尬的是,中国也是最大的中间商贸易国。中国产品更多是以中间商销售的形式出现在国际市场的。如何带着品牌"走出去"?我们就此专访了中国卫浴品牌阿波罗创始人、董事长陈志雄。与很多"走出去"的民营企业不同,阿波罗是带着品牌"走出去"的,这让它们在面对"一带一路"倡议新机遇时显得更有底气。或许它们的经验能够给其他中国企业一些启示。

品牌"走出去"，才能支撑企业持续发展

马晓霖：我们看阿波罗这 20 年发展特别成功的一点，就是在海外打得特别响，铺得特别开。咱们是怎么开始在海外发展市场的？

陈志雄：我们公司是从 1997 年开始做出口贸易的。那时候广东省政府就组织我们一些企业去东欧、俄罗斯参加一些贸易洽谈会。我们第一次在莫斯科参展，产品就受到欢迎，也从此开拓了我们公司的出口业务。到现在为止，我们公司产品出口的国家大概有 30 多个，包括中东地区的伊朗、沙特、迪拜、埃及等等。

马晓霖：我了解到中东是你们的第二大市场。

陈志雄：对，中东这一带的卫浴产品市场基本上都是我们的。我的观察是，中东人对中国比较信任，不像对西欧国家有那么多挑剔。经过这些年，他们已经比较认可我们的产品，相信我们的竞争力，而且我们的价格要比欧洲产品便宜得多。我们在沙特的专卖店有 4000 多平方米，沙特王室的很多人都是用我们阿波罗产品。

马晓霖：看得出阿波罗这个品牌打出去是比较早的。从企业的整体发展来讲，"走出去"对企业成长有什么特别的意义？

陈志雄："走出去"，第一个是让我们开阔了眼界，能够到国际市场去拼搏，也对我们自己管理品牌有很好的支撑作用。多年来，通过和一些国外经销商以及生产厂家合作，我们学了很多东西。中国产品要做得好，首先就是一定要专注，对产品精益求精，从它的工艺、生产、设备、品质和设计，每一步都要把它做好，这是成功的一个非常重要的关键。

马晓霖：这就是我觉得了不起的地方，从简单仿造、贴牌制造到自主创新，最后从技术上、理念上、标准上处于世界先进水平，甚至超越。那您认为带着品牌走世界、闯世界，对企业的进步发展具有什么样的特殊意义？

陈志雄：中国企业"走出去"很多，代工贴牌是我们主要的模式。但是，实际上唯一能够支撑企业长期发展的就是品牌。我们的产品在俄罗斯市场卖得比科勒还好，为什么？我们进俄罗斯比较早，品牌渗透力和影响力要比他们强，我们的产品品质和价格也富有竞争力，这是他们市场公认的。我们一直坚持打自己的品牌，现在公司90%以上的出口产品都是我们自己的品牌。

马晓霖：那从设计和技术层面，贵司品牌的国际化程度如何？

陈志雄：我们每年一次在法兰克福展会上，都要和其他品牌进行交流，我们也请过意大利的设计师来帮我们做卫浴产品设计。同时，我们也根据不同地区的不同需求来做设计，包括法国、英国、意大利一些厂家的产品，有些是我们帮它们做设计。所以，在企业和产品的国际化方面，我们在不断地进行着。

央企民企联手，才能真正走好"一带一路"

马晓霖：您属于中国产品和中国品牌"走出去"的先行者之一，应该说在"一带一路"倡议提出之前，您就"走出去"了。从您这样一位富有海外开拓经验成功企业家的角度来看，您认为中国要成功实施"一带一路"倡议共同发展愿景，从政府、从企业方面应该做好哪些方面的工作？

陈志雄：事实上，我们"走出去"那么多年，更多的也是瞄准"一带一路"共建国家，它们都是我们长期的出口对象。从我的经验看，目前政府的策略很对头，就是央企打头阵。我们有很多大的基建项目，比如铁路建设，一般的民营企业是做不了的。央企打头阵，其他企业才能跟进，互相配合。我认为像巴基斯坦瓜达尔港这样的项目越多，我们开拓的机会就越多。我们的企业也可以在外边市场推动与当地企业的合作，参加当地政府的项目。

马晓霖：我理解"一带一路"建设，也是一个品牌建设的过程。从品牌建设的角度来讲，随着中国经济实力的增加，大量的中国国企，比如中国银行、建设银行都进入世界500强，但是，民营企业进入世界 500 强的还不太多,您认为原因是什么?

陈志雄:央企走的路线和民企不一样。央企有强大实力,有品牌效应,还有国家在项目上的一些支持。民企没有这方面的优势。对于民企来说,更重要的是如何专注于做好自己的产品。比如说我们做浴缸,就把浴缸做到最好。另一方面,要注意控制成本,学会与当地贸易商交流,把自己的产品最终打入当地市场。

马晓霖:在您看来,民营企业去"一带一路"打拼,存在哪些弱势?

陈志雄:第一是缺少人才。比如说我们要在伊朗设厂,谁去当厂长?谁去管技术?这个厂的人才不但要懂得生产,要有语言能力,还要有沟通管理方面的能力。第二要有资金。要去外面建厂,资金从哪儿来?民企融资是非常不容易的。民企"走出去",当然还要考虑与当地的融入度问题和安全问题。还有一个,对当地的市场需求也要充分了解。特别是投资建厂,产品在当地能否消化掉一部分,这个很重要。当地起码能够消化掉一部分产品,然后再扩大市场,这样整体的出口前景就比较好。

"一带一路"上的市场,劳动力成本会比较低一些,产品的配套能力就是关键了。比如说,制作成衣的企业,它需要配套的产品就不是很多,衣料、扣子、棉线这些比较简单,但是,如果要求配套的产品跨度比较大,投资建厂就要认真考虑了。

在我看来,在"一带一路"建设中,央企更适合做码头、铁路、桥梁这些大的基础设施建设。但是,只有央企做大项目,没有小项目也不行,因为老百姓关心的是我能买到什么好东西,买到什么便宜的东西。所以,我说央企和民企应该联合起来,"一带一路"倡议才能搞得有声有势。

(发表于 2017 年 7 月 11 日)

5. 混合动力汽车的机遇期到了风口吗?

近一段时期以来,新动力、新能源汽车开始成为行业的重点话题,德国已经提出传统油气动力汽车退出市场时间表,中国政府也提出了相应计划,新能源汽车到底到了风口吗? 中国汽车产业能否通过占领新世界、运用新技术实现产业逆袭? 我们就此专访了湖南科力远新能源股份有限公司董事长钟发平。科力远自主研发燃料电池堆用膜电极、镍氢电池油冷包,是目前氢燃料电池汽车油电混合动力最佳辅助电源,其旗下科霸公司成为日本以外第一家且是唯一一家可大批量供应混合动力汽车镍氢动力电池的制造企业。

一段时间内,混合动力汽车将是主流

马晓霖:我们知道科力远公司是做混合动力技术的,包括系统总成,您能给我们讲讲混合动力是怎么回事吗?

钟发平:传统汽车工业的发展已经进入一个非常快速的即时发展时期,主要的方向在于节能减排。大家知道城市路况非常复杂,导致汽车一会儿停一会儿启动一会儿加速、一会儿高负荷一会儿低负荷等等状况,汽车发动机始终就不是最佳状况,因此排放也是很严重的。混合动力的发展刚好可以破解这个难题,比方说,汽车在爬坡、启动、怠速这些状况的时候,先启动电池的作用,即辅助动力先工作,辅助动力系统是在主动力系统处于最佳工况下工作的,这样的话,主动力就是两个工况,要么停要么最佳,这时候尾气的排放是很少的,燃料的效率是最高的。用一主一辅的混搭动力,加上一个优秀的能量管理,就恰到好处地解决了现在汽车排放量大和能源消耗量大的问题。

马晓霖:这项技术是全新技术吗?

钟发平:人类的第一辆汽车其实就是纯电动汽车:一大堆铅酸

电池再加一个直流电机。只是因为电池的能量密度远远不能满足人类对电池非常苛刻的要求,所以就走上了燃油动力系统这条道路。随着新材料、储能材料和电池研发水平的提高,现在的电池已经可以适度满足人们对于动力的需求。但电池工业的发展还要等15年左右的时间,才能够承担起纯电驱动的责任。所以目前来看,在一个相当长的时间内,新能源汽车发展的方向都是混合动力。

马晓霖:那么现在油电混合这种车型在汽车市场上占的比例有多大? 油电混合车型的生产厂家大概在汽车生产厂家中占多大比例?

钟发平:我认为油电混合动力汽车在相当长的一段时间内是全球的主流趋势,并且每年都以20%至30%的速度在增长。"一带一路"共建国家有60多个,我去过其中接近10个国家,我看它们对这种油电混合动力的需求也是非常迫切的,也想通过这一轮汽车工业的转型升级,特别是通过应用节能环保的技术,能够迅速实现它们国家汽车工业的转型升级,能够赶上这一轮新能源汽车发展的浪潮。我们感受到了"一带一路"共建国家的迫切性,我们也觉得这是个机会。

支持新能源,国家政策应符合产业规律

马晓霖:现在国内企业对混合动力的发展和研究状况究竟怎么样? 是贵司一家企业在做,还是有越来越多的企业在参与这项工作?

钟发平:油电混合动力汽车在我们国家的发展是比较早的。15年前,国家863计划提出了"三纵三横"的发展规划,就要求发展油电混合动力汽车、锂离子电池纯电池电动汽车和燃料电池电动汽车。我认为那个时候的规划是比较科学的,因为一个国家一定要保持百花齐放、百家争鸣的技术路线,而不是把宝只押在纯电驱动。恰好从这15年的发展来看,全球油电混合动力汽车的发展已经远远超过纯电驱动,现在据我所知,大概至少是1:8的水平,基本是 8 部油电混合动力汽车当中只有 1 部是纯电驱动的,而这一部纯电驱动的汽车还主要是我们中国人做的,也就是说有 80% 的纯电驱动的汽车是中国人做的。国家曾经出台了大力补贴纯电驱动的产业政策,中央财政给每台车拿出 6 万元补贴,这在全球任何国家都是绝无仅有的,这么大量地用纳税人的钱给部分消费者补贴,我想这个是不可持续的。

马晓霖:那咱们跟国际上混合动力驱动发展的比较先进的国家相比,现在处在一个什么样的水平? 还存在着什么样的差距?

钟发平:在混合动力驱动发展水平方面,我们跟国际先进水平的差距其实不是很大,反而是我们的传统汽车工业,经过这么些年的发展其实是距离越来越大了。油电混合动力在我国的发展很快,比如说我们科力远和吉利、长安等一批优秀企业,在这个方面做了很深的布局,并且在关键核心的零部件,如电池、变速箱的研发中,通过国际化,通过合作合资,通过自主研发,取得了很好的成绩。2016 年 8 月,吉利开始生产 5000 台油电混合动力车,进入产业化量产阶段。

马晓霖:"一带一路"大部分共建国家,它们既富有石油又富有天然气,从动力革命这方面来讲,我感觉它们可能有一定的局限性,积极性并不是很高。另外,您刚刚提到了我们的油电混合动力很受欢迎,那么在目前低油价的冲击下,是不是真的会有一个非常好的发展前景呢?

钟发平:我刚好去过沿线这些国家,包括东欧的捷克、波兰、匈牙利,还有巴基斯坦等这些国家,它们中有些是产油的国家,有些是不产油的国家,有些是产气的国家,有些是不产气的国家。但整个来看它们都有内在需求,因为现在是低油价时代,而纯电动又那么贵,对它们来讲并不适用。但是这些国家也有节能减排的压力,它们中一些城市的雾霾有的跟中国现在差不多,有些甚至还更严重,雾霾对老百姓生活确实有很大的影响,所以这些国家汽车制造工业的老板们,尤其国际性企业,他们也很清楚,政府要求减少油耗,特别是对汽车尾气排放的治理,要大大加强。

马晓霖:从政策角度看,如果混合动力装置这类有自主知识产权的品牌走出国门去参与竞争,您特别希望国家能提供什么样的政策支持呢?

钟发平:国家确确实实应该支持有作为、有能力、有志向的民营企业"走出去"。特别是在"一带一路"共建国家,通过输出中国优秀企业,通过资金的支持,既帮助共建国家,也可以用一些优秀的机制和体制,把它们捆绑在一起,这样才能够形成一个共赢多赢的格局。所以,我希望国家在制定这些政策时,能够多倾听一下"走出去"企业的心声,和它们内在的客观的最恰到好处的需求相契合,帮到恰到好处。

(发表于 2017 年 10 月 25 日)

6. 力帆出海,一马当先

自"一带一路"倡议提出以来,中国车企积极响应,加速海外发展布局。作为中国车企中最早一批在海外建厂的企业,力帆汽车集团也是最早走到"一带一路"沿线市场的企业。十几年来,从生产摩托车到生产汽车,力帆出海的过程,也是产品产业全面升级的过程。经历了这么多年的产业发展,今天的力帆走到了哪一步?力帆人又如何看待"一带一路"倡议?我们就此在重庆专访了力帆实业集团常务副总经理杨波。

既要"走出去",也要走进去

马晓霖:力帆集团创始人、董事长尹明善先生在"一带一路"倡议提出的时候说,民营企业要一马当先。尹先生讲的一马当先指的是什么?力帆集团在围绕"一带一路"倡议全球布局方面又是如何一马当先的?

杨波:一马当先,是董事长在一个峰会上提出的,那也是一个关于讨论"一带一路"倡议的峰会。我理解董事长的意思,主要是指在"一带一路"建设中,国有企业家大业大,要守住疆土;而民营企业心大胆大,要走在市场的前面,要敢于去开拓。

马晓霖:力帆是如何落实这个"心大胆大"和"一马当先"的呢?

杨波:事实上,早在1998年朱镕基总理就给民营企业颁发了出口许可证,那个时候力帆也是全国第一家拿到这个许可证的民营企业。2002年,我们在越南兴安省建立了第一个海外工厂。我们决定投资越南的时候,市场的确非常好,当时汇率也不低,利润很高。当然我们在建厂的时候也有过担心,但最后决定既然市场在,那我们就先做了再说,这是民营企业的特点。结果非常好,我们在那边赚了钱,现在这个厂依然还在。

马晓霖:我们曾去越南采访过,了解到的情况是,中国企业在越南都曾遭遇过前所未有的挑战:曾经占有越南80%市场的中国摩托车企业大部分铩羽而归。力帆的情况怎么样?

杨波:作为企业,我们需要考虑的是如何把所有资源、所有政策都运用好。力帆也曾遭遇过很大困难,但是,经过市场洗礼,我们在摩托车零配件业务,尤其是在离合器生产上取得了成功,在越南市场占有率超过70%。在力帆的发展历程中,我们切身感受到"走出去"才知道市场是多么大、多么辽阔。我们的建议是,以前没有"走出去"的企业应当赶快"走出去",以前只是"走出去"的,还要赶快走进去。"走出去"只是做贸易,去看看。这还不够,你还要走进去,要了解市场,了解消费,要真正把资金和技术带出去,甚至还要把一些营销和管理的模式带出去,这样才叫"走进去"。

力帆出海记,民企可借鉴

马晓霖:作为一家民营车企,力帆从摩托车制造发展到汽车制造,取得了很好的成绩。但与发达国家的汽车制造业相比,主要欠缺在哪些方面?

作者在重庆力帆集团体验电动汽车。

杨波：从品质上说，我们做的中小排量的汽车基本上有95%接近它们，差的那5%正是我们发展的瓶颈，而这5%就是在工艺控制和一致性的控制上面。我觉得这里面有几个原因：第一是中国有一个"差不多"的文化。我们尹明善董事长曾经说过，领袖领袖，为什么领袖那么重要，因为领子和袖子是最不好洗的地方，其他地方都很容易洗，希望我们中国的企业能够把领和袖做好，而不是"差不多"就行了；再就是我们仍然处于一个学习的过程中，摩托车、汽车，包括涡轮增压等等，都在向别人学习，但这个学习是有过程的，我们希望整个行业能够花大力气在这些方面做一些共性的开发。

看上去我们和发达国家的差距只有5%，但就是因为这5%的差距让我们跟欧美日系的竞争对手，相差了20%甚至是30%的价格。所以只要把这5%做好了，我们那20%的价格空间就能得到提升，就能拿得回来。

马晓霖：除此之外，中国的汽车整车项目大多由跨国公司主导，技术专利多为丰田、通用等世界知名企业所有。中国在自主技术研发方面的薄弱，使得汽车出口一直处于弱势地位。力帆在技术和管理团队的国际化方面是如何操作的？

杨波：我们最早的技术部总经理就是来自澳洲，当时他还带了两位副总过来,我们叫作"澳洲三剑客"。他们来自不同的贸易公司,对国际化非常了解,给我们带来了很多开眼界的东西和国际化方面的经验,受益非常。比如我们曾经在欧洲市场失利,但是,现在我们又回去了,现在的产品就是根据欧洲市场的特点做了很多调整,我们又重新站稳脚跟。通过对欧洲市场的攻克,我们在很多方面得到了提升,包括技术提升、质量提升、对用户分析市场营销方面的提升等等,这些都是宝贵财富。

马晓霖:从你们自己的研发能力来讲,力帆在海外研发方面的布局未来有什么大的规划吗?

杨波:"开门造车,拿来主义"这八个字是我们在研发方面一直贯彻和秉承的宗旨。早在2000年初,我们就和里卡多公司,以及埃韦罗等一些比较著名的国际内燃机公司进行了技术合作,它们是我们的资深咨询合作方。我们会得到更多信息、更好技术,眼界会更开阔,也会避免很多误区和走很多弯路。

马晓霖:这些年力帆在海外投资方面积累了丰富的经验,在您看来,海外投资都有哪些难点?应该怎样克服呢?

杨波:投资的时候,要注意对汇率变化的考虑,对政治风险的考虑,以及包括劳工法在内的法律法规的考虑。有很多问题在前期调查中不一定能完全了解,只有在深入体验的时候才会真正明白,我们把这个叫作"开水",真的是100度。除了企业自身要做尽职调查外,我觉得政府方面其实可以做很多的工作,包括一些公众信息的搜集和调查,给企业提供更多的案例以资借鉴,对特别要注意的一些问题加以强调等等。

另外,各行业也可以组织专业队伍来进行相关专题调研。这样就可以避免每个企业靠自己去单打独斗,然后付出同样的代价去获取信息,甚至会撞得头破血流。要学会抱团取暖,共同去开发资源,共同来享受资源。

（发表于2018年1月16日）

7. "一带一路"上的钢铁通途:中欧班列

通过铁路实现陆上欧亚大陆国家的互联互通,一直是人们的梦想,也是联合国计划开发署很早提出的计划,然而又是一直未能实现的计划。进入21世纪,中国修建了全世界四分之三以上的高速铁路,一跃成为铁路强国,具备了支撑亚欧大陆互联互通的实力。如今,一列列满载着集装箱的列车呼啸而过,成为"一带一路"沿线贸易的新纽带,它们有一个共同的名字——中欧班列。我们在重庆专访了渝新欧物流公司总经理漆丹,探讨物流大通道上"一带一路"倡议的发展机遇。

钢铁通途,连接亚欧新通道

马晓霖:截至2017年5月,中欧班列累计开行了4000列,共规划51条运行线,到达11个亚欧国家、29个城市。在中欧班列中,"渝新欧"线路是开行最早、最多的,已经纳入中欧安全智能贸易航线试点,实现了"一次申报、一次查验、全线放行"。

不过,通常来说,铁路运输比海运成本要高,在速度上又没有空运快捷,另外穿越国家也比较多,解决通关问题可能比海运、空运更麻烦。那么,以渝新欧为代表的物流大通道运输,它的比较优势或者说综合性优势体现在哪里?

漆丹:的确如您所说,目前由于各方面的原因,铁路运输价格是海运的3倍左右。但是渝新欧的时效一般是十二三天,而海运的话则要花更多时间。比如,中国西部地区的货物要花时间运到口岸,到了口岸需要30多天的海路运输,还要再分拨到内陆地区,而中亚地区本身就是内陆,所以算下来差不多就是40天。所以,中欧班列肯定有很大的时间上的优势。当然,我们的时效赶不上空运,但是我们运量大,价格要比空运便宜很多,常态化运营的话要便宜五分之一左右。至少可以这么说,中欧班列为不同客户、不同商品提供了更多选择。

马晓霖：渝新欧被认为是中欧班列最稳定的一条线路，那您能不能给我们讲讲这个稳定的内涵是什么？

漆丹：我认为主要体现在"五定班列"这样一个概念上。第一个是定点，就是要确定在什么地方发车；第二是定线路，各个国家必须要有统一的协调，规划出一条线路，而且线路一定要固定；第三就是定车次，就像我们客运列车要定车次一样，大家都按照这个时间进行计划安排；第四就是要定时，车次定好了，你还要知道什么时候到达，一定要有这样一个准确的时间；最后就是要定价，价格要透明、公开，让客户很清楚。这样的话就保证了它整个运输的质量。

马晓霖：可不可以这样说，通过这"五定"就实现了亚欧大陆桥的有效贯通？

漆丹：是的，中欧班列终于使这么多幅员广阔的国家紧密地联系到了一起，欧洲从来没有离我们这么近过，更不要说中亚了。事实上每个国家都有自己的铁路，但是亚欧大陆桥为什么一直就没有开通呢？因为互联互通不只是铁路硬件的问题，关键是牵涉到一些海关规则、铁路规则，以及政治文化等各方面的联通。我们现在都在讲全球化、地球村，但真正实施起来，除了硬件还有很多是软件的东西跟不上。

当物流通道打通之后，我们创造的就是可复制的经验，大家都可以利用这个经验服务于欧亚大陆的各个国家。首先物流要走近，这样的话人员才能走近。人员交往方便了，文化就能走近。如果运输环境再完善一些，绿色通关再快捷一点就更好了。当然，中欧班列也有一些问题需要解决，比如目前中国和独联体国家的轨距是不一样的，而独联体到波兰后轨距又不一样，这样的话就牵扯要两次换轨。

马晓霖：现在换轨的时间是不是比过去在效率上大大提高了？

漆丹：有一些提高。初期换轨需要一天多的时间。有些地方是硬件设施不够,不同的轨道得用吊车,或者用龙门吊把集装箱吊到另外一趟列车上,现在这种情形已经大大改进了。当然,现在又有新问题出现,比如班列多了,有时候会比较拥堵一点,这就需要进一步加强合作,降低成本,大家合作越来越密切,才能相互促进。

马晓霖:亚欧大陆占世界陆地的五分之二,囊括了大约75%的世界人口,地区生产总值约占全世界的60%,东面是活跃的东亚经济圈,西面是发达的欧洲经济圈,中间广大腹地经济发展潜力巨大,特别是"一带一路"共建国家资源禀赋各异,经济互补性强,合作空间广阔,并通过中欧班列实现了跨越大陆的握手。渝新欧物流公司是如何协调各国之间的关系呢?

漆丹:我们能想到的就是充分将共建国家的资源进行整合优化。通过与这么多国家的合作,才能发现谁在哪方面有优势,在哪方面又有不足。所以,我们当时就想联合铁道部门下面的公司,联合共建国家如俄罗斯的铁路部门、哈萨克斯坦的铁路部门以及德国的铁路部门,经过一年多谈判,把公司成立起来。我们的公司是很有特色的,我们是"四国五方"组成的公司。

马晓霖:是否可以说,这条路线就是贯彻"共有共建共享"的概念?

漆丹:可以这么说,也可以简单地说就是打通壁垒。首先硬件壁垒要打破,目前我们铁路上主要是四大口岸,满洲里、二连浩特、阿拉山口,还有新开放的霍尔果斯口岸。这几个口岸还要加大基础设施建设的力度,还有潜力可挖,我们一定要做好。另外,从现在的发展势头来看,当然会有新的线路,可能我们的铁路部门、国家之间也都在构思新的线路。我们要按照市场需求把更多的线路开发出来,我们要有前瞻性。

中欧班列,打造重庆新实力

马晓霖:渝新欧班列有着积极正向的示范效应,实际上国内很多省、自治区都在建设中欧班列。过去6年,渝新欧班列的成功运行对重庆产业格局变化、对经济发展变化,乃至对整个西南地区的发展都产生了什么样的正向作用? 对重庆的经济辐射能力有什么样的作用?

漆丹:我举一个例子,重庆有一个咖啡现货交易中心,是2015年成立的。其实,我们重庆是不产咖啡的,咖啡主要是云南和东南亚的越南等国出产的,但是,它们看中了重庆渝新欧这个通道。咖啡是非常有发展前景的产品,也是市场的刚性需求,未来在中国的市场会越来越大。咖啡的金融属性实际上仅次于黄金,而从大众商品来看仅次于石油。为什么会选择在重庆建立咖啡深加工基地,甚至建立现货交易中心? 就是因为有了这个通道,可以很便捷地将咖啡推广到整个丝绸之路,并借助新欧亚大陆桥辐射到宽广的区域。

还有一个方面,这样的通道也使得国际铁路依赖的一些口岸落地重庆。像我们的整车进口口岸也是一个创新,重庆团结村铁路中心站,现在的班列始发站也是国家首批设立的铁路一类的国际口岸,之后还会有更多的口岸在这里设立。

渝新欧国际大通道的开启,可以说使重庆改革开放的面貌焕然一新,它促使重庆产业结构进行了升级。不管是对外投资还是每年吸引的外资,这几年每年都达到了百亿,也是走在了全国的前列。

(发表于 2018 年 1 月 29 日)

8. 中哈携手打造新时代的"东方大港"

1919 年,孙中山先生曾在《建国方略》中明确提出,将连云港市定位为承担民族复兴的"东方大港"。而今,在"一带一路"倡议的背景下,中国与哈萨克斯坦联手在连云港中哈物流基地共建共赢,打造新时代的"东方大港"。事实上,作为中哈两国"共建丝绸之路经济带的首个实体项目",习近平主席和纳扎尔巴耶夫总统两次通过视频连线方式,共同见证了该基地的最新阶段性成果。我们在连云港专访了中哈国际物流公司总经理刘斌。

承接历史,开创东方大港新内涵

马晓霖:连云港是联合国开发计划署最早提出的新欧亚大陆桥的东方起点,中哈物流园又是国内第一个对接"一带一路"倡议的实体平台,可以说其角色、其意义均不同寻常。在您看来,站在连云港这个位置,该如何看待新亚欧大陆桥和"一带一路"发展规划?

刘斌:从1992年起,我们公司就利用连云港的港口优势,把自己定位为一个中转的物流平台,通过海运方式为日本、韩国和东南亚区域的一些客户服务,把货物集聚到连云港,再通过陇海、兰新这条线路,过境中亚也就是哈萨克斯坦,再通过莫斯科去欧洲。当时我们的货物是从阿拉山口出境的。2012年12月,我们又开通了霍尔果斯铁路口岸,这样就形成了两个西向出口。20几年来,我们一直致力于做新亚欧大陆桥这条线路的运输,牢牢地占据了东桥头堡的地位。连云港中哈物流基地的诞生以及今后的发展,也是围绕这条线路而来的。

马晓霖:哈萨克斯坦是中亚地区的主要国家,世界上最大的内陆国,也是欧亚经济联盟成员。作为中哈两国产能合作的首个实体平台,连云港中哈国际物流公司是如何实现哈萨克斯坦"光明之路"新经济政策与"一带一路"倡议对接的呢?

刘斌:哈萨克斯坦多次派出东向出海口考察小组,在经过对中国沿海的考察后,最终认为连云港是阿拉山口过来的通道中最便捷的。兰新、陇海这条贯穿中国中部东西方向的路线与哈萨克斯坦相连,连云港两侧又毗邻着长三角地区、环渤海区域,同时还联动珠三角地区,就此形成了一条东西大通道——这条通道不仅我们需要,作为世界上最大的内陆国,哈萨克斯坦更需要向东寻求出海口。哈萨克斯坦矿产资源比较丰富,农畜牧业也很发达,通过这

作者采访连云港管理机构负责人刘斌，触摸欧亚大陆腹地通过欧亚大陆桥伸向太平洋地区的动脉。

条运输通道把物产集聚到连云港以后进行分拨，既可以下海去日本、韩国、东南亚和环太平洋区域的一些国家，同时也可以在中国内陆进行销售，这样连云港就成为哈萨克斯坦东向出海口的一个节点。

马晓霖：作为苏联的加盟共和国，哈萨克斯坦带有计划经济体制的一些痕迹，而中国这几十年的快速发展已经明显是以市场导向为主。在这种情况下建立联营公司，双方在气质上、习惯上和企业文化上是不是需要进行很多的磨合？

刘斌：这个的确是有。由于两国在文化传统、语言和经济发展体制等各方面都存在一些差异，所以在公司运营的过程中的确遇到过很多问题，甚至我们和哈方派过来的副总代表之间也有过很多问题。哈方副总叫努拉乐卡纳特·别克，他刚来的时候在会议上听别人汇报时，讲到工作中需要买配件这个问题，他就找我谈，说你们这个管理有问题，怎么能没有仓库呢？实际上我们已经实现零库存的配件机制。因为在咱们国家现在什么配件坏了，打一个电话马上就有人送过来。于是，我就跟他讲我们为什么可以不要仓库,告诉他如果哈方下一步能够发展网上订购或者是物流发展得畅通、快捷,也可以慢慢实现。他又把我的这句话讲给他的哈国朋友听。我们大家就是这样,慢慢地去传递我们一些先进的管理理念。

面向未来,打造物流模式新标杆

马晓霖:一般来讲,海运是最经济最便宜,空运最快捷,而铁路运输则介于两者之间,恰恰连云港这边是海陆空运输条件都具备。这样一个独特的条件是很多想做物流中心的城市缺乏的。连云港如何统筹这三种不同的物流模式?

刘斌:从1992年开始,连云港就围绕新亚欧大陆桥这条线,致力于打造海铁联运,定位我们的功能。不过相对来说,在航空这一块做得很少,只是作为一种简要的补充,我们更多是在打造海铁联运功能。到目前为止,我们在这方面收获了很多成熟经验,有很多老客户围绕这条线在做项目。2017年6月8日,习近平主席和纳扎尔巴耶夫总统共同出席中哈亚欧跨境运输视频连线仪式,启动了中哈亚欧跨境货运班列。习主席在演讲中提到要将连云港和霍尔果斯串联起来的新亚欧大陆桥的陆海联运,打造成为"一带一路"倡议下的标杆和示范。我们将紧紧围绕习主席提出的战略构想,做好我们海铁联运的工作。

马晓霖:物流是否畅通,很大程度上取决于基础设施是否过硬,现在的运力是不是已经到了极致? 反过来讲,物流会倒逼基础设施建设改进,您怎么统筹看这些情况?

刘斌:目前我们国内货运的时效,已达到每天1200公里以上的运营效能。在哈萨克斯坦,平均就900公里多一点,俄罗斯还没有到800公里,也就是700公里到800公里。我们的这个速度已经很快了,但仍然还有提升空间。咱们国家的铁路设施比较完备,而且这几年投入也比较大,而哈萨克斯坦甚至俄罗斯,铁路设备和线路还是比较陈旧的,如果想提速达到更高效率,可能需要更大投入。

马晓霖：除了中亚班列，我们知道连云港还开通了中欧班列。中欧班列全程仅需要 12 天，是海运时间的四分之一。运输时间缩短了，还要提高班列的运营效率。能否实现车厢的"重去重回"，这是需要解决的问题。这两年"重去重回"的程度是不是在提高？

刘斌：在提高。无论是哪一条线路都需要"重来重去"，以压缩物流成本。如果说都是单向的重去，没有回的，那么会造成三个问题：第一集装箱扔掉了；第二铁路运能浪费了；第三物流成本的增加导致整个物流链条的不经济性，结果某一条线路可能就会有断档问题。我们这几年一直研究在做多式联运中，如何逐渐形成"重来重去"。我们也在考虑对"重来重去"的模式进行调整和变革，创造出有我们自己特点的模式。

（发表于 2018 年 2 月 6 日）

9. "一带一路"与"山河之路"

中国工程建造在成为世界之最的同时，也带动了中国工程装备制造的发达，而湖南则被认为是中国工程装备制造最为集中的省份。作为湖南工程机械行业"三驾马车"中最小的一家，山河智能装备集团在最难的小型工程装备上取得了突破，并且在"一带一路"市场取得了辉煌成绩。在湖南长沙，我们专访了山河智能装备集团董事长何清华。

山河之路，小而美，小而强

马晓霖：山河智能号称地底装备专家，有很多种类的工程机械出口，美誉度非常高，在国际市场也有着"施工小精灵"的称号。山河智能产品的特点和品质综合起来看就是小而美、小而强，改变了人们对传统机械工程的刻板印象，这是非常独特的，你们是怎么做到的？

何清华：我们山河智能侧重先导式的创新，就是说，市场还没有这种产品的时候,我们就要掌握这样的技术,要有先导性。比如说我们公司靠我发明的专利静压桩机,形成了一种独有的绿色环保的施工方法,这是中国所独有的产品、独有的技术。我们的主力产品小型挖掘机,在国内还没有形成概念的时候,我们就已经开始做了。

我们还做航空产业,十多年前别人还没有通用航空这个概念时,我们就已经开始做了,这就是先导式的创新模式。先导式创新模式对我们的研发队伍也是一个很好的锻炼,这些年下来,我们公司的产品不是简单的刻意的模仿,而是形成了自己一些独特的设计方法、设计理念、设计准则等等,这种模式我认为给我们的企业带来了差异化的竞争能力。

马晓霖:人们说起山河智能,一定会谈到中南大学。山河智能装备集团从诞生到发展都与中南大学保持着"血脉相融"的关系。学校和研究所是公司的重要技术依托和战略合作伙伴,公司经过发展反过来又成为学校和研究所的人才培养、科学研究和成果产业化的平台,反哺学科建设。在国内走"产学研"一体化道路的企业里,山河智能无疑是一个成功的标杆。我们看到山河智能有院士工作基地、博士点,还有国家创新基地等等。这是不是另一种山河智能的模式?

何清华:我们是搞应用科学的,作为一个科技工作者要真正做到产学研一体化,做出实际效果来,我认为首先对自己要有一个定位。比如一个学者,他对学术非常专注,思维方式完全是搞科研的模式;但如果让你去搞产学研,你就要想好扮演什么角色。另外一点,我当年创办公司的时候,我们学校的领导思想是非常开放的,比如什么叫国有资产流失? 有人认为学校有很多专利成果,被别人拿去办民营企业成立了公司,这好像是流失。但是,我们学校的领导认为,专利成果放着不用才是最大流失,如果用起来了,所创造的这些价值,这些产品还在中华人民共和国,这不叫流失。我认为直到现在这个理念还是比较超前的。

马晓霖：企业和消费者之间、产品和市场之间的关系有两种：一个是市场需要什么用户需要什么，我就提供什么；还有一种就是通过应用来创造新的消费市场，这方面也是一种先导式的体现。

何清华：我们集团有自己比较独特的持续创新能力和规划，但一个企业如果为了创新而创新是很危险的。我举个简单的例子，比如你在某个大企业当总工程师，你会研发某个型号的产品，可下一任换我来当总工程师，一般就不会在你的产品上继续完善，而是又另搞一个，结果是原来你搞的产品既不完善，也没有积淀。所以在山河智能，我们特别强调如何创造持续创新的机制，这是最为重要的。像静压桩机，在我当年创立以后，一直到现在无论是新的研发人员，包括我在内，后来也做了大量的改进和创新。事实上再创新对一个产品和一个企业是非常重要的。所以说山河智能的头脑还是比较清醒的。

走向海外，也要客观理性

马晓霖：虽然中国的工程装备在海外有了相当高的市场份额，也有了一定的国际知名度，但毕竟我们是这个行业的后来者，在国际上无论是市场占有率还是口碑，欧美日同行都远远领先我们。您从一个专家的角度客观分析一下，我们现在与欧美日等发达工业国家在装备制造业方面的差距在哪里。

何清华：我认为差别就在体系上面，这涉及技术、制造、管理，也涉及市场的成熟度。特别是在市场的认知度这方面，欧美日等发达国家比中国超前20年。从技术层面来说，我们也不得不承认还有很大差距。比如，我们工业机械发动机的大部分元器件还是要依赖进口。还有一些产品比如装卸机，差距就更大了。中国要突破这一点还得有个过程。发达国家的企业在海外有很多制造基地，因为它们拥有足够大的市场份额，形成了自己独特的配套体系。在整个体系的完善上面，中国工程装备制造业还有比较大的差距。

马晓霖：我们了解到，国内有很多国际化程度比较高的企业，都在海外建工业园、产业园。这方面山河智能有什么尝试和努力？

何清华：客观地来说，山河智能还没有什么实质性的进展。第一，因为从企业的拓展来说，到海外组建子公司讲起来很容易，但管理上是有很大难点的，在这方面没有形成可以复制的管理模式，就贸然在国外做这个事情风险是比较大的。第二，别看我们只是做个挖掘机，实际上它后面上下游产业链是很长的。像东南亚这些国家，由于配套条件太差了，所以我们初步的想法是在一些国家采用组装形式的合作，当然首要的条件是我们在那个地方的销售有了一定的量，然后我们再搞组装，根据经济规律，进行本地制造、本地采购。但是，即便组装也没那么容易，因为我们的产品是比较高端比较复杂的，不是一个简单的产品，以挖掘机为例，零部件都到位再组装成一台高品质的产品，这是一种技术！我们山河智能已经有了这么成熟的生产线，管理这么严格，有时候还是会出一点问题，所以说在海外建企业搞产业园不是那么简单的。

（发表于 2018 年 2 月 25 日）

10. 威盛集团：小电表，大智慧

能源工业是现代经济体系的基础，从生产端到消费端，从发电设备到具体的计电设备，是一个庞大产业。在这个庞大产业中，看似小小的电表，却是电力能源产业的重要核心终端设备。湖南威胜信息技术有限公司，是中国电子电表的代表，也是最早在"一带一路"沿线打开市场的企业。我们在湖南长沙专访了威胜信息技术有限公司董事王学信。

小电表，面临大市场

马晓霖：威胜生产了国内第一款三相智能电表，一下就把中国电表从机械时代带入了电子时代，这是一个革命性变化，确立了行业地位，而且，后来国家关于电表的很多标准，都是参照威胜制定的。

王学信：我们是从智能电表起步的，而且一开始我们产品的设计目标也是参照国际电工委员会的标准，也就是说，在中国还没有智能电表产品标准的时候，我们就开始做这个产品了。当时我们就觉得智能电表是未来的需求，因为随着经济发展，人们使用的电表肯定会朝着国际化标准方向发展，于是我们就按这个标准去做。后来，我们发现国外企业卖到中国的同类产品要1万块钱，而我们的同类产品在国内只能卖到它们一半的价钱，于是我们从1999年起就开始接触国外市场，参与国际投标，不断总结经验，不断了解国际市场需求。

马晓霖：现代产业的基础是能源供给，而电力是能源供给的主体，电力终端服务系统又是整个能源管理的末梢。在现在这样一个能源非常紧张的时代，需要动态地、实时地、非常精细化地管理能源。作为电力终端服务厂商，威胜是否因此把自己定位为能源计量和能耗管理专家？

王学信：现在各地都在建设智慧城市、智能电网，还有随着油价、煤价上涨，再加上环保等方面的要求，电力成本越来越高，就更需要合理用电，减少浪费，减少碳排放，这些都对电能管理提出了更高的要求。特别是伴随着物联网的发展，新能源也在逐步接入这套系统里。因此通过综合利用各种能源，实时调节市场的供需关系，就显得尤为重要。

日本大地震以后，就把核电站都关闭了，德国也关闭了核电站，转而鼓励发展太阳能和光伏发电，但这些电都不能储存，这样就得根据它的发电能力，来指导人们用电，比如洗衣机、热水器都变成可以实时调节的：什么时间让洗衣机开始工作？热水器在什么时间把热水储满？既保证生活用水，同时又能够用到最便宜的电。也就是说鼓励大家储存发电能力最强时候的电，并且使用起来。这样的话就可以减少大型电力设备的投入，同时也能使人们的生活变得更好。

"走出去",需要大智慧

马晓霖:2014年以来,威胜开始沿着"一带一路"共建地区发展规划,进行海外布局,熟悉相关国情和市场运作规则,把握投资方向。目前,威胜在整个海外市场的布局是怎样的?产品主要销往哪些地区? 建立了哪些整体配套的服务网络?

王学信:我们企业"走出去"是先派自己的技术人员去了解市场,然后一步一步把符合当地计量管理规则的产品做出来,再通过所在国技术监督部门的检测和认定,拿到销售合格证。也就是说,你要在那里摸爬滚打,熟悉这个市场后,然后再试挂产品。

1997年我带了5个电表去印尼电力公司,对方负责人二话不说地要求我,先把你的产品挂到总部大楼的一面墙上。一直到2001年我们开始在印尼销售,那几块表还挂在那里。客户就是要看你那几个表是不是还在工作——那几个表是串联在一起的,这意味着你第一块表计了多少,第二块表也必须是多少,误差不能超过规定的范围。经过几年的考验,客户才会使用你的产品。

马晓霖:我了解到威胜在水务系统管理方面也是行家,现在"一带一路"大量共建国家都是以农业为主体的国家,农业用水方面的精细化管理,包括成本核算是现代农业发展水平的重要指标,在这方面"一带一路"沿线是否存在大的市场潜力?

王学信:事实上我们最初在水务管理方面的发展,就是从孟加拉国起步,并且得到了联合国粮农署的关注。我们在孟加拉国的农田灌溉项目,开始也遇到很大困难。我在那里待了半个月,仔细分析了这个问题,然后提出改进措施,与对方商讨下一次采购的时候,应当怎样设计更符合当地的管理需求。

过去世界银行也好,亚洲开发银行或伊斯兰发展银行也好,都给孟加拉国出资打井,让当地人买得起水泵。当地人拿着水票去买水,水泵管理员就给他提水灌溉,但水泵用两三年后就坏了,坏了后又没有钱修。银行说,你卖了水,应该有钱可以修啊? 他说我卖的那个水钱还不够付电力公司的电费,所以根本是入不敷出,发展不下去。

那时候孟加拉国农业管理局局长,回忆起他十几岁在英国留学时,房东家里面的电表是投币的,只要塞几个硬币进去就可以用电了,于是,他就想在农田灌溉中也用这个办法。由此,我们在那儿反复讨论实施方案,那个副局长一直盯着我们,每天到宿舍看我们在做什么工作。最后他说,你们公司的老总能到我们这里来亲自干活,处理问题,亲自到水田里泵房里去了解情况,你们一定要把这个项目实施好,而且孟加拉国会把政府管辖范围内的水井全部用上你们公司的系统。

我觉得要做一个有良心的企业,不是说赚了一把钱,扭屁股就走了。我们公司现在针对不同的市场,有的培养当地的代理商并且提升它们的服务能力,有的地方则是在学中国企业的发展模式。在"一带一路"倡议发展中,我们不能只输出产品,也要输出产能,输出发展模式。所以现在很多国家在和我们签订单的时候就提出,要能够在当地生产,要解决当地的就业问题。所以我们现在准备在几个国家做组装线,比如印尼最早就提出来低端产品必须在当地制造,而且当地的制造率要达到80%,现在,像巴西、墨西哥还有一些中亚国家,也提出来这样的要求。

马晓霖:"一带一路"共建国家的配网设备不完整,计量行业技术落后,这为我国电表企业提供了新的广阔的发展市场。伴随着国家"一带一路"倡议的推进和拓展,威胜集团的产品已经远销70多个国家和地区,并和100多个国家和地区建立了业务联系。威胜的故事告诉我们,企业只有创新才能生存、壮大和发展,企业只有创新才能真正赢得市场尊重。

（发表于2018年3月6日）

11. 以"一带一路"为轨连接世界

高铁是中国名片,但是中国轨道交通则不止高铁,从传统的米轨,到城际铁路,再到地铁,中国中车涉及整个轨道交通的方方面面,体现了中国制造的最高水平。作为中国中车集团的核心企业——中国中车株洲电力机车有限公司,既是亚洲最早的机车设备生产企业,也是目前中国最大的电力机车生产企业。我们在湖南株洲专访了中车株洲电力机车有限公司副总经理何恩广。

技术领先,抢市场当仁不让

马晓霖:中车株洲电力机车有限公司是中国最大的电力机车研发基地,可以说在中国轨道交通领域创造了很多纪录、很多辉煌。您能否系统介绍一下整个公司的业务模块、产品线和技术特点?

何恩广:我们的战略方向叫作3+X。3是指我们的三个主业:第一个板块是我们传统的电力机车,这是株机公司最拳头的产业,目前株机公司是全球最大的电力机车生产研发和制造基地;第二个板块是城轨地铁,株机公司在2001年就进入了国家发改委的国家城轨定点企业,目前陆续向国内14个城市提供了7000多辆地铁车辆;第三个板块是城际动车组,这一块我们在国内外也取得了非常好的成绩。X是指发展以磁悬浮、超级储能有轨电车、电动大巴、制动系统、高电压电器等作为我们生产的模块。在中国中车强大的市场压力下,国际著名的西门子轨道交通部门和阿尔斯通轨道交通部门合并了。

实际上,国际上著名的三家轨道交通企业的销售收入加起来,还没有我们中国中车五总部一家的销售收入多,就此可以看出中国轨道交通的发展在世界上的影响有多大。作为轨道交通行业的一员,我为能从事这个行业深感自豪,也为我们国家的发展感觉自豪。

马晓霖:中车目前承担什么样的轨道技术发展项目?

何恩广:中车现在正承担的国家重大专项是,轨道交通达到每小时400公里的机车。中国的"复兴号"已经从每小时300公里加

作者在株洲中车株机专访这家企业如何在世界各地提供中国标准的机车整车装备。

速到每小时 350 公里，这从技术上来说没有任何难点，在几百公里的距离中，人的感受对每小时 300 公里跟 350 公里几乎没有什么区别，但是能耗要增加很多，所以这其中更多是算一种经济账并不是技术账。如果从每小时 350 公里提高到每小时 400 公里，我个人认为基本上是轮轨的极限速度。这是国家科技部设定的目标。现在我们正在做这方面的研究，研究如何制造每小时 400 公里的机车，以及如何降低机械部件的损耗、能耗等等一系列问题。

马晓霖：中车株洲电力机车有限公司还有一项世界首创技术，就是中低速磁浮技术。我国首条完全自主知识产权的中低速磁浮铁路，在长沙黄花机场与火车南站区间运行，总长 18.55 公里，是目前全世界最长的中低速商业运营线。磁浮列车，这是交通装备中顶尖的技术。从世界大市场来看也不是很多。那么，中车为什么要推广磁浮列车，需要哪些硬条件？

何恩广：磁浮有很好的优点，比如它绿色节能，没有噪音，爬坡能力强，转弯半径小等，非常适合一些特定区域。以往我们有很多关键技术和部件不能自主制造，这些技术壁垒对我们来说是有很大挑战的,如果用国外的产品,实际上我们是受制于人。因此,在上一个时期磁浮在国内的应用条件并不是很成熟。

中车株机依托自身产品技术积累和产品优势,联合国内有关院校、科研机构,研制出完全自主知识产权的磁浮体系。在长沙的这一条磁浮线,截至 2017 年 9 月份载客运营超过 360 万人,而且运营期间状态非常好,没有发生清客下线等重大故障,为我们下一步研发每小时 200 公里的中高速磁浮机车,奠定了非常好的技术基础。当然磁浮运行有一定的环境和要求,它和正常的轮轨不是相互取代,而是相互补充。

"一带一路",新市场需求巨大

马晓霖:近年来中车株机先后获得近 30 个海外项目订单,合同金额累计逾 300 亿元人民币。随着"一带一路"倡议的不断推进,共建国家蕴藏着巨大的市场需求,中车株机将如何抓住这个发展机遇? 在您看来,"一带一路"在轨道交通方面究竟有多大的发展潜力? 哪些是我们重点要发力的蓝海地区?

何恩广:我去过"一带一路"很多共建国家,由于地缘形势、自然环境、经济发展的阶段不同,基础设施比较欠缺,尤其表现在轨道交通方面差距相当明显、相当大,技术装备比较落后,轨道线路很陈旧,而且年久失修,运量、运能严重不足,而中国的轨道交通产业门类非常齐全,产业形态非常健康,因此我们对"一带一路"共建国家在整个产业上已经形成了很好的领先优势。

中国有一句俗话大家都清楚,"要想富先修路"。"一带一路"倡议提出以来,共建国家政府和地区都意识到基础设施发展的重要性:地区要发展,国家要发展,一定是基础设施先行。这也是中国近年来的发展给各国带来的重要启示。

马晓霖:未来轨道交通的市场规模有没有大概的测算?

何恩广:从轨道交通装备行业来看,全球的规模大概是 1600 亿欧元,也可能有一些年份要高一些,有一些年份要低一些,年增长率全球平均下来是 3%左右。欧美国家的基础设施发展比较充分,这些国家不是我们市场开拓的重点,也不是新的增长点。换句话说,快速发展的不是这些地区,而是在"一带一路"这些共建国家和地区。

马晓霖:在您看来,未来进一步发展轨道交通建设,完善"一带一路"基础设施,是否仍然要依靠顶层设计,仍然需要国家与国家之间消除壁垒,消除作为企业没有办法克服的制度性和政策性的一些障碍?

何恩广:我们在"走出去"初期,遇到大量政策和制度上的障碍。在欧洲,人家有一个互联互通的技术规范:TS 认证、交通的互联互通认证等,但是,同时这也对我们形成技术壁垒。在"一带一路"共建国家,我们注意到大家在供电制式、轨距等方面都不一样。作为企业,我们一方面要积极适应客户要求,比如近年来我们研发了米轨高速动车组,可以跑到每小时 160 公里;中亚用的是俄罗斯标准的宽轨电子机车,于是我们也研发了这类产品以适应客户要求。同时,我们也非常期待政府层面能加大互联互通的协商,能够在周边国家形成互联互通的一些标准,这会为我们企业未来的发展带来很大便利。

我们知道,最近由铁路总公司牵头在巴基斯坦拉合尔建设的轻轨全是中国标准,随着中国标准的推广和应用,也会对我们以后基础设施的互联互通,提供很大的便利。我相信这一天一定会到来。

(发表于 2018 年 3 月 18 日)

12. 三一:湘企领军,国之重器

三一重工是中国的骄傲,也是中国装备制造企业"走出去"的骄傲。作为中国最大最强的工程装备制造企业,三一重工走过一条完整的标准化的产业升级模式。作为中国制造业巨头中最早响应"一带一路"倡议的企业,三一有什么具体的布局? 为此我们专访了三一重工副总裁、国际总部总监周万春。

敢闯海外，龙象共舞

马晓霖：三一是中国企业，特别是民营企业"走出去"的样板，在海外市场拓展中创造了很多纪录和奇迹。比如，三一是最早占据海外高端装备制造市场的企业，也是最早并购世界一流企业的中国装备制造企业。结合这些海外闯荡的经历，您能否给我们讲讲三一是如何在国际市场进行开拓的？

周万春：实际上2002年我们就把三一的产品销到了国外，应该说这是三一走向国际市场的第一步。其实，那个时候我们说是走向了国际，不过只是一种简单的贸易，但正是因为有了这么一次尝试，我们便认定三一应该走向国际市场。三一要成为一个伟大公司，要实现品质改变世界这样一个目标，就应当在国际上去建设我们的研发和制造中心。这样的话，一方面我们可以在那里吸纳当地更好的人才，第二也能够及时了解产业的前沿方向。

其实进入国际市场，对我们来说还有一个更大的帮助，是那些地方有我们的不少高档客户，把市场开拓到那里，他们想要什么产品，我们就知道要做什么产品。所以从2002年到2007年，我们是处于国际贸易的阶段，而从2007年到2012年这段时间，三一则是在海外进行绿地投资。比如，我们在德国、美国、印度都有绿地投资。我们自己建研究院，吸纳当地优秀的人才，了解所在国工程机械行业走向，了解当地客户需求。这个阶段刚好也是中国国内市场最好的一个阶段。中国有这么好的市场环境和经济环境，这段时间三一的产品经过了国内大规模建设和高频次使用千锤百炼的过程。因此，我们认为三一可以进一步扩大国际化的生意。

马晓霖：2012年，三一斥重资并购了国际混凝土巨头企业——德国的普茨迈斯特（大象），在全球引起巨大轰动。这一并购行为被业界形容为"龙象共舞"的局面。三一为什么会做出这个并购决定？

周万春：当然因为我们有这么一个目标。我们收购行业里面最好的德国的大象，也就是普茨迈斯特的时候，实际有些其他公司可能出的价格比三一还要高一些，那它为什么最终卖给三一？因为它认为这个品牌卖给三一，才能够可持续地发展下去。这不完全是为了钱，对方希望大象的品牌和技术能够跟中国的企业对接起来，为整个行业做出更大的贡献。正是因为三一前期有这样一个远大的理想和目标，在国际市场的表现也得到了当地客户的认同，得到了我们合作伙伴的认可，所以才会有这么一个好的结果。

抓住机遇，再上层楼

马晓霖：在三一重工的年度财报中，我们看到 2016 年三一的国际销售收入超过 100 亿元人民币，这个数字占三一总收入的40%，其中 70% 来自"一带一路"共建国家和地区。作为开拓"一带一路"沿线市场的领军企业，三一已直接受益。从三一未来 10 年、20 年的发展来看，您认为中国的装备制造业在"一带一路"建设中，会有怎样的作用？

周万春："一带一路"倡议首先给我们企业国际化或者说"走出去"提供了难得机会。我们的产品要"走出去"，我们的产业要能够长期服务"一带一路"这些项目的推进，产品性能、服务和配件就得有过硬质量，否则这条路也走不长久，迟早会被淘汰，甚至还会留下一大堆问题。有了"一带一路"倡议，我们不只是把产品卖出去了，把服务做上去了，同时还把我们企业的思维方式和企业文化也带出去了，让"一带一路"共建国家能更好地认识我们，认清我们。更重要的是，我们通过"一带一路"倡议"走出去"的时候深刻感受到，我们能够从外国企业和外国客户那里学习和借鉴很多好的管理经验和管理理念。所以整体来说，"一带一路"倡议有助于我们走向世界，也有利于我们中华商业文明在世界上占有一席之地。

马晓霖：从产品的种类、市场开发度、服务这三个方向来看，中国的机械制造业参与"一带一路"建设有什么相对的优势？

周万春：我们产品的性能和质量一点都不比外国产品差，例如卡特、小松、沃尔沃，甚至某些产品从质量和性能来说还超过它们。混凝土机械，三一已经是世界老大，挖掘机今年我们就能够进入世界前三位，所以我们产品的性能和质量是有保障的。第二个就是我们的服务和配件保障也是全世界同行业里面做得最好的，并且我们的配件价格是比较合理的。我们有一个客户的一台起重机用了 3 年多后，还在拍卖会上拍了一个很好的价格，三年时间贬值了大概 15%。人家为什么愿意出这么高的价格买一台旧机器？就是因为三一的产品质量、服务和配件保障让他们放心。2017 年上半年我去巴西淡水湖谷的一个工地，那里的厂长对我说，你们的产品相当好，出勤率达到 95%，每天工作 21 个小时，并且用了 3 年只更换了一根钢管。他说太惊人了，这就是三一的品牌。

马晓霖：三一是最早积极响应"一带一路"倡议的民营企业，而且从内部架构上面都做了相应调整，三一在发展战略方面有什么配套规划吗？

周万春：我们专门成立了"一带一路"办公室，在第一时间树立了一个伟大理想，要成为"一带一路"上的领军企业。在"一带一路"共建国家，我们现在的销售在同行业应当是数一数二的。由于建设项目谈下来以后，在采购环节会有一个滞后作用，那么随着"一带一路"倡议的进一步推进，我们的销售还会大幅度增长。

现在我们在印尼、马来西亚、中东的很多建设工地，如果你单看设备，会觉得已经到了中国，遍地都是三一设备。湖南省政府在埃塞俄比亚做了一个产业园，我们也是投资方之一，我们也会根据当地具体情况来推动这个项目落地。总的来说，我认为"一带一路"倡议的带动作用正在显现，但是，我个人认为还没有到最好的时刻，对我们制造业来说，接下来可能还有更大的甚至是成指数型的增长在等待着我们。

马晓霖:从产业特别是制造业的产业升级角度来讲,您认为"一带一路"倡议对于我们中国装备制造业来讲意味着什么?

周万春:首先你要有过硬的产品,这个是必须的;第二点,假如说它是工程机械,因为它是特殊产品,如果工程机械出了问题,后面的工序就中断了。比如像混凝土泵车,如果坏了不能打混凝土,不只是影响后面的工序不能执行,可能还会造成产品的质量问题。所以在服务和配件方面还得要跟得上,有了这两点,你才能具备"走出去"这么一个基础。

(发表于 2018 年 3 月 27 日)

13. 远大的绿色前程

环境产业是新兴产业,而这一产业本身也带来了许多新的发展机会。中国企业在这一领域有怎么样的分量,"一带一路"上有多少产业机会,在绿色经济的时代背景下,这是中国企业不能不考虑的。中国远大科技集团已经将智能节能环保设备销往全球 80 多个国家,它有什么秘诀? 对中国制造走向"一带一路"又带来什么启发? 在湖南远大城,我们专访了远大科技集团首席执行官彭继。

技术领先,远大独特创新基因

马晓霖:空调设备的制造水平很高一直是外界对远大的第一印象,这大概是因为远大是从空调起家的。但是,我们知道远大早已发展成为一家科技集团,目前远大主打的产品和技术是什么?

彭继:远大集团经过近 30 年的发展,我们的产品已遍布全球 80 多个国家和地区,核心业务也从最初的非电空调,发展覆盖到四个板块,也就是说,从非电控中央空调生产领域发展到洁净新风、能源管理、可持续建筑、建筑节能和再生燃油等业务领域。

马晓霖:从技术、产品等各方面来讲,远大现在在世界同行中处于什么样的阶段和地位?

彭继:远大一直非常注重创新,所有的技术都是独创的。无论是在非电中央空调、洁净新风,还是工厂化可装配式建筑方面,远大都是全世界领先水平,其中非电空调在欧美市场的占有率是第一。

马晓霖:我了解到远大对于技术的投入力度巨大,每年都会把销售收入的 8% 投入技术研发,研发工作都是由董事长亲自主抓。远大有这么多独创技术,是不是因为聚集了一批优秀工程师、科学家,从一开始就走上了自主研发这样的道路?

彭继:远大自主创新的路子和其他企业确实有些不一样。非电中央空调最初是在日本这些国家发展起来的,20 世纪 90 年代伴随着中国经济的高速发展,电力需求加大,而那时候中国的发电量还不能满足工业发展的需求,于是,远大非电空调成为很多电力不充裕地区的首选。这使得我们坚信只要生产独创的消费者喜欢的产品,企业肯定会盈利。到了 1995 至 1996 年,远大非电中央空调在技术创新方面就达到世界最领先水平。远大管理团队都是这方面的专家,这是远大创新基因的特点。

马晓霖:在智能节能环保设备制造方面,欧美国家一直是执牛耳的。远大之所以敢高举高打,而且成功地高举高打,就在于很多有世界首创技术,是否可以这样理解?

彭继:我们在非电中央空调方面一直是世界领先水平,而且引导了这个技术的发展。讲一个小故事,大概是在 1999 年,当时科技部部长到美国考察,美方引导他参观一个燃气分布式冷运项目,当他看到燃气发电机是美国制造,而这套系统的核心设备——废热空调是由远大制造的,他感觉特别惊讶。实际上从那时到现在,在节能环保领域,应该说远大就代表了世界先进制造的水平。

"一带一路",远大撒播绿色

马晓霖:现在世界上都已经意识到环保的重要性,尤其是中国对节能环保的重视是超乎想象的。对远大这样的企业来说，面临着设备升级问题，就现在政策环境或者是国家扶持力度来讲，对远大是不是一个难得的机会？

彭继：也许是巧合，我们公司创立于1989年6月5日，那一天正好是世界环境日。从诞生的那一天开始，远大就和节能环保结下不解之缘。从创立远大的这一天开始，我们就想把远大做成世界节能环保领域的先锋企业。

实际上，在非电空调领域做成世界冠军后，我们就已经意识到环保和可持续发展将是全球未来发展的方向。人们对于环保的需求，在远大看来，既是企业未来发展方向，也是巨大商机，是企业价值观的最好体现，是企业责任。现在，远大正在形成自己的环保事业版图：使用工厂化手段推动可持续建筑，提出"抗雾霾，有远大"，推出热回收新风机和全系列洁净空气产品，并且为客户提供合同能源管理服务，运用市场机制实现最大限度的节能。

政府对节能环保这样的行业，应该说特别关注，也给予了特别扶持。远大作为企业中的代表，应该要承担起自己的责任。就节能环保行业来看，今后的二三十年，应该是一个发展的黄金期，不但中国如此，在"一带一路"共建国家和发展中国家，节能环保企业的机会也是非常大的。

马晓霖：说到"一带一路"建设，远大的业务覆盖面很广，特别是在"一带一路"沿线的亚欧地区有很大的市场。但"一带一路"共建国家的经济环境、营商环境相对差一些，在这种独特的商业环境下，远大的诀窍有哪些？

彭继：在"一带一路"共建国家拓展业务，我们肯定是要遵循国际商业的准则，在这个前提下，我们把远大的特色、远大的文化和价值观，通过更多的企业经营活动、更多的国际交流过程展现出来。比方说我们可以邀请更多外国政府官员、客户到远大城来进行文化交流、商务洽谈，用我们的理念去影响他们。中国有一句话叫"打铁还需自身硬"，首先还得要把自己的产品和服务做好。凡

作者在远大集团采访,感受到这个公司技术领先世界的强大力量。

是有远大产品的国家,都有远大自己人在提供售后服务,产品质量过硬,同时我们的售后服务又好,这就是把创造客户价值、为客户提供服务当成自己的使命。

马晓霖:应对"一带一路"这个广阔区域内未来的节能环保升级,远大公司有什么战略规划?

彭继:回过头去看,欧美国家在经济发展和环境改善之间,也是走了一条先污染后治理的路,而我们中国在改革开放的前期确实也不可避免地走了这条老路。现在国家应该已经意识到,不能边发展边治理,要在经济发展的同时统筹节能环保,在经济发展中要避免对环境更多的破坏,这已经成为共识。"一带一路"共建国家,可能其中不少还在走边污染边治理的路,这就带给中国企业走出去发展的机会,比方说把我们节能环保的理念带到"一带一路"的共建国家,用我们几十年来创新的、占据世界领先水平的节能环保装备,更多地服务于"一带一路"的共建国家。这些实际上就给了包括远大这样的节能环保企业更多的机会。

(发表于 2018 年 4 月 5 日)

14. 共享与创新:"一带一路"新蓝海

"一带一路"是产业合作之路,也是创新合作之路。中国过去几年来,形成较强的产能规模,产业园和工业园建设规模世界第一,但是创新能力不足,在中国走向创新驱动的过程中,共享办公这种形式的园区应该如何建设? 在"一带一路"倡议中,中国企业在共享与创新方面又将扮演怎样的角色? 我们专访了优客工场创始人、董事长毛大庆。

中国的创新与共享有着独特的经验与特点

马晓霖:20世纪末,在不少国际大都市里开始出现为不同的创业公司出租开放式办公桌或办公间、提供办公设施的被称为共享办公空间的新业态,帮助创业者实现梦想。您用两年时间建立起中国最大的共享办公平台——优客工场。优客工场大概是什么样的运营模式?

毛大庆:优客工场利用了城市大量的存量不动产加以重新加工改造,并赋予其大量的服务性功能,帮助一大批中小微企业,在一种更好的赋能状态下来共同成长。这个模式国际上统称为联合办公,我们也把它叫作共享办公,其实英文翻译过来,叫"一起工作",比办公的定义可能外延会更大。我理解它会变成一种企业的商业社交平台,也是一种资源配置平台。因为我们其实是在一个一个的物理场所之上,用了大量的互联网手段,让企业在不同的地域、不同的场区、不同的社区之间进行更广泛的资源交流,让很多企业在社群里面进行孵化。

马晓霖:这实际上是诞生在共享经济背景下的一个新生事物。

毛大庆:这是过去五年里中国技术突破和技术飞跃的产物。各种商业模式,过去都是 copy to China,我们把外国模式拷贝到中国。而现在很多都是 to copy China,就是我们把中国的模式拷贝到海外去。这里面也有新全球化这样的一个历史背景。

马晓霖：中国目前在提倡共享、包容、发展，甚至提再全球化，也有人说中国正在通过"一带一路"倡议引领新一轮的全球化。

毛大庆：其实，"一带一路"建设是有强烈时代背景的，创新型公司在"一带一路"的活跃发展就可以印证。"一带一路"倡议我觉得会惠及中国的小微科技公司走向国际，为大家提供很好的服务和国家的支持。现在中国做创新的年轻人和创新群体，在国际技术发展的过程中，做出自己贡献的能力越来越强。比如我们到以色列特拉维夫去走访，见到很多科技型的小微公司，技术非常尖端，其背后投资人都是中国的。

在去年北京"一带一路"国际合作高峰论坛上，习近平总书记提到"一带一路"应该建设成一条创新之路。他还特别提到，要为"一带一路"沿线有创业梦想的青年人搭建创客工场。国家鼓励我们这类服务型公司出国去搭建基础设施的平台，其实是希望搭建一个人才更加好流动的这样一种管道。像我们的这种接入设施铺设出去，平台上就会有很多国外的年轻创新者和创业者，希望通过我们来到中国，在中国寻找市场，寻找投资机构。

事实上我们已经服务了很多这样的公司，包括新加坡的、以色列的、澳大利亚的等等。对它们来说，中国市场大，投资机构多，在中国找投资比它们在国外拿钱要容易得多。通过我们这种中间平台，它们很容易就在中国找到了市场，找到了投资机构，特别是能够快速地落地。

中国的不动产管理经验可以惠及"一带一路"

马晓霖：中国的共享办公空间将聚集更多经济最前沿、思想最活跃、知识最高端的年轻一代，以及具备一定财富积累、前瞻眼光和社会责任的天使投资人。这个新生行业的转化也会成为中国迈向创新型大国的一个基石，在"一带一路"共建国家经济转型、产业升级、科技发展不断提高的前提下，共享办公能提供什么样的服务呢？

毛大庆：在中国企业大量要走出去的背景下，在很多国外的公司要到中国来的情况下，我们有必要搭建一个非常畅通的服务平台，但这并不是提供简单的房地产服务这种简单的管理。

马晓霖：它类似于一个创业园区？

毛大庆：它是个微园区，它可能提供的东西更贴身，可能跟我们说的应用者、被应用者离得更近。好的园区可以聚集一批高端产业，我们现在做共享办公，提供好的服务，其实也会吸纳更多好的企业进来。园区建设的着眼点应该更多地在产业政策、产业服务，而不是房地产开发。一个是当地的需求，一个是我们能给它们带来什么价值，我觉得中国如果到海外去建这些园区，应首先着眼这两点。

中国一些有着多年海外经验的运营商和科技公司，由它们来牵头带动、落地和驱动的园区，会产生极大价值，这些企业出去以后，非常好地服务当地，并带动中国的科技价值、科技服务走向国际。这些企业，我们把它叫 anchor（顶梁柱）。这些带头的产业出去以后，又吸纳一批当地跟我们产业上下游有关的企业进园区，非常有效地拉动当地的科技创新或者科技的聚拢。既服务中国企业和模式的出海，同时又孵化和赋能了一大批当地的相关科技企业，或者是我们说的制造业也好。两方面配合，可能这事就好办了。

马晓霖："一带一路"共建国家应该说人口比较密集，城市化不足，资源密集但是没有很好地开发，特别是公共服务不足。在这种情况下，我们的不动产企业，它的市场机遇在哪里？

毛大庆：开发当然也是可以参与的，除此之外像我们的服务类型企业，包括房地产服务类的企业，特别是城市服务类企业。我们在国内这么大的市场里，培育出来的经营逻辑和经营手段，输出到这些国家应该是很有市场潜力的，远不是我们盖几个住宅这么简单。还有我们在城市综合体的经营、城市服务运营方面都存在着机会。我已经知道有一些不错的设计公司和创意公司，包括房地产策划公司，现在已经在涉足"一带一路"共建国家的城市管理、城市开发和城市建设,也包括房地产不动产的开发。

这些东西在中国发展很快,尤其最近这 15 年,中国老百姓对生活质量要求越来越高,对美好生活的向往,也拉动了城市服务业和城市房地产以及相关行业的发展,包括我们的建材、材料行业,实际上也都有很大的进步。相对于"一带一路"共建国家城市化水平不足,城市发展经验不足,我们形成了非常好的一个势能。这些其实都存在着很好的商机。所以如果把房地产行业看成一个非常宏观的产业群,这里面建材、设计,包括管理,房地产的管理、开发,包括不动产经营等方方面面,应该都有输出产能的机会。

(发表于 2018 年 5 月 22 日)

15. 携手中国为"一带一路"插上希望之翼

"一带一路"的辽阔区域,既有世界最高的山,也有世界最大的海域,还有世界上最长的河流。古代的连通是靠骆驼、马还有帆船,现在则是巨轮、铁路和飞机。比较而言,飞机最大优势是快,以及对地理条件要求不高。中国的"一带一路"建设需要国际企业的合作,而航空就是国际合作最重要的领域之一。我们专访了波音民机集团东北亚区市场部董事总经理霍达仁(Darren Hulst)。

建设"一带一路",波音可提供有效支持

马晓霖:中国政府提出的"一带一路"倡议,是一个非常广泛的发展规划,波音公司作为世界上最大的飞机制造商,如何与中国的这项倡议相互关联?

霍达仁:这是一个很好的问题。简单来说,航空正是与连通性相关的,所以我们认为航空能在"一带一路"倡议中发挥巨大作用。首先,中国是未来最大的航空市场;第二,中国能为邻近地区提供很大帮助,所以我们认为航空在连接这些地区的过程中,可以发挥关键作用。其结果不仅是中国经济受益,而且也是一个周边经济

体的共赢局面。

马晓霖：我们知道"一带一路"至少涵盖了65个国家和地区，辐射面还扩大到了世界其他地区，是一个非常大的市场。波音在发达国家有很大的市场覆盖率，那么在"一带一路"共建国家做的情况怎么样呢？

霍达仁：我们是全世界最大的飞机制造商，这意味着我们的足迹遍及全球。中国是未来世界上最大的航空市场，而"一带一路"周边的新兴市场也是如此之多：从东北亚的成熟经济体到中亚的新兴市场，以及拥有大量人口的东南亚。可以这么说，我们几乎与所有"一带一路"共建国家有着长期的合作关系，我们期望作为这一倡议的一部分继续与相关国家和地区合作发展。

我们所有的工厂仍然在美国，但我们拥有全球供应基地，在世界各地拥有供应商，我们在全球范围内建立了合作伙伴关系和合资企业，许多民用飞机的组件和部件是在世界各地不同地方制造的。我们在伦敦设有办事处，在中东、俄罗斯设有办事处，除了北京和香港外，我们在新加坡、东京等地也有办事处，几乎覆盖了"一带一路"倡议沿线的所有地区。

我们知道中国正在不断地积极推进基础设施建设，对铁路、港口进行投资，但是"一带一路"周边大多数国家是被沙漠和山脉包围的，所以我个人认为，构建空中丝绸之路，当然这也是中国政府正在倡导的理念——比海路与内陆的连接更方便。地区之间的连接对经济发展是如此重要，而航空则可以在其他运输方式不起作用的地方提供连接服务。比如"一带一路"上的印度尼西亚，有成千上万的岛屿，航空就是最快的连接方式；而在中亚等多山脉或沙漠的地区，航空也是提供高效连接的最快捷途径。

一旦你有了与全球经济的联系，你就会得到一个双赢的局面。也就是说航空服务带来经济发展，也创造增长和新的发展。当然我认为海运业务的增长也是重要的，我也认为铁路增长对贸易至关重要，但航空业仍然是连接人、货物和服务贸易最快、最有效的方式。我们相信,我们的产品和服务,是以最快的方式帮助建立空中丝绸之路,是推进全球"一带一路"倡议最有效的方式。

面对未来竞争,波音还需要更加努力

马晓霖:我们知道飞机可能受到天气和灾害的影响,不像高铁那样方便,特别是在城市之间,例如北京、上海和南京,当双方相距1000多公里时,很多人都会赞同我的想法,那就是铁路比飞机更可靠。您是如何看待中国铁路发展对波音公司业务的影响呢?

霍达仁:事实上我们并没有看到来自高铁的巨大冲击。航程在5个小时或更短的时间,或者是在4个小时以内的较短距离的,市场的确有些已经向高铁转移。但是航空公司仍然有非常多的需求,它们正在将飞机重新部署到中国各地的中程和更远程航线上;在东南亚,飞机则正在进行更有效率的运营;在高铁无法到达的距离、地点,飞机也会创造出更多的互联互通的机会。现在中国的一些地方,您还可以选择空铁联运。所以在很多情况下,我认为两者正在一起工作。

中国航空业的飞速增长并没有因为高速铁路的增长而放缓,所以在我看来,高铁、飞机一起工作,可以实现更有效的运输网络。从长远来看,我认为我们将会看到,目前存在于空中交通管制中的一些问题终将得到解决,系统的完善将会促使航空业更加高效地进一步发展。所以我认为高铁的发展对航空业没有什么大的影响,但我们会持续关注这一现象。

马晓霖:目前俄罗斯、印度、东南亚和欧洲多处均在展开高铁建设,推迟已久的昆明—新加坡高铁中线也在启动。这其中更雄心勃勃的构想,是连接莫斯科与北京的高铁项目,建成后11000多公里的漫长路途可能只需要一天半就可以走完。此外,在印尼、印度、越南和东欧等"一带一路"共建国家及地区也在修建高铁。那么在这个背景下,贵公司会重新思考你们在全球的发展战略吗?

霍达仁:我想不会。历史的经验告诉我们,航空是经济增长的

有效和灵活的工具,可以与包括高速铁路在内的多种运输方式一起运行,因为有如此高的价值和效率,能帮助你补充一些无法连接的市场。因此我认为拥有完善网络并且连接性很强的航空业是铁路不能完全替代的。

马晓霖:波音的客户来自世界各地,它们不仅仅使用您的产品,有一些国家还想加入波音飞机的生产和制造过程。您怎么看这种情形?

霍达仁:国家越大,就越需要供应更多的飞机,也就越想加入市场成为制造商。我们在中国有非常多的合作伙伴,设计、建造、生产和交付飞机是很复杂的,所以我们在中国以及世界其他国家都有大量投资和主要供应商。确切地说,在某种程度上这些国家都想在该行业发展中占据更重要的位置。我们对待合作伙伴一直秉承着这样的核心理念——创造共赢。只要是能帮助我们发展业务并有利航空市场在中国的发展,我们都非常欢迎并会努力同其达成合作。

马晓霖:中国商飞公司推出了第一个干线民用飞机 C919,从中国本土市场获得了很多订单,在本土市场之外也获得了很多关注。您对这种改变感到紧张吗? 在您看来,世界航空业未来的新格局是什么呢?

霍达仁:我觉得新格局就是我们自身需要变得更好,需要继续为市场制造更好的飞机,赢得顾客青睐。我觉得对于航空新格局而言,有这样一个事实不容回避,那就是在这个巨大的快速发展的市场中,会有越来越多的竞争者有兴趣加入。我们需要保证自己是行业中最好的,也要明白现在我们需要更加努力才能应对竞争。

(发表于 2018 年 5 月 29 日)

第三章

境外探访"一带一路"

　　自2015年10月起，笔者与团队先后走访中亚乌兹别克斯坦、吉尔吉斯斯坦和塔吉克斯坦三国，阿联酋、巴林、卡塔尔和阿曼等海湾四国，埃及、苏丹、突尼斯、摩洛哥等北非四国，以及越南、柬埔寨、缅甸和泰国等东南亚四国，对当地政府官员、中国大使、中国企业和项目工地进行了走访和交流，从中发现不同地区、国家、社会制度和发展阶段的差异，以及中国资本、企业和项目如何克服困难实现落地、生根、开花和结果，也充分了解到这些国家对中国帮助它们共同发展的热切期待。

　　此部分共同作者为栏目执行主编、资深媒体人李靖云，文章均发表于《华夏时报》，各部分以见报时间排序。

一、西亚板块

1. 榜样的力量:经济特区在阿曼

通过建立经济特区,为经济转型提供方向和支撑,这是中国经济发展的经验。"一带一路"共建的发展中国家,都希望学习这一成功经验,特区的榜样不止在一个国家。在阿曼的杜古姆经济特区,我们专访了特区管理委员会 CEO 李志坚和中阿万方投资有限公司总经理沙彦聚。

古老的阿曼开始建设经济特区,旗帜鲜明地提出要打造海湾"深圳"。

建立经济特区,阿曼要向中国学习

马晓霖:阿曼设立了杜古姆经济特区,在整个国家的经济社会发展中,阿曼对这个经济特区寄予了什么样预期、目标与希望?

李志坚:阿曼目前的经济主体是石油天然气,这部分占了阿曼经济总量的80%。八成的经济依赖于能源产业,如果继续下去,对这样一个发展中国家来说是有风险的。目前全球大宗商品市场都在下行,油气价格大幅度下降,整个经济都受到影响。阿曼杜古姆经济特区成立的目标,就是摆脱对单一油气产业依赖,使国民经济不再依靠卖原油,即使未来继续输出油气产品,也要建立在石油工业基础上,原油要变成成品油,然后变成化工产品,提升产业附加值。

马晓霖:相比较而言,杜古姆特区有什么具体优势?

李志坚:首先是港口航运优势。杜古姆特区位于阿曼中部,直接拥抱印度洋,面朝阿拉伯海。特区是目前西亚、北非地区最大的经济特区,我们在这里做生产贸易,30年里所有的税收都是免除的。外国投资建设产业园,可获得3—5年建设期免土地租金;外国投资者可建立100%的独资公司。

而且,阿曼和美国等大量发达经济体都签署了自由贸易协定,只要你产品的工业附加值有30%是在阿曼形成的,那就是阿曼制造,就可以给阿曼的产地证明,产品也可以享受自贸协定给予的优惠,到欧美市场就没有关税。

马晓霖:阿曼希望杜古姆经济特区成为全国经济发展的龙头,具体管理机构在设置上有什么不同?

李志坚:阿曼首先希望特区可以为阿曼人民创造新的经济机会,推动阿曼经济多元化发展。未来阿曼经济不是完全依赖于油气等自然资源,而是要发展多元化经济。在我们杜古姆经济特区的西部180公里,是阿曼主要的油田。阿曼政府希望将原油集中在杜古姆特区,形成石油工业,再来进行深度加工出口,附加值更大,收益更大。多一个加工程序就造就新的经济机会,深化了经济的结构基础。

杜古姆经济特区作为一个特区,有自治的权力,特区管理委员会就是自治机关。所有的企业或者投资者,如果到特区投资,我们都将提供一站式的服务。所谓一站式的服务,就是你可以在我们这边注册公司,立刻就能拿到营业执照;你要建厂盖房,我们这边就可以批,不用中央政府批;整个投资涉及的环保等相关约束批文什么的,我们在自己的管理委员会就可以批准。也就是说你在杜古姆投资,有什么事情,需要任何相关政府文件,我们都可以在这里全部给你办齐。

马晓霖:我们知道新加坡苏州工业园所取得的成就,中国的经验表明,经济特区对经济发展有非常大的价值,您作为特区管委会CEO,怎么看这一职务的重要性?

李志坚:我感到责任非常重大。作为新加坡人,他们大老远跑来聘请我做 CEO,也是因为他们认为可以学习新加坡经验。中国也复制了这一历史经验,通过特殊政策,严谨规划设计而建立特区,推动地区经济发展。杜古姆特区和新加坡的情况差不多一样,人口少,靠海,有航运优势。但是,其实他们的优势还比我们要大得多,阿曼自然资源丰富,有矿有油有气,有渔业,土地广阔,有点类似深圳特区的起点,但是,当时深圳周边有香港,发展所获得的支持要比杜古姆多。

一省一国,宁夏经验

2015 年中阿博览会期间,宁夏与阿曼杜古姆经济特区签署投资合作框架协议。同年 12 月 1 日,与杜古姆特区政府签订了建设产业园的整体协议。

马晓霖:宁夏回族自治区在杜古姆特区建设工业园区,大致是怎么考虑的?

沙彦聚:通过宁夏回族自治区政府的引导和支持,通过企业为主运作,建设一个中国工业园。这个工业园是"一带一路"倡议提出之后,应运而生的国际产能合作项目。通过特区非常优厚的政策,通过中国的产业支持,推动特区发展。

我们园区大概有 1200 公顷,工业园的方向是向中国企业提供服务。宁夏回族自治区作为一个省级行政单位，直接对接特区政府，这样政府间的合作对接更为方便，企业可以集中精力处理在工业园的事务。

宁夏回族自治区带头建设产业园，服务中国企业到海外去投资，这种抱团出海模式，被国家发改委认为是一个创新，总结其为"一省一国"方式：也就是一个省代表中国，到一个国家去建立产业园模式。现在发改委正在推广这一模式，希望通过这种方式推动企业出海。我们在谈"一带一路"倡议的时候，很容易扎堆，大家都想做点事情，但是一旦扎堆就容易出现资源浪费。

马晓霖：宁夏工业园区在招商引资方面，有没有特别的产业考虑？

沙彦聚：从产业角度而言，杜古姆特区对产业的需求是全方位的。大家知道，整个中东，除了石油化工有些基础外，其他产业几乎为零。而且地区人口少，市场比较小，但是阿曼所处的位置很好，海的对面是伊朗，另一边是埃及和埃塞俄比亚。

阿曼历史上就是航海大国，到南亚、非洲、欧洲的航路条件非常优越。草草估算一下，周边辐射 16 亿人口，这是一个很大的市场。所以我们对产业没有特殊要求，而是全面需求。合适企业、相关产业都可以进来。我们的产业规划基本上比较全面，目前的 12个平方公里大概只是第一期，我们跟特区的发展协议里还留了一些预留地，包括将来二期三期发展的我们都有准备。

（发表于 2016 年 10 月 27 日）

2. 开放天空的世界，阿航的启示

春节期间，与中国人出境游创高峰的同时，航空飞行也是最忙碌的时刻。世界最佳航空公司阿联酋航空已开始在中国二三线城市深入布局。作为著名的"土豪航空"，阿航是怎么成长的？我们就此在迪拜专访了阿联酋航空集团董事长兼首席执行官谢赫·阿勒马克图姆(Sheikh Ac-Maktoum)。

阿航成功的秘密

马晓霖:我们知道阿联酋创造了阿拉伯国家的经济奇迹,阿联酋航空也是航空业的一个奇迹,短短30年间就成长为世界最大航空公司之一。我知道当年阿航是从租用两架飞机起步的,这是一个非常有名的故事。您能跟我们分享一下你们成功的秘诀吗?

马克图姆:阿联酋航空起步于1985年。很荣幸我们从2004年起就开通中国航线。阿联酋航空成功的一个主要原因在于我们的产品:我们总是用最好的飞机,这是我们最关注的事情。其实很多航空公司用的飞机是相似的,不是波音就是空中客车,但我们是世界上使用空客A380和波音777这两种机型最多的航空公司之一。另一个原因是,我们的迪拜国际机场具备很好的基础设施,这是我们非常大的优势。最后一个原因在于我们在飞机上提供的产品和服务非常优质,包括航班上的餐饮、座椅、娱乐设施等等。我们还有训练有素的机组人员,他们能够很好地满足大部分乘客的需求。他们会说和乘客一样的语言,例如在飞往中国的航班上,我们就确保有空乘人员会说汉语。

马晓霖:还有其他因素吗?

马克图姆:我们在服务上特别强调多样性和专门性,这涉及乘客的实际体验。从阿航成立第一天开始,我们就努力确保乘客不管飞一次、两次还是多次,阿联酋航空都是他们的首选。因为阿联酋航空连通六大洲,乘客来到迪拜,搭乘我们的航班就能轻松到达海湾地区、中东和非洲,乃至欧洲。对任何乘客来说,从迪拜转机都是最短行程。我们确保只要你来到迪拜,不管你想去世界哪个地方,随时都能实现。

与此同时,迪拜和阿联酋政府的"开放天空"政策也起到很好的作用。这一政策有利于我们,同时也吸引了很多航空公司开通至迪拜的航班,如今已有120多家航空公司与迪拜通航。我们当然要和它们竞争,但竞争的结果最终还是在于人们的选择,如果我们能够提供合适的产品,人们就总会选择阿联酋航空。

马晓霖:您提到了政府,阿联酋航空的所有权是归属迪拜政府吗?

马克图姆:对。不过虽然政府有所有权,但赋予阿联酋航空充分的灵活度去依据需求进行投资。迪拜政府不提供补贴,也没有抵押,我们需要从外部筹措资金,而不是由政府出资。如今我们已经在业内建立良好的信誉,这也是我们大获成功的原因。政府给予我们运营方面的灵活度,使得我们通常不依据政治意见运营,在和任何国家通航的过程中都按需要保持可行性。按商业模式运作,这种自由度起到了积极作用。

开放天空与"一带一路"倡议

马晓霖:您提到了"开放天空"政策,人们通常认为这一政策是推动迪拜迅速发展成为航运中心的一个重要原因。您能给我们具体介绍一下该政策吗?

马克图姆:迪拜"开放天空"政策已经举世闻名。"开放天空"政策允许任何竞争对手的加入,这是一个互惠安排。你向一国开放天空,所有的航空公司会得到同样的好处,这不是单向的。很多成功的航空公司都在实施这一政策的国家开展业务,因为大家都希望自己能和最优秀的企业竞争,凭自身实力赢得业务。

马晓霖:您提到了迪拜机场的基础设施和投资,我认为这个决定非常明智,那你们是如何做出决策的?航空公司投资机场是出于什么样的原因?

马克图姆:迪拜政府决定建立阿联酋航空,是因为政府认为要发展商业,就需要互联互通,没有互联互通,就不能成事。贸易也需要互联互通,在当今快速发展的时代,很多货物都需要空运,尤其是生鲜商品。你不能靠海运,因为时间太长。尤其如果某个国家处于内陆,不临海,空中航线在贸易发展中的作用就格外重要。如今,一件中国生产的商品可能早上还在中国,但 8—9 个小时以后就到迪拜了。

也是出于同样的原因,我们开始发展南美市场。自南美航线开通以来,很多各式各样的商品就从南美运至迪拜,再从迪拜运送到世界各地。迪拜之所以成为各行各业的中心枢纽,原因就在于我们具备了这种联通世界的优势和能力。今天的迪拜也是西亚、北非最大的中国商品集散地,也是因为有了航线开通。过去我们要买中国商品,要飞很长的路程去中国。现在变得很方便了,只需要 7 小时甚至 3 小时就能到达,当然这取决于你从哪个地方起飞。这对我们两国都有利。对中国人来讲,他们有产品,我们开通的航线给他们提供了便利。

2016 年,我们已经与银川和郑州这两个城市通航,作为两个新的目的地,我相信这肯定有利于这些城市的发展,加强中国和中东的联系。未来我们希望对中国城市开通越来越多的航班。

马晓霖:您也知道,中国正推行"一带一路"倡议,阿联酋也非常响应这一新"丝绸之路"发展倡议。那么这对贵公司而言意味着什么?

马克图姆:我非常关心这一发展倡议,我还记得阿布扎比王储谢赫·穆罕默德·本·扎伊德到访中国时,签署了最新的投资合作基金协议,合作金额达 100 亿美元。我认为这对两国都有利,两国的企业也将因此发展得更好,迈上一个新台阶。在我看来,这其中有很多相关的业务可以参与,成为一个良好的开端。

马晓霖:我注意到王储访华时,提到了要实现"空中丝绸之路",也提到了他研读过中国的"十三五"发展规划。您怎样看待"空中丝绸之路"这一概念?

马克图姆:是的,我认为我们两国在这方面总能互为补充。我们能在中国这样的大国经济中发挥一点作用,我们也希望中国注意到我们在相关业务尤其是商贸发展中所扮演的重要角色。我们这里能展示你们所能生产的任何东西。我想在 2020 年迪拜世博会上，我们双方也会有很好的合作。

马晓霖：你们希望成为"空中丝绸之路"的领导者吗？

马克图姆：我们会成为一名先驱者，而我们想看到的是更多宽松的政策，以允许我们向中国开通更多航班。这里我指的是整个中国，而不仅仅是某些城市。更大程度上实现真正的互联互通，对大家都有利，否则，发展"丝绸之路"的进程就会很缓慢。

（发表于 2017 年 2 月 28 日）

3. 巴林王国的百年大计

巴林既是中东第一个商业开采石油的国家，还曾是中东重要的金融中心和传媒中心，同时被誉为沙特阿拉伯与科威特等海湾国家的后花园，也重视经济多元化发展与巴中关系。巴林如何看待"一带一路"倡议？我们就此在巴林首都麦纳麦专访了中国驻巴林王国大使戚振宏。

最早开采石油，最早致力于经济多元化

马晓霖：巴林作为海湾地区唯一的一个岛国，它与周边国家究竟有哪些明显不同？

戚振宏：巴林国土面积 760 多平方公里，由 36 个岛组成，大致相当于北京五环以内的面积。但是它小而美，小而富，有特点、有看点。第一，它的区位优势非常独特，位于波斯湾中部，距沙特东部 24 公里，卡塔尔西部 28 公里，距中东主要地区的城市也不到 1 小时航程，交通位置非常独特便利。第二，我觉得是社会开放包容度高，也可以说是非常开放包容。外国人在这里工作学习和生活很舒适很便利，会有种回家的感觉。第三，法治体系比较健全，应当说环境比较公平。再有一个，它的基础设施比较便利和完善，营商成本比较而言是比较低的，比如说房价，也仅仅相当于迪拜的一半。

马晓霖：在海湾地区巴林也是最早开发石油的，是从20世纪30年代开始的。经过40多年的开发，到20世纪70年代它转向经济多元化。那么现在又过了40年，它经过了这40年的经济多元化，现在的状况究竟如何呢？

戚振宏：巴林应该是1932年打出海湾第一口油井，但是，它也是海湾地区石油储量最小的国家。它从20世纪60年代就已经开始致力于经济多元化，我觉得效果是好的，至少实现了它的大部分预期目标。巴林采取经济多元化，我觉得至少有两方面的因素，第一是领导人富有远见，见识早，动手早，效果好，持之以恒。第二也是资源禀赋倒逼机制所致。因为巴林油气资源有限，必然要采取这样的办法。2000年它的油气产业占GDP的40%，现在降到了20%。还有一部分我觉得是没有完全成功的部分，那就是巴林的财政收入目前还过多地倚重油气，大约80%依然来自油气。现在巴林政府正在采取措施改变这一现状。目前巴林的经济发展还是不错的，2015年增长了4.5%，2016年可能是3%以上。未来巴林还会保持较高的速度增长，就业充分率也应该是海湾地区最好的。

马晓霖：刚才您讲了巴林在发展经济方面中的诸多第一，它还有一个第一，巴林曾经是海湾地区乃至中东地区无可争议的金融中心，金融业非常发达。现在来看，随着全球化进程的推进及竞争的激烈，过去巴林金融中心的地位已经逐步被多哈、迪拜、阿布扎比等海湾其他城市取代。实际情况是这样吗？

戚振宏：伴随着前些年油价的持续高涨，中东地区的很多国家相继发展起来了。特别是资源禀赋比较多的国家发展速度更快，像阿联酋、卡塔尔等等。但是它们之间不是一个相互替代的关系。巴林作为地区和国际金融中心，魅力依然不减。现在依然有将近200家国际或地域的金融机构在这里设置办事处。金融业占国家GDP的比例仍然将近20%，影响很大，特别是它与世界其他的金融中心连接度很高。

巴林与中国，合作空间大

马晓霖：也就是说巴林金融中心的地位没有动摇。未来结合"一带一路"倡议，我们打造人民币金融带，巴林是否依然是可依靠的一个支撑点？

戚振宏：是这样。因为巴林有经验，有信誉，有人才，投资也有需求，而且金融中心的服务不仅仅服务巴林当地，还可以向周边扩散和辐射。

马晓霖：除了刚才您介绍的方方面面之外，巴林还有一个特点，就是会展经济也有声有色。那么巴林有哪些有国际影响的展会？中国企业参与的状况如何？

戚振宏：2016 年是巴林航空展的第四届，效果非常好。有 35 个国家参加，135 家公司参展，3 天的观众人数就达到 3 万人以上，是上届的 3 倍，签订的合约达到 90 亿美元。中国的商飞要来参加，已经派代表进行考察；深圳的中集公司签了 1000 多万美元的合同，主要做旅客廊桥。再者巴林有海湾地区第一条 F1 赛道，并举行国际赛事，这个影响也是越来越大。还有每年固定的商品秋季展、春季展等等。还有比如说工业展，即便在夏天很炎热的情况下也会举行。巴林与世界的联系沟通比较顺畅，渠道多，范围广，它的会展经济有声有色。

马晓霖：看来中国企业不仅来参展，而且还签订了订单，这是否意味着未来的潜力比较大？

戚振宏：未来潜力非常大。根据巴林海关 2015 年的统计，尽管石油价格下降很多，但中巴双边贸易额还在扩大。就这么一个小国家，我们的双边贸易额达到 15.7 亿美元。巴林出口到中国是 3500 多万美元，我们的出口高达 15 亿多美元，也即我们顺差 15 亿多美元。我们出口的是电子产品、机械装备，还有一些日用品。巴林向我们的出口比较单一，主要是一些化工产品。所以在巴林举办的各类商品展，我觉得对中国企业来说是非常有帮助的，因为我们的产品非常有竞争力,深受海湾地区的喜爱。

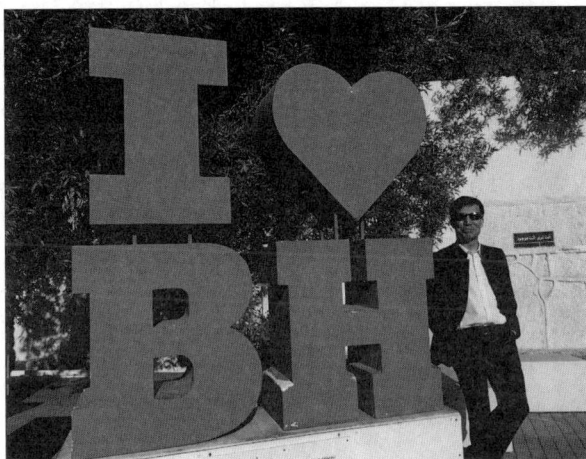

已基本实现经济多元化的巴林王国,依然积极参与"一带一路"建设,以便保持可持续发展。

马晓霖:我了解到,在这一届航空展期间,中国和巴林共同举办了一个航空论坛。在论坛上,中巴双方决定要一起携手重塑"空中丝绸之路"。那么结合"一带一路"倡议,未来中巴共同打造"空中丝绸之路",巴林的核心竞争力或者说它的比较优势在哪里?

戚振宏:目前中国和巴林之间没有直飞航班。随着中国企业和游客到巴林越来越多,有些航空公司在考虑先试行包机,测试市场反应。一旦有市场价值它们就进一步跟上。我记得巴林海湾航空公司已同中国的国航、东航、海航进行了接洽。巴林也是欧非两洲中转站,如果中国人从这里去非洲或者去欧洲也很便利。

马晓霖:与卡塔尔相似,中国在巴林也在推进龙城项目。巴林作为岛国有独特性,从这个方面来讲,中国企业投资回报的潜力预期是不是能有所保障?

戚振宏:巴林的龙城项目应该是一个集零售和批发于一体的中国商品分拨中心。2015年年底开张以后广受本地区欢迎。当初兴建巴林龙城项目,着眼点不仅仅局限于巴林内部的消费者,也更多着眼于沙特东部民众。事实也是如此,巴林和沙特之间法赫德国王大桥连接,对沙特民众来说,过来非常方便和容易。但是,因为龙城开张时间不长,他们现在面临三个问题:第一个是缺人手;第二个缺商品,很快就卖断了货,原来想看看有没有这么大的市场容量,结果销售反响非常积极,供不应求;第三个缺物流公司,大宗商品可以从 DHL 之类的物流公司走,但中小型的物流现在缺乏。总而言之,我觉得这都是发展中的问题,前进中的困难。

巴林对所有外国来的企业现在基本上都是平等的,没有实行差别性政策或歧视性待遇。比如龙城项目,原来说需要担保人,现在也没有。我觉得巴林政府非常欢迎中国资本进入,一切都可以谈。

（发表于 2017 年 3 月 28 日）

4. 卡塔尔:"海湾土豪"的中国机遇

因为石油天然气资源丰富,海湾国家长期不差钱,即便是油气市场价格大幅度波动,也是一派土豪风格。传说归传说,其实土豪都在考虑百年大计。海湾国家中,人均资源第一、收入第一的卡塔尔是海湾土豪的代表,对于未来和"一带一路"倡议到底怎么想的呢?我们就此专访了中国驻卡塔尔大使李琛。

石油价格波动,对卡塔尔影响有限

马晓霖:我们了解到,卡塔尔投资局一直在大力促进对华加大投资,也在促进卡中金融合作,它也是亚投行最早的创始成员国及参与者之一。这样看来卡塔尔本身应该说在金融业发展方面有很多计划,那么中国和卡塔尔在金融方面有什么动作?未来还有什么更好的规划?

李琛:金融合作应该说是双方经贸合作非常重要的一个方面,这在地区来讲也是很有特色的。我们的金融机构特别是工商银行多年前就在多哈开设了办事处,2015 年 4 月份的时候,我们又在多哈开设了人民币清算中心。从卡塔尔方面来讲,卡塔尔国民银行、多哈银行在上海设有办事处,它们还在办理有关手续,要把办事处提升为分行。应该说,在金融领域方面,双方开展合作已经有若干年了。习近平主席在面向阿盟以及阿拉伯世界的重要讲话里,特别提到中国对卡塔尔和阿联酋,建有 200 亿美元的共同投资基金。实际上,我们同卡塔尔的投资基金是 100 亿美元,今后完全可以充分利用好这 100 亿美元,充分加强在双方国家的投资。同时这个投资也可以用在第三国,这也是双方今后可以开展合作的一个重要方面。

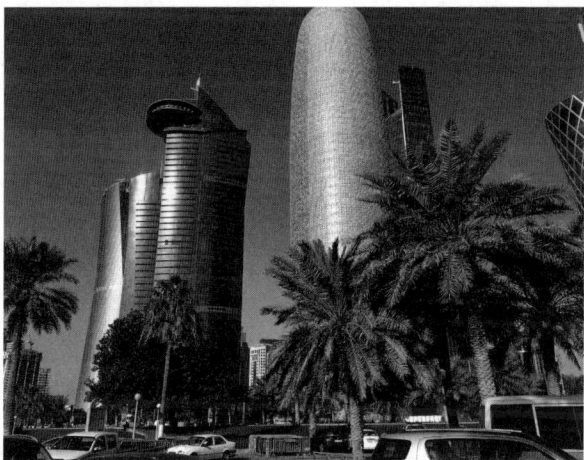

正在筹办世界杯的卡塔尔,有太多基础建设机遇期待中国企业角逐。

马晓霖:中国在卡塔尔落户人民币结算中心,这算是在阿拉伯世界的第一家吗?

李琛:对,卡塔尔的人民币清算中心在西亚北非地区目前是第一家。卡塔尔非常看重中国经济的发展,也非常重视同我们开展包括金融领域在内的各个领域的合作,所以在这一点上,卡塔尔应该说还是走在了这个地区国家的前列。

马晓霖：最近5年石油价格波动厉害，有一度曾在30美元左右徘徊。石油价格的大幅下降，对卡塔尔的石油天然气创收有多大的影响？对它整个国民经济，包括财政预算案、财政平衡会不会造成负面冲击？据我的了解，这种低油价已经对它们国民经济的发展，甚至愿景都产生了一定影响，它们过去减免的一些税费都开始重新征收。对卡塔尔2030的发展愿景来讲，有没有规模压缩、投资放缓这方面的表现显露出来？

李琛：卡塔尔在天然气储量和产量方面，在世界排名都是第三。2016年财年，卡塔尔的财政出现赤字，这也是10多年来，卡塔尔财政首次出现赤字。应该说对它还是有影响的。不久前卡塔尔当地的汽油价格上涨了30%。因为以往卡塔尔政府对油气，特别是对水、电、汽油有大量补贴，现在它在这方面也在压缩开支。但是，这个影响到底有多大？卡塔尔官方声称，一方面卡塔尔有大量的财富基金在外面投资，有很大的收益；另一方面由于卡塔尔这些年致力于经济多元化，因此这样的影响是有限的，不会对卡塔尔的经济发展规划和现有的发展项目造成直接的影响。

卡塔尔未来的发展，要有中国企业的参与

马晓霖：大家都知道，卡塔尔过去在经济上更多地倚重石油、天然气，尤其是天然气。卡塔尔一直在努力实现经济多元化。那么经过这些年的努力，在经济结构平衡方面，卡塔尔取得了哪些成就？

李琛：这些年来，卡塔尔一直致力于经济多元化，因为卡塔尔人很清楚地了解石化产品总有完结的时候。尽管据目前储量计算，卡塔尔的油气资源还可以开采100年时间。但是我觉得卡塔尔还是有一个比较远景的规划，一个超前的设想。从目前来讲，在它的大力努力之下，实际上它的油气产业在国民生产总值所占的比重，已经不足一半。也就是说，其他行业所占的比重已经达到了60%。特别值得一提的是，在这60%之中有40%是服务业的产出。

目前卡塔尔立足于发展房地产、旅游、会展、金融行业,也包括航空。这些是它现在也是今后大力发展的领域。

马晓霖:确实,卡塔尔航空公司、多哈的各种会展,都展现了卡塔尔在经济多元化方面的可贵努力和取得的可喜成果。

李琛:我觉得这也是中卡两国今后可以扩大合作的很重要的一个对象。共建"一带一路",我们要加强互联互通的合作,我国也可以通过卡塔尔航空来更多地同我们国内的城市加强合作。比如据我了解,现在卡塔尔航空正在同宁夏进行密切商谈,今后有希望能够在宁夏设点。

马晓霖:开放航权,就是卡塔尔航空将来可以在宁夏起落,在中途下客、载客载货,是不是这样?

李琛:对,通过使包括卡塔尔航空这样的企业能够落地宁夏,也一定会能够带动宁夏的对外开放和走出去。卡塔尔航空在这方面有很大的愿望。我想我们可以充分地调动和利用它的这种积极性,在"一带一路"建设方面,我们双方更多的共建合作,能够为我国各地的经济发展服务。

马晓霖:2019年卡塔尔要举行世界田径锦标赛,2022年要举行世界杯足球赛。据说它有一个非常宏大的以体育设施和配套设施为核心的基础设施投资规划,这个蛋糕究竟有多大? 中国企业参与未来卡塔尔基建大市场的几率有多高? 哪些领域是我们的优势?

李琛:配合2022年的世界杯足球赛,卡塔尔会兴建一批场馆。应该说投资盘子还是很大的,吸引了世界各地的工程企业蜂拥而至。我们中国企业也很关注这方面的项目,一直在关注和跟踪。我相信我们企业是有机会的。除了这些相关的体育比赛场馆之外,它还有配套的道路,一些基础设施,像通信、停车场、地铁,都是可以参与建设的。

马晓霖:从修建地铁的角度来讲,过去我认为一个国土面积狭小的半岛之国,大可不必修地铁。现在竟然动工修地铁了,说明它对未来公共交通设施的这种需求是有预测的。

李琛：卡塔尔已经制定了 2030 国家愿景，在这个愿景之下，各行各业都有更大的发展，包括基础设施方面。应该说，在这个愿景之下中卡双方有很多合作机会。"一带一路"倡议与这些愿景规划中的项目如果能够结合起来，中国企业就能有更多的机会。现在卡塔尔已经开始举办中国制造展，由卡塔尔商会发出邀请，第一届的主题主要是建材，差不多有 100 多家中国企业参与，取得了一定反响，也达成了一些协议和意向性协议。我觉得有这样的成果已经很不错了，卡塔尔商会希望能长期举办，并且每年都举行一届，这也反映出卡塔尔对中国制造越来越多的关注和重视。

（发表于 2017 年 4 月 4 日）

5. 阿联酋，所有的不仅是奢华

在中国的网络上，阿联酋几乎就是奢华和财富的代名词。事实上，作为中东和阿拉伯世界最著名的财富中心，阿联酋既有着良好的合作基础，又有着丰富的国际经济经验。我们在中东采访的时候，既感受到阿联酋财大气粗的一面，也体会到其专业性的一面。本文为我们对时任中国驻阿联酋大使常华的专访。

七个酋长国，各有各特色

马晓霖：阿联酋不仅被认为是海湾地区，而且是阿拉伯世界的经济中心，那么从总体来看，阿联酋都拥有哪些便利的投资环境？

常华：在阿联酋，稳定是第一位的。任何投资和经商，如果天天对自己的生命安全都担心，那么谁来投资？谁来做生意？第二点阿联酋的法律制度是比较健全的。第三，阿联酋有很多特点，比如社会的开放性和包容性非常强。据不完全统计，阿联酋大概有930 万人口，而本国人口大概只有 100 多万，剩下的全部都是外国人。如果没有一个比较好的政策，没有一个开放包容的心态，没有一个容纳多元文化的社会环境,肯定不会出现这种情况。

马晓霖:阿联酋有着独特的地理位置,它是东西方交通的要冲,在与中国的"一带一路"倡议对接时,是不是可以说这方面是它天然的优势?

常华:阿联酋人自己说,中国所说的"一带"也好"一路"也好,都到我们这里来交汇了,我们是你们"一带一路"的心脏。从这方面来讲,阿联酋的确有它天然的地理优势,这里有波斯湾,是世界航运能源交通要道。

马晓霖:说到阿联酋,我们都知道它有七个酋长国,但说到具体是哪七个酋长国的时候,却通常只能想到阿布扎比、迪拜,对其他几个酋长国大家印象并不深。那么未来中国跟阿联酋发展和深化经贸合作,另外五个酋长国是否可以作为投资兴业的洼地?

常华:这七个酋长国里不管地理面积、资源禀赋,还是人口结构,都不太一样。阿联酋最大的酋长国是阿布扎比,其土地面积占了全国80%,油气资源基本占了90%。人们经常说阿联酋有钱啊,石油多,实际上石油基本上都集中在阿布扎比,别的酋长国的石油资源基

中国驻阿联酋大使常华用大量事实和数据强调,阿联酋非常重视中国经济发展,非常重视对接"一带一路"倡议。

本枯竭。七个酋长国的人口数量差别也非常大。但是从法律地位上讲,这七个酋长国是平等的:七个酋长组成国家最高决策委员会,共同决定国家的重大事项。

但是,各个酋长国又有相当大的自主权,每个酋长国可以制定

自己的经济政策,可以自己对外去谈合作而无须通过联邦政府。其中的哈伊马角、富查伊拉,就积极向中国宣传它们的地理优势和投资优势。哈伊马角的自由区主席经常到中国去推介哈伊马角自由区,希望中国企业去哈伊马角投资;中石化的储油项目在富查伊拉,它也有自由区,也有港口。

我们知道七个酋长国中唯有富查伊拉是面对印度洋的,所以它的地理位置是非常独特的;阿治曼也搞了一个中国城,有点像迪拜龙城,当然规模没有那么大。这些小酋长国也开始不断地调整自己的政策,不断向迪拜或向阿布扎比学习,而且自己主动走出去,直接跟中国的企业去接触。

与中国合作,阿联酋态度积极

马晓霖:中国提出了"一带一路"倡议,阿联酋也提出了"振兴丝绸之路计划",而且阿联酋的倡议是所有国家中唯一明确提出发展计划与丝绸之路挂钩的。这两大发展倡议有什么契合点?它们提出"振兴丝绸之路计划"的背景动机是什么?

常华:2014年阿布扎比王储去韩国访问时说过一段话:我们这一代人和子孙后代,应当重振丝绸之路,使其成为文化交流和文明交流的广阔舞台,成为相互了解、促进知识科技交流和贸易往来的桥梁。习近平主席提出重建"丝绸之路经济带"和"21世纪海上丝绸之路"是在2013年秋天,王储说这段话的时候是2014年2月。这说明,第一,他自己有这个思想,第二,他关注到习主席提出的"一带一路"倡议。他在阐述如何重振"丝绸之路经济带"的内涵时,其实是与我们高度契合的,不光要发展经贸,还提出了科技发展、人文交流,这都是我们现在提出的跟沿线国家共建"一带一路"的内涵。2015年12月13至15日,阿布扎比王储应李源潮副主席邀请对中国进行了访问,不管中方还是阿方,都对这次访问给予了很高的评价。

马晓霖:中国提出的深化阿拉伯合作的"1+2+3"计划,我们整个分析一下的话,可以看出阿拉伯国家中,好像阿联酋是其中最具备雏形的一个。

常华:实际上不只是雏形,有的已经是合作得非常好、非常成熟了。在能源领域,我们国家每年从这儿进口大量的原油,我们的三大石油企业在这都有分公司,而且已经进入了阿联酋的上游领域,与它共同开发合作。在能源开发的下游领域也有合作,储油设施、油管也是我们修的,目前它们还在跟我们探讨能不能在这儿搞炼油厂,或者在中国合作搞炼油厂。能源领域之外,自20世纪80年代末期,我们就在这里有很多企业,修建道路、港口、机场、通信设施等,在它的基础设施建设中做了很多项目。

在新领域,比如航天卫星,双方在北京签署了航天谅解备忘录。据我所知,这可能在阿拉伯国家里是第一家。我们在核能领域也有合作,它们派代表团来到中国,希望跟我们加强核能方面的合作。新能源领域的合作就更多了,我们已经有企业在这儿生产太阳能晶板。每年阿布扎比举办可持续发展周,在2015的活动中,中国的新能源企业比亚迪还获得了"扎耶德未来能源奖"。由于投资贸易便利化措施到位,现在中国和阿联酋双方相互投资逐年增长。

马晓霖:从历史上看,阿联酋的理财能力很强,擅长投资长线项目而且积累了大量财富,那么背靠中阿合作,对中国企业来讲,什么项目企业更匹配阿方财富基金的方向?

常华:过去10年,阿联酋的发展速度非常快,开始有意识地把投到国外的主权财富基金,投到自己本国的基础设施建设上来。再者就是阿联酋实施"向东看"战略,希望能够在东方特别是在中国寻找投资的机遇。当然,阿联酋也看中了中国的经济发展速度和水平,希望能借助中国的发展机遇,使自己的资产保值增值。关于投资领域,除了基础设施,特别要提到高新技术、高科技领域,这是投资的重点。阿布扎比王储访华的时候主动提出要去上海,他首先看了上海的证券市场,他们希望能够在金融领域加强合作;第二就是要看中国的商用飞机,他要看中国自主研发的 C919 大飞机。王储是飞行员出身,非常懂技术,他参观飞机后认为,中国的大飞机制造非常有前景。他表示非常希望能够购买飞机,而且他还跟习主席和李源潮副主席提出来,希望能够投资中国的新兴产业。

(发表于 2017 年 4 月 11 日)

6. 海湾天地是走出来的

"一带一路"国际合作高峰论坛的成功举行,将带来企业"走出去"的高潮。也可以这么说,正是有了这些年中国企业的"走出去",才形成"一带一路"倡议的方向。那么,中国企业走向世界的经历有哪些呢? 我们在"一带一路"共建国家拍摄时,采访了很多中国企业,它们走出去的经历各有不同,品尝过成功喜悦,也品尝过失败苦果。它们的经历无疑将成为中国"一带一路"建设的重要参照。我们在阿联酋采访了打拼的部分中国企业及其负责人。

中建中东,从项目公司变成中东最大建筑企业

马晓霖:2001 年开工的迪拜"棕榈岛",是世界上最大的陆地改造项目之一,作为世界上最具标志性的旅游及住宅项目,棕榈岛吸引了世界各国的建筑公司前来投标建设。2003 年,中国建筑股份有限公司在中东投标的第一个大型项目就是棕榈岛别墅项目。这样看的话,咱们中建中东进入这个市场也有一些历史了。

余涛(中建中东有限责任公司总经理):棕榈岛从规划到现在,有 13 年的历史了。应该在 2002 年左右就开始规划。我记得 2004 年到这儿来时,那年 5 月份我们打下第一块混凝土。应该讲,我们是岛上的第一个承包商。也就是从那个项目开始,中建中东这些年一直在这儿发展。我们从一个项目公司变成了中东区域最大的建筑企业,并且在这儿扎了根。

马晓霖：从您的经历来说，中国建筑"走出来"有着怎样的经历？

余涛：1982 年中国建筑股份有限公司成立，1983 年就已经"走出去"了。当年还没有什么"走出去"的口号，也没有"一带一路"倡议。如果再加上当地工人的话，我们现在工人大概有两万人左右，管理人员有 1400 人，中国籍大概是在 30%左右。国际化是我们的方向，而国际化的一个标志，可能就是看管理人员的属地化情况，我们的属地化已经接近于国际化这样一种趋势。现在来看，我们公司来自中国的工人大概占 10%，其他很多是印度、孟加拉国、菲律宾、泰国、越南，以及朝鲜的工人。其中印度和孟加拉国工人的薪水最早的时候大概只有 1000 多人民币，而那时中国工人的工资都已经 3000 多元人民币了，当然中国工人的工效也比较高。现在中国工人的工资涨到了 8000～9000 元人民币，这个薪水的差距就太大了。我们现在就要走这样一条道路：中国工人要走技工型道路，1 个中国工人带 10 个外国工人，通过这套办法来打市场。

马晓霖：迪拜是一个财富聚集地，又是旅游热门地区，政商环境也比较好。但是 2008 年经济危机之后出现过地产泡沫。未来如果在中东地区继续拿项目，搞基础设施建设，会不会担心新的债务危机出现？

余涛：风险是我们最关注的问题。2008 年迪拜确实短期借贷过大，造成还款时市场流动性不好而无法偿还。未来会不会再有金融危机呢？我认为经济总是有周期的，再有所谓的低谷也很正常。我们的行业就是这样，总是有高峰有低谷。我们不仅要关注自己行业本身的情况，也要关注包括金融、油价对我们的影响。我们在做地产项目投资的时候，也有非常深层次的一些计划。实际上我们自己长期持有的部分，相对还是比较少的。比如我们在建的总督酒店，就提前预售了所建房屋的房契，因此，这家酒店有 699 个业主，再加上我们是拥有公共区域还有餐饮部分的业主，一共有 700 个业主。这样一来，风险共担，市场反应也是很好的。

工商银行，努力培养国际大银行的气质和内涵

马晓霖：从布点到运营，从机构的国际化到运营的国际化，中国工商银行一直服务于全球客户，并且树立了非常好的国际品牌。从工行过去25年积累的那些非常好的经验来看，我们和在迪拜的那些业务领先的同行相比，有什么优势又有什么不足？

张俊国（中国工商银行迪拜国际金融中心分行副总经理）：我们觉得在这个过程中，有几点需要注意：第一就是本地化，本地化非常重要。客户要本地化，虽然我们提出来的目标是立足于中资，辐射本地客户，但是本地化相对来说还是比较难的，而这又是我们深根于当地金融市场的基础。所以本地化是我们迫切需要考虑的，也是国内走出来的银行在这方面要提前做好准备的重要内容。另外一个就是，对当地的宗教文化、商业投资文化一定要考虑周全，不然的话，事后补救所付出的成本是非常高昂的。

与国际大银行相比较，我们主要在项目和人才的全球化方面还有一些差距。大家都知道全球化的银行，基本上都是将来自各个国家的人才汇聚在一起，这样才具有全球化发展的视野。目前我们也一直在进行全球化招聘，希望能吸纳更多的人才到工商银行来工作。我们希望今后经过更多努力，使我们工商银行更具有全球化国际大银行的气质和内涵。

马晓霖：带动企业"走出去"，是中国工商银行重要的业务之一。但是，配合"一带一路"倡议，相关项目都是有自己特点的，比如投资额度大、投资周期长、回报比较慢。那么就您对本地区项目的了解来看，中东地区的项目都有什么特点？

张俊国：实际上在中东地区投资的各个项目，也具有周期长、回报慢、额度大这样的特点。而且回报不仅慢，实际上相比国内和其他国家回报来说还更低一些。因为整个中东地区尤其是海湾国家，相对来说国家风险、区域风险都还是处于比较低的一个水平。虽然可能有一些全球经济危机对这儿有影响，但是相对于其他的

项目额度会更大一些。比如说我们最近和境内联动,在总行的指导下做了一个清洁煤能源项目,这个额度将近30多亿美元以上,周期接近于15年以上,回报也相对是很不容易的。

但是对我们中资企业走出来,尤其我们的产能"走出来",我们的制造业"走出来",这是一个很好的机遇。这个都要通盘考虑,所以说基本上的项目就是这样,每一个项目一看都非常吸引人,但是,里面有很多很多需要考虑的细节。所以这对我们中资企业也提出了很高要求,要多注意细节,要在管理上提出更精细化更科学的要求。

石油项目,要学会用国际化方式沟通交流

马晓霖:中国石油工程建设公司与阿布扎比陆上石油公司签署合同,为阿布扎比陆上石油公司开发阿联酋曼德油田,这被认为是中国石油工程建设公司不断培育市场信誉、持续展示中国石油的工程建设能力和国际竞争力的又一体现。那么中东地区的油气项目和其他项目相比,难点或者特点是什么?

严万波(中国石油工程建设公司阿布扎比分公司曼德项目部常务副总经理):我们在中东地区最早的项目在科威特,现在在伊拉克也有项目,我们在伊朗也在做,整个海湾地区都有中石油项目。项目从技术来说,应该没有什么太大的难度。我们公司在全世界范围内,类似的油田炼厂干过很多。但在这个地方做项目工期需要27个月,同样的项目也许在国内做的话有一半的时间就够了。为什么业主给了我们这么长的工期呢?而且即使是这么长的时间还是感觉很紧张。因为这个地方的人,所有的工作程序都是按部就班一步一步往前走的,而且每走一步就要花很长时间。比如他的第一版文件我们递上去了,规定两周之内给你批复。两周之内一般就给你提个意见,然后你再递交上去,如此反复。比如当地人下午上班只上到两点,到点就走。他们严格按照合同条文执行,哪怕是我们觉得合同里可以合理变更的内容,报上去往往也被

打回来。

马晓霖:从您介绍的一些情况看,业主的这些要求和标准是阿联酋独特的要求吗?

严万波:不是独特的,是国际化的要求。实际上中东海湾这边很多国家基本上都照着这个路子来的。

(发表于 2017 年 5 月 31 日)

二、北非板块

1. 扶贫苏丹,生生不息

随着中国企业"走出去",企业社会责任也在"走出去"。中国和苏丹有着 40 多年的医疗合作历程,并且主要以官方合作为主。位于苏丹中部杰济拉州的阿布欧舍医院,是一家有着百年历史的医院,由于中国援苏丹医疗队的出色工作,这里现在是当地人心中的"中国医院"。2010 年中国石油天然气集团尼罗河公司,捐资 60 万美元用于扩建医院和改善医疗设施,而承担项目的是中国扶贫基金会。在"一带一路"倡议下如何做扶贫工作,苏丹项目颇有借鉴。我们在苏丹阿布欧舍友谊医院专访了与中国扶贫基金会合作的苏丹慈善组织代表胡薇达·奥斯曼(Howyda Osman)等人。

帮助孩子,帮助国家的未来

马晓霖:2009 年 10 月,中国扶贫基金会组织考察团到苏丹进行实地考察,并与苏丹比尔特瓦苏慈善组织 BTO 签署合作备忘录,双方决定在人道主义物资救援、NGO 能力建设、援建医院和社区发展等四个方面开展交流与合作。这样说来,贵机构和中国扶贫基金会之间的合作已经有将近 10 年的历史了?

胡薇达(苏丹比尔特瓦苏慈善组织项目经理):是的,我们与中国扶贫基金会在阿布欧舍项目及其设备建设、构建母婴保健网络项目上都有合作。构建母婴保健网络项目是一个十分积极有益的项目,主要是在农村建立社区并提供教育,在农村和阿布欧舍医院之间建立联系,帮助苏丹培训助产士,并为助产士配备先进的助产包。根据我们的统计,苏丹很多助产士仍在使用20世纪60年代使用的十分老旧的助产包。现在,阿布欧舍医院拥有最先进的设备。可以这么说,我们和中国扶贫基金会的伙伴关系始于卫生健康领域——建立阿布欧舍医院,构建母婴保健网络,然后就是"微笑儿童"项目。

马晓霖:为学生提供早餐,如今在发展中国家是非常普遍的项目,这个项目在贵国的效果如何呢?

胡薇达:大家知道,苏丹由于外部因素导致了移民以及贫困的发生。苏丹各个州都存在着很多问题,例如达尔富尔、青尼罗河、南科尔多凡,这导致了附近几个州以及喀土穆州出现了移民现象。苏丹东部还有干旱问题。所有这些问题使得很多家庭无法为他们的孩子提供早餐,这个现象在学校很普遍,也使得学校无法按时授课。因为在此之前,孩子们要在吃饭时间回家和他们的家人一起分享有限的早餐,然后再回到学校就迟到了。所以说,孩子们的这顿早餐影响很大。而现在这个问题解决了,学习时间变得更加固定,孩子们的健康也改善了。

还有体育锻炼方面,现在学校有了更多的运动项目和更多的活动设备,孩子们能得到更多锻炼,变得更加健康了。与此同时,学校的教学水平也大有改善,及格率达到了97%。可以说这个项目的目标已经全都实现了,在很大程度上改善了孩子们之前学习日期不定的情况。我们BTO组织和国家教育部都对此十分满意。

马晓霖:未来你们是否有计划把所有中小学都纳入这个项目呢?

胡薇达:我们有这个计划。目前这个项目主要集中在小学,因为小学生年龄小,更需要营养,我们用这个计划鼓励他们按时上学,不要辍学。我们与教育部以及各州共同推出计划并签订相关文件,关注那些最贫穷的地区和学校。有很多学生,母亲可能由于贫穷而和父亲分开,父亲则抛下子女,让子女跟着他们的母亲。我们要求老师填写项目的评估表、关注表和卫生管理表,长期跟踪这些案例。

所有的学校都有它们的文件夹,用于持续关注这个项目及分发餐食。比如我们可以看到在 10 月 12 日这一天,一年级已到学生89 名,缺席学生 10 名,上面有学生负责人的签名以及老师的签名。所有的年级都是按这种方式运作的。

马晓霖:这样的表格每天都要填?

胡薇达:他们在每月月底上交这些表,然后再发给他们新的表。这是跟踪调查,每个月我们都会选择一名学生,去他家里做跟踪调查。

马晓霖:和父母交谈?

胡薇达:和家人交谈,拍摄家庭环境的照片,以确认这名学生是否真的需要这份餐食。每个月我们都会在每个学校做一次跟踪调查。这是喀土穆郊区杰贝勒奥韦利亚寄给我们的评价信。

马晓霖:是家长寄来的评价信吗?

胡薇达:有来自校长的评价信,也有来自各个家庭和教育委员会的评价信。

马晓霖:您认为在发展和专业性方面,中国慈善组织给苏丹带来了什么样的新想法和新变化呢?

胡薇达:中国扶贫基金会每次来苏丹都会组织培训,和当地人以及组织内部的人进行讨论、交流。这种培训极大地帮助了本土组织的能力建设。这是我们与中国扶贫基金会建立伙伴关系的目的之一,也是成果之一。现在我们本土组织的能力得到进一步增强,能够更好地承担社会责任。

既要扶贫,更要可持续发展

马晓霖:苏丹孕产妇的死亡率是世界上最高的四个国家之一,是中国的近 25 倍。由中国扶贫基金会推进的苏中阿布欧舍友谊医院项目极大地改变了这一状况。您知道中国和苏丹进行医疗合作有多长时间了?

巴希尔·哈桑(Bashir Hassan,阿布欧舍医院院长):1974 年,第一批中国医生就来到医院,到现在已经过了 40 多年。那时我还在公立教学医院上学,还是个学生,我们也会去中国医院看病。在我的记忆里,中国医生和当地人的合作交流一直都很顺畅。

马晓霖:中国扶贫基金会除了帮助建立和完善医院的科目,在运营方面提供了什么帮助呢?

巴希尔:我们医院内、外、妇、儿、骨科,以及眼、耳、鼻各科都很齐全,我们既有中国医生也有苏丹医生,所以医疗质量很高。在阿布欧舍医院看病、挂号和诊断都是免费的,住院和手术的费用,也只有其他医院的十分之一到五分之一,因此吸引了苏丹全国各地的病人前来就医。中国扶贫基金会除了帮助医院提升水平,提高医生护士的专业技能,还派人进驻医院的董事会参与管理,利用医院作为中心点辐射周边的社区,让贫困产妇得到产前检查和住院分娩服务。目前阿布欧舍的运营效果非常好,每年就诊人数增长 15%,收入增长 30%。

马晓霖:这里的环境、生活条件和中国的大城市相比,相差甚远,您觉得中国医生适应得怎么样?

巴希尔:我们曾经问过中国医生,你们为什么走了之后还要再回来呢?是不是你们中国的政策就是这样规定的?还是因为热爱我们这片土地,或者是知道我们医院很需要你们的医疗服务?他们回答说,回来是因为喜欢在这里工作,他们和病人们在治疗过程中也结下了友情,治疗有了好的结果他们会很开心。

自从 2012 年,中国扶贫基金会在我们医院启动母婴保健网络项目以来,在阿布欧舍地区 14 个村庄捐赠助产士包,建立高危孕妇干预机制和社区孕妇学校,为社区助产士提供督导和培训。阿布欧舍医院已经成为苏丹最重要的妇幼保健医院。来自中国的医生不仅为当地人治病,同时也培养出了不少当地医生。

(发表于 2017 年 8 月 22 日)

2. 以中国标准织网"一带一路"

投资兴业,推动贸易,承接工程——这是中国企业"走出去"的三个形式,具体上升到一定层次,则是推动中国标准"走出去"。这个标准包含从基础设施到产业投资的全面标准。电力设施是技术标准最为复杂的领域,对于电力企业来说,"走出去"是一件更为复杂的事。中国与埃及产能合作的第一个落地项目——埃及 EETC500 千伏输电项目,即是这样的成功样板之一。我们在埃及首都开罗专访中国电力技术装备有限公司埃及分公司经理刘光辉,解读中国电力技术如何引领国际标准。

推行中国标准,先得让对方了解自己

马晓霖:对于 EETC500 千伏输电工程这样一个大项目来说,咱们在埃及整个的投标过程是怎样的?

刘光辉:我参与了整个投标的过程包括打前站,第一个来的也是我。我们初到埃及是 2015 年 8 月份,当时它的政府刚刚组阁成立 2 个月。我印象很深的一件事是,埃及电力部所有的副部长、相关委员会主席等高层官员接见了我们。那一次,当我们把中国国家电网全方位地做了介绍后,他们首先表现得非常惊讶,因为之前对中国的电力企业不了解。没有想到中国的国家电网原来是这么大的一家国际性企业,甚至在国际 500 强里排名第二!他们也没有想到,中国国家电网对埃及有这么大的兴趣,他们也表示非常欢迎。

另外,埃及军政府有着非常强的计划性和非常强的执行力,我们也得益于这样一个大背景。EETC 项目 1210 公里的线路,完全与埃及正在和西门子合作建设的 3 座燃气电站相配套,这是埃及国家战略性的基础设施项目。

马晓霖:因为埃及本身基础设施比较落后,这些年在电力设施的改造上不成系统,规划也不完善,听说这个项目的投标和建设难度非常大,埃及本身的管理方式和现状,是否也造成了很大问题?需要一边勘探一边施工,这种情况恐怕也是前所未有吧?

刘光辉:确实,埃及的情况就是这样特殊。最初,他们给我们提供了基础坐标点,从南到北大概 1000 多公里,但是,我们发现很多基础坐标点非常粗略,因为此前的企划性包括前期可行性研究,都没有做得那么深入。当我们拿到坐标点去实际测勘的时候,发现很多地方需要再校验甚至变动,很多地方需要跨民房区域、农田区域,至于重点基础设施区域很可能就跨不过去,这样一来,我们就要被迫更改路径和线路。这种事情非常多。

马晓霖:埃及是一个沙漠国家,可耕地本来就非常缺乏,再加上它的土地私有化,有很多情况跟国内是不一样的。

刘光辉:没错,对于这个项目来说,尽管碰到这样的情况,也不能随意更改规划,因为随意更改可能会影响整个电网的安全和经济建设的可行性等等,所以有些地方是必须要经过专业技术研究之后,再跟埃方深入沟通解决办法的。

马晓霖:拿这个项目真不容易。

实施中国标准,必定为未来打好基础

马晓霖:这是咱们在非洲承包的第一个国家主干线路电网的升级项目吗?

刘光辉:在阿拉伯地区是第一个,在非洲不是。在埃塞俄比亚、肯尼亚都有我们的项目。但埃及非常特殊,它是阿拉伯联盟的总部,影响比较大。

马晓霖：咱们施工的面积这么大，施工时遇到的地质情况、地理情况、地貌情况、气候情况等，恐怕是在其他地方很少见到的，您觉得这个项目对贵司而言，会积累什么样的经验？

刘光辉：埃及是北非大国，国土面积跨度非常大，各种地理环境都有。这对我们团队，尤其是对技术团队来讲，在短时间内要适应不同的地理环境，并且很快将中国标准应用到不同的环境，这个积累经验的过程很有价值。其次，埃及属于阿拉伯地区，本身有自己独特的文化，所以对我们来说，这是第一个在阿拉伯地区实施的项目，未来对于我们在其他阿拉伯国家和地区的业务拓展，我相信会留下非常好的沟通和洽谈经验。包括如何处理一些突发事件，也有很好的借鉴作用。

马晓霖：这个项目对埃及，包括对中东地区的产业拉动意义都有哪些？

刘光辉：这个项目在全面铺开实施的过程中，至少给当地带来了7000多个就业岗位，这对他们的经济发展和老百姓的生活都会起到非常大的促进作用。其次，我们这么大一个项目，需要大批量的设备。当然不可能所有的东西都从中国带过来，工程运行的设备、卡车、挖机、吊机等需要全部从当地租赁，这就把当地的租赁市场盘活了，我了解到之前他们的设备租赁市场是很低迷的。第三，当地的一些企业和中国国内的一些企业也参与到项目的建设中。这个项目全长1210公里，整个项目有3个中国分包单位，7家埃及当地的分包单位，这个项目从您看到的铁塔导线再到OPGW（架空地线复合光缆），中国的产能输出金额为30亿人民币，大批量的设备来自安徽、江苏、山东，有多家工厂在为这一个项目服务，也相应地促进了国内运输业的发展。比如设备主要是从上海港、天津港启运。其实这只是一个缩影，您想想，如果"一带一路"沿线有大批量国家倡导的产能输出，将会产生多大的效益，这是真的设施落地。

马晓霖：您觉得在这个背景下，中国企业"走出去"，我们具备哪些特殊的地方？或者说我们独到的优势是哪些？

刘光辉：咱们中国的优势还是很明显的。比如我们的速度，从整个项目的组织，到项目的施工建设，中国公司速度非常快。具体到某个例子，比如我们在某一段工程实施中曾经测算过，中国的建设速度是埃及建设速度的4倍。毫无疑问，埃及方面从高层到执行层面都非常认可我们中国的建设速度，对我们非常满意。而这样的速度确实也达到了他们信任我们并要求快速实施完成的预期。第二，从设计到施工，我们中国有很强大的人才队伍，有很好的国际性标准。只不过我们在国际上不太知名，对方也不太了解我们。所以说，我们在"走出去"的时候，不单要企业"走出去"，同时要让对方很好地了解我们。而在这个过程中，需要我们有国际化、职业化、专业化的理念和思维来引领我们的工作。

马晓霖：在您看来，咱们实施的埃及国家电网主干线路的翻新和升级，是不是也给我们在中东地区进行类似国家电网的改造，获取了新的经验？

刘光辉：是的，这是我们进入埃及市场的第一步，也是进入中东阿拉伯地区的第一步。这个项目只是为了打造和改善埃及国家主干网的一个基础，只有等它有一个稳固的电网基础之后，下一步才能延续发展埃及与邻国区域的市场，比如约旦、伊拉克、沙特、黎巴嫩、叙利亚这样的西亚国家，甚至包括一些南欧国家。远期我们可以展望国家电网的联网。这是区域性电网非常好的发展蓝图。我们现在做好这第一步，也是为了帮助他们从规划之初着手，能介入区域性联网，同时为后面的项目打基础。而后面的项目能为埃及政府通过电力输出创收外汇建立很好的渠道。

（发表于 2017 年 7 月 21 日）

3. 红海之滨，巨石闪耀

产品走出去，产能走出去，然而，并非是落后产业走出去。对于中国企业而言，产能合作是全方位合作。对"一带一路"共建国家而言,不仅有资源,更有劳动力,不仅有一般产业劳动力,更有先进技术人才。巨石玻纤,作为玻璃纤维这样一个高端制造业的行业老大,在埃及就有这样的成功。我们在埃及苏伊士运河经济区专访了巨石埃及公司总经理张文超。

非洲玻纤,巨石居功至伟

马晓霖:巨石集团有限公司是全球最大的玻璃纤维制造商,2012年在埃及成立了巨石埃及玻璃纤维有限公司,是中国在埃及投资金额最大、技术装备最先进、建设速度最快的工业项目,也实现了中国玻璃纤维行业首次向国外的技术输出。那么,巨石落户埃及,对埃及有什么样的意义?

张文超:如果巨石不来,非洲就没有做玻纤的企业,应该说玻纤是巨石带到非洲来的。我们是独此一家。我们带来的是最先进的产能,我们投资的金额很大,而我们投资的技术与国内的技术基本是相近的,可以说我们在带去产能的同时,也进一步优化了当地的产能,培养了当地的产业工人。

马晓霖:当时选择在埃及投资,对于巨石来说主要是基于什么考虑?

张文超:最终选定埃及其实有好几个方面的因素。第一,埃及的地理优势,它横跨亚非,我们的产品大部分都是在欧洲或中东销售,这就解决了我们产品的运输问题;第二,也是对我们最重要的一点,就是我们在这儿建了公司和生产基地之后,欧盟对中国玻纤产品征收的三十几个点的反倾销税也没有了,因此我们在整个欧洲的竞争力,在全球的竞争力应该说是最强的;还有一个就是矿产资源,生产玻纤所需要的石膏、白云石、石灰石、石英粉,还有高岭土,这些所有的原料在埃及都非常丰富;最后就是人力资源,埃及有9000多万甚至将近1亿人口,劳动力非常丰富。

马晓霖:我们走访过很多海外企业,发现巨石是我们看到的本土化率最高的一个企业,在厂区几乎见不到中国人,这方面是怎做到的?

张文超:其实,我们这两年一直在减少中国员工的数量。一方面集团对我们也有减员的任务,按照规划每年必须要有多少中国员工回国。另一方面,埃及法律规定,企业外国员工不超过 10%,我们埃及公司现在有 1600 名员工,按规定可以有 160 个中国人,但实际上现在只有 50 多个,未来我们计划 3 年之内做到只有二十几个中国员工。从本地法律来讲,我们已经远远超过他们的标准了,企业彻底本地化了。我们这样做,就好像是给小孩子断奶一样,总是扶着他是走不好的;不扶他有可能会有小问题出现,但是只要有人在,范围不要扩太大,出现问题就解决掉,慢慢地他就成熟了,然后就会自己跑了。这需要有个过程。

马晓霖:这么做有没有什么麻烦呢?

张文超:刚开始的确有冲突。我们也不怕扬家丑,2014 年我们公司经历了一次大罢工,800 多工人全部停下来不工作了。这次罢工之后我们也进行了深刻反思,罢工原因是什么? 因为我们当时对埃及当地的安全保护制度不是特别清楚,没有设立 EHS(环境管理和职业健康安全管理体系)这个部门,以至于出了一些工伤后,员工情绪很大。搞清楚状况之后,我们赶紧与当地企业沟通,现在我们已经设了诊所,买了救护车,还专门设立了 EHS 部门。其实这就是个磨合的过程,员工有反馈,我们马上去落实。我们和当地员工每天生活在一起,吃在一起,工作在一起,上班和下班都有交流。我总结,更重要的一点就是,员工合理的要求一定要满足,不符合风俗文化习惯的事情一定要把它杜绝掉。

马晓霖:巨石对当地的贡献,除了就业和对技术队伍的传帮带,应该说还有其他方面的内容,比如在社会责任方面,企业做得怎么样?

张文超:我们招收了很多残疾人,协助埃及社会来解决残疾人就业问题。在文化上面也有交流。让我比较感动的是,去年斋月结束过宰牲节的时候,我们遇到停电事故,工厂没法生产,结果当天回家过节的所有中层干部、所有埃及工人都赶回来,我们一起抢修。所以说,大家通过几年磨合和相互认同之后,已经融合在一起了。

以硬碰硬,巨石底气十足

马晓霖:巨石已经是全球化公司,公司里的埃及中高层人才,他们对未来是不是也有一个期望值,会不会不满足就在埃及做管理人员,还想有更多的发展空间? 这方面你们有什么考虑?

张文超:所谓国际化就是要以外供外,以外养外,而不是老要从中国本部派人。我们的国际化战略就是要以外供外。现在,我们公司的埃及员工有很好的语言基础,如果他们再掌握了技术,就可以成为我们进一步国际化的一个标兵。我们的员工当然也有这种期望,比如说我们巨石美国公司明年投产,他们就有可能要到那里去指导。

马晓霖:美国不但是玻璃纤维的发源地,也是全球最大的玻纤生产国和消费国之一。巨石的产品进入美国市场已经有 20 多年的历史,却一直没有建厂,2016 年巨石宣布将在美国建厂。为什么要在美国建厂? 与美国相比,巨石的技术水平怎样?

张文超:从产能规模和现在的销量及效益上说,我们确实是老大,但从技术上讲我们还有一点差距。我们现在为什么要去美国建厂? 我们就是要把我们的公司建到全世界最先进公司的对门。美国的欧文斯科宁——玻纤就是它发明的,我们就是要去与它竞争,选择与它门对门,就是把对手当磨刀石。我们也希望通过美国这条生产线的投产,把它彻底从玻纤市场逼出去。

(发表于 2017 年 8 月 8 日)

4. 苏伊士湾的中国"风景"

海外投资,建立品牌销售,承接工程之外,产业园布局是核心能力的体现。天津泰达工业园,是中国最早最成熟的产业地产运营企业,也是最早走向海外的产业地产企业。埃及苏伊士经贸合作区是第二批由中国政府批准的国家级境外经贸合作区,位于苏伊士运河的南口、红海西岸,距开罗120公里,有高速公路、铁路相通。过去,合作区曾是红海岸边的一片沙漠戈壁,如今已逐步发展为现代化产业园区。针对海外产业园区建设,我们在埃及苏伊士专访了天津泰达苏伊士经贸合作区中方执行董事魏建青和埃方执行董事艾哈迈德。

中国企业将帮助实现"埃及梦"

马晓霖:在2008年召开的中非合作论坛上,中国提出在非洲建立6个开发区,其中之一就是埃及苏伊士经贸合作区。据我所知,天津泰达工业园是国内最早在海外建设工业园区的企业,您来埃及已经第九个年头了,有什么感想吗?

魏建青:埃及首都开罗原来在我们的印象中,应该是比北京还要排名靠前的国际化大都市,但是来了之后给我的感觉就是脏乱差。特别是在来合作区的路上,两边都是非常低矮的平顶小山,像到了月球一样。

现在将近9年的时间过去了,园区发生了翻天覆地的变化,对我们来说,这其实也是一种无法谦虚的骄傲。现在整个园区将近有8平方公里,其中起步区是1.34平方公里,扩展区是6平方公里。入区企业将近有70家,其中加工制造类型的企业36家,吸引的总投资额将近10亿美元。我们天津泰达开发区母区大概每平方公里是两亿美金的投资密度,而苏伊士经贸合作区起步区1.34平方公里能够吸引10亿美元,这种投资密度已经大大超过了我们天津泰达工业母区的水平了。

马晓霖:您比较一下7~8年前与现在,埃及整体的经济形势以及营商环境有什么大变化吗?

魏建青:我们中国有中国梦,埃及有埃及的大国梦。埃及人一直在反思为什么经济会出现衰退,后来发现最根本的原因还是工业基础比较薄弱,没有现代化的工业。在埃及人看来,要想进行工业现代化,就必须开发苏伊士运河走廊。他们把开发和建设好苏伊士运河走廊作为实现埃及梦的手段。苏伊士经贸合作区这个区域,是苏伊士运河走廊最南端也是最先具备基础设施开发条件的区域。埃及总理就曾经说过,你们这儿是我们埃及梦开始的地方。我听说埃及也在修改新的《投资法》,特别是塞西总统最近公布了总统令,推出 17 条优惠政策,其优惠程度对我们来说,那都是不可想象的,给予外资的都是国民待遇。

马晓霖:从招商引资角度来看,埃及现在最需要哪类的企业、哪类的资本到埃及发展?

魏建青:我们苏伊士经贸合作区现在扩展区内的产业定位,有七大主导产业,包括新型材料、IT、化工、汽车等等,我们觉得这是埃及目前最需要的产业类型。当然这些产业也必须和埃及目前正在进行的一些大项目结合起来考虑,比如苏伊士运河走廊的开发和建设、新首都的建设、一些大的气田开发和建设等等,因为这些都是相关的。

马晓霖:大量中国企业、资本都想"走出去"。我觉得一方面要鼓劲,一方面也要适当地泼泼凉水、打打预防针。以您在埃及这么多年的经历来说,应该打什么样的预防针,提什么样的建议和忠告呢?

魏建青:改革开放 30 多年,中国经济过去实现了奇迹式增长。我觉得现在确实到了非常关键的十字路口。也就是说,必须要考虑一个国家在人均 GDP 处于什么水平时需要引进来,又到什么水平时需要"走出去"。从现在中国 GDP 的总量以及人均 GDP 来看,确实到了应该大规模"走出去"的时候了。其实,"走出去"之后,你会发现海阔天空。

"走出去"是大势所趋,但是"走出去"之前可能要对风险评估、风险规避方面的情况进行仔细研究,包括不同国家的风俗、文化、法律法规、市场开拓等,必须要把很多问题想到前面。海外投资有风险,其实也有困难。

"一带一路"倡议将帮助埃及经济复苏

马晓霖:从 2011 年开始,埃及经历了两次革命,社会动荡,经济停滞,当时很多外国投资者撤离埃及,但是,天津泰达却坚持到现在。作为埃及人,您觉得泰达集团为什么会坚持到现在?

艾哈迈德:他们相信这种情况只是暂时的,埃及会好起来的,也会恢复稳定和安全。当时我们和中国的管理层商量过这件事并且告诉他们,我们会一直在这里坚守,也会保护他们免于伤害。很早以前,埃及就与中国建立了密切的友好关系,也是因为这个原因,才让泰达集团选择在埃及建立工业园区并克服困难一直坚持下去,实现泰达来到埃及发展的目标。我们成功了并且开始制订新的计划。一切向前看不计过往,我非常佩服中国人。

马晓霖:在您眼里,泰达苏伊士经贸合作区对埃及经济发展会起到什么样的作用?尤其对于埃及苏伊士运河走廊经济区的作用是什么?

艾哈迈德:因为我们园区离亚、欧、非洲都很近,很容易吸引外国投资者,这就是泰达集团的地理优势。经过这几年,我们让这个地区从一片沙漠变成工业开发区和住宅区。每个来到这里的投资人都会对一个基础设施完善、道路通畅、服务性强、风景美丽甚至适合生活的地方感兴趣。

投资人来这个地方投资,肯定会对埃及经济提供很大的帮助。外企来埃及建公司生产出的产品要么出口,要么进入埃及市场,这样不仅会提高埃及产品的出口率,让埃及挣得更多外币,也会为我们提供原本缺少的产品,提供很多就业机会,解决就业问题。据统计,泰达在 1.3 平方公里的合作起步区就提供了 2000 多个直接和间接工作岗位,有 35 家公司在这个地区开展业务。

马晓霖:您觉得中国的"一带一路"倡议对埃及和阿拉伯国家有什么影响?您个人对这个倡议有什么看法?

艾哈迈德：我感觉中国的"一带一路"倡议与埃及开发苏伊士运河的项目很有一致性。在我看来，"一带一路"倡议和埃及苏伊士运河走廊经济区这两个宏伟的项目，都会帮助埃及经济复苏。所以"一带一路"倡议对埃及经济非常重要。

（发表于 2017 年 8 月 12 日）

5. 中国企业走出去的"新希望"

新希望集团是中国改革开放时代的传奇，兄弟创业，然后在单一行业做到世界顶级。新希望在中国国内的故事家喻户晓，然而，当他们"走出去"之后，依然是传奇。2017 年 1 月，我们在埃及纳赛尔工业园采访了新希望六和股份埃及片区总经理杨成彬，并现场考察了新希望的养鸡场。

有坚持才有好结果

马晓霖：2011 年埃及爆发革命，政治局势不稳定，宏观经济环境恶化，使中国投资者面临员工安全和投资风险提高等挑战，很多中国公司都放弃或推迟了在埃及的投资计划，为什么只有新希望留下来了？

杨成彬：埃及人口接近 1 亿，是个庞大的消费群体，对于我们做生意的人来说，有市场我们才会来。所以，当时爆发革命导致很多中资企业回国时，我们没有走。当时，我们考察组就躲在农村，因为城市相对不安全。我们买了 100 多斤土豆、洋葱，还有萝卜，就怕出现恐慌买不到食品，我们就这样准备过长期艰苦的日子。还好，没过多久，动荡形势有所扭转。

我们继续考察市场时发现，首先，埃及民间对中国人很友好，埃及革命不是针对企业，也不是针对外国人。第二，我们坚信埃及有这么庞大的人口基数，会给我们企业提供生存空间和发展机会。于是，我们积极开展工作，与养殖户进行交流，获取第一手市场信息,这为我们后来进行投资奠定了扎实基础。我们的公司基本上一年就完成建设,并且取得了很好效益。所以,坚持总是会有好结果的。

马晓霖:新希望埃及公司所在的萨达特城,离开罗有 95 公里,是在沙漠公路和尼罗河三角洲的外缘,为什么把厂址选在荒漠里?

杨成彬:这里是埃及国家级工业区,土地手续办理相对比较简单,对我们国外投资者来说相对风险小一些。以前的养殖业,主要集中在曼苏拉,也就是尼罗河三角洲地区,但是,那里是粮食种植区,随着人口刚性增长,埃及政府已经禁止在这个地方再搞养殖业。埃及养殖业因此西移,全部转移到沙漠地区。这里离亚历山大港比较近,大概就两个小时的车程,对我们减少物流成本以及以后出口都是很有帮助的,所以我们选择这里。

马晓霖:埃及算是鸡肉、蛋禽销售的大市场,但是,埃及同时也是养殖大国,行业竞争很激烈。俗话说,同行是冤家,贵司作为外来户怎么处理跟其他同行之间的关系?

杨成彬:我们刚刚进入埃及跑市场的时候,很多养殖户一提到中国制造都摇头,说中国制造是廉价代名词。那么,我们该怎么生存下去呢?我们一定要为中国制造正名,一定要做高质量产品,让我们的养殖户获益,让竞争对手对我们刮目相看。于是,我们的饲料公司为养殖户提供配套服务,帮他们解决埃及本地市场鸡苗短缺问题。应该说,我们的到来改变了整个行业现状。以前埃及养殖户养鸡一般要 40 天才能出栏,使用了我们的饲料后,基本上 35 天就能出栏,缩短了养殖周期。因此,虽然我们的饲料价格是整个市场上最贵的,比竞争对手要贵 100 到 150 埃镑,但是,客户还是选择我们,因为我们性价比高。现在所有的竞争对手都尊重我们,同行交流的时候都会说,你们新希望第一,我做第二就行。

我们用事实告诉埃及市场,新希望的产品是最好的,我们在埃及不但没有把市场搞乱,反而让这个市场更良性地发展。中国人说,金杯银杯不如老百姓的口碑,对埃及市场来说,我们可以提供好饲料,埃及客户能赚更多的钱。

有风险也要有预判

马晓霖:从给埃及做贡献、回馈埃及社会的角度来讲,能不能把公司这几年的成绩给我们量化一下,比方说缴纳了多少税收,带领多少养殖户脱贫致富,以及你们用工和培养人才情况?

杨成彬:我们到埃及来创业,只有依靠埃及人才能做得更强更大。只依靠中国人在短时间内可能做到很强,但是,长时间的话有很多短板没法解决,比如说,我们每年要回去休假一两次或两三次,那么,接下来工作就会中断。在我们这儿工作的埃及员工都很有归属感。当然,我们的工资水平也属于整个埃及制造行业的中上水平,埃及员工月薪大概在 3000 多至 4000 埃镑。再者,我们给当地雇员提供了成长空间,谁干得好,可以从基层员工做到班组长,然后升为车间主任,然后升为生产经理。

当然,我们对埃及员工的培训、培养也很重视,我们会根据他们的个人发展情况、水平和能力提供更高的平台。埃及员工工作到一定时间后,我们每年会安排他们免费到中国旅游,如果更优秀的话,可以奖励他们带着家人。到中国去近距离感受中国的变化,这也是他们很期待的好事。说到税收,我们一年在埃及交税大概1000 多万埃镑。

马晓霖:新希望埃及公司在短短 3 年内,从生产销售到产业链定位,以及品牌传播力、社会责任感,应该说方方面面做得非常成功,这在"走出来"的中国企业中很罕见。您能给我们总结几条经验吗? 中国企业要"走出来",应该遵循哪几条"黄金法则",要避免哪些弯路?

杨成彬:我觉得到新地方投资确实风险很大。企业"走出来",第一步要考虑风险,国家政治上的、企业管理上的很多风险,以及员工安全方面的风险都要考虑。我们在国外投资,一定要考虑这个国家的政治环境、经济条件适不适合我们企业的发展。新希望虽然在国内很成功,但是,把这种模式复制到国外,能否与当地接轨?会不会出现不适应?选择这个行业对企业本身有没有优势?在国内有没有优势?在这边的优势又是什么?一定要分析清楚,前期的考察很关键。埃及其实是一个机会很多的国家。中国人很勤奋,在这边只要做得比埃及人稍微好一点点,我们就有饭吃,就看我们怎么做。

马晓霖:您认为在埃及,哪一类资本、哪一类行业、哪一类企业更有投资空间,或者说,更适合于中国的资本"走出来"?

杨成彬:埃及目前的经济形势不是很好,实行浮动汇率后,去年一年本币贬值达 155%。以我们饲料行业为例来说,现在的日子其实不好过,因为浮动汇率,埃镑兑换成人民币就会出现很大缩水;但是,如果在埃及建立出口型企业,比如把埃及当生产基地,然后将产品出口到其他国家而回收美元,这就是很好的生意。

（发表于 2017 年 8 月 15 日）

6. 复兴之路上的埃及

埃及是 2017 年中国—阿拉伯国家博览会的主宾国,也是金砖国家会议的特邀国。作为一个区位地理和影响力都是世界级的重要国家,埃及是人类文明之母,却也是一个欠发达国家,是遭遇过各种波折的国家。随着"塞西经济学"的推出,埃及积极对接中国的"一带一路"倡议,期待实现经济腾飞。为此,我们在埃及首都开罗专访了中国驻埃及大使宋爱国。

埃及目标:稳定与发展

马晓霖:去年 1 月,习近平主席对埃及进行了正式国事访问,并且在阿盟总部发表重要讲话。您能否给我们总结一下,埃及在整个阿拉伯世界、中东地区的重要地位和作用?

宋爱国:首先,埃及毫无疑问是一个地区大国。但是,我们在讲地区的时候,其实是具有多重性质:埃及是中东大国,是阿拉伯大国,是非洲大国,埃及是一个重要的发展中国家和伊斯兰国家。由于它的这种多重属性,埃及在地区拥有非常特殊的地位,这是其他国家难以比肩的。现在,为了推进国家复兴,埃及又在尝试一些新时期的新做法。埃及民族复兴大业显然是符合埃及人民利益的,因此,塞西总统专门在一次讲话中,高度赞赏埃及人民对改革政策做出的理解。我觉得这一点对埃及来讲是难能可贵的,也就是说,埃及人民现在把稳定作为他们极为重要的一个目标,希望实现稳定,希望在稳定中谋求发展。埃及是在"阿拉伯之春"席卷整个地区的浪潮中,第一个起来尝试变革的国家,第一个从事改革的国家。埃及成功与否对整个地区都有很大影响。所以,各国都在关注埃及,关注埃及在改革方面所取得的进展。

马晓霖:您感觉埃及这几年的变化体现在什么地方? 是否还有其他更大的发展潜力?

宋爱国:现在埃及政府主要做三件事。第一件事是维护稳定,稳定对埃及来讲确实是一切工作的前提。第二件事情是发展。埃及之所以发生两次革命,我觉得一个重要的原因是埃及的社会发展和经济发展遇到障碍,遇到困境,也正因为如此,发展就自然成为埃及当前亟须完成的重要任务,或者从某种程度上说是优先任务。埃及政府在这方面推出许多措施,既包括整体的发展战略,也有一些具体行业的发展政策。第三就是改革,而且改革的力度越来越大。埃及的改革引领着发展,在这方面大体能和中国面临的一些形势和任务相比较:都是发展中国家,面临着相似的问题和任务,在改革、发展、稳定方面,双方是不谋而合的。

总体来讲,我认为埃及将进一步走向稳定和繁荣。埃及在这个地区是大国,人口 9000 多万,将近 1 亿;埃及是文明古国,埃及的软实力甚至军事力量,都是地区首屈一指的;埃及经济也有一定的基础。目前,埃及最重要的工作是要理顺各方面的关系,而且埃及政府也在从事这方面的工作。以上种种表明埃及的发展潜力是很大的。

中埃合作：互补与深入

马晓霖：中埃两国的友好关系已持续 60 多年，并且越来越好。双方有很多战略层面的契合点，在各个领域全面发展全面开花。中埃之间的经贸关系互补性很强，双方在投资领域的合作特别多。我想了解一下，在投资方面，中国在埃及的哪些地区哪些领域哪些行业比较有特点，成效如何？

宋爱国：经贸合作是两国在新时期合作的重要组成部分，我们是埃及的第一大贸易伙伴。如果看两国在经济合作方面的历史，过去我们长期更多采用的是承包项目 EPC+这种形式，但是，随着埃及经济改革步伐的进一步加快，他们把吸引外资作为更重要的对外经济政策。目前，中国在投资领域同埃及的合作发展也是顺利的，尽管现在数额不大。比如，目前在埃及非石油类投资大概是 7 亿～8 亿美元，但是，这都是在最近 6 年实现的，应该讲势头还是良好的。当然，如果我们把石油方面的投资加进去，那就不是 7 亿～8 亿美元，而是将近 50 亿美元的规模。

我觉得值得特别提到的是，中国在埃及推进工业化方面的投资。埃及苏伊士运河合作区里的泰达苏伊士经济合作区，属于中方在工业园区方面的投资，也是我们在国外比较早推进工业园区建设的一个典范。第一期工程已经结束，在 1.34 平方公里的土地上已经是工厂密布，而且企业规模越来越大，层次越来越高。

最近这几年投资的项目，包括巨石埃及玻璃纤维有限公司，他们的第一条生产线和第二条生产线都已经投产运营，很快将建成第三条生产线。这家企业一入驻就已经使埃及成为地区玻纤的生产大户，三条生产线都投产以后，我估计埃及在玻璃纤维的生产方面将在全球名列前茅。当然，还有其他一些企业在工业园落户。在我看来，这仅仅是一个开端，将来随着埃及苏伊士运河走廊开发规划的推出，随着中国对外开放的深入，随着"一带一路"产能合作规模的不断扩大，我觉得中国在这里的投资肯定具有更加广阔的前景。

马晓霖：我了解到，泰达苏伊士经贸合作区是中埃合作的典范，在您看来，这些年这个合作区在建设发展中积累的哪些经验，可供类似工业园区加以参考？

宋爱国：客观来讲，首先苏伊士园区的地理位置非常好，处在苏伊士湾，也就是亚非各国产品通过苏伊士运河进入欧洲的一个非常重要的地点，非常适宜建设工业园区。在苏伊士经贸合作区内，有发电厂、码头、铁路、公路，应该讲条件还是相当不错的，是整个苏伊士地区开发的一个部分。过去，埃及希望把苏伊士经贸合作区打造成为一个国家级开放区，借此推进苏伊士运河走廊开发计划。

作为工业园区，中埃苏伊士经贸合作区首先是一个产业集中的地方，里面入驻的不是一个工厂，而是一批工厂；其次，在这个地区有埃及的优惠政策，当年中国的发展也是通过这样的经济特区发展起来的；第三，埃及对这个工业园区给了很多政策倾斜，以作为园区的保障措施。我记得有些企业碰到电力不足问题时，埃及的总理和负责国际合作的部长会直接批示，把仅有的电力几乎全给了我们中国企业。

马晓霖：中国提出的"一带一路"倡议与埃及"向东看"的发展规划不谋而合，在您看来，埃及要成为"一带一路"上重要的节点国家，有哪些天时、地利和人和的要素？

宋爱国：应该讲埃及所处的位置是非常重要的，我们把它叫作"一带一路"西端的汇合地。埃及境内还有苏伊士运河，这个运河是世界航运的大动脉。从客观条件来讲，埃及对我们"一带一路"建设是有非常重要意义的。从主观来讲，我觉得埃及也非常重视同"一带一路"倡议的对接。我非常清楚地记得，塞西总统在2014年年底访华的时候，开宗明义第一句话就是：埃及希望成为"一带一路"的一个组成部分。我觉得正是在这种思想的指引下，我们同埃及在"一带一路"倡议合作的推进方面总体是顺利的，双方签订了一系列协议，建立了双部长制的工作机制以推进"一带一路"倡议在产能合作方面的工作。除此之外,两国还就一些具体合作项目达成了不少协议,有些已经开始在落实。

（发表于 2017 年 9 月 6 日）

7. 在石油焦灼中的奋力前行之路

金砖国家会议的重要主题是南南合作。南方国家占据联合国成员的绝大多数,但是在所有的国际合作中,南南合作最困难。中国和苏丹的长期合作被认为是南南合作的样板,我们在苏丹首都喀土穆专访了中国驻苏丹大使李连和,探讨南南合作到底该如何展开。

南北分离,苏丹寻找新机遇

马晓霖:中国与苏丹均认为双方拥有平等互利、合作双赢的关系。您能否给我们介绍一下,中国与苏丹在政治方面的这种关系现状究竟如何?

李连和:中国和苏丹两国在 58 年前就建立了外交关系。中国是最早承认苏丹独立的国家之一,苏丹也是最早承认中华人民共和国的非洲和阿拉伯国家之一。2015 年,习近平主席邀请巴希尔总统到中国,参加了中国人民纪念抗日战争暨世界反法西斯战争胜利 70 周年纪念活动。活动期间,习近平主席同巴希尔总统举行了双边会谈,会谈后还签署了关于中苏建立伙伴关系的联合声明。这个声明是两国关系史中一个非常重要的文件,为两国关系下一步发展打下了坚实的基础,同时也为两国关系发展指明了方向。

多年来中国一直是苏丹最大的贸易伙伴国,同时我们也是苏丹最大的外资投资国,还是苏丹最大的工程承包国。从几个最大可以看出两国这么多年务实合作取得的成就,而这种合作为两国人民都带来了实实在在的利益。

马晓霖:在过去 20 年中国和苏丹的合作成果里,哪些方面比较有特点？又有哪些标志性的工程项目？

李连和：中苏两国在石油方面有着 20 年的合作历史，我们为苏丹建立了年产 2600 万吨的三大油田，建立了年产 500 万吨的炼油厂，为苏丹培养了大量的石油工程师和技术人员，还帮助苏丹建设了由石油领域衍生的一些产业，比如说化肥厂。应该说这些合作带动了苏丹经济的发展。

马晓霖：李大使，我们知道 2011 年 7 月，曾经是最大的非洲国家的苏丹，分离成苏丹共和国和南苏丹共和国两个独立国家。分离之后，苏丹失去了 75% 的油田，这几乎是苏丹的经济支柱。实际上苏丹原有的石油天然气的资源优势已经不复存在，它的资源禀赋发生很大的变化。在这种情况下，中国和苏丹之间的合作有没有什么变化？

李连和：自从南苏丹从苏丹分离出去之后，中国和苏丹的石油合作受到了一定的影响。但我们双方的经济合作、贸易合作还是非常好的。2016 年中苏双方的贸易额达到了 30.2 亿美元，占了苏丹总贸易额的 20%，这个贸易额还是很大的。

马晓霖：我们了解到，南北苏丹分离后，苏丹近年来将农业发展列为国民经济的支柱产业，称其为"永恒的石油"。在这种大背景下，未来中苏能否在这方面加强合作？这样的合作具有什么样的潜力？

李连和：苏丹拥有丰富的农业资源，有着肥沃的土地。苏丹目前的耕种面积大约是 1200 万公顷，实际上只占该国可耕种土地面积的四分之一。20 世纪 70 年代，苏丹曾经被联合国命名为"世界粮仓"，由此可以想象其土壤的肥沃和土地的广阔。苏丹拥有相对丰富的水利资源，青、白尼罗河从苏丹全境流过；苏丹还拥有比较丰富的地下水资源；苏丹的太阳能、光能资源也非常充足，一年 365 天有 360 天都是晴空万里、阳光充沛；此外，苏丹的劳动力资源也比较丰富。这些都为它的农业发展和农业开发提供了积极条件。

去年中苏两国农业合作委员会第三次会议在喀土穆召开，会议期间,中苏农业合作开发区正式揭牌成立。这将对中苏农业的合作发展发挥非常积极的作用。通过双方的共同努力,我们承建了苏丹的麦洛维大坝,这是一个尼罗河上非常雄伟的大坝,被称为苏丹的"三峡";我们还承包了上阿特巴拉水利枢纽项目,这些项目在苏丹的农业生产和水利建设方面都发挥了非常重要的积极作用。我想,正是由于我们双方有这种务实的合作,有这么多年的互信,所以才使双方的产能合作不断地深入发展。

"一带一路"倡议,开辟苏丹新天地

马晓霖:中国提出"一带一路"倡议后,苏丹政府、民间和舆论都有什么样的反应? 又有什么样的期待?

李连和:苏丹各界对习主席提出的"一带一路"倡议给予非常非常高的期待,表示非常欢迎这一倡议。苏丹也希望能借助参与"一带一路"建设来发展自己的经济和社会。在苏丹舆论界,包括苏丹的智库,已经有一些人在研究"一带一路"倡议了。比如说在去年,中国—阿拉伯联合会在苏丹举行了一个规模比较大的关于"一带一路"倡议的研讨会,这对加深苏丹对"一带一路"倡议的认识,对于我们与苏丹加强在这方面工作和建设的协调,都发挥了积极作用。

马晓霖:作为一个重要的非洲国家,而且是"一带一路"沿线的相关国家,苏丹有什么独特的地缘和地理区位优势? 将来在中国向非洲拓展"一带一路"建设,或者说在更大范围的"一带一路"倡议中,它能不能起到一个新的桥梁作用?

李连和:苏丹既是阿拉伯国家,又是非洲国家,从这一点来看,它就有它自身的优势。因为这个国家既拥有阿拉伯文明,也拥有非洲文明,当然,根本上还是苏丹文明,我想从这个角度来讲本身就是优势。第二,苏丹位于北非,应该说这个地理位置也决定了苏丹能发挥一定作用。苏丹朋友一再跟我讲,苏丹愿意在"一带一路"建设中能扮演积极角色。实际上,不管是在经济上,还是文化上、社会上,苏丹已发挥了阿拉伯国家同非洲国家的文化走廊作用。苏丹港是地区非常重要的港口,也是苏丹主要的出海口,这个出海口对于周边国家也发挥了重要的作用。未来也将对中苏两国在"一带一路"建设中发挥重要的作用。

(发表于 2017 年 9 月 12 日)

8. 在尼罗河畔修大坝

产品、品牌、生产标准之外,工程建设是中国企业在海外的重点。目前中国企业的工程承包总量位居世界前列,也带动了相关产品的贸易和生产标准。苏丹是中国工程承包最早进入的海外市场,其经历本身就是最好的范例。我们在苏丹采访了由中国长江三峡集团公司——中国水利电力对外公司联营体承建的上阿特巴拉水利枢纽项目,这是目前中国公司在苏丹承包的最大单项工程项目,也是中国公司在海外获得的第二大单项水利工程合同。在上阿特巴拉水利枢纽项目基地,我们专访了总经理刘勇刚。

苏丹"三峡",泽被全民

马晓霖:我了解到上阿特巴拉水利枢纽项目由鲁米拉和博达纳两座大坝组成,主要功能是灌溉、供水,还兼顾发电,大坝水库库容 30 亿立方米,灌溉面积 50 万公顷,未来将可以惠及苏丹三分之一的人口。您能不能给我们具体讲讲这个项目的规模、结构和特点?

刘勇刚:上阿特巴拉水利枢纽项目是中水电公司和三峡集团在苏丹牵头组织实施的第三个大型项目。2003 年,我们公司牵头组织建设了麦洛维大坝,合同金额是 6.5 亿美元,这是当年中国公司在海外承建的最大项目。后面我们又在苏丹建设了罗塞雷斯大坝加高项目。上阿特巴拉水利枢纽项目是我们组织实施的第三个大项目,位于苏丹的东部,这里号称是苏丹的粮仓,是非常重要的农业区。整个项目建成之后,可以为苏丹 700 万人口提供灌溉用水,300 万人口解决生活饮用水,为超过 100 万人口提供电力供应。

马晓霖:中国企业在苏丹开发水利项目,为当地经济发展发挥了哪些作用?

刘勇刚:麦洛维大坝项目 2003 年开工建设的时候,当时号称"苏丹三峡"工程。麦洛维装机总容量是 125 万千瓦,比当时整个苏丹全国总装机容量的 2 倍还要多。在这个项目做成之前,苏丹整个发电主要是靠柴油发电机。

有一件事我印象很深,我刚来苏丹的时候,首都喀土穆每到黄昏的时候各家各户都开始用发电机发电,满城轰鸣,而且到处冒黑烟。麦洛维投产之后,一下子改变了苏丹用柴油发电机的现状。更重要的是,麦洛维大坝建成之后,苏丹逐步形成了电网。

之后,我们又相继建设了罗萨雷斯大坝加高项目和上阿特巴拉水利枢纽项目,这三个大项目完成之后,苏丹整个电网现在形成了一个稳定的网络。苏丹是一个以农业为主的国家,建设这些水利项目对于苏丹社会经济建设的影响是非常大的,对经济发展也是非常有好处的。从 2009 年 6 月 30 日起,苏丹民用电和工业用电费用降低了 25%,农业用电降低 30%。麦洛维大坝也荣获了中国境外工程"鲁班奖"。

非洲水电,潜力巨大

马晓霖:你们在建设这几个大坝的过程中,都遇到过什么样的困难? 又是怎么解决的?

刘勇刚:我们这个项目在建设过程中需要大量设备,机械设备又需要大量耗油,而在建设高峰期,每天耗油量是 3 万升柴油。当时有一个月,整个项目加在一块儿每天高峰用油量接近 10 万升,这导致对方的支付能力一下受到很大影响。又因为南北苏丹分离,使得苏丹的油料供应一下子也变得很紧缺。在这种情况下,我们三峡集团还有中水电母公司,对我们整个的人力物力提供了非常大的支持,实实在在地投入了将近 1.7 亿美元的资金,应该来说,这在当时对整个项目的顺利推进发挥了很大作用。

马晓霖:当时,在安全方面有没有给你们保障?虽然施工地区离核心冲突区有一些距离,但是,毕竟在苏丹国内发生动荡战乱的情况下,这个问题好不好应对?

刘勇刚:我们开发的项目位于苏丹政府的传统控制区,相对来说还比较稳定;第二,这个项目都是非常重要的民生工程,所以上到总统,下到平头老百姓,各级人员都非常关注和关心。他们也对这个项目本身设置了专门的安全部队,进行外围保护。我们也聘请了一些当地专业保安公司,再加上内部的一些保安措施,总体来说还是很安全的。

马晓霖:电力合作是最难的技术合作,不同国家基础电力的标准不一样,在苏丹开发水利项目,都遇到过哪些问题? 又是怎么解决的?

刘勇刚:我们进来的时候,几乎是从一无所有起步的:没有任何设施,没有道路,也没有我们现在看到的所有这些东西。苏丹的基础设施比较薄弱,它以前都是依赖西方的一些标准,对他们自己来说,标准方面几乎是一张白纸。在这种情况下,反倒是对我们做技术输出、规范输出比较有利。在这个过程中,因为中国这些年在修建电站方面积累了很多经验,取得了很多成绩,业主对我们的信任度也越来越高。

马晓霖:那这个信用度具体是怎么建立起来的,是听你们口头说还是他们实地去考察?

刘勇刚:我们是用两种方式。第一个是碰到具体问题的时候,我们会把国内的专家请到现场,针对现场出现的问题,进行类似会诊的方法来解读问题;如果采用这种方法,他们还没有直观的感觉,很难理解或者是理解得不透彻,这个时候我们就把他们请到中国去实地考察。我们三峡集团、中水电公司在国内也有很多大型数据,甚至有一些具体的项目正在建设中。所以,把他们请到国内去看一看,这就非常直观了,这两种方式一结合,我觉得就有一个非常好的效果。

马晓霖:一般来讲,大型水利枢纽建设牵扯到生态移民,我不知道咱们项目系统动迁移民的相关工作规模如何?都是怎么处理的?

刘勇刚:咱们这个项目一共是有将近 20 万左右的移民。因为苏丹地广人稀,所以它的移民绝对数相对来讲比较少,但是 20 万对它这个人口只有 3000 万的国家来讲也是一个非常大的数字了。在移民方面他们也借鉴了中国的经验:我们选一块地方建一个移民村,然后让移民搬到新的移民村安居乐业,这对他们的生活也是一个非常大的改善。我们刚来的时候,即使是现在我们也能看到,很多当地的居民住在很简陋的茅草屋里。可现在在大坝的下游,有几个很大的移民村,里面有非常现代化的设施,配套建设也做得非常好。

马晓霖:在您看来,整个非洲大陆未来 5 年、10 年水利电力系统的市场有多大?

刘勇刚:据我了解这应该是很大的一个市场。在整个非洲市场上,苏丹、埃塞俄比亚、几内亚等几个国家都基本处于刚刚启动开发的阶段。我觉得非洲非常适合发展水电,它不像火电或者其他的能源结构,会消耗资源,会污染空气,水电作为可再生的、可重复利用的清洁能源,非常适合非洲这片大地。目前来讲,非洲很多地方的发展还很落后,而水电是一个非常好的能源发展方向。我们有成熟的技术,有成熟的经验,有配套很好的装备,应该说,在整个非洲大地水电开发这一块儿,咱们中国企业有非常大一个机会。

（发表于 2017 年 7 月 25 日）

9. 敞开胸怀的"北非花园"

一部《北非谍影》让中国人知道了摩洛哥和卡萨布兰卡。但是,摩洛哥并不是只有谍影,这里是北非花园,更是链接两大洋的关键之所。在喧嚣不断的阿拉伯世界里,摩洛哥是一片受到上天眷顾的和平静美之土。2017年春节前夕,我们来到摩洛哥并专访了中国驻摩洛哥大使孙树忠。

神秘国正在敞开胸怀

马晓霖:旅游是摩洛哥重要的支柱产业,而中国游客现在则是世界各国都非常欢迎的。在过去的一年,中国游客在所有来摩洛哥的游客中大概占到多大比例? 未来几年又会有什么样的增长? 双方在旅游合作方面还有哪些强烈渴望?

孙树忠:您刚刚也提到,在摩洛哥整个经济结构中,旅游业是非常重要的支柱产业。传统上,摩洛哥一直是欧洲人比较喜欢的旅游胜地,但是,由于这些年欧洲恐怖袭击频发,很多欧洲人外出的愿望降低,这严重影响了摩洛哥旅游业的发展。

自从2016年6月1日摩洛哥对中国公民实行免签以后,应该说给摩洛哥旅游业带来一股春风,中国到摩洛哥的游客急剧增长。摩洛哥也对中国游客采取了一些措施,目的就是要积极开拓中国旅游市场。因为摩洛哥过去并没有做好接待中国游客的准备,导游、酒店、交通等等方面,都不具备接待大量中国游客的能力,所以他们首先从提高接待水平入手,他们的旅游部正在考虑加强引进中国导游,规范导游的语言标准。

我们使馆也采取了一个办法,就是对当地导游进行汉语强化培训。去年10月份的统计数字表明,2015年到摩洛哥来的中国游客包括团组,总入境人数是1.2万人,而2016年从6月1日开始到10月底,也就是5个月的时间,中国游客来摩洛哥的人数已达3.2万人。

马晓霖:的确,很多中国游客来摩洛哥之前会觉得这里很遥远,来了之后则感觉很新鲜,这并不奇怪。摩洛哥是离欧洲最近的非洲国家,西边是大西洋,北边是地中海,地理位置非常优越,但并不为大多数中国人所熟悉。在您看来,国内企业要参与"一带一路"建设,来这里投资设厂的话,摩洛哥有哪些潜在的优势是国内人不太了解的?

孙树忠:"一带一路"倡议主要是要考虑国际产能合作,而摩洛哥则占据着非常重要的战略地理位置:离欧洲最近的直线距离是40公里,主要通道是海上运输,航行时间不过1个小时;这里又是东西方向世界海上主要通道,从大西洋到太平洋,通过红海可以把东西方联结起来。更重要的是,从投资这个角度上来说,摩洛哥有它很大的优势,它已经有了比较成熟的国际合作体系,建成了丹吉尔、肯尼特拉和卡萨布兰卡三个保税区。这些保税区采用国际标准进行管理,仅这一条就吸引了很多国际企业入住保税区。

摩洛哥已经和56个国家签署了自由贸易协定,如果在摩洛哥设厂,把生产基地放在摩洛哥,产品的附加值占产品总价值的40%以上,就可被认定为摩洛哥本土产品,享受摩洛哥和其他国家签署的自由贸易协定规定的各种优惠。同时,有些贸易的配额制度在这里也不受限。从战略投资的角度来说,摩洛哥有它的优势。

马晓霖:这么看来,摩洛哥的区位优势确实很突出,而且它还有一个最大优点,就是政治很稳定,这实际上是非常吸引投资的一个方面。从我们走过的"一带一路"共建国家来看,大部分国家的营商环境都不是特别令人满意。摩洛哥在这方面做得怎么样?

孙树忠:摩洛哥对外资的入驻是有优惠政策的。你要在这里设立生产厂家,既有土地优惠政策,也有一些补贴。从这个角度来说,摩洛哥的投资环境是比较好的,同时也没有明确的像其他国家那样严格的外汇管制。摩洛哥还在卡萨布兰卡设了一个国际金融城,可以做离岸业务。如果在这个金融城设立公司,财务可以包含非洲以外地区,也可以包含非洲地区,这是外汇管制上给我们投资者带来的利好条件。

从劳动成本来说,目前摩洛哥的劳动成本应该说在整个世界范围是比较低的,按照人民币测算的话,这里的最低工资水平是在1800元人民币,蓝领的平均工资也就在2000~2400元人民币的水平。从人工成本来说,摩洛哥还是有吸引力的。

在摩洛哥刻下中国印记

马晓霖:我了解到,中国铁总已经参与了摩洛哥首条高铁建设,这应该是非洲的第一条高铁吧? 请您介绍一下这个项目的情况,这个项目在整个非洲大陆推进"一带一路"建设中有什么意义?

孙树忠:2016年6月,中摩签署了一些大的合作框架,包括一些基础设施建设方面的合作,比如高铁、新能源、北水南调,还包括港口、公路等一些大的合作项目。摩洛哥和法国合作建设的高速铁路项目是从丹吉尔到卡萨布兰卡,正在建设过程中。这条铁路线我们中国的公司也参与了,主要是修建路轨路基。下一阶段中摩双方可能要规划建设从卡萨布兰卡到马拉喀什、到阿加迪尔这么一条高铁线路。

从目前情况来看,高铁是中国工业和制造业的名片,这里面包含了中国创造、中国创新和中国的技术水平。我觉得中国和摩洛哥能够拓展在高铁方面的合作,也有助于带动整个非洲在区域互联互通大方向下进行有益的合作,也是我们中国在非洲尝试修建高铁的一个很好的典范。

马晓霖:除了高铁项目,在摩洛哥还有哪些中方参与或者主要参与的大型项目? 中国企业在摩洛哥的基本结构和布局又是怎样的?

孙树忠:过去中国在摩洛哥的合作项目是项目承包,主要是一些基础设施项目的建设,包括港口、高速公路、隧道等等,赢得了摩洛哥人民的广泛赞誉。目前中国已经和摩洛哥在某些重要领域开展合作,比如新能源方面,中国有家公司参与了摩洛哥一个太阳能合作项目。这个项目应该说是全球最大的太阳能发电项目,总投资额20亿美元,由中国和西班牙、摩洛哥三方合作。我们主要是做这个项目的后端热发电,占总投资额的60%。这个合作非常重要,不仅仅是因为占资金总额的比例问题,更重要的这是一个新技术的合作项目。

马晓霖：从投资领域看,摩洛哥鼓励哪些领域、哪类产业来进行投资,不太欢迎哪类产业哪类资本进入?

孙树忠：实际上,中摩双方对产能合作大致明确了几个方向,准备新建的工业园区大致明确了可以进入的产业:首先是汽车工业,这几年摩洛哥的汽车工业有了飞速发展,所以它也很欢迎中国的汽车配件厂、中国的品牌汽车进入摩洛哥;第二是航空工业,现在摩洛哥已经初步形成了航空制造业基地,它也欢迎中国航空制造业入住;第三就是纺织业,摩洛哥曾经是欧洲很重要的纺织基地,但是随着全球化的到来,纺织业转移到东南亚,摩洛哥一直想振兴纺织业,也很希望中国的纺织业能够在这里投资设厂。

（发表于 2017 年 9 月 27 日）

10. 风情万种摩洛哥

摩洛哥去年"十一"前夕对中国实行了免签,作为古代著名旅行家伊本·白图泰的故乡,摩洛哥是旅行家的乐园。可是,这个风景如画的非洲国家曾是全球最难办理签证的国家之一,一直以来也不在大多数中国人的旅行清单上。那么全面开放对中国公民的旅游签证是否会提高中国游客到摩洛哥旅游的愿望? 推动旅游业发展,摩洛哥还会做哪些努力? 我们来到迷人的摩洛哥王国,专访了摩洛哥国家旅游局局长阿卜杜拉费耶·祖亭（Abderrafia Zouitene）。

风情万种,融合包容

马晓霖：作为全世界最为著名的旅游国家,又是地中海沿岸的一个文明交汇点,能否请您从自然风光和人文地理方面介绍一下美丽的摩洛哥?

阿卜杜拉费耶·祖亭：摩洛哥是一个古老国家,在这里非洲文化、殖民文化、古罗马文化以及阿拉伯伊斯兰文化相互交融影响,形成独具特色的摩洛哥文化。摩洛哥国土面积45.9万平方公里，北部是地中海，西部濒临大西洋，有1700公里的海岸线。摩洛哥社会安定，政局稳定，在与外国人的交往中，摩洛哥人非常宽容友好。事实上，在摩洛哥多种宗教包容并存，人们之间相互理解，不同文化在我们的生活中既相互影响又融合包容。

摩洛哥作为左指大西洋、右指地中海的旅游大国，已提前对中国游客实行免签，并吸引相当多的中国企业入驻。

马晓霖：贵国有很多闻名于世的旅游城市，比如拉巴特、卡萨布兰卡、马拉喀什等，这些地方都有什么特色？

阿卜杜拉费耶·祖亭：在摩洛哥，马拉喀什、梅克内斯、菲斯，还有首都拉巴特被称为四大皇城。其他著名的旅游景点中，比如南部有非常著名的拉西迪亚城，在撒哈拉沙漠附近有被称为"撒哈拉之门"的梅尔祖儿山区，还有著名的瓦尔扎扎特城，城内遍布文物古迹和古老的街道。在大西洋附近还有很多著名的泉眼，有的泉水就在城市里面。在南部还有很多小城市不被人们熟知但很有特色，比如伊夫兰、伊尔福德、海尼夫拉等。我们希望通过你们的节目使更多的中国人了解摩洛哥，了解这些城市的美丽，鼓励和促进更多的中国游客来到这里，摩洛哥人都会热情接待。撒哈拉人的豪爽与好客是众所周知的。

马晓霖：您能否给我们介绍一下摩洛哥有什么独特的产品？刚才您所提到的那些城市又有怎样的区别和各自独具的特色呢？

阿卜杜拉费耶·祖亭：摩洛哥特色的女装享誉世界，您会发现这里市场的服装绝大多数是女装。摩洛哥有很多传统的手工艺制作闻名于世，比如马赛克工艺品，传统的鞣革工艺、铁艺、木雕、木刻等等，在我们的街道和房屋上你随处可以看到这些美丽的工艺品，摩洛哥文化的精髓就在这其中，这对我们的文化来说是非常重要的。

说到城市，我很愿意为中国朋友介绍一下，丹吉尔是临近大西洋的一个历史悠久的城市，北部濒临地中海，现在已经有高速公路与其他城市相通。首都拉巴特在摩洛哥被称为"绿色城市"，这里就像是一座花园，树木成荫，有水平很高的高尔夫球场。摩洛哥有40多个高尔夫球场，风格各异，全球闻名，我们非常欢迎中国朋友来摩洛哥体验高尔夫之旅。被称为皇城之一的马拉喀什，有着传统的皇家宫殿以及地方特色产品店铺。这些城市都非常值得旅游。

马晓霖：旅游是一件美好的事情，人们很愿意到陌生、新鲜的地方去享受大自然的美景，品味人文景观，但是人们在旅行中最为关注的还是当地的安全状况，很多中国人对于中东的安全状况很担忧。

阿卜杜拉费耶·祖亭：摩洛哥的稳定与安宁是广为人知的，摩洛哥在维护和平与安定方面有丰富的经验和有效的措施。穆罕默德六世陛下制定了相关政策并设置了专门的安保部门来维护国内安全。可以说，摩洛哥目前是非洲唯一的绿色安全国家。另外，摩洛哥也以文化包容性强而闻名于世，这种种因素集中起来，使得摩洛哥社会始终保持着和平与安定。

马晓霖：据我所知，去年来摩洛哥旅游的中国游客数量达到3万多人，而去年中国公民前往世界各地旅游的人数达上亿人次。

那么,对于未来到摩洛哥旅游的中国游客数量你们有着怎样的期许? 或者说,你们国家能否接纳大量的中国游客?

阿卜杜拉费耶·祖亭:自取消中国游客的签证开始,我们入境处由每月办理签证 1000 人次,逐步增长为现在的每月办理 3000 至 7000 人次,我们计划 2017 年要实现吸引 10 万中国游客的目标。尽管我们两国之间目前还没有直航班机,到摩洛哥的中国旅行者还需要到其他国家转机,但是,我希望通过你们的宣传,通过中国航空公司的努力以及中国大使馆的帮助,今后能实现中国游客人数达百万的目标。当然要想实现这个目标,摩洛哥和中国之间必须首先实现直航。目前我们在中国已经开设了旅游办事处,一些与旅游和文化相关的摩洛哥旅行社和公司也在中国落脚,而且数量正在增多。

"一带一路",一心合作

马晓霖:为了推进"一带一路"建设的发展,中国政府鼓励企业和民间资本"走出去"到境外投资,其中当然也包括摩洛哥王国。为了加速和拓宽贵国的旅游业发展,是否考虑与中国企业在旅游业投资方面进行合作呢?

阿卜杜拉费耶·祖亭:去年穆罕默德六世对中国进行正式访问时,双方签订了战略伙伴关系协定,可谓成果显著,这将会促进中摩两国公司在投资领域的合作。目前摩洛哥已经在北部城市丹吉尔附近为中国开设了工业园区,面积约为 1000 多公顷,这是国王陛下访华期间签订的多项经济和投资协定中的一大亮点。当然合作协定也包括旅游业的投资,我们对中国投资旅游市场的大门是敞开的,经济政策也清楚明了,外来投资落地的所有条件均已具备。

摩洛哥安宁稳定,民众友善,海外资本的数量逐年上升,对于中国向摩洛哥旅游业投资我们已做好充分准备。不仅如此,由于我们特殊的地理位置,中国在摩洛哥的投资,不止局限于在摩洛哥的发展,还可以通过摩洛哥与欧洲的互惠框架,转向欧洲、美洲和非洲各地。

马晓霖:听说贵国在 2010 年制订了一个发展旅游业的愿景计划,希望成为能与土耳其、希腊、西班牙等竞争的旅游热点国家,请问是如何推进这个计划的? 目前取得了怎样的成就?

阿卜杜拉费耶·祖亭:穆罕默德六世陛下制定的这一发展旅游的政策,已经取得了全面进展。摩洛哥建有很多机场、高速公路,正在修建中的非洲阿拉伯国家第一条高速铁路,预计于 2018 年完工,这条高铁从南到北贯通摩洛哥。摩洛哥的通信业也很发达。所有来旅游的人,都能感受到周边环境的安全与稳定。如果愿意在古老的城市和文化旅游景点购物,也非常方便而有特色。我们知道中国游客喜欢购物,这一切在摩洛哥应有尽有。国王陛下制订的 2010 年旅游愿景计划,目前已经达到了 1000 万游客的目标,到 2020 年要争取达到 2000 万。

（发表于 2018 年 12 月 17 日）

11. 古老而又年轻的突尼斯

突尼斯街头的一把火引发大规模且时间持久的"阿拉伯之春",让中国人知道了突尼斯——这个国家有 3000 年文明的历史,有迦太基的历史辉煌,是阿拉伯海洋精神的汇集地,也曾经是发展指标最靠前的阿拉伯国家。突尼斯有着多重面貌,却有两个核心维度,即古老而年轻。因经济危机而引发国家转型的突尼斯如何看待"一带一路"倡议? 我们在突尼斯首都专访了中国驻突尼斯大使边燕花。

多元文化,造就不一样的突尼斯

马晓霖:中国人近几年经常从媒体上听到或看到突尼斯,但是,实际上很多人对突尼斯并不了解。您能否简单地给我们介绍一下这个对中国人来说非常遥远的国度?

边燕花:突尼斯国土面积不大,人口 1100 万。突尼斯是一个有着多重属性的国家:地处非洲最北端,是一个非洲国家,同时又是一个几乎全民信仰伊斯兰教的国家,还属于阿拉伯世界。突尼斯多年以来非常重视人民的受教育程度,因此整体国民素质比较高。突尼斯也是一个比较包容和开放的国家,老百姓非常友好。突尼斯的官方语言是阿拉伯语,但全国都通用法语。由此,您可以看出突尼斯的多样性。

马晓霖:在我的印象里,突尼斯是文明古国,也是伊斯兰国家中非常世俗化、开放程度非常高的国家,您如何评价?

边燕花:突尼斯有 3000 多年的历史,突尼斯文化是多种文明和文化交汇融合的结果。这里有很多历史文化遗迹,比如迦太基文明、古罗马遗址,还有伊斯兰凯鲁万大清真寺,这些都是世界上非常闻名的。由于突尼斯离欧洲比较近,受欧洲的影响比较深,表现在生活习惯上,则是突尼斯既保留了阿拉伯人的传统风俗,同时也吸收了很多外来文化和生活习惯。行走在突尼斯,你不会感觉到是在一个阿拉伯国家或者是伊斯兰国家。另外,突尼斯是第一个在法律层面禁止一夫多妻制的阿拉伯国家,突尼斯妇女在争取自由和独立这方面在阿拉伯国家里也是名列前茅。

马晓霖:这几年国内民众更多地关注和了解突尼斯,和五六年前的那场社会动荡有很大关系。客观地讲,在发生变动的国家中,突尼斯还算是转型比较快的,而且目前的局势要好得多。在您看来,现在突尼斯的整个社会、经济发展情况究竟如何?

边燕花:2011 年突尼斯发生了重大的政治变革,成为大家熟悉的"阿拉伯之春"首发国家。现在已经过去将近 6 年,经过这几年的政治变革,目前突尼斯总体的形势是非常稳定的。特别是 2015 年初突尼斯重新制定了宪法,新组建的政府正在带领人民积极开展经济建设,总体来说突尼斯是非常安定的。

当然,这几年政治上的动荡对突尼斯的经济发展和社会安定还是带来了一定的影响,突尼斯政府也非常清楚这个情况,正在采取各种措施积极扭转形势。比如就业问题,这是突尼斯当前面临的一个非常重大的困难和挑战:突尼斯年轻人的失业率比较高,特别是受过高等教育的年轻人失业率比较高。本届政府虽然只成立不到半年,但高度重视这个问题,制定了许多措施来解决年轻人的失业问题。最近突尼斯议会通过了新的投资法,除了要大力吸引外来投资改善突尼斯的经济投资环境和社会发展环境外,改善就业情况、增加就业人数和提高劳动力素质,也是它投资法里的一项重要内容。

马晓霖:突尼斯成为"阿拉伯之春"的首发地,很大程度上也是因为经济出了问题。在您看来,突尼斯未来经济发展的方向是什么?

边燕花:现在的突尼斯政府是非常年轻的政府,新政府现在把更主要的发展精力,集中在着重解决突尼斯年轻人的就业问题和开创更多的就业领域方面。另外就是希望引进更多的高技术、高产值的经济模式,把突尼斯建设成一个绿色产业国家。前段时间突尼斯总理在参加瑞士达沃斯世界经济论坛的时候,特意要求会见了华为公司领导,他对华为的发展模式非常赞许,希望华为不仅能在突尼斯有更大的发展,为突尼斯年轻人提供更多的就业机会,更希望把华为的管理模式、发展模式介绍到突尼斯。

未来合作,还须开拓出新的领域

马晓霖:中突两国关系历史久远,一直发展得非常稳定。您能不能给我们介绍一下,目前两国关系的现状和未来发展会是怎样的?

边燕花:中国和突尼斯自 1964 年建交,至今已经 53 年了。建交以来,中方一直支持突尼斯的经济社会发展,在我们力所能及的范围之内,为突尼斯的经济发展提供了大量的支持和帮助。2011年和 2014 年利比亚发生战乱以后,我们两次从利比亚撤出中国公民,都得到了突尼斯政府有关部门的大力支持和提供的各种便利。

应该说为双方进一步发展关系，奠定了坚实的基础。

马晓霖：目前中国和突尼斯之间在经贸合作方面的成果有哪些？我们未来应该重点加强的领域又在哪里？

边燕花：多年来，中国根据突尼斯发展的需要，也根据自己的能力，为突尼斯在水利设施建设、清洁能源、青体文化和医疗卫生领域提供了不少的帮助。特别值得一提的是，从1973年到现在中国向突尼斯共派出22批医疗队900多名医疗队员，40多年来，为突尼斯人民提供了各种医疗服务，受到了热烈欢迎，也弥补了突尼斯特别是其内陆地区医疗资源比较匮乏的局面，对此突尼斯政府给予了高度的评价。

现在中国的经济发展取得了巨大的成就，在技术装备、通信、能源、基础设施等领域，取得了重要的发展和进步，跨入世界先进水平。作为发展中国家，特别是处于转型中的国家，突尼斯的经济、社会都需要大发展，而中国的这些优势对突尼斯无疑是有极大帮助的。目前为了加快投资便利化，中突两国政府已经签署双边鼓励和保护投资协议及避免双重征税协议。

马晓霖：2016年11月，突尼斯政府推出中国游客5人起免签的政策，2017年2月又升级为对中国游客免签，突尼斯政府同时还在积极推进直通航班的开通。除了吸引游客，这是否也意味着突尼斯的旅游产业也存在投资机会呢？

边燕花：突尼斯的基础设施其实还是非常不错的，公路四通八达，通往著名重要旅游城市和旅游景点都不存在问题。但如果想要接待大批中国游客，还需要在旅游基础设施方面做出更多调整和加强。由于这些年突尼斯政治变革，再加上全球不稳定因素带来的不利因素，导致突尼斯旅游收入这两年下滑很大。我想为了把这些行业迅速带动起来，突尼斯政府还是非常希望中国企业能够来这里投资。但如何才能比较快地达到这个目的？这关系到突尼斯给中国企业怎样提供更好的投资环境、商业环境，吸引更多的中国企业到突尼斯来投资，共同开发新的合作领域。我想这是今后双方需要继续探讨的一个问题。

（发表于 2017 年 9 月 19 日）

12. 神秘的"沙漠玫瑰"

　　不同于"一带一路"上拥有丰富资源的其他国家,突尼斯拥有的是美丽的风景和厚重的历史,作为依靠旅游业的北非国家,突尼斯的旅游休闲产业也向中国敞开了怀抱。作为旅游业的管理者,突尼斯旅游部部长萨尔玛·雷克(Selma Rekik)女士在突尼斯城接受了我们的专访。

突尼斯文化部部长接受笔者专访时强调,突尼斯已做好迎接中国游客的一切准备。

集多种文明,突尼斯文化深厚

　　马晓霖:突尼斯集多种不同文明于一身,比如腓尼基文明、希腊文明、拜占庭文明和阿拉伯伊斯兰文明等等,有很多文物和非物质文化遗产,您能否给我们中国的游客介绍一下突尼斯有哪些最著名的文物古迹?

雷克:突尼斯是一个古老的国家,其历史可以追溯到3000多年前,先后有腓尼基人、罗马人、拜占庭人和其他统治者来到这里。整个突尼斯共和国境内,从南到北共有4万多处历史文物古迹,有完整的腓尼基、罗马和拜占庭遗址,还有其他一些文物古迹,这些都被联合国教科文组织列入《世界遗产名录》;突尼斯是伊斯兰国家,城里有著名的清真寺和很多文物古迹,突尼斯古城的旧城区,作为最古老的伊斯兰文化古城也被联合国教科文组织列为世界遗产。此外,还有著名的以秉承中正温和的伊斯兰思想而著称的奥克巴清真寺。事实上,突尼斯存有阿拉伯伊斯兰各个时代的文物古迹,因为这里虽然有着多种文明的痕迹,但伊斯兰文明在突尼斯历史上的影响最为普遍,因此有价值的文物非常多。

马晓霖:突尼斯被称为"欧洲后花园",是非洲地区最便利的旅游目的地之一,每年吸引着大量游客来到这里。那么,突尼斯做好吸引中国游客的准备了吗?

雷克:突尼斯气候温和,沿着地中海有1200多公里的海岸线,风光秀丽。突尼斯有着康复疗养旅游项目,法国人很喜欢来这里做日光浴和水疗。突尼斯的沙漠旅游项目也独具特色,比如冲沙、赛马、骑骆驼、钓鱼等,可以帮助游客减压放松。我知道2016年中国的出境游客为1亿多人次,而全世界出境游人数才12亿,由此可见中国游客的数量庞大。

我们也了解到中国游客会有一些特殊的要求,比如要求有中文导游、中文资料,要吃中国菜以及喜欢喝热水,而我们是习惯喝凉水的,我们会尽力满足这些需求,努力使中国游客在突尼斯感到愉快和舒适。

马晓霖:旅游业是突尼斯的一大支柱产业,我们知道政府也对此给予了极大的重视,您能给我们介绍一下突尼斯旅游产业的情况吗?

雷克:发展旅游业是突尼斯共和国首届总统哈比卜·布尔吉巴做出的一项战略决定。从20世纪70年代底开始,突尼斯就开始重视旅游业的投资,并且成效显著。现在全世界旅游业都处在全面发展时期,全球 10% 的收入来自旅游业,旅游人数每年增长4.5%。2016 年世界旅游人数达 12 亿多,预计到 2030 年将会以倍数增长。每 10 个人从事旅游行业,就会间接地为相关产业创造 40个就业机会,游客在给当地居民带来收入的同时,还可以带动地方手工业、饮食业及贸易等方面的发展。可见旅游业仍然有着很大的发展空间。

马晓霖:对于旅游者来说,酒店、交通以及服务是影响旅游体验的重要因素,贵国在这三方面都有哪些特色?

雷克:民间旅行社和企业是推动突尼斯旅游业发展的巨大动力,在旅游业发展中担当重要角色。政府对在旅游业结构重组中涉及的饭店企业、餐饮企业和旅行社,给予了更多的投资机会。我们鼓励星级饭店的发展,五星级或更高级别的酒店,对此我们有自己的一套服务级别评定管理规范,分成标准、中级和高级等不同的级别,以方便游客选择。

2015 年到 2016 年,因为突尼斯以及整个地区的安全问题,突尼斯旅游业面临着巨大的困难,但即使是在这种情况下,一些世界著名的饭店企业仍然进驻或继续投资突尼斯市场,比如:四季酒店集团,是世界最大的饭店集团之一,他们持续投资突尼斯市场,并解决了很多就业岗位;还有喜来登集团、莫凡彼、丽笙、索菲特、丽兹·卡尔顿等等,都是五星级及以上的国际饭店。还有一家卡塔尔公司在首都突尼斯城投资建设了一个会展中心项目,其中包括几个可容纳 2000 至 5000 人的会议大厅,以及一些高级休闲娱乐设施。

旅游业的首要因素是安全,我们在机场、酒店、餐厅和旅游景点都做了大量的安保工作,并在机场到酒店等的交通服务方面也做了安保工作,此外在社会的安宁与稳定方面,我们也做了大量的工作。旅游多样化也是旅游业发展的战略重点,除了观光旅游、海滩旅游和文化旅游外,还有沙漠旅游、宗教文化旅游、休闲保健旅游和康复旅游等,现在有很多游客专门来突尼斯的医院和康复中心进行治疗。

寻合作机遇,中国人须找准定位

马晓霖:有一些中国公司希望能在突尼斯投资旅游业。请问贵国是否欢迎投资旅游业或传统工艺? 如果答案是肯定的,具体在哪个方面或哪类行业上希望得到中国公司的投资?

雷克:我们欢迎中国游客,也欢迎中国投资者,无论他们是投资旅游业还是其他行业。实际上突尼斯旅游行业的投资空间很大,比如可以投资沿地中海海岸港口城市的休闲娱乐项目,每年夏季和冬季都会有很多游轮停靠在港口城市,并且逗留数日,所以我们需要在港口城市投资饭店、餐厅、旅游商品市场等各种与旅游相关的配套设施。

突尼斯还有其他领域的投资项目,比如科技、环境保护和新能源开发等,这些领域都有着广阔的空间,欢迎中国公司前来投资。总体来说,由于突尼斯临近欧洲,对整个非洲开放的重要性日益加大,所以在突尼斯投资是个战略性的选择。

马晓霖:那么未来中国和突尼斯应当如何加强彼此之间在旅游方面的合作? 贵国会为此做出怎样的努力?

雷克:我们也很奇怪,为什么中国人到其他国家旅游,却很少来突尼斯? 所以我们要努力向中国宣传突尼斯,宣传突尼斯的景点,更重要的是要加强和中国的直接联系。在 2014 年,我们和中国的航空运输部门进行了两个月的洽谈,双方签署了机场等相关的合作协议。10 多年来我们一直都在推进中国旅游市场的开发,期望有更多的中国游客来突尼斯。基于两国及两国人民之间政治和经济合作的意愿,我相信中国和突尼斯人民之间的往来会不断增加。

（发表于 2018 年 12 月 25 日）

三、中亚板块

1. 塔吉克，一段铁路的意义

2016 年 8 月 24 日，由中国铁建所属十九局集团承建的塔吉克斯坦共和国"瓦赫达特—亚湾"铁路正式通车。瓦亚铁路不但使塔吉克斯坦国内铁路的中段与南段首次实现互联互通，还将成为联结中国—塔吉克斯坦—阿富汗—伊朗国际铁路交通的枢纽，进一步促进"一带一路"建设，加快我国与中亚地区的互联互通。2015 年 10 月 4 日，在瓦亚铁路建设阶段，我们赴塔吉克斯坦在建项目施工现场，专访了中铁十九局集团国际公司、塔吉克斯坦铁路项目部总工程师程绍山。

铁路虽短，意义重大

马晓霖：瓦亚铁路在塔吉克铁路的总里程里其实是很短的一段，但塔方非常重视这段铁路的建设，为什么？

程绍山：塔吉克斯坦原有的铁路是互不相连的，分为南中北三段，三段都是断开的。所以塔吉克斯坦现在的铁路运营网必须要借道：向南要借道土库曼斯坦，向西要借道乌兹别克。这样通车时间就被拉长了，而且还要进行报关。我们修建的瓦亚铁路，虽然是很短的一段，也就是从杜尚别到库尔干秋别这么一段路，但是，这段铁路把整个塔吉克斯坦的铁路连接起来了，从中部到南部紧密地相连，这样就解决了塔吉克斯坦国内铁路转运的问题。南北铁路交通完全连接，全境都是走塔吉克斯坦国内，就不需要走国外的铁路了。这就大大缩短了塔吉克斯坦铁路的运距，大大提高了铁路的运能。

马晓霖：从实际货运来讲，这样省了很多时间，能节省多少呢？

程绍山：大约能节省 3 天时间。因为此前塔吉克铁路借道别的国家，首先要报关，这个程序就很花时间。比如向南经过土库曼斯坦，最少就需要 2～3 天才能运到。但是瓦亚铁路修通后，直接在本国境内完成运输，也就几个小时的事情。

运输时间缩短，对一些农产品而言有着非常重要的意义。应时的农产品，特别是蔬菜水果，如果借道其他国家再运回来，多了这么几天，就不新鲜了。所以这段铁路修成之后，塔吉克斯坦的铁路至少南段和中段相连了，不需要借助其他国家了，自己就可以实现国内互通了，对其农业也好，经济也好，都是一个拉动。

马晓霖：我们做这些工程项目时，安全有没有可靠的保障？项目真的能给当地带来看得见摸得着的实惠吗？

程绍山：塔吉克斯坦这个国家总体的治安是比较好的，塔吉克斯坦人民对中国人民也比较友好。治安首先是有保障的，有段时间塔吉克斯坦发生了一点小骚乱，国家的内务部立刻派保安部队驻守我们营区，负责我们的安全保卫工作。中国人走在街道上，塔国人都会主动用中国话跟我们打招呼，一般人还会用中文说你好。

中塔两国的友好关系是保证我们安全的基础。实际上中国对塔吉克斯坦的帮助是全面的，不仅是基建方面，也包括农业、火电、公路、矿业等等方面。对塔吉克斯坦人民而言，中塔经济合作的加深，好处是方方面面的，一是提高了收入，二是增加了就业机会，三是为国家的长远发展打下了坚实的基础。这是大多数塔吉克斯坦人民认可的实惠。

马晓霖：塔吉克斯坦平均的铁路运营速度大概是多少？李克强总理会见拉赫蒙总统的时候，曾特意强调，希望在这段铁路采用中国标准。那么中国标准与当地的标准区别在哪里？

程绍山：据我了解，现在塔吉克斯坦铁路的运行速度是每小时 20 至 40 公里。这个国家的基础设施整体都处于刚起步阶段，因此，这个速度不奇怪。咱们修的隧道和桥梁，这些都是中国标准，中国标准运用很多。简单地讲,瓦亚铁路我们采用的就是中国高铁的标准,时速能达到 200 公里以上,能运行 100 年。所以我们为他们将来的提速以及线路的改造预留了极大的空间。

换言之,就是按照中国经验来规划其铁路发展。中国铁路从低速铁路提高到高速铁路也经历了几次大提速,到目前为止我们国内采用的标准基本都是时速 200 公里以上。如果照这个发展轨迹推算的话,我们修的瓦亚铁路未来十几年都不会落后。

"一带一路"倡议的标本项目

马晓霖:瓦亚铁路的修建对中国铁路企业"走出去"具有什么样的示范意义?

程绍山:瓦亚铁路项目是中国铁建在塔吉克斯坦的第一个铁路项目,也是中国的施工企业进入中亚市场的第一个铁路项目,示范意义还是十分巨大的。首先,通过这个项目展示了中国施工企业的形象和实力,也包括我们全新的设计理念,这种理念包括环保等新的工程理念,相当于把一个名片带到了中亚地区,让世界人民能够看到中国施工的水平与能力。

瓦亚铁路既对塔吉克斯坦与中亚地区的互联互通有重大意义,也对塔吉克斯坦周边国家经济、运输具有十分重要的意义。中国的发展思路也好,建设理念也好,都通过这个项目实实在在地展现在塔吉克斯坦人民面前,展现在中亚人民面前,让他们确实能够感受到这个项目给当地人民带来的好处。

从"一带一路"倡议而言,我们只是说中国的这个倡议有多好没有用,因为当地人没有见到过。但是,有了具体工程项目就完全不同了。我们接触过的中亚人都说,通过这些项目,他们实实在在地感受到了"一带一路"倡议,感受到了中国发展的理念,感受到了中国的技术水平,也感受到这些项目带来的好处。

马晓霖:未来会有越来越多的中国公司来中亚投资、竞标、做项目,通过做这个工程,您对来塔吉克斯坦投资的中国企业有什么样的建议?

程绍山:首先,我建议中国企业来塔吉克斯坦或其他中亚国家投资之前,必须要了解当地的法律法规。因为合同条款在具体国家的法律法规环境下,执行上可能会有出入。比如我们这些项目当时进来的时候是免税项目,但是塔吉克斯坦的法律法规规定,个人所得税是必须上交的,这是他们国家的硬性规定。

其次,进入一个市场之后,一定要熟悉该项目所要执行的规范以及标准。像塔吉克斯坦执行的全是俄罗斯标准,咱们中国施工企业大部分熟悉的是中国标准。虽然中国标准有些地方比较高,要求也比较严,但是与俄罗斯的标准比,有些地方还是有出入,有不一样的地方。

再次,我感觉进入一个国家,要尊重当地国家的风俗及习惯,特别是伊斯兰国家在食品上有很多禁忌。作为一个中国人,既代表中国人也代表国家形象,一定要尊重当地风俗习惯。这个我认为很重要。

(发表于 2016 年 11 月 5 日)

2. 吉尔吉斯斯坦:好邻居,深合作

11 月 2 日,中国国务院总理李克强访问了吉尔吉斯斯坦,这是最近几年来两国高层最重要的互访,也是吉尔吉斯斯坦重组新政府后的首次重要外事活动。这样一个和中国有着两千年交往史的国家未来会走向何处?今年 10 月,我们在首都比什凯克专访了中国驻吉尔吉斯大使齐大愚。

看似很远,其实很近

马晓霖:吉尔吉斯斯坦应该说是我们很重要的一个邻国,但一般的中国人不是很了解这个国家,甚至都没有听说过,您觉得问题出在哪儿呢?

中国驻吉尔吉斯斯坦大使齐大愚接受笔者专访,畅谈中吉两国如何继承和发扬丝绸之路精神,打造"一带一路"。

齐大愚:吉尔吉斯斯坦和中国其实是近邻。中亚国家中,哈萨克斯坦、吉尔吉斯斯坦、塔吉克斯坦,这三个国家和我们有共同边界线。从历史上、文化上来讲,吉尔吉斯斯坦确实和我们有不解之缘。双方文化的交往起码要追溯到两千多年前,也就是中国的汉代,而唐代是双方交往最活跃的时期,在一些著名诗人的作品里就能看到例证。据传说,李白有可能就是出生在吉尔吉斯斯坦的碎叶城,当然这个还需要历史学家去认真考证。当年玄奘西行的时候,写了《大唐西域记》,对当年双边的交往有很好的描述。

另外,吉尔吉斯斯坦在挖掘自己的历史时,最后是从中国历史学家的研究材料中,找到吉尔吉斯斯坦已有 2000 年历史的证明。现在我们感觉距离远了,是因为后来中国的政治经济中心东移南下,而实际在历史上两国的关系非常近。

马晓霖:吉尔吉斯斯坦目前经济发展状况如何? 吉尔吉斯斯坦能给中国的发展提供怎样一个机遇呢?

齐大愚:从经济总量来讲,吉尔吉斯斯坦在整个中亚处于中游。作为苏联的一个加盟共和国,吉尔吉斯斯坦以前在经济上以农业、畜牧业为主,计划经济色彩非常浓。独立之后,它处于经济转型的摸索阶段。吉尔吉斯斯坦缺乏哈萨克斯坦和土库曼斯坦那样的丰富油气资源。吉尔吉斯斯坦现在人均 GDP 不是很高,也就 2000 美元左右。正因为这样,吉尔吉斯斯坦上上下下渴求发展的愿望非常迫切,我也觉得这个国家有很大的潜力。

　　吉尔吉斯斯坦的优势是，首先作为农业、畜牧业大国，它有广阔的土地，自然条件非常好，雨量又比较充沛，水利资源、灌溉条件非常好，从这个角度讲，它可以发挥它以前农业方面的优势。实际上，现在农业占吉尔吉斯斯坦整个 GDP 总量 50% 以上。

　　另外，吉尔吉斯斯坦也要充实自己的工业基础。吉尔吉斯斯坦的重金属矿藏非常丰富，有一些矿产可以采取联合开发、联合建厂的方式，把工业的薄弱部分给充实起来，这样就能达到两翼齐飞的效果，就完全可以把吉尔吉斯斯坦的经济撑起来，使之能够走上发展增长的轨道。

　　目前，从经济体量、总体经济发展来讲，从融入世界经济先进度和能力来讲，无疑中国是有优势的，我们现在和吉尔吉斯斯坦的合作体现在哪儿呢？首先一个就是双边的贸易，就是国内生产的工业品、生活品在这里依然有很大的需求，对吉尔吉斯斯坦生活市场的丰富起到了很大的作用。

有动荡，却也充满了机会

　　马晓霖： 吉尔吉斯斯坦曾经出现过一段时间的动荡，对它进行长期投资，资金进入是不是有制度上的保障？

　　齐大愚： 吉尔吉斯斯坦面积将近 20 万平方公里，人口不到 600 万，但是，内部情况也比较复杂，尤其是它的民族数量多达 86 个，如何处理好族群间的关系非常重要。这个国家人口和族群分布在南北两个区域。相对而言，北方以首都为中心，发展得快一点，南方以农牧业为中心，发展得缓慢一点，这就造成发展不均衡、需求不均衡，那么再加上其政治方面的因素、外部一些因素的卷入，造成吉尔吉斯斯坦在政治转制、经济转轨、社会转型方面步履维艰。2005 年和 2010 年又发生了两次革命，这两次革命确实对这个国家社会经济的发展是一种迟滞，对凝聚民心也是一个巨大损伤。

　　但是，从另一方面来说，经过这两次事变之后，吉尔吉斯斯坦从上到下，都有一种求稳的心态，知道国家要走发展的道路还是要保持稳定,全社会凝聚力量,形成一个共同奋斗的方向。所以,新一任政府制订了 2013 年至 2017 年五年国家稳定发展战略,这是前所未有的。

吉尔吉斯斯坦的特点是市场进入门槛比较低,市场宽松度也比较高,而且进入市场的商品税率也比较低,这是一个有利条件。从长远来讲,吉尔吉斯斯坦确实还有一些地方需要改进,包括如何更好地了解、遵守国际经济和国际市场运行的规则,如何加强法规建设,如何加大投资保护。在和吉尔吉斯斯坦的合作中,中国部分企业感觉到,制约合作比较明显的问题就是在这一方面。

马晓霖:在"一带一路"倡议下,中国和吉尔吉斯斯坦之间开展了哪些务实合作? 在合作方式上有着怎样的创新?

齐大愚:我们在这里从事双边经济合作的主力军或者说是主打经济力量,首先还是国企。应该来讲,能够数得出名字的国企将近 20 多家,它们主要在这里从事基础设施、互联互通的项目。特别值得一提的是中国路桥,它走出一种合作新模式。一方面,它依靠国际金融机构的贷款,通过竞标进入吉尔吉斯斯坦;另一方面,也运用中国政府贷款来实施重大骨干项目。

现在在吉尔吉斯斯坦境内,中国路桥建成的国家级、地区级公路长度,包括修复好的,有近 1000 公里,中国路桥一家在吉尔吉斯斯坦所占比例,是所有在吉中资企业的 90%。还有,我们现在搞能源合作,主要是西气东输,进入新疆后向内地继续输送。这个项目是中石油具体负责实施的,投资额相当大,有将近 20 亿美元。

另外,我们的民企在双边合作中也正发挥着特别重要的作用,尤其是那些实力强、信誉好的民企,比如新疆特变电。现在,高压电是中国在电力领域的优势技术。受苏联遗留技术所限,中亚地区电力联网问题难以解决,但是,中国的特变电进入包括吉尔吉斯斯坦在内的中亚地区后,这个问题迎刃而解。吉尔吉斯斯坦境内所有电网改造项目,迄今为止累计将近 10 亿美元的投资,基本上都是由新疆特变电完成的。

（发表于 2016 年 12 月 12 日）

3.乌兹别克斯坦,走向新时代

在一片国际舆论的喧嚣中,乌兹别克斯坦悄然完成大选和政府更迭,随着卡里莫夫总统的病逝,一个时代结束了。面向未来,这个中亚人口最多的国家有什么底色呢? 在乌兹别克斯坦首都塔什干,我们专访了中国驻乌兹别克斯坦共和国大使孙立杰。

产业互补,利益共赢

马晓霖:从地理位置看,乌兹别克斯坦处在中亚的中心位置,人口 3000 万左右,是中亚地区人口最多的国家。就综合地理位置和人口总量来说,您给我们介绍一下,乌兹别克斯坦在中亚究竟具有什么样的地位和作用。

孙立杰:从地理上说,乌兹别克斯坦位于中亚的中心,毗邻其他中亚四国和阿富汗。因此,其一举一动尤其是稳定安全与否,直接影响到地区局势。乌兹别克作为阿富汗的近邻,一直致力于和平解决阿富汗问题,而且愿意在国际社会特别是在联合国框架下解决阿富汗问题,从这一点上说,它对整个地区的安全有着举足轻重的作用。从发展角度来说,乌兹别克斯坦也对地区具有非常重要的作用。所以,乌兹别克斯坦是中国在中亚地区开展合作的优先目标之一,也是重要的伙伴之一。

马晓霖:费尔干纳盆地、阿姆河谷、锡尔河谷,都是世界历史上农业发育比较早的地区,现在乌兹别克斯坦的农业状况如何?

孙立杰:乌兹别克民族是中亚地区最早定居的民族,也是靠农业发家的民族。苏联解体后特别是乌兹别克斯坦独立以来,农业仍然是这个国家重要的支柱产业之一,现在其农业在国民生产总值中仍能占到 20% 到 25%,农业人口大概占到 60%。它的农业从结构上来说,以种植业和畜牧业为主。而种植业主要经济作物是棉花,其棉花产量在世界排名前列,出口居第二位。乌兹别克斯坦的蔬菜和瓜果,味道非常好,这也是重要特点。

近年来,乌兹别克斯坦在农业现代化道路上采取了不少措施,中乌之间在农业合作上应该说现在也进入新阶段,两国的农业部门已建立了政府间农业合作委员会的分委会,每年都会开一次会。

马晓霖:根据 2014 年的统计数字,中国是乌兹别克斯坦第二大贸易伙伴和最大投资来源国。随着中国"一带一路"倡议的实施,中乌之间在农业方面的合作有哪些变化?

孙立杰:实际上,从 2014 年开始,中国的统计数字就出现一个新变化:在两国贸易中,棉花的比重稍微有些下降,但中国从乌兹别克进口的棉纱却有了非常大的提升。可以这么说,现在,中国很多纺织企业都在积极酝酿到乌兹别克斯坦来寻找商机。其中,江苏常州金昇集团——这大概在世界上也是数一数二的纺织企业,现在已在乌兹别克斯坦投资兴建了纺纱厂,投资额也是比较可观的。所以,两国在产能合作方面会有很大空间。这对于解决乌兹别克斯坦面临的就业问题,解决它的产业升级改造问题,都有很好的促进作用。对中国而言,这也是落实李克强总理提出的对外进行产能合作的一条有效之路。中国产业结构调整、产能转移,与乌兹别克斯坦自身发展需要的产业结构调整和产业承接,可以有机地结合起来并找到利益契合点,所以说,在这方面应该会有大的作为。

中乌合作前景广阔

马晓霖:乌兹别克斯坦油气和矿产资源较为丰富,已探明有近100 种矿产品,其中有 60 多种已经开发生产。乌兹别克斯坦天然气开采量居世界第 11 位,黄金开采量居第 9 位,铀矿开采量居第 5位。这方面两国有什么合作吗?

孙立杰:乌兹别克斯坦确实属于矿藏比较丰富的国家,这和中亚其他国家应该说有相似之处,而且它的天然气有 1.1 万亿立方米的储量,石油大概有 1 亿吨左右的储量,这些都在世界上能排到前十几名。现在乌兹别克斯坦也在采矿业方面加大对外合作的力度,中乌之间在天然气采购方面也有合同,而且中亚通向中国的天然气管道都需要经过乌兹别克斯坦。

马晓霖:乌兹别克斯坦的基础设施情况如何?未来基础设施投资方面的缺口有多大?

孙立杰:基础设施建设方面空间很大。特别是近几年,乌兹别克斯坦要改造全境 2700 公里的公路,并对 3000 公里的铁路进行电气化改造,一直到 2030 年,这都是它的战略重点所在。这也和我们提出的建设"丝绸之路经济带"、开展互联互通相契合。所以,我们的企业在乌兹别克应该还能寻找到商机——帮助这里进行基础设施建设,包括道路的互联互通建设,特别是高速公路的建设,这是中国企业的优势所在。

马晓霖:在整个中亚地区,乌兹别克斯坦经济的发展是比较稳定的。但它的经济结构又比较传统,您感觉它现在总体经济情况怎么样?

孙立杰:从经济结构上说,乌兹别克斯坦在苏联时期基本上属于原料生产地。独立之后又经过 20 多年的发展,应该说乌兹别克斯坦已经建立起了一套比较完整的国民生产体系,也建立起了自己的工业体系,现在有汽车工业、机电工业、石油工业等这些重要的产业支柱。

多年以来,乌兹别克一直保持着比较稳定和快速的经济发展速度,年均增长率大概在 8% 以上。根据 2014 年的统计,按官方汇率折合成美元大概是 620 多亿,这在世界上排名七十几位,在中亚是第二大经济体,应该说体量还是比较大的。

马晓霖:除了前面所说的这些,中乌之间在经济合作方面还有什么大的潜力可以挖掘?

孙立杰:经贸合作应该是两国关系的物质基础,也是关系到两国之间国计民生的重要内容,因此也是我们优先的发展方向。2014 年两国的贸易额已经达到 40 多亿美元,比 10 年前大概翻了一番还要多。从投资上来说,到目前为止中方对乌兹别克斯坦的投资已经达到了 70 多亿美元。从我们的统计来看,在乌兹别克斯坦有中资参加的企业或者中资独资企业大概超过了 600 家。涵盖的领域既有能源领域,又有非能源资源领域,还有现在的科技领域,所以说涵盖面很广。

　　从长远来看,由于中国和乌兹别克斯坦两国的经济结构具有比较强的互补性,因此我认为两国的贸易额还会有一个比较大的提升,两国的投资合作还会上一个新的台阶。因此,我也想呼吁和欢迎咱们的中国企业,能够更多地走到乌兹别克斯坦来,认识乌兹别克斯坦,在这里投资兴业,因为这个地方确实是商机无限。

(发表于 2016 年 12 月 16 日)

四、东南亚板块

1. 越南,没有 TPP 也一样行

　　不出意外,本年度亚太经合组织领导人会议,将是 TPP 最后一次工作会议。不管 TPP 内容如何,对于很多国家,特别是曾经对此寄予厚望的发展中国家越南而言,都寄托着一种发展需求。但是,没有 TPP,越南还是一样会发展。我们在越南河内采访了中国驻越南大使洪小勇。对于越南的未来,对于中越合作,洪大使非常看好。

革新开放三十年,越南成就斐然

马晓霖:越南搞革新开放 30 多年了,成就很突出,可以说别具

特色。您能否总结概括一下越南革新开放 30 多年的具体成就？

洪小勇：我想越南主要是从中国的改革开放中得到启发，从 1986 年实行革新开放政策，以便寻求一条符合自己国情的发展道路。总的来说，这 30 多年的革新开放，对改变越南自身经济面貌，提高人民生活水平起到非常大的作用。这期间，也发生了各种各样的金融危机——国际和地区性的金融危机，对越南的经济也曾造成过一定程度的冲击。但是总体上来说，由于越南党和政府把握有方，以及革新开放的一些措施恰当，避免了经济的重大滑坡，保持了稳定的运行态势，也一直保持着作为一个新兴市场国家应有的活力。

近年来，越南经济 GDP 的增长大概年均在 6% 以上。2015 年是 6.68%，2016 年的目标是 6.7% 左右。应该说完成这个目标虽然有一定的压力，但还是大有希望：越南目前总体宏观经济的基本面是稳定的，金融市场和货币市场也总体稳定。就业虽然还有些压力，但不是很大的问题。这种总体的经济活力，人们是能够切身感受到的。

我来越南工作的这两年，发现它的基础设施建设发展得比较快，有点像中国 20 世纪 90 年代基础设施建设高速发展的劲头，几个月之内，一条新公路或者一座新大楼就出现了。

马晓霖：越南积极革新开放的成就，从 GDP 总量的对比、人均收入对比的角度看，有什么比较具体的表现？

洪小勇：革新开放初期，越南人均 GDP 只有几百美元，现在是 2000 美元。这 2000 美元，有的专家说相当于中国 2006 年的人均水平。从这个意义上讲，未来几年越南要达到一个跨越式发展完全是有可能的。而且，现在和革新开放初期相比，越南的经济基础已经不一样。另外一个比较大的特点是吸引外资。据统计，30 年来，越南累计吸引外资大概有 3000 亿美元。近两年来招商引资速度尤其加快，今年上半年就超过 100 亿美元，增幅是去年的 100%。外资大量涌入和外资看好越南市场，对于其经济的发展将起到极大的推动作用。

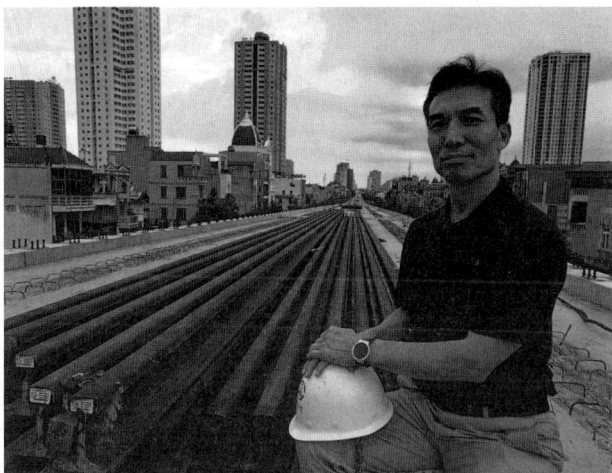

作者在中国援建的河内轻轨施工现场采访,体验中国高端产能与越南文化融合的美妙。

从"两廊一圈"到"一带一路",中越合作前景广阔

马晓霖:作为新兴市场国家和东盟重要成员国,外界认为越南具有相当大的发展潜力。您认为这种发展潜力将会体现在哪些方面?

洪小勇:首先我们看一下越南自身的特点:它地处东南亚的中心,面积33万平方公里,有超过3000公里的海岸线,背靠中南半岛,面向大海,拥有很多天然良港,自然环境得天独厚。第二,从政治层面来讲,在共产党领导下,越南社会长期以来政治上保持总体稳定,社会治安状况总体良好。越南党和政府一直把经济发展作为重中之重,实行全方位的对外合作与对外融合政策,同时大力改善投资环境,出台不少改善投资环境的政策法规。越南和世界各国全方位地开展自贸区合作,越南还是TPP成员中唯一一个社会主义国家,也是经济发展水平最落后的国家,这表现了越南希望和世界经济融合的愿望。第三,从劳动力素质来讲,越南劳动力人口的年龄结构比较年轻,这是其自有优势。

越南的弱势是工业基础薄弱,基础设施比较落后。比如城市交通方面,地铁刚刚起步,高速公路现在有一点儿,但也处于刚起步阶段。医院等基础设施也不算发达。但是,这些弱点实际上也是它的潜力所在,即具有所谓后发优势,一旦具备一定条件,就会获得很快发展。

马晓霖:您谈到越南的地理优势,实际上大家都知道在古代丝绸之路上,越南是水陆交汇必经之地,现在中国提出"一带一路"倡议,越南上上下下对我们的共同发展倡议持怎样的态度?

洪小勇:"一带一路"倡议的主要内容,就是通过互利合作实现共同发展,开展产能合作和实现基础设施互联互通。我想中国的合作方向和内容,实际上非常契合越南的需要,所以,在方向上越南是认可的。当然,由于历史和现实原因,再加上现在的南海问题,双方立场有所不同,政治互信方面的疑虑还是存在的。

具体到对"一带一路"倡议的态度,我个人感觉越南有一个从疑虑、观望再到参与的演变过程。中国刚提出"一带一路"倡议的时候,越南没有介入这个话题,但是嘛,它加入了亚投行。后来,通过我们不断地解释做工作,尤其最重要的是,通过两国领导人的直接接触,越南也慢慢地理解"一带一路"倡议不是中国的地缘工具。在 2015 年两国一系列的高层交往中,越南的态度已逐渐转变。在双方发表的共同文件里,他们也表明态度支持中国的发展倡议,愿意参加中国"一带一路"倡议框架下的双边合作。

马晓霖:实际上,与中国"一带一路"倡议相对应的是,越南自己也提出"两廊一圈"经济发展规划。请您具体介绍一下,"两廊一圈"是什么样的概念。

洪小勇:"两廊一圈"是越方提出的,但也是与中越合作密切相关的一个合作建议。2004 年,时任越南总理潘文凯向中国领导人提出这个概念。它的主要内容是指两个经济合作走廊、一个经济合作圈,即"昆明—老街—河内—海防—广宁""南宁—谅山—河内—海防—广宁"经济走廊和环北部湾经济圈。"两廊一圈"的经济合作构想主要是涵盖中国广西、云南、广东、海南 4 个省区与越南 5 个省市之间的经济合作。越南希望通过沿边境地区省市加强同中国的合作,带动越南北部地区经济上一个新台阶。这个建议当时就得到中国政府的支持。

在这个倡议下,中国这些年来在沿线地区的投资也在增加,企业入户也取得了一些实实在在的成果。在 2015 年的双方高层交往中,两国领导人都同意将"一带一路"和"两廊一圈"进行战略对接。现在,双方正在商榷对接的文本。与此相关的是开展产能合作,两国主管部门之间已签署了合作备忘录。这个从机制上讲,双方合作已经具备了一些基础,当然,还有一些工作要继续做。

(发表于 2016 年 12 月 3 日)

2. 如何让越南爱上中国造?

越南是新兴市场的重要一员,也是和中国有着历史地理紧密联系的国家。越南人口密度大,劳动力成本低廉,国内没有完整工业链,急需国外投资来拉动本国经济发展。近年来很多中资企业开始在此耕耘,大量制造业、纺织业等劳动密集型企业在这边落地生根,但是,中国企业在越南拼搏并不容易。在越南,我们专访了 3 家中资企业代表,探讨中国产品如何适应越南市场,如何让越南爱上中国造。

要提高销量,更要注重品牌形象

马晓霖:我们知道,格力在越南市场的发展算得上一波三折,从进入越南销售市场,到在越南设厂生产,再到惨痛撤资,虽然格力空调在越南的销量一直不错,发展路径却不平坦。中国产品在越南市场,除了产品本身的性价比,应该在品牌竞争、软实力方面也要有所考虑,这方面都做了哪些工作?

杨文斌〔格力空调(越南)责任有限公司总经理〕:由于一些历

史原因,中国品牌在越南市场与日韩品牌竞争,的确还是处于比较弱势的地位。我们也是不断从策略、营销等方面来提升中国企业和中国品牌的竞争力。从我们自身来讲,第一,营销策略是要做到更精细;第二,每年都组织很多越南消费者走进中国,走进格力,让他们更直观、更多地了解中国的发展,也了解格力的发展。

马晓霖:越南家电市场特别是空调,日本产品是最早进入的,韩国产品其次,中国产品是最后进入的。考察一下越南的家用空调市场,日韩目前各占多少比例? 我们需要怎么做?

杨文斌:日韩品牌占 80% 以上,中国品牌和一些越南本地品牌、东南亚品牌总共占百分之十几。但是,作为后来者,我们在越南第一个推出全环保型产品。为了满足不同的消费群体,我们还采取了不同策略,逐步建立品牌优势。现在,我们是在用品质做消费者口碑。即使做销售,我们也要努力融入越南当地的文化,这是树立品牌形象的重要手段。

越南市场购买力,超越一般发展中国家

马晓霖:TCL 来到越南市场已经十几年了,您觉得越南作为中国的重要贸易伙伴,在市场环境、政策环境等方面有什么大的变化吗?

邓言岸〔TCL(越南)公司总经理〕:我的直观感受是,越南这几年经济是在飞速发展,它的人口红利、制造成本优势都在发挥作用。越南这几年 GDP 的增速是很快的,2015 年已突破人均 2000 美元。当然,用全球水平衡量,这还属于相对比较低的发展水平,但是,我们可以看到越南未来潜力还是很大的。

很多全球性企业都把自己的产能投放在越南,这也从另外一个方面推动了越南经济的发展。以彩电为例,2016 年整个 GFK 市场研究公司给出的预测是,越南市场的增速应该是在 20%~25%之间。大致来说,一个行业一年的同比增长超过 20%,就表明这个行业是一个非常有潜力、非常朝阳的黄金行业。所以,我对越南未

来整体的发展,对家电产业非常看好。

马晓霖:TCL 目前在越南的工厂是电视机组装车间,我们知道,电视机从设计到生产、销售,甚至维修,是个很大的产业,您觉得越南市场具备怎样的前景和潜力?

邓言岸:东南亚大部分国家属于发展中国家。从这个角度来说,这些国家发展的增速是值得我们去期待的。目前越南制造成本和人口红利非常理想,但是在一些比较高精尖的行业里,它还缺乏完整的产业链条。我相信,随着越南整个国家战略的升级,它要做的不仅仅是简单的劳动力密集型产业,可能也会有产业升级需求,这些企业也会随着国家战略的调整而进行自我调整,也不排除会有更多国家把一些更有技术含量的制造加工环节放在越南。

马晓霖:越南人口有 9000 多万,而且年轻人占绝大多数,消费品更新换代速度很快。您感觉越南这个市场对贵司的发展有什么影响?

邓言岸:越南属于发展中国家,但是,它的购买力超越了一般的发展中国家。我在走访市场和客户的过程中发现,几乎所有的品牌都已把全球最好的产品带到越南。这些产品一定不是随意引入的,它们进入之前一定是做了很多论证和市场需求调研,一定事先就会搞清楚,产品如此高端,售价如此不菲,越南消费者到底能不能接受?从我们的产品销售来看,TCL 的高端产品在越南卖得非常好。

立足越南市场,中国产品需要解决自身问题

马晓霖:越南与中国从文化到制度,从思维到行为,有着太多相似之处,这也使得越南理所当然地成为中国企业"走出去"的前沿阵地。中越关系正常化以后,双方经贸合作非常密切,贸易总量也不小。您如何看待这些年越南和中国经贸合作的发展?

王贵军(越南中国商会副会长):2015 年中国和越南的双边贸易额,中方统计是 959 亿美元,2016 年就突破了 1000 亿美元大关。

2013年10月李克强总理访问越南期间,与越南总理阮晋勇共同确定了2017年双边贸易额达到1000亿美元的目标。现在提前实现了目标,而且越南是东盟国家里中国最大的贸易伙伴。

马晓霖:您能不能给我们具体分析一下中越的贸易结构?

王贵军:首先,中越之间的贸易会稳定持续地增长;第二,就是两国贸易中对越南的顺差会逐步缩小;第三就是越南对中国的出口会加速增长,中国对越南的出口会稳定增长。

马晓霖:您认为中国在越南的企业总体运营情况怎么样?

王贵军:中国在越南做得比较成功的企业的经验是:第一,对越南市场的调研比较充分,市场定位比较准,注意引进先进环保节能的设备生产线,比如华夏公司,在越南主要做塑料编织行业,基本占据了越南的半壁江山,地位已达到无人撼动的地步。第二,在中国受"双反"影响比较大的行业,比如光伏产业,可以避开贸易摩擦和壁垒。第三,东亚铝业进入越南后,坚持使用先进环保低碳的设备和理念,在越南完全站稳脚跟,也是发展的典范。

在越南经营失败的企业,主要是不对越南的法律进行认真研究,也不对越南的政策和要求进行研究。有的企业在越南合伙人的怂恿下,盲目合伙投资,结果在经营过程中稍一出现摩擦就不欢而散。

马晓霖:我们在越南发现,中国产品、中国品牌很多,但品牌效应却不如日本、韩国产品那么明显。请您分析一下其中的原因,为什么中国产品或中国品牌做不大做不强?

王贵军:两类问题导致中国品牌打不响。第一,中越边境线接近2000公里,在边贸交易中,仿造产品不但十分猖獗,而且质量很差,打击了越南消费者对中国产品的信心。第二,中国的同行企业之间缺少自我约束,往往各自为战,为了眼前利益,为了完成销售任务,采取价格战手段,而价格战的结果是低质低价品牌在越南占据了一定市场,坚持品牌形象的企业反而无法得到越南市场认可,甚至无法在越南立足。

（发表于2017年6月7日）

3. 柬埔寨的"深圳"怎么建？

经济特区在中国的成功,给发展中国家树立了学习榜样,包括柬埔寨这样的中国老朋友。柬埔寨的西哈努克经济特区是两国领导人都非常关心的特区,这个被洪森首相认定的柬埔寨"深圳",是由红豆集团等四家江苏企业联合柬埔寨企业在西哈努克市共同打造的。如今这里的情况如何? 2016 年 8 月,我们在柬埔寨西哈努克港,亲眼看到中资企业和柬埔寨员工是如何相互融合与共同发展,并且专访了西港经济特区总经理曹建江。

西港特区要向中国取经

马晓霖:西哈努克港是柬埔寨第二大城市,也是唯一的港城,是柬埔寨的金三角之一,西哈努克港的基本情况怎么样?

曹建江:西哈努克省实际上是柬埔寨的经济大省,也是经济中心。柬埔寨有三大中心:政治中心是金边,旅游中心是暹粒,西哈努克省是经济中心。西哈努克港经济特区的地理位置非常优越,我们园区离机场 3 公里,到港口 12 公里。西哈努克港是柬埔寨唯一的深水港,交通、运输都是比较方便的,而且通过西港的 4 号公路也可能改进成高速公路;西港机场未来也会被建成柬埔寨最大的国际机场。

马晓霖:可不可以说经过长时间的政局波动后,柬埔寨现在上上下下都有一个共识,就是集中精力发展经济?

曹建江:对,柬埔寨政府也好,老百姓也好,都非常注重经济发展和改善人民生活,所以,各方面对我们这些外资企业都非常支持和认可。特区周边的老百姓也非常欢迎我们,因为我们进驻以后,确实能够给他们制造很多工作机会,同时也能改善他们的生活。西哈努克省省长润明曾经说过,西港特区是整个西哈努克省的"饭碗",特区所在的波雷诺区有 70% 家庭有成员在西港特区工作。现在看,西港特区的发展带给当地人的变化是显而易见的:工作机会变多了,社会治安变好了,基础设施逐步完善。

马晓霖:到西港特区投资有哪些问题值得注意?

曹建江:我们过来至今有 9 年多了。本地的一些基础设施相对还是有点滞后,包括电力供应、水、燃气等等。另外一个问题是,柬埔寨以前是农业国家,工业基础比较薄弱,不仅在工业产品制造方面比较滞后,甚至很多工业用的原辅材料都需要进口;还有一个比较大的问题就是工人,因为我们的很多员工以前是农民,从农民转变为工人,也需要一个过程。从这个角度来说,柬埔寨的确还有很多需要改变的地方。

马晓霖:中国毕竟搞特区建设几十年了,您认为中国搞特区、搞园区的经验是不是适合柬埔寨?

曹建江:这个园区的建设,实际上也是借鉴了我们国内一些比较成功的经验。我们曾经邀请柬埔寨政府的相关部门去参观无锡开发区、苏州开发区,他们学习得很快,表示要把好的经验用到这边来。比如说,通常咱们国内的开发区都有一个专门管理委员会这样的行政机构,帮助企业解决很多问题。但是,柬埔寨这边过去就不一样,整个园区完全是企业行为,靠企业自身的管理来运行。现在,他们也引入了咱们国内的一些经验,比如在提供服务方面,有一个专门的协调中心对接相关政府部门。如果企业碰到问题,我们会通过这个协调机构帮助企业解决问题。

马晓霖:经济特区最大的特点是"特"。作为一个后发国家的经济特区,西哈努克港经济特区有什么特殊政策?

曹建江:柬埔寨政府对特区有特别的优惠待遇,还专门出台了一些投资政策。首先是进出口优惠,比如说原材料进来,只要你是用于生产,它就可以免税,出口目前也享受免税。另外,对所得税也给予 7 至 9 年的减免期;对园区企业的电力供应等也给予一定的优惠;在用工方面会优先满足园区企业。我们也通过开设培训班帮助企业培训工人,还会教员工学中文,便于企业与工人和管理人员的交流。

马晓霖:柬埔寨在外汇管制、人民币交易以及特区内公司所有权方面有什么不同之处?

曹建江:这一点他们开放度比较高,外汇管制基本没有。只要合法经营,资金在进出等各方面基本上没有限制。

柬埔寨首都越来越多的建筑是由中国企业投资建设,而且中国地产公司引领了当地的房地产业发展。

中国经验拿来可用且好用

马晓霖:我们发现,这些年"走出去"的中国项目,在某些友好国家的政治保障上有时也会出现一些问题,因为很多国家现在的政治生态是多元化的,包括柬埔寨这样的国家,也是有政党轮替的。在您看来,从柬埔寨整体的国家发展角度考虑,西港特区是被置于什么位置?

曹建江:西港特区是作为柬埔寨全国的一个经济特区在打造。柬埔寨政府提出的 2015 年至 2025 年工业发展规划,其中一条就是把西哈努克港定位为整个国家的经济特区,要建成柬埔寨的"深圳"。我觉得在政策延续性上,这是比较有保障的。再者,中柬友谊这个基础比较好,也是我觉得比较可靠的一个保证。

马晓霖:作为中柬合作建设的一个特区,中方除了投资、引进项目之外,还可以发挥哪些作用?

曹建江:我们想把这个特区从工业产业向产城融合一体化的方向推进。目前来说,我们重点是打造一个中柬友谊城。中柬友谊城是什么概念? 就是城市化概念——当园区有 300 多家企业入驻后,会发展成为一个拥有 10 万产业工人、20 万人居住的规模,这样一来,城市化建设就非常重要了。我们已经在推进这项工作。将来在中柬友谊城,不仅有企业,有产业工人,还有舒适的生活环境,可以休闲、购物、娱乐等等。

我们还准备在园区内推动建设学校、医院、商业等配套设施,真正把园区的发展成果分享给周边老百姓,去改善他们的生活,让园区真正成为中柬友谊的桥梁和纽带。我相信中国企业在这方面能发挥很好的作用。

马晓霖:我们可以看到在整个中南半岛这个区域,往北走有曼谷,往南走有胡志明市,那么在整个中南半岛大的范围内,您认为西哈努克港未来的发展竞争优势、区域优势体现在哪里?

曹建江:西哈努克港的定位就是在湄公河一带成为经济交流中心。除了刚才我讲的交通以外,西哈努克港的沙滩也是世界公认的四大美丽沙滩之一,包括中国人在内的很多国际游客越来越多地到这边来旅游。柬埔寨各级政府从发展经济的角度鼓励各类产业发展。因为靠近港口码头,以后这里也可能会建成东南亚最大的物流中心。可以这么说,西哈努克港的发展定位是非常明确的,而且发展的潜力也是非常大的。

（发表于 2016 年 12 月 24 日）

4. 三一重工在柬埔寨的"奇迹王国"

柬埔寨王国是中国的老朋友,有着灿烂的中古历史遗迹,被誉为"奇迹王国"。在历经战乱之后,柬埔寨开始执行对外开放的自由经济政策,力推民营化与贸易自由化。1999 年 4 月柬埔寨加入东盟,成为第 10 个会员国。柬埔寨经济增长率连续多年在 7%以上,成为东南亚经济发展最快的国家。当柬埔寨在悄悄转变时,一些商业嗅觉灵敏的中国企业和商人开始进驻这块商业处女地。我们在金边专访了三一集团柬埔寨公司的负责人,探讨世界最大的工程机械企业如何打开这里的市场。

带产品带服务,做好自己做大市场

马晓霖:作为中国最著名的民营企业之一,三一集团在全球建有 30 个海外子公司,业务覆盖 150 个国家。柬埔寨公司是三一集团在东南亚市场设立的第一家销售旗舰店。为什么要把首家旗舰店放在柬埔寨,而不是其他国家的市场呢?

徐文德(三一集团柬埔寨公司副总裁):首先,柬埔寨是除巴基斯坦以外与中国关系最铁的国家。政治环境非常友好,对中国人各方面也比较友善。所以把柬埔寨先做一个投资试水点比较适合。估计再过 10 至 20 年,柬埔寨的人口可能会增加到 3000 万～4000 万,虽然目前大概只有 1500 万。如果他们的人口再增长,发展空间还是非常大的。

马晓霖:柬埔寨这个市场与国内市场主要差别在哪里?

徐文德:首先,这个市场没有国内的大,在需求上,他们可能还要经过比较漫长的发展时间才可能达到一定的量。还有一点,柬埔寨还是一个刚刚开放和开发的国家,有点像中国 20 世纪 80 年代初期。要求它一下子快速发展,采取中国的模式发展,我觉得也不太可能。我们现在采用的一个方式是用设备换股权,我们帮助当地企业去做销售,大家捆绑在一起共同发展。这样我们就打通了上下游,同时三一也可以得到自己想要的东西。

马晓霖:我知道三一集团是很有战略眼光的民营企业。三一集团柬埔寨公司在中南半岛的整体布局中,对未来市场是怎样的一个考虑?

徐文德:目前三一集团在东南亚只有三个国家还没有设点。有些大的国家比如泰国、印尼、马来西亚这三个国家,基本上每个国家一年的销售额都能够达到上亿美金。5 年前,三一在海外市场的销售额,占比三一集团的份额也只有 5% 左右,2015 年,这个统计数字已是整个三一销售份额的 40%。

马晓霖:我走过很多国家,包括柬埔寨,发现大量的优质工业产品还是日本产的,总体来看,它们知名度、美誉度、竞争力还是比中国的强。您是怎么看这个问题的?

徐文德:在整个东南亚,日本的产品宣传和影响力辐射非常广。一个很重要的原因是,它们进来得非常早,20 世纪 90 年代,日本就已经很注重东南亚市场了。我刚来柬埔寨时,当地人甚至还把越南产品拿来与中国的做比较。那就说明:第一,中国产品的宣传力度不够;第二,人家早就踏入这块土地了,咱们"走出来"得比别人晚。事实上,中国企业真正能够大量来柬埔寨发展,应该是从 2008 年才开始,也就是说比人家晚了十几年,别人是先入为主。

另一方面,我了解到当地的日本企业一有困难就会找它们的大使馆,大使馆则会联系当地的日本银行对企业进行帮助。如果当地没有日本银行,使馆则会联系柬埔寨当地政府,看哪些银行是可以帮到日本企业。在这方面,日本比中国做得好。所以说,日本企业在东南亚市场进入得比我们早,发展速度比我们快,影响力也比我们大。

马晓霖:您觉得中国制造如何利用市场规则、利用公平竞争来扩大市场份额和利润空间?

徐文德:现在我们有了一定基础后,非常舍得在研发方面投入,三一每年都要拨出 7%~8% 的预算来做研发。比如三一起家的产品——泵车,最初就是先买德国的产品来解体,来学习,来研究。最后,我们把这家德国企业普茨迈斯特给全资收购了。我们就是要利用别人的技术来提升我们自己的产品质量,学习人家研发出来的东西,这样的话我们会走得更快一点,逐步做强做大。

目前我们的技术与日本有没有差距? 肯定会有一点差距。但是,我们也有做得更好的地方,就是我们的服务比日本人做得好。

马晓霖: 我们知道,中国企业"走出去"主要是把产品带出去,我了解到2012年三一集团决定进入柬埔寨市场时,就同时带来了颇具中国特色的标准化服务体系,也就是你们的6S一体化服务。这套服务体系是你们一个重要的成功方式,那么它在柬埔寨是不是也有非常独特的优势?

徐文德: 我们的6S服务体系是在国内创造出来,非常有优势,也做得非常成功。我们把国内的这一套6S服务延续到海外,它可以整个覆盖到销售、服务、租赁、工程方面,还有配件供应和技术服务的支持。目前在柬埔寨,外资品牌也好,中资品牌也好,它们在服务上可能还没有做到这一点。

不惹事也不怕事,积极用法律手段维护权益

马晓霖: 2012年,三一集团准备在美国收购俄勒冈州的4座风力发电厂,但是遭到奥巴马总统的行政命令阻止,理由是威胁美国国家安全。这是自1990年以来,美国总统首次以这一理由阻止一家外资公司的并购案。三一集团将其告上法庭,官司历时3年,最终成为第一家在美国状告美国政府并打赢官司的中国公司。我们可以看到,美国政府阻挠三一重工在美发展,是一个典型的把商业政治化的例子。这种情况,所有"走出去"的企业将来多多少少都要面临。打赢这场官司的一个重要原因,就是有很多美国合作伙伴帮助你们。说明中国公司在"走出去"的过程中,完全可以借助商业力量,借助市场力量。是不是可以这样理解?

徐文德: 对。首先我们有中国政府的帮助,也要依赖当地的法律界。美国的法律还是比较健全的,它有很多时候是站在道理这一边。有了这些基础,我们才可能有这个底气去状告他们的总统。

马晓霖:还有大量的中国企业、资本想在"一带一路"开垦未来市场,从应对官司的角度来讲,您是否能给这些后来者提一些忠告?

徐文德:我认为"走出来",打官司是不可避免的。首先,刚刚来的时候,当地很多风土人情、法律、政治情况,可能没有进行很深的了解,这里面就存在着风险。其次是语言差别,人家跟你讲的东西,经过翻译后与你所理解的完全不一致。那么你在实施过程中就完全有可能走向误区,这也导致你可能面临官司。所以,我建议出去投资的中国人,一定不要为了节省一点钱,不请有资质的很靠谱的翻译,这样肯定会造成一定的法律风险。

总之一句话,咱们不惹事,但是也不用怕事。一旦有事情发生,你如果是占理的话,你要有底气。我认为还是应该积极用法律维权,来维护自己的利益。

(发表于 2017 年 6 月 13 日)

5. 走马泰国工业唐人街

从建厂到建工业园,再到海外建立整个产业链,中国企业走向海外所积累的经验并不少。泰国罗勇工业园正是从跨越投资单体企业到建立园区、形成产业链的典型中国工业园。这样一条"工业唐人街"是怎么建立的? 我们在泰国罗勇府专访了泰中罗勇工业园区总经理徐根罗、中策橡胶(泰国)有限公司总经理陈华,他们一位是罗勇工业园的创办者和管理者,一位是园区内的重点企业经营者,对于中国的海外工业园,他们的感受可谓深刻而又颇具价值。

中国园区,不仅仅是搭建桥梁

马晓霖:作为中国政府支持下的海外首批 19 家工业园之一,您认为与其他工业园相比较,罗勇工业园最大的亮点是什么?

徐根罗：我们的投资额肯定是在中国经济合作贸易区里最大的，工业总值也是最大的。我们园区里有全国10多家500强企业。对泰国投资最大的石油项目在这里，制造业项目也在这里。

马晓霖：中国企业在泰国建立工业园，能够落地、生根、发芽、开花，一定会对当地经济有所帮助。您能不能具体谈谈这10年来罗勇工业园给当地的经济发展、社会发展做了哪些贡献？

徐根罗：其实大家都知道，开发工业园应该说为开发商本身带来的经济效益是有限的，但是它对社会的贡献是不可估量的。特别是像我们中国这种类型的工业园，对罗勇府，或者说是对整个泰国经济社会的拉动作用，我觉得我们不是最厉害的，但是我们也做出了自己的贡献。比如说，我们创造的工业总值已经有60亿美元，我们对地方就业的拉动也是很明显的，目前在我们园区里就业的泰国工人有两万多。

马晓霖：泰国是东南亚制造业比较发达的国家，现在罗勇工业园与东盟其他国家之间有没有联系？

徐根罗：我们工业园和东南亚其他国家都有很密切的联系。我个人几乎跑遍了东南亚的所有国家，也去它们的工业园学习。我在与它们交流的时候说，我们工业园之间必须有一些横向联系与合作，我们不是竞争对手，我们应该是伙伴。为什么说是伙伴呢？因为东南亚国家尽管是在同一个区域，但是发展还是很不均衡的。适应我们这里的产业，可能在那边不一定适应；那边适合的产业，在我们这里也不一定适用。

事实上，我们对罗勇工业园的产业定位是很明确的，那些低附加值的、资源消耗性产业，我们都没有纳入招商范围内。但是，像柬埔寨、越南这些国家，特别是缅甸，它们是非常希望有一些这类产业，特别是电力方面的项目，中高端的项目还反而接受不了。我觉得这其实很简单，它们有这方面的信息就通知我们。大家在这方面进行配合，就可以共同把握住投资机会。

马晓霖：所以说，在泰国建设工业园并不局限于在泰国发展，而是更多将来要辐射整个东南亚。这 10 年来,入园的中国企业与整个东盟大市场的产业和市场对接情况如何?

徐根罗:我们园区有很多企业刚来的时候想法比较单纯,就是要规避贸易壁垒,或者是在这里进行一些业务拓展。但是,这些企业来到泰国后发现,这里不但与东南亚国家走得更近,还可以更加方便地把产品销售到全球。它们原先是没有过多想法的,随着这里的投资实践才产生了更多想法。当然,还有些企业本身就打算将产品置于市场和技术前沿,准备从泰国这个平台跳到其他东南亚国家,辐射整个东南亚市场。这些企业这几年在罗勇工业园的投资、营业额、工业产值都是爆发式增长。

做好品牌,更要做好企业形象

马晓霖:中策为什么选择泰国建立海外第一个基地,而不是别的国家?

陈华:因为泰国的投资环境比较好,泰国政府支持国外企业过来投资,而且泰国人民比较和善,很容易打交道。更重要的是,东南亚是橡胶生产地,我们生产所需要的橡胶可以在这边采购,是我们的采购基地。我最近介绍了 10 多家企业来罗勇工业园,它们都是我们的供应商,它们愿意和我们共同成长。即使在海外,我们还是会在相互支持、相互帮助。跟着我们过来的工厂,我们就有义务帮助它们,让它们尽快适应泰国在这边落脚,然后尽快地给我们提供服务,这样我们也可以降低成本。

马晓霖:您提到的十几家企业,都有哪些类型呢?

陈华:我们生产所需的骨干材料,比如钢丝、轮毂、氧化锌模具工厂,还有一些机械加工类的;给我们提供辅助材料的,比如生产塑料薄膜的企业,现在它们都已经把厂子开到这边来了。

马晓霖:中策在泰国的生产情况怎么样?

陈华:中策在泰国制造的产品质量很好,一是原材料新鲜,有优势,第二是泰籍员工非常认真,有很多优点。

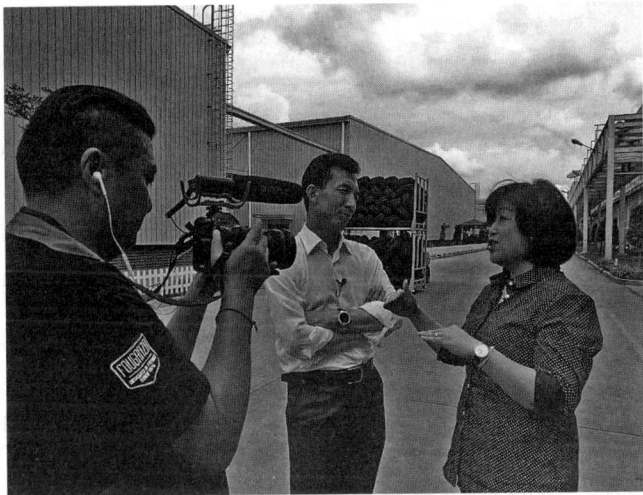

中策集团因为在泰国设立工业园区而满盘皆活,摆脱过去的困境。

马晓霖:您认为泰国员工的劳动技能和职业素养怎么样?

陈华:之前我觉得他们的技能肯定不如中国员工,但是,后来我发现只要你教会他做某个动作,他那个动作一定是最标准的。我们经常会听到泰籍员工说,你没有告诉我怎么做,我当然就不知道了!我们后来明白了,泰籍员工的特点是你必须要仔细告诉他怎么做,他才能做得很好,而且没有下一次,比较认真。另一方面,公司和园区在劳保、福利等方面的关系处理得也是不错的。我曾经去罗勇府接触劳工厅和移民局,它们一直说中策是中国国企,也是中国企业最大的一笔投资,希望中策能在各方面,包括员工福利、劳工法、移民政策的执行等各方面安分守法,现时也要履行企业社会责任,比如环境保护等等。

马晓霖:我们搞"一带一路"建设,国有企业依然是起着顶梁柱作用。中策"走出来"的这两年多,在罗勇工业园建厂房和生产线拉动产业发展,那么,在您看来,相对民营企业,国有企业"走出来"有哪些优势?有哪些不足?还有哪些需要改进的地方?

陈华:中策走出国门来到泰国,我感觉我们得到了尊重。我觉得不管是泰国政府还是泰国人民,他们知道我们是中国国企,对我们很信任。当我告诉他们我们是国有企业,我们有我们的财务制度,我们有我们的管理规章制度,他们还是都能够接受的。虽然我们在机制上没有民营企业那么灵活,但我们在整个运行过程中,可能要比别的企业得到更多信任,在流程上会更顺畅。

马晓霖:我发现有很多中国品牌进入了东南亚市场,但是很快又被迫退出,说明多数品牌还没有建立起非常好的市场美誉度和信任度。对于中策来说,怎么样才能做世界最好的轮胎?将来在东南亚汽车市场,至少轮胎一定要用中策的?

陈华:对于这一点我是蛮有感触的。其实不单单是在东南亚,就是在很多欧美国家,大家一说到中国轮胎就定位于中低档,其实这是很不公平的。我觉得我们中国轮胎真的很不错,我们公司现在已经有了一个非常长远而周密、详细的计划,就是要把现在的销售代理制转换成终端服务模式,把国内的一些销售模式带到泰国来。比如我们的旗舰店双休日工作,24小时服务,这和其他品牌就不一样。我们要在这儿扎根,我们更要把品牌打响,把企业形象做好,这是我们更加需要的。

(发表于 2017 年 6 月 27 日)

6. 安美德:助力中国企业"走出去"

企业"走出去",就要建立产业链,就会有产业群,这就需要有产业园。目前中国官方在海外认定的重点工业园有 20 个。建立工业园就需要有产业合作者,安美德集团是泰国最大的产业地产企业,也是东南亚最知名的产业运营商。对中国企业而言,安美德是它们走向东南亚市场的帮手,泰中罗勇工业园就是安美德集团与中国华立集团合作建立的。我们在泰国曼谷专访了安美德集团首席投资官黄春顺女士。

建立工业园区，安美德历史悠久经验丰富

马晓霖：建立工业园离不开当地政府的政策支持，东南亚国家有哪些鼓励性或优惠性政策？

黄春顺：东南亚很多国家都在积极吸引外资，新加坡、马来西亚、印尼、泰国都有很好的基础设施，也有很好的国家支持政策。比如泰国，最近宣布了泰国东部经济走廊计划，这个非常有卖点。从经济角度看，他们是把整个市场聚焦到经济走廊，而整个经济走廊有三个特区。泰国的政策是这样的，要有系统、有规划地做一个供应链，这个供应链可能是在汽车的整个配套方面，或者在高附加值产业，或者在医疗，或者在旅游，这几个大的方面他们都有一整套国家政策与优惠的经济体系，目的就是去辅助经济发展和吸引外资。

马晓霖：安美德集团1988年就在泰国开设了工业园区，是东南亚工业地产先锋和早期开拓者，集团是基于什么样的考虑做这样的投资？从当时首开工业园到现在已经20多年过去了，如何评价当时这一具有战略眼光的投资举动？

黄春顺：1975年，我们总裁邱威功先生从中国台湾完成留学回到泰国，那时他也做了几项贸易投资。算是机缘巧合吧，那时候他的台湾同学，以及台湾的一些企业家希望到东南亚发展，可是，这里没有工业园区，于是他意识到这方面的机会，并抓住机遇设立了安美德工业城。当然邱先生首先精心考虑，看清楚国家的发展道路，然后找了一个非常有战略性的地理位置，这就是我们设在春武里的安美德工业园区。春武里工业园区离机场大概20分钟路程，离港口半个小时，所以很多基础设施实际上在那个时候就已经敲定。

现在，我们有2.5万工人在园区工作，随后也有了生态城，有了金融街，现在整个基础设施都非常完善了。安美德整个工业园区产值占了泰国年均GDP的11%，所以说，我们现在是泰国相当重要的一个工业园区。

马晓霖:这些年整个经济贸易结构发生了很大的变化,产业环境也不同以往。安美德今后在选择建立新工业园区时需要注重哪些关键性因素?

黄春顺:20年前,我们在越南设立了边和工业园区,现在越南政府方面要求我们进一步发展,未来我们计划在越南的另一个城市——隆城,也设立一个工业园区。另外,因为我们与缅甸新政府有着很深的联系,他们也邀请我们去那里设工业园区。我们已经敲定一个项目,希望能做一个50平方公里的工业园区,为缅甸的整个市场提供就业机会,提高GDP的增长。泰国是我们的根,是我们的本部。在泰国我们有一个很好的项目,就是想要打造一个中国城,配合中国政府的"一带一路"倡议。以我们20多年创办工业园区的经验,我们希望把整个中国城的规划做得淋漓尽致,把它建成东盟的一个旗帜和标杆。

助力中国企业,安美德期望很高,信心满满

马晓霖:安美德未来在东南亚做新的工业城也好或者工业园也好,是否欢迎中国资本早期的介入?哪一类的资本最受欢迎?

黄春顺:无论是政府投资还是私人投资,他们来这里就是和整个东盟的安美德工业园,和我们的整个集团一起合作。合作的概念就是怎么样把品质做好,把品牌做好,然后走向国际化。我们可以一起从东盟这个市场先做起。我觉得中国企业有这方面的强项。第一个是基础设施建设,你们有很多高铁项目和其他的重工业,这类企业在中国已经拥有非常非常好的经验,我们可以一起探讨怎样把它们引进泰国,引进东盟;第二就是工程项目,我发现很多中国企业有非常好的想法;第三是如何进行科技研发,我跟一些中国企业谈过,比如华为就非常了不起,他们有很多创新研发的概念。华为现在也入驻了泰国,也要做研发工作。

研发就是未来,它可以把新的产业、新的项目、新的产品带进来,甚至可以带动整个区域发展的走向。还有就是服务业,我觉得

中国在服务业里有许多新兴行业很有前途。再有就是互联网行业的一些新兴其他业务,得考虑怎样把这些特别的概念带进东盟。

马晓霖:关于中国产能的转移,我们注意到一部分舆论会出现一些消极、负面看法。您怎么看中国和东盟在产能上的互补与合作?

黄春顺:《大学》说:"修身、齐家、治国、平天下。"在我看来,如果这些产业在中国已经做到一定的品牌,质量也达到世界级水平,然后再"走出来",其实会比较稳健。从东盟的角度看,我觉得各类产业都有发展良机。如果是比较低端的产业,你要学会怎么样控制成本;如果你是中端的产业,则需要看你如何慢慢建立品牌和控制成本;如果真的是很高端的产业,你就要抓住研发。所以我认为东盟存在各个档次的市场,各有所需。你看整个泰国的市场,也不是说每一个产业都是高端的,关键是看你怎样去配合整个国家发展的需求。

马晓霖:在您看来,入驻工业园的中国企业普遍有什么明显的优势? 有什么不足?

黄春顺:我觉得中国企业非常有创新能力,非常有干劲。它们的优势是在做策略的时候,它们想的不只是说进入某个单一国家,而可能是从泰国的战略位置考虑怎么样从这里发展到东盟,再从东盟怎么样发展到全球。而且,我觉得中国企业在成本方面抓得挺紧的,成本或者定价可能会比较有竞争力。这两点我本人非常信服。

如果说不足的话,我希望中国企业在进入泰国之前,要对泰国的文化多一点了解。为什么泰国会有这样多海外企业来投资设厂而且能在这里生根? 是因为泰国人不排华。如果中国企业能多了解一点他们的文化概念,我觉得投资设厂的时候会更顺利更开心。

马晓霖:从目前中国"走出来"企业的管理者和经营者的表现看,比起国际化全球化的大公司还有哪些差距?

黄春顺:跨国企业都有一定的流程,就是人员、管理团队、债务和缴税,还有法务,包括整个经济理念等等,它们的流程都非常完善。对中国企业来说,它们需要注意的问题是:第一,一定要找到很好的团队,也就是我们所说的千里马,他们可以帮助你按照你的模式去经营,还可以进行有效的员工培训;第二,就是你要充分掌握当地的资讯,学会与当地的习俗相融合;第三,就是经营理念一定是重质而不是重量,这是一家企业能够长久发展的重要条件。这三点是最重要的。

(发表于 2017 年 7 月 8 日)

7."胞波"情谊的新内涵

2017 年 4 月 6 日至 11 日,缅甸总统吴廷觉出访中国,双方最终达成《中缅原油运输合作协议》。同时,中缅原油管道工程正式在缅甸马德岛投运,停靠在马德岛原油码头的远洋油轮,开始向灌区卸载来自阿塞拜疆的 14 万吨原油,历经数年建设和筹备的中缅原油管道工程拉开投运大幕,将为中缅两国经济发展提供更多能源新动力。

中缅油气管道项目是中缅两国间重要的能源通道,其中天然气管道在 2013 年 7 月 28 日实现了向中国供气;2014 年 5 月原油管道主体工程完工,2015 年 1 月开始试运行。2016 年 8 月,我们实地探访中缅油气管道项目,并专访了中石油东南亚原油天然气管道有限公司董事长姜昌亮,探讨在新形势下,这一能源通道对双方有什么重要意义,又如何为中缅之间的"胞波"情谊增添新的内涵。

中缅油气管道,是中国油气安全的重要保障

马晓霖:"一带一路"倡议中,互联互通是非常重要的一项内容。缅甸国务资政昂山素季女士访华期间和中国领导人多次会晤,其间多次提到中缅之间要实现互联互通,其中中缅油气管道项目一直被列在第一位。为什么国家领导人三次与昂山素季会面时都要提到这个项目？其重要性体现在什么地方？

姜昌亮：中缅油气管道项目是两国之间非常重大的一个能源合作项目。这个项目从 2005 年开始做前期工作，到 2010 年 6 月 3 日开工建设，前期工作整整进行了 5 年时间。又经过了 3 年建设，天然气管道在 2013 年 7 月 28 日实现了向中国供气，2014 年 5 月 30 日原油管道主体工程完工，2015 年 1 月 30 日马德岛港正式开港，标志着原油管道已经基本建成，具备投运条件。

事实上，对于中缅两国来说，这个项目并不仅仅是一个能源项目。首先，项目投资规模比较大，总投资 13 亿美元，是缅甸一个非常大的外资项目之一；第二，项目的规模大，天然气管道供气的规模是 120 亿方天然气，原油管道是 2200 万吨原油，如果再实现增收以后，这两套管道的总体能力就是 4300 万吨左右——由此可见，对中缅两国而言，这个项目是具有非常规模的能源战略通道。尤其对中国来说，是我们实现油气安全的一个很重要的保障和支持，特别是为我国西南地区整个经济社会的发展，将提供一个能源的支持和保障。我们知道中国的西南地区，特别是云南和贵州油气资源相对缺乏，这条管道对云南、贵州、广西的天然气供应将起到一个非常重要的保障作用。而原油管道运行以后，还将为云南石化提供永远的保障。

马晓霖：我们知道中缅油气管道还将和全国其他地区的石油管网进行连接，就中国的能源安全布局来讲，它的价值体现在哪些方面？

姜昌亮：我们国家有四大能源战略通道：第一是海上通道，这是一个非常大的通道；第二是西北通道，通过哈萨克斯坦从新疆进入中国；第三是东北通道，从俄罗斯进入东北；第四是西南通道，就是中缅油气管道这个通道。应该说中缅天然气管网已经实现了和我们国家骨干天然气管网的互联互通，在广西已经实现了和西气东输管网的相连，这就极大地提高了我国整个天然气供应的安全性。

中缅油气管道，为缅甸经济社会发展提供动力

马晓霖：那么中缅油气管道项目对于缅甸的发展而言，会起到什么样的作用呢？

姜昌亮：对于缅甸来说，这也是一个非常重要的能源通道。目前天然气管道已经在皎漂、仁安羌、当达和曼德勒实现了四个点的分输，缅甸的工业企业和人民生活所需的天然气供应得到了很好的保障，特别是发电有了很好的保障。现在这个管线在缅甸的天然气供应量，已经接近整体总量的20%。而原油管道按原来的计划，其中200万吨的原油也将在缅甸下载，用于缅甸的石油化工工业的发展。随着原油管道的投产，缅甸未来炼油厂的建设和石油化工企业的建设都会得到保障，可以为缅甸整个的经济社会发展做出更多更大的贡献。可以这么说，这条管道已经成为联系两国经济、发展两国友谊很重要的桥梁。

马晓霖：咱们的原油项目在马德岛专门建设了码头，那么这个码头有什么特点？未来是否有扩容的规划？

姜昌亮：对原油项目来说，马德岛港非常重要，这个港口目前有30万吨的运输能力。我们的原油从中东运来，要通过船在这个码头靠泊，然后卸下来再运到缅甸的炼油厂和化工厂，运到中国的化工厂或炼油厂。应该说马德岛港现在已经成为缅甸一个非常重要的国际化港口。这个港口已经在英国的国际港口机构注册，并且被正式命名为马德岛国际港。马德岛港平均水深24米，我们建了32公里的航道。2015年1月30日，我们进行了开港试投产，非常成功，各项指标都达到了项目的预期，实现了项目的功能。更重要的是，这个港口的建设将会为未来缅甸港口业的发展，做出一个很好的示范。

马晓霖：我两次到缅甸来，发现这个国家经济社会发展相对比较落后，大城市甚至是首都到了晚上都做不到灯火通明，显然能源非常短缺。从这方面来看，未来中缅油气管道的全线开通，对缅甸

自身的油气开发具有什么意义?

姜昌亮:应该说目前缅甸很多地区还很缺电,缅甸的石油化工工业也处在一个发展的初期阶段。但现在情况有了一些改观,比如皎漂地区以前是没有电的,但当地利用天然气建了发电厂,给皎漂的城市和乡村供电,现在这里已经完全用上了电。此外管道沿线的仁安羌、当达、曼德勒等地,也建起了规模非常大的发电厂。可以这么说,天然气管线对沿线四个省邦的能源和天然气供应意义非常重大。等原油管道投产以后,还将有一定量的原油在缅甸下载,这对于缅甸石油化工业的发展,对于满足缅甸整个石油化工产品的需要,意义同样非常重大。

马晓霖:未来中缅油气管道项目的可延展性会是怎样的? 对于这个项目未来的承载能力和传输能力,我们有什么样的预期?

姜昌亮:从目前来看,天然气通道具备 120 亿立方的输出能力,未来如果进行增输,会达到 170 亿立方。原油管道目前的输送能力是 2200 万吨,如果再进行增输的话,可以达到 3000 万吨。也就是说,这个油气通道大概整体的通过能力已经可以达到 4300 万吨这样一个规模水平,应该说这是一个非常大的能源通道。未来随着中国经济社会的发展和缅甸经济社会的发展,必然会为两国,为我们国家西南地区经济社会的发展,为缅甸国家经济社会的发展做出贡献。

(发表于 2017 年 5 月 10 日)